让企业

实现从小到大、从弱到强，走向领军

SHANGYELINGJUNZHIDAO

商业领军之道

——新商战王者之路——

于建民 著

SHANGYELINGJUN

企业管理出版社
ENTERPRISE MANAGEMENT PUBLISHING HOUSE

图书在版编目（ＣＩＰ）数据

商业领军之道：新商战王者之路 / 于建民著. —北京：企业管理出版社，2020.3
ISBN 978-7-5164-2113-0

Ⅰ. ①商… Ⅱ. ①于… Ⅲ. ①商业企业管理－研究Ⅳ. ①F715

中国版本图书馆CIP数据核字(2020)第034182号

书　　名：	商业领军之道：新商战王者之路
作　　者：	于建民
责任编辑：	张平　田天
书　　号：	ISBN 978-7-5164-2113-0
出版发行：	企业管理出版社
地　　址：	北京市海淀区紫竹院南路17号　　　　　邮编：100048
网　　址：	http://www.emph.cn
电　　话：	编辑部（010）68701638　发行部（010）68701816
电子信箱：	qyglcbs@emph.cn
印　　刷：	河北鹏润印刷有限公司
经　　销：	新华书店
规　　格：	166 毫米 × 235 毫米　　　16 开本　　26 印张　　368 千字
版　　次：	2020 年 3 月　第 1 版　　2020 年 3 月　第 1 次印刷
定　　价：	68.00元

你的企业为什么做不大，做不强，成不了领军者

如何做大做强，几乎是每个企业都关注的问题，因为做大做强也几乎是每个企业都有的梦想。但是，很多企业却始终没有找到这个问题的答案。

让企业从小到大，走向领军的法则是什么

让企业从小到大，从弱到强的秘诀是什么？

领军企业与其他企业的区别是什么？

企业发展的增长路径是什么？

……………………………………………………

这些都是企业所关心的问题，也是企业们想知道答案的问题。

在这些问题的背后，实际上有一个简单的秘密——商业作战体系，它直接使得企业形成了不同的竞争力，并直接区分了企业在行业中的层级以及强弱。

因为，商业属于一种经济性竞争活动，背后是综合竞争实力的较量。

关于商业作战体系是由哪些要素组成的；这些要素各自发挥怎样的作用；它们如何决定了企业在行业中的层级……本书将一一解析，深刻揭示其中的秘密！

以往关于商业的书籍，多数是针对竞争单一要素的解析，缺乏系统、全面的解析，难以从全局角度，深刻揭示出企业从小到大、从弱到强的秘密

毕竟，企业竞争是全方位、多要素的竞争，如果只解析单一要素，则难以全面、系统、清晰地解析出不同层级企业之间的差别，以及企业强弱之间的区别。

这里要特别纠正一个社会中长期存在的错误认识，即对商业竞争中"营销"的错误概念认知。

以往，很多企业对"营销"的认识过于狭义、片面，习惯性地将"营销推广"理解成"营销"。换句话说，他们理解的"营销"就是营销推广。例如，将一些企业的营销推广做得好，表述成"营销做得好"，甚至出现了"产品、营销、渠道"这样并列的错误说法。

实际上，"营销"是一个全方位的概念，产品、推广、渠道等要素都是营销的一部分。换句话说，商业营销竞争是一个全方位的竞争，从初始的产品环节（产品研发）就已经展开了，在产品、传播推广、渠道终端等多个环节上，进行着商业作战体系的综合性竞争，而不是只有推广。

企业对营销的认识过于狭义、片面，将会导致其对商业营销竞争缺乏科学、体系的认识。

商业营销竞争是全面化、体系化的综合性竞争，而不是某个局部要素的竞争。多个要素共同作用形成的商业作战体系竞争力的强弱，也是企业之间是否会形成差距的关键所在。

由此，本书将详细揭示企业之间商业作战体系的区别，深入揭开让企业从小到大、从弱到强的奥秘，向企业和营销人揭示企业发展增长与领军之道。

在互联网时代，领军法则依旧未变

商业之道一直未变，过去如此，当下如此，未来也将如此！

商业竞争背后是实力的竞争，即企业之间"商业作战体系"强弱的竞争。

只要商业作为经济竞争性活动及持续竞争模式存在，实力竞争法则、商业作战体系竞争法则就不会变。

因此，在互联网时代，企业赢家依然遵循这些经典法则，行业领军企业也仍然遵循这些经典法则，遵循着商业领军之道。

笔者对书中内容进行了修改、调整、完善，使之更加系统、全面，对企业老板、操盘手、高管、创业者都有非常强的指导性。

本书中的一些观点备受好评，并且在中国商界引起多次强烈反响。相信通过本书，企业可以洞悉做大做强的奥秘，并掌握企业如何从小到大、做大做强的路径，走向行业领先之路。

于建民

2020 年 1 月

PART 1 第一部分 企业做大、做强的奥秘
——商业作战体系 /1

如何做大、做强，几乎是每个企业都关注的问题，因为做大、做强也几乎是每个企业都会有的梦想。

在企业从小到大，从弱到强，成为领军的背后，有一个关键——商业作战体系，它直接使得企业形成了不同的竞争力，并区分了企业在行业中的层级、强弱。

做不起来的企业，往往缺乏商业作战体系；

做不大的企业，所打造的商业作战体系往往比较薄弱，或不健全；

做大、做强，乃至成为领军的企业，往往都打造了强大的商业作战体系，并构建了综合领先优势。

手机行业，作为中国目前商战竞争最激烈一个行业，如同 20 世纪 80~90 年代的家电大战、日化大战、PC 大战、快消大战一样，都是各个时期的中国商战前沿，代表了同期商战的最高水平。

手机大战，集结了领域中的众多优秀企业、精英企业进行博弈，不同等级、层次、水平的企业在上演着不同的精彩，向我们充分展示了商战的激烈。

同时，也让我们看到了不同企业之间的差异，企业在商业作战体系五大要素上的不同实力，形成了不同的竞争力，也形成了不同的行业地位。

苹果、华为、OPPO/vivo、小米、联想、TCL、魅族、8848钛金手机、HTC、格力等代表性手机企业，为我们充分展示了商业作战体系区别对于行业地位高低的决定性作用。

PART 3　第三部分　互联网时代，依然是商业作战体系的较量 / 311

这是一个变化的时代，也是一个永恒的时代。

在互联网时代，的确涌现出了很多新事物、新模式、新概念。但是，在这些事物、模式、概念背后，我们看到模式未变、概念不新。

商业本质未变，商业经典法则未变，经典规律未变。

这个时代，商业作战体系竞争的法则是永恒的，产品力、策划推广力、渠道力、品牌力、团队力这五大关键要素的重要作用是永恒的。同时，实力较量的法则未变。

成为商业领军的企业，依然是商业作战体系领先的企业，依然是实力领先的企业。

PART 1

企业做大、做强的奥秘——商业作战体系

如何做大、做强，几乎是每个企业都关注的问题，因为做大、做强也几乎是每个企业都会有的梦想。

在企业从小到大，从弱到强，成为领军的背后，有一个关键——商业作战体系，它直接使得企业形成了不同的竞争力，并区分了企业在行业中的层级、强弱。

做不起来的企业，往往缺乏商业作战体系；

做不大的企业，所打造的商业作战体系往往比较薄弱，或不健全；

做大、做强，乃至成为领军的企业，往往都打造了强大的商业作战体系，并构建了综合领先优势。

第一章　企业做大、做强的奥秘

"为什么做不大、做不强？"，这恐怕是很多企业都会有的疑问。

的确，同样都在做企业，结果却大不相同——有的企业做得好，有的企业做得差，还有的企业做倒闭了……

即使是在那些相对做得好的企业中，同期起步的企业，有的企业规模越做越大，构建了庞大、跨领域的商业版图，而有的企业做了多年，则规模依然没变，还有一些随着发展越做越小了。

形成这种差距的原因究竟是什么？这是很多企业都想弄明白的问题。

实际上，要想弄清楚这个问题，就要先明白企业做大、做强的背后，究竟有何奥秘？

1. 企业做大、做强、成为领军的奥秘——打造强大的商业作战体系，构建领先优势

商场如战场，商业竞争的激烈程度、商业形势动态变化的剧烈程度等，都不亚于战争，所以又被称为"商战"，而且商业竞争是无休止地持续进行，意味企业时刻处在持续商战中。

某种程度上，企业实质是一个经济型作战组织，它要在商战中开拓市场，争夺市场，则必须具备非常强的经济作战能力（商业作战能力）。

同时，企业之间的商业作战竞争，不是某个单一要素的竞争，也不是单一能力的竞争，而是一个体系的竞争，是企业综合能力的竞争。

因此，企业在商业竞争中，一定要打造企业自身的商业作战体系，要想成为赢家，在行业中成为领军者，企业就要打造一个强大的商业作战体系，并且

将商业作战体系的多个要素，做到超越对手，从而构建综合性的竞争领先优势，才能保证企业胜出、做大乃至成为行业领军者。

2. 商业作战体系的实力——也是区别优秀企业与普通企业的关键

同样都在做企业，有的企业做大，有的企业做得不行，有的企业彻底退出了，它们的区别就在商业作战体系强弱的差距上。

做不起来的企业，往往缺乏商业作战体系；

做不大的企业，所打造的商业作战体系往往比较薄弱，或并不健全；

做大、做强乃至成为领军的企业，往往都打造了强大的商业作战体系，并构建了综合领先优势。

这种商业作战体系的区别，也导致企业商业竞争力的区别，进而导致企业发展结果的区别。毕竟，商场竞争本质是实力的竞争。

实力强大、综合优势强大的企业，自然成为市场赢家、行业领军。

这也是一个很朴素的道理——想战胜对手，就要具备对手不具备的优势，只有在某些方面、或多方面超越对手，才能不断跑到竞争行列的前面。否则，你无法超越对手，没有比对手做得更好，便很难做到领先，自然也无法做大、做强。

试想一下，如果没有什么优势，没什么特长，商业作战体系薄弱，凭什么超越同行，超越竞争对手，跑到前面去？

因此，企业只有逐渐打造了强大的商业作战体系，构建了综合竞争力优势，多方面都超越对手，才能逐渐强大，最终成为市场竞争的赢家。

第二章 商业作战体系的五大竞争要素

在商业作战体系中，究竟哪些要素是影响企业做大做强、影响竞争的关键？

本章主要讲述打造商业作战体系的五个要素，以及它们在商业作战体系中，所处的位置及影响。

第一节 商业作战体系的"一个中心，五条战线"原则

1. 一个中心：以顾客为中心，以争夺顾客数量为目标

公司业绩直接来源于顾客的数量，顾客越多，意味着销量越大，市场份额越大，公司业绩也就越好。

因此，企业经营的"一个中心"，就是以顾客为中心，努力经营、扩大顾客数量，同时这也是商业作战体系的目标。

2. 五条战线：不同维度、扩大用户数量

商业作战体系的目的是为了扩大顾客数量、争夺客户，因此，要在如何扩大顾客、客户数量上下功夫，而"五条战线"便都是在如何扩大顾客数量下功夫。

（1）前四条战线：产品战线、策划推广战线、渠道战线、品牌战线。

产品战线、策划推广战线、渠道战线、品牌战线都是围绕如何扩大、拓展顾客数量做工作。

其中：

①产品战线：决定受欢迎程度、愿意消费的用户占比。

产品力越大，意味着产品越好，用户体验感越好，产品受欢迎程度就越高，喜欢的人越多，消费意向比例高（愿意消费的用户就越多），竞争力越大；相反，产品力越小，意味着用户体验越差，产品受欢迎程度越低，喜欢的人越少，消费意向比例低（愿意消费的用户就越少），竞争力越小。

②策划推广线、渠道战线：扩大影响消费者的数量。

策划推广力、渠道力，实质都是在扩大产品影响力，扩大知晓产品的消费者数量、对产品感兴趣的消费者数量。策划推广力、渠道力越大，意味着知晓率越高，对产品感兴趣的消费者越多；相反，策划推广力、渠道力越弱，扩大影响力也就越弱，意味着知晓率低，对产品感兴趣消费者越少。

③品牌战线：决定消费者的忠诚度。

品牌构建产品的价值认同和忠诚度。价值认同越高、忠诚度越高，意味着选择优先选择优势大，重复消费比例越高；相反，忠诚度越低，意味着流失率越高，重复消费比例越低。

因此，产品力 × 策划推广力、渠道力 × 品牌力 = 产品受欢迎程度 × 知晓、感兴趣的消费者数量 × 忠诚度 = 产品客户数量

通过调节产品力、策划推广力、渠道力及品牌力，都能影响最终的产品客户数量。

例如，改善产品力，产品越受欢迎，消费意向比例越高；或者改善策划推广力、渠道力，扩大影响力，扩大知晓产品、对产品感兴趣的人群；或者改善品牌力，改善忠诚度，都能扩大最终产品客户数量；相反，如果做得不好，会减少产品客户数量。

（2）第五条战线：团队战线。

前四条战线的好坏，直接与第五条战线，即团队战线相关。因为团队的能力水平高低，直接影响了上面四条战线的状况。

毕竟，无论产品力、还是策划推广力、渠道力，或是品牌力，它们做得好坏，都是由团队相关人才的水平决定，如果团队负责相应战线（如，产品战线、策划推广战线、渠道战线等）的人员水平高，相应战线就会打得出色，竞争力越大；相反，如果负责相应战线的人员水平弱，相应战线就会薄弱，缺乏竞争力。

因此，实际上这五条战线，也就构成了商业作战体系的五大要素。

第二节　商业作战体系的五大要素作用详解

在商业运作体系中，要想做大、做强，上述五个要素缺一不可，能否让企业从小到大、从弱到强，乃至成为领军，与这五大因素直接相关。

1. 产品力

产品力，影响着用户体验的好坏、用户价值的大小。

它既是企业存在的基础，也是企业发展壮大的基础。

企业以用产品满足消费者需求、解决消费者问题而存在，企业的发展壮大，以产品出色满足了消费者需求、解决消费者问题，受到更多消费者欢迎，用户数量增长而实现。

产品力是消费者购买的价值基础、消费者买单的理由，它解决用户为何消费，以及是否喜欢消费的问题。

因此，产品对消费者价值越大，越受欢迎，产品越有竞争力，越有利；相反，如果产品对消费者价值越小，或缺乏价值，就越不受欢迎，越缺乏竞争力，越不利。

2. 策划推广力

策划推广力，影响着用户数量的多少。

它要解决消费者知晓率，和调动消费兴趣、购买欲两个问题。

因为，仅有产品，即使产品再好，消费者不知道或者未产生兴趣，也没用。策划推广要完成以下两个任务：

①策划推广要解决让更多消费者知道产品、了解产品的问题。

②策划推广不仅是让消费者知道，还要解决激发、调动消费者的兴趣和购买欲的问题。

因此，如果策划推广做得好，有广度（知晓的数量）和深度（感兴趣的数量），知道产品、了解产品的用户多，对产品感兴趣、有购买欲的用户多，就可以很好地扩大用户数量，扩大购买量；相反，如果策划推广做得不好，缺乏广度（知晓的数量）和深度（感兴趣的数量），知道产品、了解产品的用户少，对产品感兴趣、有购买欲的用户少，就很难扩大用户数量，更无法扩大购买量。

3. 渠道力

渠道力，影响着用户数量的多少、用户购买的便捷程度。

它要解决地面推广和消费者购买通路的问题。

一方面，它要完成"地网推广"——渠道终端地面推广；另一方面，它要充分构建消费途径、消费通路（渠道终端是产品和消费者购买地面对接场景，即消费者在哪里购买的问题）。

因此，如果渠道做得好，地面阵地就会比较强，它的辅助推广作用发挥的就大，消费者购买也方便，就能有效发挥"地网"作用，实现动销；相反，如果渠道做得不好，地面阵地就会弱，它的推广辅助作用就会打折，消费者购买不方便，就会影响"地网"作用，动销失效。

4. 品牌力

品牌力，影响着价值认同及选择优先权。

它要解决消费者心智占领问题，通过价值认同，获得优先选择权（比竞品更容易被消费者列入选择前列）以及较高忠诚度。

品牌影响力的构成，包括品牌形象塑造、品牌实力积累两部分。

一方面，通过有力的品牌形象塑造、形象占位，构建价值认同，吸引消费者，影响消费者决策；另一方面，通过市场运作、扩大份额，形成实际更大的影响力——行业地位影响力，影响消费者购买决策。

因此，品牌塑造到位，消费者价值认同度高，更易吸引消费者，且实际行业地位高，能深度影响消费者决策，获得消费优先选择权且忠诚度高；相反，品牌塑造不到位，消费者价值认同度低，则不吸引消费者，且实际行业地位不高，无法获得消费者优先选择权且忠诚度低。

5. 团队力

团队力，影响着上述四项的实现程度。

它要解决上面四大要素（产品力、策划推广力、渠道力、品牌力）操作好坏的问题。

如果团队能力强且比较全面，就会让上面四大要素综合实力比较强，作战体系的竞争力就比较强，在竞争中容易获得优势，进入前列；如果团队能力弱、能力比较单一，就会让四大要素的综合实力比较弱，作战体系的竞争力就会比较低，在竞争中成为劣势，落在后面。

产品力到策划推广力、渠道力、品牌力、团队力，这五大要素分别解决产品到消费者交易链关键问题——①客户体验价值、喜爱程度；②知晓数量、感兴趣数量多少；③消费通路；④价值认同、选择优先权；⑤上述四方面实现得好坏。

每个问题是一环套一环，每一环的好坏，直接影响最终结果，影响成败、强弱、大小。如果每个要素做得都不强，就都会导致在竞争中差距拉开、处于下风；相反，如果每个要素很强，综合很强，就会处于领先。

因此，产品力 × 策划推广力 × 渠道力 × 品牌力 × 团队力，直接影响竞争结果，将差距不断放大，最终形成企业之间巨大的差距。

后面第三章，将讲述商业作战体系五大要素胜出法则——差异化优势。

第四章、第五章、第六章、第七章、第八章将分别讲述在产品力、策划推广力、渠道力、品牌力、团队力这五个要素上，如何更有竞争力的制胜秘诀。

第三章　商业作战体系五大要素胜出原则
——差异化优势

❋

第一节　五大要素胜出的关键问题

"人无我有，人有我优，人优我特"，这是很多营销人都知道的一句话，也是有关营销最经典一句话，因为它反映成功营销一个核心——差异化优势。

差异化优势英文写作 Difference Advantage（简写为"DA"）包含两个方面：①与竞争对手相比有差异化；②不是简单的差异化，而是优势的差异化。即任何时候，产品都要有竞争对手所不具备的优势（差异化优势）。差异化优势是任何时期，都能取得成功营销的奥秘。

在营销史上，大师们所做的工作无不与此有关。早期，营销手段主要依赖于广告，经典的广告大师们，如克劳德·霍普金斯、罗瑟·瑞夫斯、大卫·奥格威，无不在广告中强调差异化优势，如独特个性理论、USP 独特卖点理论、品牌形象理论等。而后，营销逐渐成熟，定位理论提出，而为什么要定位、定什么样的位，其目的同样是要让产品与竞品区分开来，其实质也是塑造产品的差异化优势。再往后，"现代营销之父"菲利浦科特勒扩大了现代营销的概念，同时他也提出了"垂直营销""水平营销"两种理论。垂直营销与水平营销的目的就是要突破产品与竞品同质的迷局，努力实现差异化优势。

2005 年，一本畅销书《蓝海战略》风靡全球，营销人开口、闭口就是"蓝海战略"，什么是"蓝海战略"？其本质还是打造与竞品、竞争者的差异化优势。

其实，营销的核心万变不离其宗，即差异化优势，企业如果能领悟到这一点，并且做好这一点，任何时期都能轻松成为市场的赢家。

❋

第二节　经典大师们的差异化优势思想

1. 独特个性理论

早在近一百年前，现代广告奠基人克劳德·霍普金斯就提出了"独特个性理论"：一个人要想给别人留下印象，就要想办法从众人中脱颖而出，而且是用一种人人愉悦的方式。我们试图让每一个广告主都有得体的风格，我们让他与众不同，我们赋予他一种最适合他所面向的顾客的个性。有个性的广告也可以像有个性的人一样赢得别人。创造出正确的个性是一个极为出色的成就。这一理论可能就是差异化优势的最早实践。

可见，营销大师们很早就指出成功营销的关键——差异化优势，现在都快过去一个世纪了，可我们很多营销人却不懂这一点。

克劳德·霍普金斯 (1867—1932) 是现代广告奠基人之一，有史以来最伟大的广告人，他让广告告别了没有任何理论和技巧的时代，开启了现代广告的时代。他是"科学广告""广告为了销售"的倡导者，他曾批评追求花哨的广告人——"忘了他们是推销员，而干起演员的行当，他们不重视销售成果，却追求掌声"，可谓一针见血。很可惜今天众多广告公司仍在犯这样低级的错误，白白浪费客户的钱。

克劳德·霍普金斯对于广告的意义，不仅在于开创了广告文案研究，倡导"科学的广告"，开启了现代广告的时代，他的思想还深深影响了众多广告人（包括"现代广告之王"大卫·奥格威、USP 理论的创始人罗瑟·瑞夫斯等众多广告大师）。他还开创了新产品铺货、试销、用兑换券散发样品等众多营销方式，而这些可都是在近一个世纪前！

"现代广告之王"大卫·奥格威奉克劳德·霍普金斯为精神导师，奥格威说："克劳德·霍普金斯是创造现代广告六位巨人之一，霍普金斯的著作《科学的广告》扫除了我在英国做撰文员所患的假文学病，使我专注于广告的责任在于销售，它改变了我的一生，如果不把这本书读上七遍，任何人都不能够去做广告。"

其后，霍普金斯的两位追随者、USP 理论的创始人罗瑟·瑞夫斯和品牌形象理论的创始人大卫·奥格威分别从"具体事实"和"事实＋形象"的两个方面，对霍普金斯的"独特个性理论"进行了更深层次的明确和实践。

2. USP 理论

USP 理论在 20 世纪 50 年代初由罗瑟·瑞夫斯提出，USP 即"独特销售主张"（Unique Selling Proposition），其理论的核心：

一是产品具有的特殊功效和利益；

二是产品具有的特殊功效和利益是竞争对手无法做到的；

三是产品具有的特殊功效和利益有强劲的销售力。

USP 理论的核心可以凝练几个关键词：独特、对手无法做到、有销售力。我们可以清楚的看到，其实质就是差异化优势。

罗瑟·瑞夫斯（1910—1984 年）是 USP 理论创始人，在其 1960 年写成的《广告实效——USP》中首次提出 USP 理论，在广告界影响巨大。USP 理论继承了克劳德·霍普金斯讲究的"科学事实""科学说服消费者"的广告精神，同时通过 USP 将克劳德·霍普金斯的一些思想进一步细化和明确。

3. 品牌形象理论

20 世纪 60 年代中期由现代广告之王大卫·奥格威提出，品牌形象论认为：在产品功能利益点越来越小的情况下，消费者购买时看重的是实质与心理利益之和，而形象化的品牌会带来品牌的心理利益。

在此理论指导下，奥格威成功策划了劳斯莱斯汽车、哈撒韦衬衫等国际知名品牌，随之广告界刮起了品牌形象论的旋风。

品牌形象论也是以差异化优势为核心的一种营销思想。为什么要塑造品牌形象，就是从形象上塑造一种独特、一种差异化优势。

1982 年，法国的《拓展》杂志选出了对工业革命有历史性贡献的 30 位人物的名单，其中包括爱迪生、爱因斯坦、列宁、马克思、凯恩斯、亚当·斯密等，大卫·奥格威被誉为"现代广告业的教皇"而列入其中。

大卫·奥格威（1911—1999）和罗瑟·瑞夫斯在某种程度上，都是对克劳德·霍普金斯的继承，所不同的是，奥格威在强调事实说服的同时，增加了一个外在形象的塑造。不过也是对克劳德·霍普金斯个性化理论的一脉相承，正如奥格威自己所说："品牌形象的概念，我在 1953 年推广的这个概念并不新鲜，克劳德·霍普金斯在 20 年前就已经介绍了"。

这里，同时提醒一些做花哨广告而又言必谈奥格威的广告人，奥格威所谓的品牌形象理论不是为"品牌而品牌"，而是强调销售效果的。正如他说："广告是信息的载体，不是娱乐活动或某种艺术形式，我不想听到你说我创作的某广告很有创意，我希望广告能吸引你购买商品。"

请一些广告人不要再继续误读大师的思想了，不要再天天做些花哨不中用的广告，白白浪费客户的钱了！更不要再玷污大师的声誉了！

4. 定位理论

1969 年，两位美国年轻人杰克·特劳特和艾·里斯提出定位论 (Positioning)。1979 年出版专著《定位：攻心之战》"特定占位"定位理论核心：通过输出极端简化的信息，让特定的品牌信息在消费者头脑中占据一个清晰明确位置，当然这个位置最好是第一。

定位理论同样体现的还是差异化优势的思想。定什么样的位，肯定是差异化的、不同的位，而且是优势的位。

2001 年，在美国营销协会举办的对 20 世纪营销理论的评比中，定位理论超过了罗瑟·瑞夫斯的 USP 理论、大卫·奥格威的品牌形象理论及迈克尔·波特的竞争价值链理论，甚至超过了菲利普·科特勒构架的整合营销传播理论，被确定为有史以来对美国营销影响最大的观念。

不过说实在的，定位也没有什么神秘的，正如另一位著名广告大师乔治·路易斯所说定位就像"上厕所前要先把拉链拉开一样"自然。一个产品必须要成功，首先要做的自然是要给产品确立一个清晰、明确的独特位置，如果产品没有这些基础，在产品众多、竞争激烈的今天怎么可能生存？

5. 垂直营销（纵向营销）

垂直营销（纵向营销）理论由"现代营销之父"菲利浦·科特勒提出，其理论的核心：企业努力避开激烈的竞争，对目标市场进行细分，占领某一细分市场。

在一个大的目标市场中进行细分，占领其中某一细分市场，如图 1.3.1 所示。

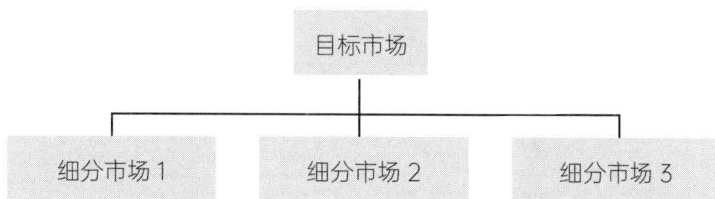

图 1.3.1　垂直营销（纵向营销）理论示意图

同样，垂直营销的实质也是差异化优势，为什么要做垂直细分营销，就是寻找一个尚没有被竞争对手重视、占领的差异化市场，建立差异化优势，达到获取利润的目的。

纵向营销"垂直细分营销"于 20 世纪 90 年代末曾在中国风行一时，当时中国市场已经进入激烈竞争时期，市场的垂直细分无疑指出了一条出路，当然今天这一理论同样适用。例如，牙膏市场的细分产品——针对"牙龈出血"的牙膏。

菲利浦·科特勒是当今最伟大的营销大师，有"现代营销之父"的美誉，今天的菲利浦·科特勒，甚至就是营销的代名词。

菲利浦·科特勒对现代营销的贡献巨大，他不仅扩大了营销的概念（1969 年提出"扩大营销概念"理论，认为营销学不仅适用于产品和服务，也适用于组织、意识形态、政府、学校、政党、政治等。不管这些组织是否进行货币交易，事实上都在搞营销，这一点使得营销变得"无孔不入"），提出了完整的现代营销理论，还提出了包括垂直营销、水平营销在内的一系列伟大营销理论，为美国培养了一代又一代大型公司的企业家。

6.水平营销

水平营销同样是由菲利浦·科特勒提出的，其理论的核心：水平营销理论的提出，是对垂直营销理论的补充，当"垂直营销"到了极点，垂直细分的市场越来越小，其中的利润逐渐缩小时，企业生存出现了问题，垂直营销也就出现了不足。如图 1.3.2 所示，市场（一）细分成了 1、2、3，如果市场（一）继续细分，分成 a、b、c，其市场空间和利润就都非常小了，继续垂直营销就出现了问题。而水平营销及时补充了这一点，让企业不仅在纵向上进行垂直细分营销，而且还能在横向上进行水平营销。

图 1.3.2　水平营销理论示意图

水平营销：通过对产品做适当的创新来使其产生新用途，适应新情景、新目标市场以开创新的类别，从而重组市场。

水平营销有以下两种情况：

①通过对产品进行创新建立行业新标准，对原有市场进行水平升级；

②通过对产品进行创新产生新用途，开创新的品类，水平进入另一大市场。

水平升级的例子，如 Actimel 给酸奶增加抗菌需要，建立了酸奶产品新标准。2007 年苹果 iPhone 的问世，也堪称水平营销的代表例子，iPhone 对手机进行全新的定义，树立了新的行业标准，掀起了新的潮流。

水平进入另一市场的例子，如饮用的麦片制成麦条，进入了快餐食品市场。

如图 1.3.2 所示，产品既可以在市场（一）的大市场进行水平升级，建立市场（一）的行业新标准，对原有市场进行水平升级；同时，也可以对产品进行创新，使其产生新用途，开创新品类，水平进入另一大市场，即市场（二）。

同样，水平营销也是差异化优势体现——通过对产品改进、创新，要么对原有大市场升级，要么进入一个新的大市场。以上如果没有差异化优势，那么将无法实现。

7. 蓝海战略

《蓝海战略》是在 2005 年最为畅销的营销书，其核心思想是：企业应脱离苦苦厮杀、竞争激烈的"红海"，努力开创一个与众不同的"蓝海"。即，在目前过度拥挤、竞争激烈的产业市场中，硬碰硬的竞争只能令企业陷入血腥的"红海"；企业要赢得明天，不能靠与对手竞争，而是要开创"蓝海"，即开创蕴含庞大需求的新市场空间，以走上增长之路。

大家一听就可以明白，蓝海战略同样是成功营销核心——差异化优势的一种表述。"蓝海战略"从某些方面来讲是水平营销和垂直营销的综合，在垂直的市场领域和水平的市场领域寻找差异化优势的蓝海，毕竟市场只有这两种。

《蓝海战略》一书内容充实、指导性强，在该书中，明确了一些如何实现"蓝海战略"的方法，这些都很简单、易懂、可行。

启示 QISHI

差异化优势，企业保持成功的核心法宝

差异化优势，是市场成功营销永远的核心法宝。本书前面的章节有关好产品、好策划、好团队、好品牌的科学策略解析中，也都体现着这一点。

今天不是产品缺乏的时代，而是产品过多、过剩的时代。在这种严峻的形势下，企业想突出重围，取得成功，就更需要差异化优势。

一个企业如果在产品、策划推广、品牌、团队等各个方面都具备差异化优势，企业就会拥有多块长板，在激烈的商业竞争中，何愁不胜？

第四章　产品力制胜秘诀

产品的选择是企业能否成功的基础，"好产品、好策划、好团队"是一句被中国营销神话人物史玉柱等众多营销大师，深深推崇的成功营销的三要素。而这其中，好产品放在了第一位，可见，产品选择的好坏对于市场运作的重要性。

产品选择是企业运作的第一步，如果这一步打好了，就会为后面的一切运作打下一个良好的基础。

"产品的选择必须以市场为中心、以消费者需求为中心"，因为消费者不会由于市场上有了某产品就去购买，而是因为其需求某个产品才会去购买。

✳

第一节　新开发市场产品选择策略

"新开发市场"指之前尚未被开发的市场，因新产品的出现而产生一个新行业，或之前已被开发，尚未引起重视，市场从未出现热点的边缘市场。

新开发市场产品选择需要考虑以下四个关键问题。

1. 消费者是否有需求

消费者是否有需求是新开发市场产品选择时需要考虑的第一步。可很多企业在这第一步上就出现了问题，拿到一个新产品后根本不考虑市场（消费者）是否有需求，就开始投入运作，等做了无用功，赔了本后才明白，但为时已晚了。

注意：新≠消费者需求

这是很多企业容易出现的问题，发现一个新产品，就要操作。

新开发产品选择一定要考虑消费者，从消费者角度出发，消费者有什么需求，而市场上还没有此类产品，这才是选择新开发市场产品的要旨。

"4P理论"向"4C理论"转化的核心是什么，就是从"产品为中心"转向"以消费者为中心"，即从产品、渠道、价格、促销转向顾客满意、顾客成本、顾客方便、顾客交流。

2. 目标消费者数量

目标消费者数量是衡量产品市场空间大小的标准。

虽然消费者对于产品有需求，但如果目标消费者数量非常少，推广成本会相对过高，投入产出比过小，甚至不足以支撑产品利润，那该市场也是没有价值的。

3. 目标消费者需求是否强烈

在满足以上两个条件后，还要关注一个关键问题——消费者需求态度（是否强烈）。消费者的需求态度（强烈程度）决定了产品的教育成本大小。消费者需求越强烈，教育成本越小，越容易操作；相反，消费者需求越不强烈，教育成本越大，越难操作。

没有清楚分析目标消费者需求的强烈程度，就行动，也是众多企业最容易犯的错误。

4. 产品效果如何

前面的三个关键问题，已经证明了市场的价值，以及可操作性。而这第四个问题，牵涉到一个对企业至为重要的问题——长线操作还是短线操作。

一个产品如果效果不好，即使市场推广做得再好，也会因为产品效果这个短板，而被消费者抛弃，导致所有工作前功尽弃，这个问题在国内很多企业中都有突出的显现。

如果您选择的新开发市场产品在这四个方面都能得高分，那么恭喜您，您赚钱的机会来了！

中国的家用净水器市场

——为何一直不温不火

↑一个被众多人看好，但又始终未能成功掘金的市场

中国的净水器市场一直有些尴尬，而细分到家用净水器这块，更是尴尬——始终被众多人看好，却又始终未能有人成功掘金。

这似乎是一个金矿市场，曾被誉为家电业下一个黄金产业，市场空间超过1000亿元。

业内人士以欧美的普及率和中国的人口来衡量，认为其未来的发展空间和商业机会庞大。例如，与发达国家相比，中国净水器普及率还很低，仅为2%左右，而欧、美、日等发达地区净水器家庭拥有率超过了70%。以我国13亿人口，约4亿个家庭计算，如果有1/4的家庭安装净水器，那么净水器的需求数量就有1亿台，若按每台1000元计算，中国净水器的市场规模将达到1000亿元。目前，发达国家净水器普及率已非常高，未来随着国内净水器生产企业在技术和品质上的逐渐突破，净水器国际市场需求将会释放出来，中国净水器市场容量将远不止1000亿元。

听起来，这似乎是一个不错的市场，但事实和结果之间却存在很多尴尬，从20世纪90年代开始，就有企业在净水器市场开始操作。2002年凤凰制水开始进军终端制水领域，并造起一些声势，带动不少企业进入，2006年国内著名电视购物企业橡果国际也进军这一领域，一改传统简单推广模式，以大面积媒体广告进行启动，虽说富有实效的媒体直销广告一直是橡果国际的独门秘籍，并取得了好记星、背背佳、氧立得、紫环睡眠治疗仪等一系列佳绩，但是在净水器上并没有再现那样的辉煌，之后橡果国际广告减弱，动作小了很多，尽管整个净水器市场涌入热度不断增长，但是市场征战的结果始终不如人意，"一直到现在，仍有很多厂家在把经销商队伍建立起来后，不知道怎么撬动市场"，这是很多净水器企

业都认识到的问题！

对此，业内人士不得不承认，虽然市场年年在增长，但显然处于初级发展阶段，市场份额不大，也没有一个知名品牌，消费者对此类产品的认知度也偏低，大多数厂家，也都处在摸索阶段，没有哪个厂家在此方面有成功的经验。行业距离高速腾飞时期，仍有一段距离，至少需要 3~10 年的时间。

这就是经过 20 年发展，特别是近 10 年大力耕耘后的现状，一个曾经被寄予厚望的新品类，依然没有获得满意的结果，甚至市场业绩一直不温不火，除了工程净水领域，在一些企事业单位、机构领域有了明显的拓展、提升外，在家用净水器领域的发展一直差强人意，目前家用净水器占整体份额只有 8%。

↑ 为何家用净水器市场一直不温不火

面对家用净水器市场，同样可以用总结的公式，在这四个问题上考量一下：

1. 第一个问题：消费者是否有需求

目前曝出的很多水质污染、环境污染的状况，让消费者对高品质水质的需求存在了可能（注意：只是可能！）。

2. 第二个问题：目标消费者人群数量

上面的数据已经提到了这一市场的巨大空间，马云对阿里巴巴的梦想，就是把企业打造成电商界的水、电、煤，就是因为在传统行业领域里，水、电、煤是公认的大市场，足见深处水领域的净水器市场之大，目标人群之广。

3. 第三个问题：目标消费者需求是否强烈

这个问题上，净水器产品有大问题，过不了关，但消费者对这个问题不在意！

虽说水质的负面报道不少，但是除了少数地区污染极为严重、必须要净化才能饮用外，国内多数地区没那么严重，没到安净化器才能饮用的程度，因此，大多数消费者对这个问题不在意。消费习惯总是这样，如果这个问题没有严重到一定程度，或者好到非常有诱惑力的程度，消费习惯总是很难改变。

净水器市场就尴尬在这里，因为问题的负面性没有到极为严重的程度，而且如果说得严重，还会涉及多方利益，因此，对于一个"用于解决问题"的新品类，其解决的问题不大，带来的利益不明显，对消费者的吸引力自然就很小。

在调研中也显示，高达85%~90%的消费者认为净水器可有可无，换句更直接的话讲——消费者对净水器的需求一点也不强烈。

4. 第四个问题：消费者对产品效果是否满意

当消费者的需求强度这一关不能过时，也就意味着消费者对产品效果是否满意没那么关键和重要了。

从长远看，净水器产品是极有潜力的，但是需要等着物质生活进一步改善、消费观念进一步提升，对高品质的生活追求更加强烈的时候，实现的可能性才会比较大，但这需要时间。

虽然今天净水器的市场状况与以往相比，已经发生了很大的改变和提升，而且在一些群体，特别是中高端群体中开始受到重视和使用，但离真正的繁荣还是有段距离。

↑ 家用净水器市场如何才能破局

面对这么尴尬的状况，净水器市场如何才能改变现状，有下面两种情况。

1. 众多企业参与造势，形成潮流

目前，对于净水器市场最大的问题是消费者观念的转变，市场的成熟需要众多企业，特别是实力大的企业合力造势，包括媒体推广、舆论宣传等，将净水器的消费观念和潮流带动起来，这其中还需要一些权威机构的参与，共同把这个"势"造起来，掀起一个新的消费潮流。

这一点类似于当年补钙市场的兴起，众多企业轮番上阵，推广补钙的好处，而且都是实力比较大的企业，概念推广、媒体推广的力度都非常大，合力打造了一个繁荣的补钙市场，一度占据整个OTC市场1/3的销售份额。

同时，在宣传其中切记，不能过多宣传现有水质的不安全、负面信息等，会引发一些问题，而且未来最好能在净水器的新健康科技所带来的利益方面加大宣传力度。

但是，对于现有的净水器企业而言，要实现这一点难度很大，虽然有1000多家企业，但是规模大的企业不多，操作成功的企业不多，有实力的企业不多，这种"三不多现象"，导致很难形成一个推广新消费观念的强大力量，以致新潮流难以在短期内形成。

2. 继续等待消费者的成熟

如果潮流无法形成，只能坐等消费者的成熟，随着消费者生活物质水平的提升，对高品质生活的追求变强烈，家用净水器市场才会逐渐迎来它的黄金期，但这个时间是比较漫长的。

要点
POINTS

如何更好地判断消费者需求是否强烈

选择新开发市场的项目，其中最为关键的一点是判断消费者的需求是否强烈？这一点如何才能做到呢？下面我们揭开这个奥秘：

一个新行业、新品类的出现，判断消费者对其需求是否强烈的关键，是看这个新行业、新品类：一是带给人们新的利益（好处）有多大？二是这个利益一定是消费者容易体验到、感受到的，而且体验感受到的好感是非常明显的，越显著越好！

新行业产品，无非两种，一种是解决问题型的（针对一些带给人们麻烦，却始终没有得到有效解决的问题，给出新的解决方法），另一种是享受型（给人们提供更好的生活方式，满足人们更好的生活追求）。但不管是新出现的解决问题型的产品，还是带来全新享受的产品，都要给受众带去新的利益、好处，而且这个利益、好处，一定是消费者很容易体验到、感受到的，体验感受到的好处越明显，对消费者产生的吸引力、诱惑力就越大，消费者的需求就会越强烈；否则，体验感受越不明显，消费者的需求就会越弱，市场操作前景就越难。

例如，火车等新型交通工具的出现，改变了传统的交通方式，让出行更快，大大节省了人们的交通时间；VCD的出现，改变了电影只能在影院看的方式，提高了人们的娱乐体验；手机的出现，改变了人们的通信联络方式，更便捷、更快地找到联系人等，都是给人们带来了很容易体验到的好处，而且非常明显，也很快、很容易的引发热潮。

我们再来分析净水器行业，就很容易发现其中存在的问题，由于不存在水质污染到没法喝的严重程度，因此，消费者对水质存在的问题是感受不明显的，而这些净水器所带来的矿物质的改善，对人体的好处，消费者也是很难体验感受到的，或者是体验感受非常不明显，那么消费者的兴趣和需求自然就很弱，市场操作就会有些艰难。需要付出时间、精力和巨大的教育成本，以及众多有实力企业的合力炒作推广，才有可能出现热潮。

所以，看一个新行业、新开发品类给消费者带去什么利益，特别是这个利益带给消费者的体验感受是否明显，即可以轻而易举地判断出消费者的需求是否强烈。

所谓审时度势，就是善于根据其中的规律，来判断事物发展前景，这是一种极强的能力。

选择一个新开发市场的产品，看的是一个行业前景；选择一个成熟市场的产品，看的是一个产品的前景。相对而言，选择一个新开发市场的产品，无疑属于看"大"势（行业大势），这是一种较高的能力要求。

企业和营销人一定要学会看大势的能力，掌握了判断消费者需求是否强烈的奥秘，达到一种较高的境界，才能做出科学的企业决策，保证企业朝正确的方向发展，避免给企业造成巨大的损失。

第二节   成熟市场的产品选择策略

成熟市场与新开发市场是一对相对的概念，成熟市场指一个已经被成功开发，已引起一定重视并已出现市场热点的市场。

成熟市场产品选择的关键在于差异化优势，在于新产品的独特——独特的科技、独特的功能、独特的目标人群、独特的价格等。成熟市场产品选择有以下三个关键问题。

1. 产品与竞品相比，是否有差异化优势

"人无我有，人有我优，人优我特"，这几乎是每个营销人都知道的一个道理，却也是被很多营销人严重忽略的问题。

在一个成熟市场中，其产品的消费者需求、所处市场的目标人群数量，以及消费者的需求强度等都已经被证实是存在的，此时选择产品不再是"人无我有"的时期，而是"人有我优"的时期。产品与竞品相比，是否具有差异化优势强调的就是这一点，而这一点也是很多企业产品选择时容易出错的地方。

某个市场因为某个产品的成功，迅速成为热点，会出现一大批企业跟风。其中，80%的跟风企业只是看到这个市场能赚钱，但是没有考虑自己是否具有差异化优势，能否分割这个市场，最终几乎都在浪费了不少钱后黯然退出了。

2. 差异化优势的大小

差异化优势的大小，决定了产品与竞品竞争过程中优势的大小、成功的大小。差异化优势越大，产品越容易成功；相反，差异化优势越小，产品越难成功。

根据差异化优势的程度，又可以将成熟市场新产品分为两类

（1）差异化优势大——水平营销（替代升级）。

新产品与竞品相比，差异化优势大到极点，凭借新技术、新潮流等会对整个行业进行一次大的替代升级，实现一次科特勒所讲的水平营销（替代升级营销属于水平营销中的一种）。

（2）差异化优势小——垂直营销（细分市场）。

新产品与竞品相比，不能实现替代升级的水平营销，也要至少实现细分市场（垂直营销），占领部分细分市场。

3.产品效果如何

这方面考虑，与新开发市场产品选择考虑相同。即使你具备新技术、新原料等差异化优势，但效果上没任何改善和提高，消费者一样会抛弃你。因为新技术、新原料等差异化优势只是吸引消费者尝试、并使用，但最终留住消费者，还得靠产品效果。

注意：差异化≠优势

在这里强调一个企业需要明白的问题——差异化≠优势。这个问题与新开发市场产品选择中的"新≠消费者需求"类似，关于"差异化≠优势"这个问题，后续会用"海尔不用洗衣粉洗衣机"的案例来解释说明，大家就很容易明白。

案例解析 \ ANLIJIEXI

01 iPhone 手机

——市场稳定之际，史蒂夫·乔布斯如何颠覆手机格局

↑2007 年 史蒂夫·乔布斯开始的"惊天大逆袭"

市场总是这样残酷，几年时间就会风云变幻，iPhone 手机上市后只用了 3 年多时间，就将整个行业格局打了个稀烂，把昔日两个巨头和一个"贵族"打入

地狱，让我们把这一切重新回顾一下：

1. 当时的状况：复杂成熟的市场，要想站住脚并突围，谈何容易

2007 年 1 月，苹果公司发布第一代 iPhone 手机。

当时的三大风云品牌是诺基亚、摩托罗拉、三星，2007 年第一季度三者份额分别为诺基亚份额 37.8%、摩托罗拉 14.3%、三星 13.4%（第二季度就超越摩托罗拉），三大品牌加起来能占到行业 65%，这已经符合一个经过惨烈厮杀后的成熟市场份额比例（第一名是第二名和第三名之和，三者加起来接近 65%~70%），可以说已经是一个稳固的、巨头垄断的市场。同时还有索尼爱立信、LG 等几大品牌，以及当时风投正旺的黑莓手机。

iPhone 手机就在这种情况下问世了，可以试想突围有多难。

2. 媒体的一致唱衰！苹果会有戏吗

当时，对于苹果要进军手机市场的消息，从美国国内到国外各大媒体几乎一致不看好，如《彭博社》：iPhone 影响力将微乎其微，将只对小部分消费者具有吸引力，诺基亚和摩托罗拉完全不必担心；计算机杂志《PC Magazine》时任总编吉姆·劳德巴克：iPhone 缺陷很多，也许一开始的销量会很不错，但随后就将出现下滑；时任微软高级营销总监的里查德·斯普雷格（Richard Sprague）则表示：苹果 iPhone 在 2008 年销量不会达到 10 万部，记住这是我说的。

当时中国的媒体和资深评论人也几乎持有同样的观点，如"iPhone 不是 iPod，苹果手机注定要失败""美梦成真但不会长久，苹果手机难成大器"等。

↑可奇迹就这么发生了

但是，苹果手机就愣是在这样垄断严重，市场形势不容乐观，媒体和评论人普遍看衰情况下，一路走高，苹果首款 iPhone 手机于 2007 年 6 月开始全球同步发售，发售当天出现了众多粉丝彻夜排队购买的情况，让众多质疑 iPhone 的人都傻眼了，媒体和所有评论人不得不改口承认苹果手机正成为热点，而这仅

仅只是"改变一切"的开始。

仅仅一年之后，3G 版 iPhone 创下了 3 天销售 100 万部的记录。其市场份额和占行业利润不断走高，特别是在智能机领域独步天下，并在当年跻身于全球 10 大手机厂商，2008 年在智能机领域的市场份额是 8.2%，到了 2012 年已经达到 25.1%。而最让业内想不到的是，2012 年苹果手机以占全部手机市场 6.5% 的份额，却分割了整个行业 71% 的利润，手机行业 7/10 的净利润全都被苹果一家公司独占，可以说是手机史上空前绝后的。

↑iPhone 的成功，构建了怎样的"强大差异化优势"

iPhone 问世后的惊人成功，是大家公认的两点：时尚精美的外观设计以及独特的触控技术功能体验。下面我们来分析一下这两点。

当我们回顾手机历史时会发现，手机的突围一直都是"时尚外观设计"和"独特功能体验"的创新，这两点也是引领手机风潮的关键点。

（1）设计上：曾出现过直板、滑盖、彩屏、翻盖、双屏，再到轻薄时尚、黑莓键盘等，每次新风格的时尚设计都会引领风潮。

（2）功能体验上：从基础的通话功能到短信、彩信、拍照、mp3 播放、视频录制播放、商务文件处理，再到智能应用等，每次同样都能引发热潮。

手机的这两个方面之所以成为关键点，一方面因为手机作为身份象征的时尚品（手机问世之初就带有身份象征的属性）而存在，另一方面是高科技产品的特质（带来独特改进和体验、提高大众生活品质）所决定的。

当初众多著名媒体和评论人没有看好，也是出于这两点考虑，因为传统手机巨头诺基亚、摩托罗拉、三星、LG 等，无论是在设计上还是功能上都已经变革了很多次，苹果作为一个手机新军，要拿出点特色真是有一定难度，在当时看来，这样的意见不无道理。但是很明显，当初很多人没有看懂苹果手机在这两点上所做创新的精髓所在。

苹果手机的成功，也恰恰是在这两点上做足了文章，不仅拿出特色，而且拿出了革命性的特色，可以被称为具有破坏性的颠覆式创新。

↑iPhone 强大的差异化优势：
在时尚设计和用户体验上做到了革命性创新

1. 简约、时尚精美设计——引发大规模效仿

iPhone 问世之初，就以精美的圆角矩形设计，大面积的金刚玻璃透明显示屏，轻薄的时尚造型迅速在消费者中引发热潮。

可以说在 iPhone 问世之后，手机的设计甚至可以分为 iPhone 前时代和 iPhone 后时代，iPhone 树立了一种新的手机外观设计潮流，在它问世之后，众多手机品牌都纷纷在手机的外形设计上对苹果 iPhone 进行模仿，而且这种风格的模仿超过了 5 年。一直到诺基亚推出 Lumia 系列，出现纯矩形风格后，才改变这一状况（之后出现了将 iPhone 圆角矩形风格和诺基亚矩形风格结合的矩形圆角），足见 iPhone 对手机工业设计的影响之大。

在这一点上，之前所有人忽视了一个原本应该是意料之中的事情。

乔布斯是一位在产品设计上苛刻追求，而且具备非凡品位的人，这一点在苹果首创个人电脑的早期就已体现出来，苹果电脑的设计感是大大超越同类产品的，即使在乔布斯离开苹果创办 NeXT 时，这种独特风格依然保留。就像当时的投资人佩罗对《纽约时报》所说："我们请一些专业人士看了硬件，他们都被震住了，史蒂夫和整个 NeXT 团队是我所见过最厉害的完美主义者"。而在乔布斯1997年重新入主苹果之后，与天才设计师艾维合作开创了新的苹果风格——简约、时尚，推出第一个彩色 iMac G3（采用彩色透明设计的外壳）就引起了巨大轰动，随后精彩不断，而之后的 iPod 更是大放异彩，多次以独特的设计风格掀起热潮。

在 iPhone 之前，不乏众多品牌推出过设计出众的产品，但是 iPhone 的简约、时尚的精美设计确实是独树一帜，堪称工业设计的典范。在苹果这种简约时尚风格推出后，众多手机品牌效仿更成了一种现象，三星更直接把公司原有的设

计推倒重来，这些就足见 iPhone 设计的强大。

2.独特触屏体验——颠覆传统的手机操作模式

正如前面所说，在消费者功能体验上，每一次大创新，如从基础通话开始，到短信、彩信、拍照、视频录制播放，再到商务文件处理等新功能增加，都会引发强烈反响。然后市场会陷入一段时期微创新（不是新功能增加，只是性能参数提升，如存储短信数量、拍照像素的改变），与微创新相比，大的颠覆式创新，往往会引发行业革命，改写市场格局，iPhone 做到了这一点。

iPhone 在消费者体验上，有一个前所未有的革命性创举，即去掉键盘，成为第一个没有键盘的手机!

iPhone 是率先在手机应用上引入触屏技术体验的产品，这个技术的应用，使得屏幕变大，手机的一体性更强、外观更加时尚；同时，又改变了原有的手机操控方式，轻轻一点，即可实现操作，而且通过触控方式可以便捷地体验更多手机应用（如手机游戏、手机娱乐）等，带给用户的体验，比以前更方便、更刺激，也更酷。

在这点上，人们同样忽略了乔布斯是个极具天赋的发明家。乔布斯曾开创了 IT 行业的众多领先潮流，从最初的个人电脑产业到最早的鼠标，再到最早针对用户的操作系统图形界面等，都与他密不可分。而且更难得的是这么多年来，乔布斯将这种对创新的执着一直持续下来，始终都在追求创新，追求更好的用户体验——让操作更简单、更便捷。另一个最具代表性的例子就是在 iPod 的研发过程中，为了追求极简的设计风格，甚至取消了开关键（在乔布斯看来，无论是美学还是神学角度，开关让人不快，iPod 取消开关键后，如果一段时间不操作，它会自动进入休眠状态，触摸任意键后会自动"醒来"），这个决定让参与项目的所有人都大吃一惊，但也确实让产品更酷，这是其他企业和产品设计人员都很难大胆去做的决定。

无论是外观设计还是独特的触屏体验，iPhone 都给用户带来了全新的利益，开创了全新的体验，成了手机行业的新标准，成为所有手机厂家竞相效仿的潮流，足见这两个特点的差异化优势有多大。而 iPhone 在随后推出的手机中继续改进，无论是手机外形设计，还是手机智能体验都不断提升，也逐渐将 iPhone 推上了手机市场的新王座。

如果不是苹果公司，我们很难想象，换了其他企业，能否在这样一个竞争激烈、巨头垄断的行业，引发如此大的震荡！但是，这个例子也确确实实让我们看到好的产品力有多么强大。技术创新是企业永恒的主题，差异化优势是企业永远都要重视的！

02　六个核桃
——年销售额超过百亿元，又一个单品传奇

↑从 300 万元到百亿元的飞跃奇迹

六个核桃，在短短的 10 多年时间里，完成了一个巨大的跨越。

六个核桃的初创公司河北养元智汇，在 20 世纪 90 年代就成立了，但是业绩一直不是很好，销售收入只有 300 万元，甚至一度濒临破产。2005 年，以姚奎章为首的经营团队以 309.49 万元实施管理层购买，并进行改制，从此发展进入快车道。

公司高层在研讨发展规划时，面对种类繁多的饮料市场，果断砍掉了原有的多个跟风市场的项目，聚焦核桃饮料，使得其 2006 年销售达到 3000 万元；2008 年，在乳品危机之下，植物蛋白饮料获得高增长，六个核桃销售额达到 5.2 亿元；2010 年，六个核桃电视广告登陆央视，销售再创新高，突破 10 亿元；2011 年更是达到惊人的 30 亿元；2013 年的年销售额超过 60 亿元。目前，六个核桃年零售额已经超过百亿元，企业创造了又一个年零售额过百亿元的大单品奇迹。

↑群雄并起的中国饮料江湖

为了便于大家理解六个核桃在产品上的成功原因，我们梳理一下中国饮料

行业发展的脉络。

中国饮料江湖市场巨大，市场规模高达 9000 亿元，因此聚集了一批企业参与，可以说一直是精彩不断、群雄并起，上演了一场场精彩大戏：

（1）碳酸饮料（汽水）。这是饮料市场最早的产品，但是伴随着地道的"洋可乐"，即可口可乐、百事可乐的大举进军，中国的饮料市场出现了"水淹七军"的状况——将中国七大名牌饮料企业变为他们的灌装基地，被新闻界称为"两乐水淹七军"，可口可乐、百事可乐开始引领中国饮料市场。当时能抗衡的一个是如日中天的健力宝，另一个是后面将提到的茶饮料开创者旭日升。

（2）茶饮料。这是中国企业反击的一个创举，将中国的传统饮品变成了一个品类。河北的旭日升最早在 1993 年开创了冰茶这个品类，甚至一度在 1998 年达到年销售 30 亿元，占据行业茶饮料 70% 的市场，但是令人惋惜的是旭日升因为经营不善消失了，这一品类被康师傅和统一继续做大，做成了一个大品类，包括冰红茶、绿茶、茉莉花茶等。

（3）水饮料（纯净水、矿泉水等）。娃哈哈、乐百氏比较早涉入这一领域，当年伴随景岗山一首《我的眼里只有你》，娃哈哈纯净水业绩不断上升。后来出现农夫山泉这个"搅局者"，以天然水为卖点挑起战争，将水饮料又推到一个新阶段。

（4）果汁饮料。国内的汇源果汁是这一品类比较早的引领者，1997 年的央视广告，使得汇源果汁变成全国知名品牌，果汁这一品类也逐渐做大。对此，可口可乐推出了自己的产品美汁源，并取得不俗业绩，后来百事可乐也推出了果缤纷。当时已成为快消巨头的统一则推出了鲜橙多，以"多 C 多美丽"为卖点。而在果汁饮料类别里，农夫山泉公司再出奇招，以"喝前摇一摇"广告成功打造了农夫果园这一品牌。之后农夫山泉公司又成功打造了水溶 C100，以时尚的外形和概念吸引了白领消费群。

（5）功能饮料。维生素功能饮料领域，红牛算是中国市场中最早的探路者和开拓者。但是鉴于消费者意识不成熟，最初几年一直都在教育，这个市场真正的成熟是在达能收购的乐百氏推出脉动之后，这款 2000 年在新西兰诞生的功能饮料，2003 年在中国市场一经上市就迅速火爆，也引发了其他企业的跟进，如娃哈哈推出了激活，养生堂推出了尖叫。

（6）乳品饮料。最早可以追溯到小洋人推出的妙恋饮品，而饮料巨头娃哈哈在 2005 年推出了由牛奶和果汁组合的饮料——营养快线，以独特的口味迅速走红，目前年销售已过 100 亿元，成为娃哈哈的主力单品，其后娃哈哈推出的牛奶与茶的组合——呦呦奶茶，同样业绩不俗。

（7）植物蛋白饮料。露露和大寨核桃露都算是比较早的植物蛋白饮料，前者以杏仁提取为主，后者以核桃提取为主，两者都曾取得过不俗业绩，特别是露露，更是在这一领域引领多年的知名品牌。与他们同时兴起的还有来自海南的椰汁，"南椰汁、北露露"一度成为业内的公认，但是这一领域做得最出彩的还是六个核桃。

（8）凉茶饮料。把这一领域真正做大、做强的是著名快消团队加多宝集团，将一个主要集中在南方，特别是广东区域的凉茶品类，打造成国内饮料的几大品类之一。

（9）水果饮料（严格意义上仍属于果汁饮料）。这一领域在近些年日益红火，从酸梅汤的红火开始，燕京集团以老北京的可乐"酸梅汤"成功打造一个饮料品牌——九龙斋，开创一个细分品类，但由于九龙斋的市场局限性，只在北京及少数地区卖得很火。而在全国市场"酸梅汤的概念和运作"被康师傅抢了风头，此外，在酸梅汤这个品类里还有一个北京老品牌信远斋做得过于低调，但它的历史却最悠久。对于酸梅汤而言，如果操作成功，是可以做成一个像凉茶一样大的品类。

在酸梅汤之后，康师傅又成功推出了冰糖山楂、冰糖酸枣汁这两款产品，在 2010 年销售得很火热。当时面对这种状况，我们就指出这是一种思路，在水果类饮料上还是大有文章可做，果不其然两年之后，冰糖雪梨、冰糖柚子饮料在市场上也卖得很好，实际上这一领域还是大有文章可做。

（10）粮食饮料。通过粮食提取物进行制造的饮料，此前有过粗粮王，但是在市场并没有大热。2013 年，娃哈哈把握住一个机会，把一个区域品类做成全国大品类，那就是格瓦斯，这里得承认娃哈哈对这个细分品类的贡献，如果不是娃哈哈的推广和改进，格瓦斯还是一个区域性品类，不可能做到之后的市场规模，而且传统格瓦斯口味上对于大众来说有点怪，比较难接受，需要改进。2012年我们曾经喝过另一个品牌的格瓦斯，实话说有点难喝，娃哈哈推出的格瓦斯对口味进行了改进，更符合市场和大众需求，不过娃哈哈后来淡化这一市场，该品类也转冷了。

当梳理完中国饮料江湖的时候，我们可以清楚地看到，这里面取得成功的企业，都是在产品上有所创新，具备强大差异化优势的企业。

↑六个核桃：如何打造强大差异化优势，成功突围

正如上面所说，中国饮料市场太大，参与企业众多，可谓高手如云，藏龙卧虎，而饮料市场发展历经多次创新，要想在这样的市场中脱颖而出，并非一件易事。

我们来看一下，六个核桃所具备的条件。

1. 具备差异化

核桃乳饮品，这是与其他产品相区隔的一个品类，无论在植物蛋白饮料里，还是针对整个饮料市场而言，都是有差异化的。

虽然之前有过大寨核桃露，但是由于企业操作的原因，无论市场影响力还是销售业绩，都不够强势，没有创造大的奇迹，不会对一个同类的新产品造成太大的影响和空间挤压，这就给六个核桃留下了一个很好的机会。

2. 有很强特色的差异化优势

六个核桃与其他饮料相比，其主要成分"核桃"，还是具有很强的优势，核桃被称为四大干果（核桃、杏仁、腰果、榛子）之王，具有很高的营养价值，民间对于"核桃具有补脑功效"有高度的认同，这让六个核桃与其他饮品相比，具有很强特色的差异化优势——高营养、补脑功效好。

六个核桃也抓住这个补脑的功效，以"经常用脑，多喝六个核桃"的传播点，将这一功能放大，针对经常用脑的人群进行聚焦式传播，如针对家长宣传经常用

脑的孩子需要多喝，再就是商务人群。这一点也是之前的大寨核桃露所没有做到的——精准对位、精准聚焦，换句话说大寨核桃露只传播了差异化，没有传播优势。

这里值得一提的是，因为核桃的价值为大众所认同和推崇，在推广的时候可以省去很多宣传费用。不像很多不为大众所知的原料所做的产品，首先要教育消费者，让消费者接受这种新的原料，要投入很多教育成本。以上是打造新产品时值得注意的。

同时六个核桃为预防竞品跟进做了一个很好区隔，时刻以"六个核桃"作为宣传和强调核心，强化"六个核桃"品牌名称，而不是主打核桃，有效避免了类似于统一老坛酸菜方便面的宣传不足（统一的传播把"老坛酸菜方便面"做成一个品类，在塑造唯一性上做得不够，为同行做了嫁衣，被竞品跟风推出的产品切割掉不少市场，后来不得不专门对此进行调整，类似的案例还有很多，值得企业和营销人注意。）。

💡 启示 QISHI

成功是选对路，然后慢慢积累

在10年前，六个核桃的公司河北养元智汇只是一家很小的公司，一年300万元左右销售额，是不怎么起眼的，只能算是众多中小企业里的一个，但是选对了路，六个核桃实现跨越式增长，10多年时间年销售增长2000多倍，这是一个多么惊人的数字！

当然，我们也要看到，六个核桃的成功不是短暂的，突然一下子就几十个亿了，也是时间积累起来的。选对路、慢慢积累，总会孕育奇迹！

来自衡水老白干团队的渠道精细化同样功不可没

六个核桃的成功有多种因素，它的产品差异化优势是重要因素，它的广告传播和渠道精细化操作同样也是重要因素。特别是它的团队，主要来自衡水老白干，而在渠道的精耕细作上，是国内的白酒业做得比较到位和领先的，这支团队的作用不亚于当年的加多宝之于凉茶（加多宝运作凉茶时，其终端的精细化可以说代表了国内快消行业的前沿水准）。

只有天罗（媒体广告）、地网（渠道精细运作）都做到位，才能实现裂变式的增长。

03 云南白药牙膏
——"牙龈出血"突围牙膏市场

↑ "牙龈出血"撬动上亿牙膏销售

中国牙膏市场始终是一个备受关注的黄金市场。2005 年，我国牙膏消费达 45 亿支，整个口腔清洁用品市场的规模接近 78 亿元。2017 年，我国牙膏行业市场规模约 257 亿元。

牙膏市场也是一个充满激烈竞争的市场，既有跨国巨头宝洁（佳洁士）、高露洁、联合利华（中华牙膏）等强势品牌加入；还有众多本土传统企业，如两面针、田七、冷酸灵等；同时，更有隆立奇、立白等日化企业加入。可以说，牙膏市场是一个充满财富机会，又极具操作难度的市场。

2005 年，国内著名医药企业云南白药也开始进军牙膏市场。云南白药是中国中药的著名品牌，历史悠久，云南白药膏创制于 1902 年，因其止血、化瘀的功效被称为"中华瑰宝，伤科圣药"。根据市场需求，云南白药推出了针对牙龈出血、口腔溃疡等口腔问题的云南白药牙膏。

虽然云南白药的此举在行业内引起了巨大争议，但短短两年时间，云南白药牙膏就交出了一份不错的成绩。在云南白药 2006 年年报中显示，云南白药已经取得了上亿元的销售业绩。2011 年销售额 12 亿元，2016 年销售额超过 40 亿元。2018 年 5 月，云南白药牙膏占国内市场份额 18.1%，成为新的国产牙膏领军品牌。

↑ 一个具有明显差异化优势的产品

云南白药牙膏所处的市场，是一个成熟的市场，成熟市场产品选择的科学策略是注重差异化优势的大小。与同类产品相比，云南白药牙膏所针对的牙龈出血、口腔溃疡等问题无疑具有较强的差异化优势。

1. 同类竞品卖点

当时，国内牙膏主要为高露洁、佳洁士、中华、两面针、田七、黑妹、冷酸灵、蓝天六必治、黑人、竹盐狮王、洁银、洁诺、草珊瑚、永南、美加净、白玉等近 20 个品牌。其中，以高露洁和佳洁士为代表的外资品牌，牢牢把持第一阵营，一度占据了中国牙膏市场五成多的市场份额（高露洁 26%、佳洁士 19%、中华 10%），第二阵营是年产量 1 亿支以上的几大国产品牌——两面针、冷酸灵、六必治、立白等。

当时，这些产品主要打的功效：

①坚固牙龈、防止蛀牙（高露洁、佳洁士的主要功效）；

②美白牙齿；

③空气清新；

④清凉感受；

⑤双层保护；

⑥全效。

2. 云南白药的差异化卖点

云南白药牙膏与竞品相比，具有明显的差异化优势。云南白药牙膏针对的是牙龈出血、牙龈炎、牙周炎、牙龈萎缩和口腔溃疡等六大口腔问题。与竞品相比，我们可以看到这些市场是一个几乎没有其他竞品涉入的空白市场，同时在解决这些问题时，云南白药牙膏自身具备很强的消费者认同优势。

首先，有牙龈出血等问题的人群巨大。中国患有牙龈出血的人群比例比较大，据统计，80% 的人都有不同程度的牙龈出血。

其次，有牙龈出血等问题的消费者具有明显的消费需求。在中国，牙医一直是一个收入不错的职业，而口腔医院也一直是效益比较不错的医院，国内多个知名口腔医院都受到资本的关注和青睐，这些牙医、口腔医院的一部分收入就是来源于牙龈出血等六大问题。

最后，云南白药这一著名中药品牌能提供很好的认同优势。因为牙龈出血、牙龈炎、牙周炎、牙龈萎缩和口腔溃疡等六大问题，都给消费者以疾病的心理概念，是非一般牙膏所能解决的，云南白药牙膏背后的著名中药品牌能给其带来了很好的认同优势。可以说，云南白药牙膏的选择具有明显差异化优势。目前，市场也证明了云南白药这一选择是正确的。

04 海尔
——不用洗衣粉的洗衣机，有差异无优势

↑巨人的瑕疵——不用"洗衣粉"的洗衣机

海尔是中国企业的一个奇迹，更是一个骄傲。35年的时间海尔从一个亏损147万元的集体小厂发展成为中国电子信息百强企业之首、世界第四大白色家电制造商，多年蝉联中国最具价值品牌。

在海尔的成功中，创新占有重要意义，这一点从其市场理念可以看出来："市场唯一不变的法则就是永远在变""只有淡季的思想，没有淡季的市场""否定自我，创造市场"……

相信营销人都记得海尔曾经推出过一种用来洗土豆的洗衣机，姑且不说这其中炒作的目的有多少，但至少可以让人感受到海尔人面对市场的大胆创新思维。

，创新是对的，"市场唯一不变的法则就是永远在变"也是对的，但关键在于创新一定要是符合市场规律的创新，否则，创新就只赚眼球不赚票子。

海尔不用洗衣粉的洗衣机就是这样一个带有瑕疵的产品，2003年问世后，就一下子沉寂了三年。2006年开始，海尔再次花大力气进行推广。

↑很大的差异化，但不是优势

成熟的市场产品选择要点：差异化优势。不用说，大家都知道，国内洗衣机市场早已是一个成熟市场，洗衣机已经普及，成为国人生活中不可缺少的家电产品。因此，在这样的市场下产品选择就要遵循成熟市场产品选择科学策略——

选择具有差异化优势的产品。但海尔不用洗衣粉的洗衣机，只是一个有差异化，但没有差异化优势的产品。

在差异化方面，海尔的确算是非常成功，"不用洗衣粉"这一点在所有洗衣机中都算得上独树一帜，至少目前为止，还没有其他厂家推出。海尔不用洗衣粉的洗衣机不用洗衣粉的特点，是比较突出的，让它在众多同类产品中大赚眼球，但很可惜这不是什么太大的优势，甚至还是劣势。

1. 不用洗衣粉不是太大的优势

不用洗衣粉的洗衣机与用洗衣粉的洗衣机，区别是什么？很明显在洗衣粉上。

不用洗衣粉能否算优势？顾名思义，不用洗衣粉的洗衣机会比用洗衣粉的洗衣机省下洗衣粉。

可在省钱方面能算优势吗？一袋洗衣粉才多少钱，一年才少用多少袋洗衣粉？这个数目相对于洗衣机价格而言太小了。而且别忘了，你产品的价格远远高于同类产品，这两者打个对抵的话，你的优势就根本不是优势了。如果是同等的价格，一个不用洗衣粉，一个用洗衣粉，那么这个优势比较明显。可是"不用洗衣粉洗衣机"的价格远远高于竞品，因此这种优势已经模糊了，不成为什么优势了。

2. 不用洗衣粉不仅不是优势，而且还是劣势

"不用洗衣粉好吗？"暂且先不说它的价格，就说如果老百姓认可它省钱，会考虑它。可是它还是有一个更关键、更严重的问题存在：老百姓听到"不用洗衣粉"后，心中的第一个疑问会是什么——不用洗衣粉能洗干净吗？如果你无法洗干净，那将成为一个劣势，"不用洗衣粉"就只是一个为了吸引人的噱头，中看不中用。在这方面，海尔不用洗衣粉的洗衣机没有解决这个疑问。

你没有什么证据证明你洗的效果跟用洗衣粉一样，或者说效果比用洗衣粉还要好。至少这一点，你没有在广告宣传中体现出来，而事实上，这是一个无法被证明的事情。

不用洗衣粉确实方便，可是如果洗不干净的话，消费者还是会选择用洗衣粉，那消费者选择一个所谓"不用洗衣粉"的洗衣机，还不如选择一个用洗衣粉的洗衣机，毕竟让人放心、能洗干净啊！洗衣服本来就是为了让衣服干净啊。这样一来，所谓的差异化不仅不是什么优势，反而是劣势。

不仅价格高，而且有可能洗不干净。与竞品相比，有了两个非常明显的劣势，消费者怎会选择这样的产品。千万不要低估消费者的智商，消费者要得不是噱头。

启示 QISHI

海尔的不用洗衣粉的洗衣机很好地说明了企业需要明白的一个关键问题——差异化≠优势，这也是一个很多企业经常会忽视的问题。企业在研发过程中，往往缺乏换位思考，很容易习惯性地站在自我角度上考虑问题，看不到自己产品的缺点。企业一定要学会换位思考，脱离自我角度，多从消费者角度出发。

同时，这个案例也深刻说明：没有永远卓越的企业，没有永远不犯错误的企业，即使是再成功的著名企业也有疏忽的时候。

05 H&M、优衣库
——为何平价快时尚这么疯狂

上面的几个案例，可以归结为两个方向来做差异化优势，一种是产品技术路线，即在产品技术、原料、风格、设计等方面做突破；另一种是价格路线，即在价格上做突破。

平价时尚与它们不同的是，它将技术和价格这两个方向综合起来，走了一种"性价比模式"——以优惠的价格、提供高品质的产品，提供最优性价比的产品，也成为一种独特而强大差异化优势，性价比越高，这种差异化优势就会越明显。

↑中国近万亿的服装产业，巨大的市场空间

服装作为人们"衣食住行"的基本需求之一，消费需求异常强烈，而中国高达 13 亿的人口，更是造就了一个庞大的中国服装市场——规模超过 10000 亿元，而且还在不断增长。

20 世纪 80 年代，中国的服装产业开始起步，从最早的裁缝起步，如：雅戈尔的李如成（1979 年）、劲霸的洪肇明（1980 年），九牧王的林聪颖（1989 年建厂）、才子的蔡宗美（1983 年）、罗蒙的盛军海（1984 年）等从裁缝铺做起，而后纷纷建厂，构建起未来发展的雏形。这些国内第一批服装企业在 20 世纪 90 年代开始创立品牌，开始品牌化运作，进行媒体广告推广以及专卖店建设，并进入资本市场，如杉杉在 1996 年就已成功上市。

被称为国内服装产业"轻资产"OEM 运作的代表美特斯邦威（以下简称"美邦"）、森马在 20 世纪 90 年代开始兴起，它们分别在 1994 年、1996 年开了自己的第一个专卖店。上面提到的第一批服装企业从 20 世纪 90 年代开始纷纷进入资本市场，进行 IPO 上市，进入 21 世纪，美邦和森马分别于 2008 年、2011 年上市，并引起轰动，美邦董事长周成建和森马董事长邱光和先后成为中国财富榜耀眼的明星，身价一度超越老牌服装企业。

此外，在体育服装产业，国内传统老牌李宁一直在和耐克、阿迪达斯竞争，而从福建晋江更是走出了一批生力军——安踏、361 度等一大批国内知名体育服装品牌，实力不容小觑。

同时，中国服装产业在设计上，也在不断提升，从最早的裁缝师傅起家，到 20 世纪 90 年代，雅戈尔等知名企业争相聘请服装设计师，再到一些著名服装设计师自创品牌，如红英、天意、例外、江南布衣等，带动了中国高端定制服装的发展。

这些都说明经过 30 年的发展，国产服装品牌，无论实力还是数量都达到了一定层次，在中国服装市场占据了一定的份额，但同时我们也能从中看到一些问题。

例如，一些企业侧重多元化，对服装专注度没以前高了，老牌服装企业雅

戈尔去做房地产和金融投资了。毕竟和实业辛苦相比，无论是作为稀缺性资源的地产，还是金融投资，相对比实业轻松，这种选择本无可厚非。但话又说回来，服装产业市场空间非常大，如果做大、做强，还是可以出现超大企业，日本首富是优衣库老板柳井正，ZARA 老板阿曼西奥·奥特加更一度取代巴菲特成全球第三大富豪。

再如，中国服装企业的规模需要提升，虽然国内服装企业众多，但是领先的一线品牌，也多是年销售额几十亿元的，超过百亿元规模的不多，而 H&M 等几大国际服装品牌巨头的年销售额都在 1000 亿元以上，甚至超过 1500 多亿元。

中国服装企业的商业运作能力也需要提升，中国的服装产业，从最初的裁缝铺、到品牌化运作，再到渠道"跑马圈地式地快速开店拓展"，之后又进入了"终端零售店业绩提升"这一阶段，这也是从 2012 年开始，众多服装企业的反思。

与此同时，还将面临电子商务的冲击，2011 年，电商的服装交易就已经达到 2035 亿元，2015 年超过 7000 亿元，影响是非常大的。

在这种快速发展与问题存在的情况下，我们来分析一下 H&M、优衣库等平价时尚服装的销售奇迹是如何成就的，希望能给国内企业一些启示。

↑H&M、优衣库等：为何平价时尚这么疯狂

1. H&M、优衣库等平价时尚的奇迹——占据全球服装零售前三位

H&M 是 Hennes & Mauritz AB（海恩斯 & 莫里斯）的简称，于 1947 年在瑞典诞生，创办人是现任董事长皮尔森 (Stefan Persson) 的父亲 Persson。H&M 最初的定位是平价，这个点子源于创始人 Persson 一次美国之行，当时，他在美国看到当地服装店的服装价格虽然很低，但却能获得很可观的营业额，Persson 意识到，薄利多销的确是一个好点子。而当时瑞典的零售业和欧洲大多数国家一样，一向都被昂贵的百货公司主导，因此 H&M 一经推出，便迅速走红！

Persson 儿子皮尔森 1972 年加入公司后，对 H&M 品牌理念进行拓展，跟上时代潮流，在低价之外，再加入流行及品质特色。虽然有许多人认为，这些特色无法同时存在于一个品牌，但是皮尔森却相信公司能够做到，最终形成了 H&M 独

特的商业理念——以最优价格,提供流行、时尚与品质,更成就H&M这个品牌奇迹。

目前,H&M已成为欧洲最大、世界排名前三服装零售商,全年销售额超过1800亿元。

日本的平价时尚品牌优衣库,同样也是一个传奇,优衣库的母公司于1963年创立,1984年创立休闲服饰零售连锁品牌优衣库,目前已成为日本最大的服装零售商,年营业额超过2万亿日元,而公司CEO柳井正更连续成为日本首富。

采用类似平价时尚风格的还有美国的GAP、西班牙的ZARA,同样都是业绩不俗,占据了全球服装零售的前几位。

2. H&M、优衣库等快时尚品牌的强大差异化优势——平价时尚

H&M、优衣库等的成功是模式的成功,并成就了一个巨大的潮流——平价时尚。

长期以来,在很多消费品领域存在比较明显的两极分化,要么品牌产品、价格很高;要么价格低廉,品质低廉。这似乎是难以调和的两个极端,但是随着消费者的成熟,正逐渐兴起一个庞大的群体,他们不仅注重价格,同时还注重品质,他们希望以便宜的价格,买到优质、时尚的产品。

其实,"平价时尚"这种需求趋势不仅体现在服装零售上,在其他业态的零售上同样存在这样的需求和机会。如零售连锁企业沃尔玛、家乐福都拥有同样的追求,它们把握住了这一需求,获得了极大成功;再如家居用品连锁巨头宜家也是如此,宜家追求"将少数人才能享用得起的奢侈品改造成大众能接受的产品,要生产大多数人的家具",生产和销售低价,但设计优美的家具。

这两个看似不可调和的标准,融合在一起,实际上满足了日益兴起的泛中端群体——中低端到中端上下的消费人群、大众人群,这是一个异常庞大的市场。无论是纺锤形的消费社会,还是金字塔形的消费社会,都是一个巨大的群体。

优衣库曾经在2005年折戟过中国市场也是因为定位偏低、专卖店形象档次太低而失利。因为中国市场的泛中端消费者发展也从最初追求价格发展到了价格、品质同步追求的阶段,而只追求价格、品牌形象不上档次会把产品做成低端货。优衣库中国市场直至调整成针对中产阶级,以优惠的价格、提供有品质的生活,才在中

国做得风生水起，这条路径和H&M的中间顺应时代的调整很类似。

↑ 平价时尚模式的强大差异化优势，以及 H&M 是如何做到的

1. 平价时尚模式的强大差异化优势——高性价比

与竞争对手的单一特点相比，平价时尚模式这种二合一的高性价比优势，在两种竞争对手面前都具有强大的差异化优势。

首先，对于低价的竞争对手而言，具备很强的品质优势：对于很多低价竞争对手而言，他们往往只能提供相对低品质的产品，提供不了高品质的产品，对于它们而言，平价时尚的"时尚"这个优势是极其强大的。

其次，对于高品质的竞争对手，又具有很强的价格优势：对于提供高品质的竞争对手而言，他们对应的价格却往往又是高昂的，对于他们而言，平价时尚的"平价"这个优势非常明显。

这种二合一的优势，实际上提供了一种高性价比优势，"同样的价格，更高的品质；同样的高品质，更优惠的价格"，无论是与低价的竞争对手相比，还是与高品质的竞争对手相比，平价时尚产品都具备综合两种的优势，远远大于只具备单一优势的产品，无疑是具备极强的差异化优势，性价比更高，也就意味着它的差异化优势越大。

对消费者而言，平价时尚很好地满足了两类人群的需求：一是满足中低端人群，这个群体收入低、消费低，但是存在想拥有高品质产品的需求，传统低价产品往往提供不了；二是满足使用高品质、时尚产品的中等收入群体，这个群体不是不想使用便宜产品，他们要的是档次，怕便宜了不够档次，平价时尚很好地解决了这两个问题。

2. H&M 如何打造平价时尚的形象

这种性价比模式的关键是性价比越高、差异化优势就越大，采用这种模式的企业，只有在价格和品质两个方面做到极致，才能打造出强有力的差异化优势。

在 H&M 这个案例中，我们可以看到这家国际巨头的精明运作之道，成功

在价格和高品质两方面做到了极致。

（1）实现极致的优惠价格。

发挥全球采购的优势，所有代工加工点都选在劳动力便宜的地区，如中国、土耳其等，形成了良好的成本优势和价格优势。

（2）打造高品质的时尚。

在高品质的时尚打造上，H&M 远远高于普通的平价产品，甚至产品的高端形象和品质，与高端大牌相比，一点也不逊色。原因如下：

①与著名设计师合作。H&M 在服装设计上，与世界著名设计师合作，2005 年，H&M 请来了时尚界泰斗级大师，来自香奈儿(CHANEL) 的 Karl Lagerfeld，他们之间的合作在时尚界掀起了巨大波澜。因为原本天价的大师设计，此时每个人都买得起了。之后，H&M 又请来了明星级设计师 Stella McCartney 和时装界天才级双人组 Viktor&Rolf 推出好似高级定制般的限量系列时装。

②著名明星代言。H&M 还和多位大牌明星合作，如曾联手麦当娜和凯莉·米洛两位世界超一线明星参与设计，并请两位分别代言 M by Madonna 和 H&M Loves Kylie 两个系列；H&M 还曾和著名球星、时尚达人贝克汉姆等展开代言合作。

③高档大气的终端形象。H&M 的专卖店都会选在有档次的繁华卖场，终端卖场的形象设计和店内陈列都非常富有品位，彰显产品的档次。

可以说，H&M 在最优惠的价格和高品质这两个方面产生的性价比上，做到了一种较高的层次，其他的平价时尚品牌，如优衣库、GAP 等品牌无不是如此。

平民时尚路线这种新模式很好地满足了市场上大多数需求，同时又具备明显的差异化优势，沃尔玛、家乐福、宜家等的成功也都是把握住了这种思路。

在金融危机影响、大牌奢侈品销售下滑的情况下，平价时尚依然呈现出良好增长势头，甚至好莱坞一些大牌明星都穿着 H&M、优衣库的服装。在中国市场 H&M 曾创下单店日销 200 万元，进入中国市场不到 3 年实现了年销售 16 亿元的奇迹！

当然，H&M 的成功与它整个运营体系密不可分，但是不得不承认，平价时尚品牌在产品的基础上已经胜出一筹了，它的产品模式极为出众。

启示 QISHI

大众时尚产品具备很大的空间

H&M等的成功，说明在平民时尚、平价时尚、大众时尚的路上，还有很多的文章可以做，很多行业里也存在这样的机会。毕竟泛中端的大众是社会最大的群体，而且随着经济发展，这个群体会越来越大。

就苹果手机而言，它在美国并不像中国市场这样定位成高端机（甚至在中国一度成为手机里的次奢品），iPhone在美国的价位不高，iPhone第一代在美国的裸机价是500多美元，iPhone5s是649美元，对于平均收入数倍于国人的美国人而言，这个价位真不算高，在美国风靡是因为它的时尚、档次，正如乔布斯重新回归苹果后的华丽转身，苹果从高端回归到了大众时尚，拥抱了更大的人群，也创造了更大的奇迹。

宜家、沃尔玛等的成功，说明在市场中存在这样的机会，而H&M、GAP、优衣库等占据全球服装零售巨头前几位，更加说明了这一点，他们在销售额上早已拉开那些走高端路线的服装品牌不知多少身位了。

提供"便宜的价格、档次极高的产品"，将两者做到极致，从而产生极高的性价比，这个市场绝对大有可为。

要点 POINTS

如何更好地判断成熟市场中产品差异化优势大小

人们总在追求更好的产品，这也是成熟市场里新产品出现和存在的理由，甚至是新产品能够改写现有市场格局的唯一利器。

差异化优势实际上是包含两方面的内容——差异化和优势

①差异化：意味着采用了新的东西，如新材料、新技术、新风格、新的含量、

新的营养成分等；

②优势：意味着与传统的、现有的产品相比，在消费者关注的几个利益方面，有了更好的改进，做得比竞争对手更好，如更好的效果、更便捷、更快、更有档次等。

在实际的营销工作中，企业和营销人往往容易忽略后者，只追求了前者。

差异化、新的东西只是一个吸引消费者的噱头，而消费者更关心的是这种新的东西能带来什么好处，特别是在消费者最关心的几个方面——它是否比传统的、现有的产品做得更好，如果能做得更好，而且改善、提高得非常明显，带来的体验、感受非常好，消费者又有需求，就会很感兴趣，进而购买；否则，只有新，没有利益好处上的实质性改进，消费者会觉得就是那么回事，没什么特别的。

如 iPhone 问世之初，采用了新的设计、新的体验，假设仅仅是新，是没有价值的。关键要看在消费者关心的方面，它是否做得更好，消费者关心其是否更时尚、更好看，以及实用的体验是否更特别、更舒服。如果苹果没有带来这些，它对消费者的价值是很小的，也不可能成功，而我们看到，iPhone 的成功，恰恰是在消费者关心的"是否更好看、更时尚，以及使用更方便、感觉更舒服"上带来了前所未有的改进，甚至是颠覆，它的差异化优势自然非常明显，也很容易在市场上打开了一片天空。在 iPhone 之前，苹果曾和摩托罗拉合作推出音乐手机，效果并不理想，其原因就是带来的新设计、新体验不理想，而乔布斯积累后打造的 iPhone 作为一款革命性的产品，引发了行业颠覆式的大变革！

同样，我们再回头看海尔不用洗衣粉的洗衣机这个例子，消费者洗衣服，要么是洗得更快，要么是洗得更干净，或者是价格更优惠。但是对于海尔不用洗衣粉的洗衣机而言，在洗得更干净上并没有超越传统用洗衣粉的洗衣机，而且价格上也没有更优惠（性价比一般），换句话说，不用洗衣粉只是个噱头，并没有带来更好的体验，它的差异化优势自然不明显，市场竞争力也自然打折扣，运作过程中所遭遇的不顺利也成了必然。

因此，在理解差异化优势这个概念上，大家一定不要忘了后面这个优势，做差异化大家是都懂的，即要和别的产品区分开。但是仅仅区分开是不够的，最重要的是在消费者关心的利益、体验上，要做到很大的改进、提升、领先对手，才能受到消费者的青睐，这才是产品差异化优势的核心。

06 很久以前——小烤串卖出大生意，6年卖到6亿元

↑ 小烤串竟做成大型连锁餐饮企业

在国内的餐饮业中，烤串位居第二大品类，也是国内最流行的餐饮品类之一。

虽然，全国各地都有不同的烤串小吃，但是这个品类多数是小作坊式的经营，以路边摊、小店为主，而且很多经营多年以后，还是个路边摊、小店。

与诸多作坊式的路边摊、小店不同，这家串店，却把它做成了大生意。

2008年，一个年仅24岁的年轻人，准备大展拳脚开创自己的事业。在这之前，他只做过服务员和兼职DJ，但是凭借敏锐的眼光和长期的准备走向了成功。

他一直在想找一个项目经营，一次探亲时无意看到的烤串设备开始了他的创业之路，开了一家名为"很久以前"的烤串店。经过3年运作后，2011年创始人开始了另类烤串卖法——卖文化、卖个性、卖风格的样板店，很久以前2.0版本店顺义京汉店正式开业，大获成功。

一年后，这家"很久以前"烤串店开始从北京郊区走向市区，2012年8月20日，"很久以前"烤串店第一家开往市区的门店开业——朝阳路店，再次大获成功。又一年之后，2013年11月23日，再次进入新的阶段——跨区域连锁经营，走出北京，进入了上海。

到2015年，"很久以前"已遍布北京、上海、郑州，乃至千里之外的福州等城市，拥有40余家品牌直营店。目前，"很久以前"门店数量已经突破50家，成为一家大型直营餐饮连锁企业。

在短短6年的时间内，它就从最初的6万元原始资金，发展到年业绩4亿元，估值6亿元，暴涨1万倍，相当传奇。

↑ 另类烤串店，究竟有何独特

同样是做烤串，为何很多店做来做去，还是个小作坊，而"很久以前"这

个烤串店，从最初北京远郊区的一个店，开到了市区，然后开成了连锁，最后又走出北京开向全国。

为什么，它能做到，它究竟有何独特？是什么成就了它的传奇？

1. 一个具有明显差异化优势的企业

我们常见的烤串基本上以路边小摊、路边店的形式为主，给人一种大排档消费的感觉。而"很久以前"所呈现出的是一个另类、个性的烤串，在 2011 年，它从以前一个和其他烤串店没那么明显区别的店，变成了一个卖文化、卖风格的烤串店，另类个性的名字、复古的装饰风格、跨界融合的就餐氛围、独特的无烟自助烧烤体验、品牌化的连锁运作，都赋予这个烤串店不一样的印象和感觉。

这种独特的个性和风格，让"很久以前"与其他烤串摊、烤串店形成了很大区隔。

2. "很久以前"所打造的独特差异化优势

（1）个性的名字——"很久以前"。

"很久以前"这个店名与一般串店相比，无疑显得另类又有些个性的文化气息。

在起名字时，创始人宋吉很有特点，在注册商标时，没有像其他餐饮经营者起那么俗气的名字，而是注册了一个很有特点的名字——"很久以前"，一个有些特别的名字。这种追求独特的思路，表明他已经具备了经营者应有的商业思维。

（2）独特的个性文化——复古风格、个性混搭。

在很久以前烤串店，有着一种迥异于其他餐饮的装饰风格。

进入店内，映入眼帘的楼梯装饰，如同远古时代的洞穴，墙上带有原始猿人形象和石刻文字，有着"人类的先祖们钻木取火，才有后人用火种烧制美味"的独特寓意。这家烤串店做出一种个性的风格，也和它的名字"很久以前"相呼应。

不仅如此，在一些店里，还有个性混搭的特色，如它郑州的一家三层直营店，一楼是 20 世纪 70~80 年代的复古风格，二楼是机器时代，充满各种机械的设计，三楼则是未来时代，每一个包间就是一个太空舱，形成概念混搭的个性化风格。

（3）独特的室内就餐氛围——跨界融合、引入独特娱乐风格。

在装饰风格上形成了自己的特色，而在就餐氛围中，宋吉也大胆进行了跨界融合，他过去有过当服务员的经历，也有过兼职做 DJ 的经历，这些经历也被他用到了烤串店里，把那种独特的娱乐风格带到了烤串店里。

宋吉非常重视"感觉"两个字。整个餐厅的视觉、听觉、气氛，都离不开每个细节的规划和现场员工的调动，都极为下功夫。例如，音乐必须 2 小时更换一次，比如服务员会跟 DJ 沟通，在必要的时候点播一曲点燃现场气氛……

如今，"很久以前"的就餐氛围再次升级，转型强化服务，改变过去的炫酷娱乐风格，追求海底捞式的细致服务，走向了精细化服务的新风格，更加成熟、稳健。

（4）独特的产品——无烟自助烧烤体验。

这是宋吉创业前眼前一亮的发家利器，并进行了改造，形成独特的无烟自助烧烤体验。

①无烟烧烤。

由于独特的环保设计特点，"很久以前"烤串店的餐厅环境和烧烤过程都没有烟。它的烧烤架采用下排烟的方式，避免了烟熏破坏就餐环境，让就餐体验更好。

②自助烧烤体验。

在这里吃烤串，除了部分由店制作外，很多都可以由消费者自己烧烤，通过自动烤串机，这种自动烤串机特别"轻松、省事"——把涂抹好调料的烤串放进凹槽，齿轮会带动烤串自动旋转，自动翻滚烧烤，能让每个烤串各个面都能均匀加热，烧烤到位，口感更好，而且消费者可以按照个人喜好，自己添加调料进行调制。

目前，该环节从自助升级到员工服务，对员工进行专业烧烤培训，用户体验更好。

（5）独特的味道——餐饮的关键，口感还是很不错。

前面说了那么多，装修、就餐环境、无烟烧烤体验，都是锦上添花的方法，而根本还是味道，如果味道不好吃，玩那么多花哨没有意义。消费者对"很久以前"的味道的评价一直不错，在这一点上做到了名副其实，不花哨，产品口感很出色，也真正实现了有了好的基础，然后锦上添花。

而且，为了做好体验，"很久以前"对食材要求也很高，食材全部采用新鲜的，当天腌制并烧烤，充分保证了食材原本的味道。

这几年，很多互联网人士，打着互联网概念进入餐饮企业，热闹了一阵，却在不断变换着玩法。经营不好公司，其根本原因就是在产品的本质体验做得很差，结果热闹一阵，就不断变换概念。他们也是没办法，因为原有的没法继续。

餐饮的本质还是味道，即使你用了各种花哨的概念，如果体验不够好、味道不够好，依然会被消费者抛弃。而按照很久以前这种扩张速度，估值增长潜力和速度，包括盈利能力远高于那些吹起来的泡沫。

独特的装修风格、就餐环境、烧烤体验，以及出众的味道，都让这家烤串店显得与众不同，脱颖而出也就成了自然而然的事情。

2017 年，"很久以前"进行了回归商业经典法则的升级——对产品和服务更加注重。它主打"来自呼伦贝尔大草原的羊肉串"，追求产品主义，口感更好；同时提升服务，在一些就餐服务上直追海底捞。让它的竞争力再次升级、大幅提升。

启示 QISHI

产品泛滥的时代 差异化优势是突围利器

"思路决定出路，布局决定结局"，思路设计得好坏，视野格局的高低，直接决定了未来发展的结果的好坏，"很久以前"发展到今天的成绩，第一肯定是与宋吉的思索密不可分。

在这个产品众多、同质化严重的时代，要想突围，必须要有自己的特色，可以说在创始人宋吉的经营中，这种一开始就追求独特的思路，体现了他具备一个成功商业人的独特思考方式，也成功塑造了"很久以前"的特色，是一个很好体现了"人无我有，人有我优，人优我特"的例子。

在红海的市场也有做出蓝海的企业，在不好做的市场，也有做得好的企业，再成熟的市场，只要你做到了超越竞争对手的特色产品，你还是能很容易成为市场的赢家。

产品力竞争时代到来了

营销发展到今天，很多又开始回归了原点的竞争——产品的竞争，特别是一些行业，当广告、渠道等各种营销手段都被纷纷采用的时候，一切竞争又回归到了原点，即产品力竞争。

很多企业选对了产品，或者推出了出色的产品，可能会瞬间崛起，甚至能把一个成熟的市场重新改写，如云南白药牙膏可以在成熟的市场切割一块份额，更有甚者 iPhone 把一个原本已经竞争十分激烈、十分成熟的市场给颠覆了，把几大巨头纷纷拉下马。随着这些产品的诞生，整个行业的市场格局将被重新改写。

而企业选择错了一个产品，或者是缺乏差异化优势的产品，轻则是几百万元、几千万元，甚至上亿元的资金打水漂，重则可能会使企业陷入崩溃的边缘，而且这样的悲剧一再上演，这就是市场的残酷。

2011 年乔布斯去世时，曾有人评论他是一个成功的产品经理，这句话在当时看来似乎是有些贬义，一个全球市值最高的企业 CEO 做的是产品经理的工作。但是在今天，国内 IT 行业的几位大佬，如史玉柱、马化腾、周鸿祎、雷军等都纷纷把自己列为公司的首席产品体验官，把产品作为企业的重点，也都在说明产品力竞争的回归。

这一点在互联网这个注重高科技的企业特别明显，谷歌、Facebook 的 CEO 都是技术天才型的人物，而很多著名企业因为失去技术方面的灵魂、领军人物而没落，这种趋势会逐渐蔓延到其他行业，如家电、汽车、手机等注重科技的领域。

随着商业发展，其他一些行业，如服装、家居、餐饮、食品、教育培训等也会受影响。

总结来说，产品力竞争的时代到了！甚至有些人称为"产品企业家"的时代到来了！

产品力竞争、特色竞争将会日益明显，不是有意逼大家，而是形势如此、规律如此！

特别是对于很多中小企业而言，企业的规模和实力都不够大，去重视产品似乎有些为难，但是市场竞争就是如此，我们可以看到这些年的趋势，成为巨头的企业，很多都是在产品上引领潮流和趋势的，很少有山寨的企业做成了行业领军企业，除非领军企业经营不善倒掉了！

形势如此，市场发展的规律如此，别无其他。如果企业想做大，做强，乃至成为领军，就需要在产品上好好下功夫。

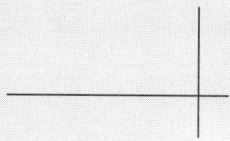

第五章　策划推广力制胜秘诀

策划的好坏是产品成功与否的关键，在产品选择的基础打好后，策划就是最为重要的因素。产品选择是市场操作的先天基础，策划就是决定产品后天发展好坏的关键。

一流的策划可以让二流的产品操作成功，也可以让二流的团队操作成功。但如果策划不好，即使产品一流，团队一流也没有用。

第一节　新开发市场的新产品策划

新开发市场新产品策划的科学策略主要有以下两点。

1. 教育、引导，刺激需求

新开发市场一般都没有引起消费者重视，虽然消费者有一定潜在需求并有一定意识，但是理解不够，对产品重要性认识不够，需要企业在策划过程中对消费者进行教育、引导、刺激，引起消费者重视，从而将市场需求激发起来。

这也是企业容易出现的问题，很多企业往往只是以产品为中心，不管消费者怎样认识，不考虑消费者的想法，不转变消费者的观念，引导消费者消费，就直接盲目地向消费者推荐产品。

2. 塑造自己产品的差异化优势

新产品策划推广过程中，不仅要教育引导消费者，同时还要介绍自己产品的差异化优势，以免自己辛辛苦苦推广了半天，却只是替别人做了嫁衣。

案例解析 \ ANLIJIEXI

21 金维他
——"成功教育、引导" 杭州民生腾飞

新开发市场要对市场进行教育、引导，并刺激消费，将市场需求激发起来。

21 金维他是一个以维生素为主的产品，当时维生素市场还不成熟，维生素价值还没被大众接受，也没形成普遍消费，市场需要教育、引导。

21 金维他，采取一步步教育、引导、刺激消费：

①教育消费者认识、重视维生素价值；

②针对目标人群进行利益诉求、刺激目标消费者购买服用；

③炒热销，炒流行。

……

这一系列精心的策划，同样取得了巨大的成功，让一个老品牌在短短几年间实现了销售的连续多级跳的巨大飞跃。

1999 年，21 金维他系列销售 8000 万元；

2004 年，21 金维他系列销售 6 亿元；

2006 年，21 金维他系列销售 12 亿元。

杭州民生药业也成功实现了腾飞，民生药业 2006 年销售 15 亿，21 金维他系列 12 亿，占到总销售的 80%。

↑21 金维他是如何进行营销策划的

1. 第一轮，教育消费者

在吸引消费者注意的同时，教育消费者对维生素价值认识、重视。

例如，《一份惊人的报告》《你是否上了黑名单》……

这一系列文章，以"惊人的报告""黑名单"等吸引眼球、充满噱头的字眼，在吊起消费者胃口的同时，也成功将维生素的价值普及到了消费者的内心。

2. 第二轮，目标人群对症诉求、刺激消费

在唤起消费者对维生素价值认识、重视的基础上，对老人、中年人、女性、孩子等各个目标人群进行分类利益诉求，刺激消费者购买21金维他。

3. 第三轮，炒热销，炒流行，进一步刺激行动

在完成教育、利益诉求后，以炒热销、炒流行的方式，进一步刺激市场。

例如，《改善营养，杭州人在行动》《维生素，真的火了》等系列文章，

这一系列广告，在利益告知的基础上，利用人们的跟风心理，进行热销刺激，进一步促使消费者行动。

思路决定方向、策略决定出路。策划不是单篇、零散的，而是整体、系统的，营销人一定要培养自己系统的策划思路，上面列举的案例策划思路科学、严密，希望大家在学习它成功的教育、引导策划的同时，对策划的系统性也要有更深刻的认识。

新开发市场策划推广时一定要"教育引导 + 差异化优势"

新开发市场策划推广的核心策略是教育，引导，刺激需求，并塑造自己产品的差异化优势（见图 1.5.1）。

这里提醒企业和营销人注意，一定是"教育、引导 + 产品差异化优势"，两个方面紧密相连，千万不要只教育、引导了，却不介绍自己产品的差异化优势和独特性。否则，企业辛辛苦苦推广了半天，却只是替别人做了嫁衣。

很多企业，在推广中也容易出现这样的错误，以致把产品广告做地跟公益广告一样，为所有同类产品做了贡献。

黄金搭档在推广中也曾出现过这样的错误。黄金搭档前期试点推广时，曾采取了新闻体软文策略，但是效果不理想，这里只谈黄金搭档在教育、引导推广时出现的一个问题——教育、引导时，强调产品差异化优势上做的工作不够。

例如，黄金搭档为教育并普及维生素，所做的《营养不良害孩子》《中国人怎么吃饭》《海军上将的悲剧》《白米惹的"祸"》《美国＜科学导报＞报道：人无维生素，只能活 10 天》等系列功效软文。

这些软文不可谓不精彩，但是黄金搭档不是唯一的维生素产品，因此在对消费者进行维生素的教育、引导的同时，一定要强调黄金搭档这个维生素组合产品与其他同类产品相比的差异化优势，但推广中这个工作做得相对比较少，以至于黄金搭档的试点初期，软文一打，自己销售上升不多，而同类产品销售却上升不少。

黄金搭档前期试点推广的这个错误，幸好只是在试点时出现，而我们不少企业在没有试点就直接向全国推广时，依然存在这样严重的问题，其结果就是为所有同类产品做了公益广告，白白浪费了自己的巨额广告投入，这一点特别值得企业注意。

"新开发市场新产品策划"一定要教育、引导，刺激起消费者的需求和购买欲望

图 1.5.1　新开发市场策划推广要点示意图

第二节　成熟市场新产品策划

成熟市场新产品策划的目标，与成熟市场新产品选择的思路基本相同，要塑造产品与竞品相比，更强大的差异化优势。

例如，独特的科技、独特的原料、独特的成分、独特的产地、独特的功效、独特的功能、独特的目标人群、独特的价格、独特的含量等。让消费者意识到自己产品是他们购买的最佳选择。

成熟市场新产品策划的科学策略。

成熟市场的策划可以分为两类：①细分市场（垂直营销）策划；②替代升级策划。

1. 细分市场产品（垂直营销）策划

细分市场，又称垂直营销，即避开激烈竞争，对市场进行细分，如目标人群细分、功能细分、功效细分等，以凭借产品的独特优势赢得某一部分人群，占领某一部分市场。

（1）牙膏细分：防止蛀牙、美白牙齿、口气清新等。

（2）感冒药细分：治感冒见效快、中西医结合等。

细分市场新产品策划的科学策略要点在于塑造产品强大的差异化优势，如产品独特的产地、原料、功能、价格、影响力等强大的差异化优势。

2. 替代升级市场产品策划

替代升级属于水平营销的一种。替代升级不同于细分营销的"对市场进行细分，以占领某一市场"，而往往对市场进行一次整体性的大革命，通过其革命性的新技术或超低的新价格，对市场进行一次大冲击、大改写，甚至是大颠覆。

替代升级策划，一般分为两种情况：领先者通过不断的产品技术、价格升级，一直领先对手；市场后进入者通过技术、价格替代升级，对市场格局进行重新改写，甚至是颠覆。

替代升级市场产品策划的科学策略要点是替代升级，往往是对市场进行一次大革命，在"边破边立"中完成市场格局的改朝换代。

（1）破——曝光、爆料传统产品的不足。

采取曝光（传统产品不足）、爆料（行业惊人内幕）等形式，将传统产品的不足置于风口浪尖，引起社会广泛关注，引发公众对传统产品的质疑。在营销过程中往往和新闻营销、事件营销等高端营销形式结合，引起爆炸性的轰动。

（2）立——树立自己产品的独特。

在曝光传统产品不足，破开原有市场格局的同时，顺理成章地将符合要求并代表最新潮流产品——自己公司独特产品推广出来，完成新市场建立，改写市场格局。

替代升级是一个市场营销高手们屡试不爽的策略，农夫山泉饮用水升级、金威啤酒绿色工艺、格兰仕价格风暴等都先后创造了惊人的营销奇迹，市场的改变有时很简单。

■ 案例解析（细分市场）\ ANLIJIEXI

01 白象方便面
——大骨头熬汤，熬出市场"探花郎"

↑巨大的方便面市场 风云变幻的市场交锋

方便面是目前世界上销量最大的食品之一，而我国是全世界方便面销量最大地区，占世界方便面总销量的1/3，市场空间超过800亿元。

如此巨大的市场，吸引了众多国外企业抢滩，以及众多国内精英的参与，使其呈现出风云变幻的市场形势。

20世纪80年代，作为外商最早涉入内地企业之一的华丰，一直是中国最大的方便面生产企业，连续多年销量位居全国第一。

但进入20世纪90年代后，这一优势很快被后来者——康师傅（成功推出"红烧牛肉面""福满多"系列）、统一（成功推出桶装方便面"来一桶"）等超越，紧接着本土企业华龙杀入前三。

2002 年，华龙继续发力，推出今麦郎系列，以优质小麦为卖点，成功上位，将统一从第二的位置推下。

2004 年，白象方便面，推出大骨系列，以营养为诉求，销量大增，严重威胁统一的第三位置。

2006 年，中旺集团炒作推出"非油炸方便面"五谷道场，迅速蹿红，被评选为 2006 年度中国成长百强（非上市公司）冠军。

……

"市场唯一不变的法则就是永远在变"，每一次创新都会成就一个企业，创造一个传奇。

↑国内方便面市场的发展演变

在讨论白象方便面之前，我们先梳理一下国内方便面市场的发展演变。

1. 方便

这是方便面区别于其他食品最大的特点，也是方便面食品出现之初的最大卖点。

当时，谁能生产方便面这一方便食品，谁就会获得巨大经济效益。例如，华丰就曾抢占先机，成为国内最大的方便面生产企业，在中国方便面问世之初获得了巨大经济效益。

2. 味道

随后，国内方便面市场日渐成熟，出现了众多方便面品牌。方便面市场不再是过去只要生产方便面就会卖得不错的状况了，而是要比竞争对手做得好才行。大家不仅仅致力于方便面"方便"这一特点，还开始拼方便面的味道了。

这时，康师傅推出了红烧牛肉面，以"香喷喷好吃看得见"红遍大江南北，并成功将华丰逼下第一的宝座，其后红烧牛肉面被迅速跟风成为一个品类，几乎成为方便面的代名词。

此后，康师傅继续推出不同风味新品，令人遗憾的是，其后再也没有取得如"红烧牛肉面"一样巨大成功的新品。但对于康师傅而言，市场成绩已经非常不错，至今已稳坐国内方便面行业第一位置多年，其最高市场份额曾一度高达45%。

因为方便面行业竞争激烈、利润微薄，大部分厂家不愿创新，只愿跟风，导致方便面市场在一段时间里很少出现亮点。

直到2002年，一直战斗于中国农村市场的华龙推出新品——"今麦郎弹面"系列，在方便面的"味道"方面做出了新文章，从"面粉"角度出发，强调华龙优质麦场，好面粉有好味道（在国人的吃面习惯中，对面粉质量还是比较讲究的）。

其实，从味道角度出发，方便面可做的细分市场还有很多，毕竟红烧牛肉面等只是味道中的几种，从味道出发的细分市场还是有很多空间可以继续挖掘。

3. 营养

大家都知道，虽然方便面因其食用方便成为人们日常重要的消费品，但方便面一直有一个为人们所普遍诟病的问题——没什么营养，吃多了对身体不好。方便面多年被列为"十大垃圾食品"之一就是一个证明。这是困扰方便面市场空间继续扩大的一个重要问题，这也是今天人们生活质量提高后的更重视的一个问题。如今人们对待食品的态度，不仅仅满足于填饱肚子，而且更注重养生、营养。

因此，如果方便面能在"营养"上做文章，无疑具备极大的优势和机会，很容易引起消费者的兴趣。他们也会很容易选择这种有"营养"的方便面。

同样，"营养方便面"的市场机会还很多，大骨只是具备营养特性的一种，方便面从"营养"这一卖点出发的市场空间依然非常大。

4. 健康

健康是方便面"营养"卖点的一个细分、延伸发展，方便面不仅仅是一种方便、快捷的食品，而且应有一种朝着营养健康的方向发展，这也是今天人们健康意识日益提高的结果。

2006年，方便面市场以健康为卖点运作了一个产品——"非油炸方便面"

五谷道场，以"油炸方便面致癌"（事后专家推翻了这一论断）掀起了方便面市场的轩然大波，并取得了惊人的销售业绩，其生产企业中旺国际投资集团凭借3年2003%的增长速度摘得"2006年中国成长企业百强冠军"。

↑白象大骨面具有明显的差异化优势

通过对方便面市场发展的整理，我们可以很清楚地看到白象大骨面与其他方便面产品相比，是一个具有明显差异化优势的产品。

1. 其他方便面的卖点——味道

在白象大骨面之前，从未有其他同类产品打出营养的卖点，其他方便面的卖点主要集中于方便面的不同味道上，例如，康师傅的红烧牛肉面（红烧牛肉面几乎快成了方便面的代名词）、麻辣牛肉面、海鲜面等，华龙的今麦郎系列则从另一条路，即强调面粉的质量，来暗示方便面的味道好。

2. 白象大骨面的差异化优势卖点——营养

骨头在国人心中一直是营养、健康、大补的象征，人们生病、体弱时，都会说熬点骨头汤补补。借用大骨在消费者心中营养概念，白象大骨面成了一个营养方便面。

营养的方便面与仅有"味道"的方便面相比，其优势不言而喻。

白象大骨面的策划，更是紧紧抓住这一点，诉求"含有丰富的骨胶原""大骨熬汤、身强力壮"等（其实，营养方便面的市场还很大，大骨毕竟只是具备营养特性的一种）。

市场也证明了这一卖点的成功，很快便引得了同类产品的跟风，包括方便面市场老二的华龙也推出了今麦郎骨汤面；对于白象食品集团而言，不仅销售大增，还成功实现了从中低档产品向高档产品的成功突围。

市场永远不缺乏机会，白象及今麦郎、五谷道场的案例，都说明了这一道理。即使是在市场激烈竞争的情况下，只要营销人肯下功夫，把市场研究透彻，在营销上不断创新，市场奇迹依旧可以创造。

02 特仑苏
—— 不是所有牛奶都叫特仑苏

↑传奇的蒙牛和特仑苏

蒙牛成立于 1999 年，在成立之后就跑出了"火箭"般的速度。

1999 年刚创立时，蒙牛一文不名，名列中国乳业的第 1116 位；

2000 年，实现销售收入 2.47 亿元，同业排名第 11 位；

2001 年，实现销售收入 7.24 亿元，同业排名第 5 位；

2002 年，实现销售收入 16.68 亿元，同业排名第 4 位；

2003 年，实现销售收入 40.71 亿元，同业排名第 3 位；

2004 年，实现销售收入 72.14 亿元，同业排名第 2 位

到 2004 年，蒙牛已经成功挤掉第三（当时的第三年销售 67.86 亿元），成为仅次于伊利的中国乳业亚军，同年，伊利的年销售业绩 87.35 亿元。

之后，蒙牛和伊利齐头并进，相继跨越 100 亿元、200 亿元，300 亿元，400 亿元，500 亿元，第三名被甩开的差距越来越大，中国乳业进入双寡头时代。

而特仑苏牛奶就诞生在蒙牛夺取乳业亚军之后的第二年，2005 年这一年，蒙牛有两个营销举措引发了营销界乃至整个国人的关注，一个是和湖南卫视联手举办蒙牛酸酸乳冠名的第二届超级女声，大获成功，酸酸乳的销售额从年销售 7 亿元一下子跃升到年销售 25 亿元。另一个就是率先推出了国内中高端乳品——特仑苏，将中国乳业细分营销时代推向了新的高潮。

2005 年年底，特仑苏上市还不到 1 年时间，在上海——一个蒙牛并不占据优势的市场，特仑苏销量就达日均 1 万箱。有消息称，当时特仑苏毛利润大约是 10%，这意味着蒙牛每天在上海市场就能赚到至少 4.5 万元。2006 年 3 月底，特仑苏再接再厉，又推出 OMP"造骨牛奶蛋白"概念，以高科技烘托，提升品牌价值，此后，特仑苏更是势如破竹。

蒙牛特仑苏的成功，也引发了对手的跟进，到 2007 年，各大乳业品牌纷纷

推出自家高端液态奶，争夺这一市场。伊利推出了金典、光明推出了倍优、三元推出了极致，高端乳品市场一下子进入了混战阶段，但是由于特仑苏最早开辟这一市场，提前成功占位，而且巩固措施也做得比较到位，在该领域的市场份额一直居高不下，即使经历一些风波之后，依然占据较高份额，2016 年特仑苏营收突破 100 亿元，而且由于特仑苏的利润较高，它成了蒙牛重要的"利润奶牛"。

↑特仑苏的差异化优势

蒙牛特仑苏作为首款高端乳品，实现了中国乳业的一个跨越，进入新的人群细分时代，也标志着这个行业逐渐进入新的发展阶段，而特仑苏本身无论在市场人群细分上，还是产品塑造和传播推广上都构建了极强的差异化优势。

1. 差异化优势 1：首创的细分市场——第一款针对中高端人群的乳品

关于这一点无须多言，蒙牛特仑苏是国内第一款开拓中高端市场的乳品，这是当时所有竞品都没有做到的。直到 2 年后，其他企业才纷纷开始跟进，一开始，特仑苏无疑在市场细分人群上做到了差异化优势。

2. 差异化优势 2：成功的产品塑造和传播——高端金牌牛奶

在首创细分的乳品中高端市场的同时，蒙牛特仑苏成功进行了高端形象的策划和传播，牢牢占据了这一领域的制高点，从而在之后的竞争中保持了较好的优势，避免了"只是开拓市场、为别人做了嫁衣"的悲剧，很好地在产品塑造和传播上构建起了差异化优势的护城墙。

（1）塑造优质高端产品——金牌牛奶。

"特仑苏"在蒙语中是金牌牛奶的意思，而蒙牛在特仑苏产品上可谓围绕金牌进行着优质打造。

优质的奶源带——位于中国乳都核心区和林格尔，依托北纬 40 度左右，世界公认的"黄金产奶带"，常年温暖的日照和舒适的气候，以及海拔 1100 米之上独有的土壤，并汇集了世上优越的草原。

优质的奶牛——一万头精选自世界四大洲的良种乳牛。

优质的牧场——北纬 40 度地区的牧草本已足够鲜美，在特仑苏的专属牧场里，更是精选来自欧洲、美洲等 12 个国家的高品质牧草。

营养成分高——每 100 克牛奶中蛋白质含量 3.3 克，比国家标准高 13.8%，其整体营养含量更是高于普通牛奶，而且口味更香、更浓、更滑。

这些都很好地支撑起了特仑苏中高端乳品的形象，以及金牌牛奶的产品品质。

（2）媒体传播的高端化。

特仑苏的媒体传播，更是有效地塑造着产品的高端形象，无论是广告中出现的精英人物形象，还是所有视频广告的场景、画面风格，都在力求传递、展现一种高端的气质，从多方面烘托产品的高端形象。

2009 年，国际著名钢琴演奏家朗朗成为特伦苏牛奶的代言人，朗朗所独有的艺术气质和知名度再次对特仑苏的高端形象进行了很好的诠释和演绎。

（3）公关活动的高端化。

同时，特仑苏赞助了一系列高端商务活动，既有利于和目标人群对接，同时也很好地拓展、提升了产品形象。

2006 年 10 月 22 日，第 27 届世界乳业大会上，特仑苏力压澳大利亚和英国两大老牌乳企，获得了 IDF 世界乳业大会全场大奖，代表中国及亚洲乳业夺得第一枚世界金牌。

2007 年至 2011 年，特仑苏被指定为博鳌亚洲论坛的官方合作品牌，并被博鳌亚洲论坛秘书长龙永图称为"中国第一奶"，且于 2011 年获得大会颁发的"博鳌之星"荣誉奖杯。

2007 年 8 月，夏季达沃斯会议指定特仑苏为大会指定用奶，各国嘉宾都很青睐特仑苏。

2007 年 10 月，特仑苏荣获"影响中国生活方式十大品牌"的称号。

2009 年 12 月，郎朗成为特仑苏金牌形象大使，与特仑苏携手共同打造"品质＋艺术"的品牌内涵。

2009 年至 2011 年，连续 3 年举办特仑苏城市音乐会，为会员开启高雅艺术新体验。

如果只是开辟高端市场，而没有在策划和传播上及时对这一高端市场进行制高点的占领，很容易导致之前做的很多工作，成为后来者的铺路石，当强有力的后来者进入后，会迅速被夺去市场。但是蒙牛特仑苏的工作是做得相当到位的，从创立之初，到众多竞品跟进，再到经历风波，仍占据着制高点，一直保持大幅度领先。

客观地说，蒙牛的营销团队在中国奶业的营销史上还是留下了传奇的一页，在中国乳业从粗放式经营到品牌化运作，再到高速增长的发展过程中所创新的诸多手法，都与这支团队有很大的关系。而在蒙牛成功推出国内首款中高端乳品特仑苏之后，中国乳业的细分营销掀起了新的热潮，如专门针对白领女性的乳制品等一系列细分产品出现，中国乳业从大众液态奶时代，开始大踏步地进入到人群细分时代，也进入到更加成熟、更加精彩的时代。

要点
POINTS

中国商业的人群消费细分时代到来

随着经济发展、物质条件的改善，以及年龄、收入、职业、消费意识等多种因素的影响，消费者的多级现象会日益明显，消费需求从统一化走向个性化，走向消费细分时代——分众式消费时代。

这是社会发展进步的一个体现，也是很多行业都将经历的一个发展过程，在家电、家居、手机、日化、汽车、餐饮等多个领域都出现了这个转变过程。

1. 收入细分

因为年龄、职业、家庭条件等不同，会形成消费者按收入不同的细分，出现低端、中低端、中端、中高端、次高端、高端等多个消费层级。

如在智能手机领域，从价格分可分为：1000元以下、1500元左右、2000~2500元左右、3000~4000元左右、5000元以上、1万元以上等，而其对应的都是不同的消费群体。

再如家居市场，存在着针对低端的批发卖场、针对大众的中低端卖场、针对大众及白领的中端卖场、针对精英白领及企业领导的高端卖场、针对级别更高端人群的超豪华家居卖场。

汽车行业算是最早开始针对不同收入人群进行产品开发的现代行业。美国通用汽车公司史上伟大的CEO阿尔弗雷德·斯隆（1923~1946年担任通用公司的CEO、董事长）做了在当时的一个开创性的举动，就是为不同的人制造价格相当的汽车，这也是最早的分众式消费。

1886年，"汽车之父"德国人卡尔·本茨发明的汽车获得专利，也意味着第一辆汽车的诞生。同年，卡尔·本茨组建的奔驰公司和戈特利布·戴姆勒组建的戴勒姆公司相继推出了汽车产品。而1900年前后，多个国家（如法国、美国、英国等）也相继推出了商用汽车，如著名的美国品牌福特诞生于1903年。

通用汽车CEO斯隆采用了产品的细分人群策略，针对不同消费层次的人群，采用不同的汽车品牌去主打，从而实现了多个价格区间市场的精准占领，多翼齐飞，于是，通用汽车在美国的业绩迅速飞涨，市场份额从1921年的7%，一度最高上升到1940年的50%。

到今天，汽车市场有低端车、中级车、高档车、次奢级豪车、奢侈级豪车等多个价格层级，国际汽车巨头们都会有多个子品牌，实现了不同价格区间、不同消费者的覆盖。

回顾一下，特别是特仑苏的案例，正是把握了中国乳业的发展变革趋势，很好地迎合了中国乳业进入细分时代的需求，推出了特仑苏这一针对高端人群的乳品。

2. 年龄细分

随着发展，会出现不同年龄的新的消费需求，如大学生群体、毕业新人、婚育年龄人群、30~35岁人群、40岁左右、中年人群、中老年人群等，不同的人群都会呈现不同的消费特点。

年龄细分消费日益明显的代表例子就是2013年的电影《小时代》，从艺术上讲这部电影是不足的，描述的拜金生活与那个年龄段的大众基本上脱节，属于白日梦类型的作品。当大学毕业生工作1、2年，对生活有了一定认知后，基本上会认为是个不现实的青春童话，严重脱离生活，不再喜欢，但是这部电影在商业上却是成功的，因为它符合了高中生、大学生（大四学生除外，处在就业压力下的大四毕业生很难再相信这种青春童话）这个年龄群体不懂生活的白日梦特点，居然也实现了高票房。从艺术创作的角度，不赞同这种白日梦的输出，当学生过多沉浸在白日梦后，一旦面对现实的巨大失落，所带去的心灵冲击会非常大。但是《小时代》商业成功的背后，所反映的青春学生群体日益壮大，以及与之相伴的令人吃惊的消费能力，是值得营销人思索的。

《小时代》是个青春年龄消费的典型，同样，其他不同年龄段的消费也呈现出不同的消费特点，随着年龄成长，经济状况的改变，很多消费观也随着调整。

3. 专业领域细分

在一些领域的消费，又会呈现出不同的专业化的细分，如针对企业市场、专业人士市场、大众消费市场。

如苹果的电脑，有针对企业、专业人士的产品，也有针对大众消费的产品。而惠普、戴尔、联想等 IT 产品，同样也存在这种产品细分。

产品人群细分时代到来 企业要学会聚焦分众、做透、做细

随着人群细分时代的到来，在很多行业、很多领域的商业运作，都会出现消费的细分，企业要善于把握这个趋势，学会如何适应分众需求，如何在分众中取得成功——在细分市场做到聚焦、做专、做精、做透。

首先，善于发现有价值的分众。

企业要善于把握行业发展的趋势，是否到了分众的时期，市场是否存在这种需求，这个人群市场是否足够大？消费力是否够强等，都极为重要。

其次，要清楚的明确目标人群特点。

能否把握一个分众市场的前提，是要对目标人群进行更清晰的了解和界定，什么样的需求，什么样的策划和塑造、如何满足这个群体的需求等。

如低端人群注重价格，中低端人群注重价格和品牌，中端人群注重品牌和品质。对高端人群而言，价格已经变成次要问题，档次、身份和品牌成为主要因素，不同人群的需求是不同的，因此，企业在制定策划上要认真思考这些问题。

再次，争夺分众市场，要建立强大差异化优势——构建防护墙。

一方面，建立分众市场，要构建"防护墙"——强大差异化优势。

如蒙牛的特仑苏，当开拓高端市场时，必然会有大量的企业跟风，如果不能构建起防护墙——强大的差异化优势，很可能只是为竞争对手做了嫁衣，而在这一点上特仑苏做得是比较到位和成功的——金牌牛奶、黄金产奶带、天然牧场、良种奶牛、高蛋白含量等，让其在成功开拓这一领域后，依然保持高份额。

另一方面，争夺分众市场，同样依靠"攻墙利器"——强大差异化优势。

想要在分众市场成功争夺、切割开拓者的份额，同样依靠强大的差异化优势，因为分众市场的开拓者，往往会占据"先入为主"的优势，跟随者唯有具备超越开拓者的强大差异化优势，才能击败市场领先者，打开这一市场。

选择分众时需要关注：所选择的分众市场消费人群是否够广？消费力是否够强？

做好应对竞争对手跟进的准备：要构建起强大的防护墙，具备源源不断的创新能力。

最后，打破人群细分的唯一途径——技术上具备革命性的产品、竞争对手的跟进不多。

能打破人群细分、价格细分的唯一途径，就是推出技术上领先的、具有革命性的颠覆产品，而且尚未被竞争对手大量仿进。

这种技术上领先的产品，可以打破消费者分级的藩篱，吸引多个层次人群，如苹果手机的成功就是一个例子，凭借技术的优势，引发了高、中、低各个人群的购买，而不仅限于高端人群。

但是，被模仿、被跟进是市场中无法避免的状况，即使是苹果的 iPhone，也遭遇了大量的模仿——外观设计的模仿、触屏体验的模仿。当这些昔日优势被同行模仿、跟进后，竞争对手往往会以相对优势的价格会切割去一部分人群，苹果如果想保持领先，没有别的办法，只有不断推出具有极强创新性的产品，再次领先对手，再次把消费者带回，这也是乔布斯回归苹果，在 iPod、iPhone、iPad 上不断创新而产生的魔力，但在失去乔布斯之后，这种魔力在下降，这对苹果的未来是个考验。

当苹果缺乏颠覆性的创新产品，与竞争对手的领先优势不再明显，或者没有以前那么悬殊的时候，同时高端市场剩余空间变小时，推出中端价位产品，获取更多份额和利润就成了必然，如 iPad 推出之后 iPad mini 的产品推出，就遵循这一策略，也很好地实现了业绩提升。

然而，对于市场的跟进者而言，就要在不同区间推出具备强大差异化优势的产品——在分众市场具备超高性价比的产品，来实现对手机消费者的细分切割，挤压 iPhone 的空间。在其他领域的跟进企业想要突围，也必须走这条路径。

✶ 案例解析（替代升级市场）＼ ANLIJIEXI ✺✺✺✺✺✺✺✺✺

01　农夫山泉
——升级之战颠覆饮用水市场格局

↑ 农夫山泉矿泉水升级饮用水市场

1996—1998 年，国内饮用水市场处于快速发展和洗牌的时期，一边是全国包装饮用水企业发展到近 2000 家，另一边是逐渐形成娃哈哈、乐百氏、康师傅三大纯净水集团，且战事仍不断继续。

当时，娃哈哈推出当红歌星景岗山的"我的眼里只有你"广告，而乐百氏推出模仿著名案例"喜力滋"啤酒的"蒸汽消毒"广告，推出"二十七层净化"的纯净水概念，一时间，两大巨头风光无限。

然而，娃哈哈、乐百氏的好日子还没过多久，一个 1997 年刚刚涉入饮用水市场的公司农夫山泉，却在短短三年时间里，成功掀起一场饮用水的颠覆战——矿泉水替代纯净水，并成功改写饮用水市场格局。

↑ 概念营销、事件营销相互交融，成功打赢颠覆战

1997 年，农夫山泉公司出人意料地宣布进入饮用水领域，此时饮用水市场已经竞争非常激烈，出现了娃哈哈、乐百氏等强势领导品牌。可以说，当时农夫山泉进入饮用水市场风险极大，操作难度也极大，要想在纯净水市场突围绝非易事。

经过两年的准备，在积累了市场经验、资金、品牌知名度和渠道之后，农夫山泉利用其擅长的概念营销和事件营销，展开了饮用水市场的颠覆战。

1. 大力宣传"天然水"优势

农夫山泉抓住自己天然水的优势，大力宣传天然水的优越性，一时间对传统纯净水巨头形成巨大冲击。

2. 停产纯净水

行业中的波澜没有让农夫山泉退却，反而采取了更进一步的行动，2000 年 4 月，公司总裁钟睒睒宣布了一项惊人的决策：农夫山泉不再生产纯净水，全部生产天然水。

3. 广告打击

农夫山泉在中央电视台播出一则"水仙花生长对比实验"广告：两组水仙花，分别养在农夫山泉纯净水和农夫山泉天然水里，这两杯水看上去毫无差别，但一个星期后，结果大相径庭。于是，广告中的老师对学生们说："同学们，现在我们知道该喝什么水了吧！"。同时字幕上出现：宣布，停止生产纯净水，全部生产天然水。

4. 发起青少年争做"小小科学家"活动普及天然水

2000 年 5 月 26 日—7 月 6 日，由中国青少年科技辅导员协会主办，在多个城市组织当地小学校学生参加"天然水、纯净水与自来水比较实验"，通过实验了解水与水的差异性。

在这些融概念、广告、新闻于一体的系列营销组合拳后，不仅整个事件引起了全社会的广泛关注，农夫山泉也因此一举成名，同时传统饮用水市场格局也被成功改写——对手不得不改生产天然矿泉水，农夫山泉也成功在饮用水市场占据优势。

其后，它推出"农夫山泉有点甜"的广告进一步稳固自己在天然矿泉水市场的优势，同时于 2001 年、2002 年相继推出了"农夫山泉支持北京申奥一分钱活动"和"农夫山泉支持贫困地区体育事业的阳光工程"，每一次都成功提升了农夫山泉的品牌。

02 格兰仕
——价格风暴改写微波炉市场格局

今天，格兰仕已经成为国内家电行业的著名企业之一，可谁曾想到格兰仕最早竟是一家生产羽绒制品的企业，两个行业之间有太大的差距，恐怕很多人更不会想到格兰仕从羽绒服行业跨入家电行业后创造的奇迹。

1992 年前，格兰仕的创始人梁庆德将一家做鸡毛掸子的小羽绒厂，发展成了总销售额达 3000 万元的羽绒制品企业，集团公司总产值 1.8 亿元，获得"中国乡镇企业十大百强"的殊荣。

1993 年，格兰仕转产微波炉，当年销售不到 1 万台，备受同行业嘲笑，为此梁庆德在厂区正中央竖起一块硕大的"耻辱牌"。

1994 年，格兰仕微波炉产销量超过 10 万台，产值利润双超历史纪录，并跻身行业三甲。

1995 年，格兰仕在中国微波炉市场的占有率达到 25.1%。

1996 年，格兰仕在中国微波炉市场的占有率继续攀升，高达 61.43%。

1998 年，格兰仕成功进军国际市场。

↑价格战——充满利弊的营销双刃剑

颠覆市场有两个致命绝招：技术和价格。上一个案例讲到农夫山泉以技术绝招，配以独特营销运作颠覆了饮用水的市场格局。价格和技术一样，同样是一个具有致命威力的营销利器，"没有比降价2分钱更能抵消品牌忠诚度的了"是一句被众多营销人奉为经典的营销箴言。

在营销史上，采取价格战成就的营销奇迹不在少数，我们身边这样的例子就颇多。如，1996年长虹采取价格战，不仅成就了自己，也成就了中国整个家电行业，一改洋品牌占据中国市场的格局；2000年，名人发动价格战，重新改写PDA市场格局，成功将商务通（份额曾一度达到60%）推落马下。

当然，价格战也有其弊端，在伤到竞争对手的同时，也很容易伤到自己，所谓"伤敌一千，自损八百"，这也是价格战这一营销利器屡遭诟病的主要原因。

但是正如所有的营销手法一样，关键在于如何利用，如果不是只为了短暂的促销，而是将价格战上升到一个战略高度来运用，你将成功实现赢得消费者、打击对手的目标，从而赢得市场的最终胜利，效果自然会不同。

格兰仕可以说是成功运用价格战这一营销利器的典范，通过独特、有效、犀利的运用，市场占有率最高时一度高达70%。

↑多轮价格风暴 成功垄断微波炉市场

1. 第一轮价格风暴，成就市场新霸主

格兰仕首次采取价格风暴带有些偶然色彩，甚至可以说是被对手逼的。

1995年，经过一番努力，上一年位列前三名的格兰仕在中国市场占有率达到25.1%，首度以0.6%的微弱优势盖过蚬华。

但格兰仕的市场地位并不稳固，它最大的竞争对手蚬华与美国惠尔浦进行了合资，一下子实力大增。而同时，日本松下、夏普，韩国三星、LG等跨国巨头也都虎视眈眈，特别是其中松下的市场占有率在1995年直线上升，甚至曾一度超过格兰仕近 6 个百分点。

1996 年，对格兰仕而言，其面对的微波炉市场的形势一点也不容乐观，蚬华、松下、夏普、三星、LG 等厂家为了争夺市场，相继先后发动了大规模广告攻势。

格兰仕究竟应该怎样做？面对严峻的形势，格兰仕剑走偏锋，采取了价格战这一策略。

1996 年 8 月，格兰仕首次发动降价风暴，覆盖全国各大省会城市，所有产品一律降价 40%。这次价格风暴在市场上获得了空前的成功，1996 年格兰仕微波炉销售飙升至 65 万台，市场占有率一下子达到 53.2%。

像所有的价格战一样，格兰仕空前力度的降价成就了格兰仕空前的市场占有率，同时它也带来对微波炉市场的一次空前洗牌：一批小生产厂家被清理出去，同时格兰仕的几个主要竞争对手也遭到了重创，市场份额大幅度下滑，蚬华下降到 18%、松下下降到 9.8%。

通过格兰仕在微波炉市场发动的首次价格风暴，可以看到价格战的三个优点：

（1）成就自己、扩大自己的市场份额。

（2）打击对手。

① 小厂家被清理出去；

② 主要竞争对手受到重创。

（3）扩大了市场规模。

这对于刚刚经过普及、教育的微波炉市场无疑意义重大，降价增加了消费群体，扩大了市场规模，由此带来的巨大销量，也在一定程度上也保证了利润。价格战的这三个优点可以总结为"扩大规模、消灭对手、增强优势"。

2. 多轮高明战略目的的价格风暴，彻底主宰微波炉市场

在取得 1996 年价格风暴的胜利之后，格兰仕尝到了价格战的好处，此后陆续发动了多轮价格风暴，在这些多轮价格风暴中，格兰仕渐渐地形成了不同于一般企业的价格战策略，将它上升到一个战略高度。

（1）战略目的明确——扩大规模，消灭对手。

不是为了简单的短期促销，也不是为了"捞一票就走"的暴利，而是以"扩大规模（以降价促销促进规模发展，以规模扩张保证企业发展），消灭对手"为战略目的的降价策略，发动一轮又一轮价格风暴，不断扩大规模，不断清理对手。

格兰仕销售规模每上一个台阶，就大幅下调价格，对微波炉进行更大范围的普及，扩大市场规模，同时对竞争对手构成致命打击，完成一轮又一轮的洗牌。

例如，当格兰仕的规模达到125万台时，就把出厂价定在（生产）规模为80万台的企业的成本价以下，此时，格兰仕还有利润，而规模低于80万台的企业就遭到洗牌，多生产一台就多亏一台。

同样，当格兰仕规模达到300万台时，格兰仕又把出厂价调到规模为200万台的企业的成本线以下，结果规模低于200万台的企业再次遭到洗牌。

（2）主宰价格战，不给对手机会。

为了避免陷入"你降价，我也降价"的恶性循环，格兰仕每次采取的降价力度，都极度空前，让竞争对手无法打出更大的牌，使自己在价格战中占据优势地位。

如：1996年8月，格兰仕微波炉发动首轮价格战，全部降价40%；

1997年10月，格兰仕微波炉发动第二轮价格战，降幅在29%~40%；

2000年，格兰仕微波炉第四次掀起价格大战，降幅仍高达40%；

……

（3）克服价格战的主要威胁——技术。

价格战的一个主要威胁是技术。首先，老百姓要的不仅仅是低价，如果仅仅只有低价，是无法吸引消费者的，毕竟老百姓要的是物美价廉的产品，而不仅仅是价廉。其次，技术的领先、差异化也会消除价格优势。如果对手有领先的、差异化的技术，那么将使得自身发动价格战的优势将大打折扣。

在技术方面，格兰仕同样努力保持领先，不给对手留机会。从早期引进日本、美国的先进生产线，到每年投入高达4亿元的研发费用，格兰仕始终让自己在产品技术上保持领先。

格兰仕整合世界先进的技术后，通过自己在美国设立的研究中心，开发出200多项专利技术、数百项专有技术，以及许多在世界范围内皆领先的尖端技术，如球体微波技术、微波增强补偿技术、多重防微波泄露技术等，这些技术都成了微波炉全行业的风向标。

通过对价格、技术两件利器的灵活运用，格兰仕既在价格上保持优势，创造了价格壁垒，又在技术上遥遥领先于对手，从而成功改写了中国微波炉市场格局，牢牢地占据了霸主地位。

根据国家统计局信息中心统计，格兰仕在中国微波炉行业一度占据了70%市场份额，远远领先位于第二位的LG、美的。"格兰仕"甚至一度成微波炉在中国的代名词。

启示　QISHI

格兰仕在微波炉行业发动的价格战，与其他企业不同，既不是出于"捞一票"就走的短视心理，也没有为了简单的短期促销，更没有使自己陷入"你降价，我降更大幅度的价"的恶性循环。而是把一切掌握在企业的战略之中，将价格战这一营销手法运用到了极致。

今天的格兰仕不仅在国内微波炉市场占据优势地位，在国际微波炉市场也是遥遥领先。格兰仕人不满足于此，在成功占领微波炉市场后，格兰仕又以其独特的"价格战略"进军了家电行业的其他市场。

回顾一下格兰仕的发展历程，可以清晰地看到格兰仕走得很稳健。

（1）策略明确。

长期以来，格兰仕的营销都有比较明确、清晰的策略。

（2）很专注。

格兰仕每做一个行业，都会把它做精、做透。

（3）不盲目、冒进扩张。

自从格兰仕进军微波炉行业后，总是先做好一个行业，然后再进军下一个行业。而且格兰仕的每次扩张也都是比较接近的行业，从微波炉、空调到小家电，基本都在一个大的领域，即家电行业内，而不是看到其他行业的高利润后，进行盲目、冒进的跟风扩张，这也是为什么格兰仕没有出现其他企业多元化扩张危机，而且始终保持稳定增长的重要原因。

2002 年全国兴起造车热的时候，很多家电行业也纷纷计划进军汽车业，有人问格兰仕途会不会去造车，格兰仕副总经理俞尧昌回答说："格兰仕是一步一个脚印去做的，首先把微波炉做强，做到世界第一，现在要把空调做到世界第一，何时做汽车，因为空调我们还没有做到世界第一，我们在一步一个脚印在做。"

第三节　老产品策划

老产品是指一个已经上市多年、运作多年的产品。老产品策划的科学策略要点是差异化优势（见图 1.5.2）。老产品策划需要考虑以下关键问题。

1. 成功营销的核心始终是差异化优势

老产品同样如此，是差异化的技术、原料、功效、功能、时尚、品位等。

2. 老产品的一个独特差异化优势———卖"老"

与新产品相比，老产品还有一个独特优势——倚老卖"老"。能卖很多年无疑是产品质量好、效果好的一个极好证明，卖"老"，卖消费者多年的认可、产品多年积累下来的影响力、巨大的用户数、多年的品质保证等。

（注：老产品升级变"新"。为了迎战新产品的"新"，老产品还可以采用升级的宣传策略，即技术升级、效果升级等，让老产品"更新换代"，焕发"新光彩"，从而与新产品的"新"相比毫不逊色，如果策划得当还会更胜一筹。）

例如，这些年一些老品牌、老字号在市场上重新焕发了光彩。一方面，老品牌、老字号具有独特的差异化优势，如独特的产品优势、时间优势（同仁堂超过350年历史）、用户优势、销量优势（香飘飘一年卖出10亿多杯）、情感优势（北冰洋饮料通过情怀成功东山再起）等；另一方面，这些老品牌、老字号，通过产品升级、形象升级、传播升级等，更加焕发活力，与一些"新"品牌相比，毫不逊色。

图 1.5.2　老品牌、老字号优势示意图

第四节　衰退市场产品策划

衰退市场产品策划的科学策略有以下要点。

1. 教育、引导、刺激需求

衰退市场的产品策划，有些类似于新开发市场，需要做一些教育、引导、刺激工作。因为衰退市场的市场空间在不断下降，如果不提升，市场机会将会非常有限，销售量（收入）同样非常有限。

市场之所以衰退，是由于消费者兴趣、信心等下降，因此衰退市场的首要工作是提升消费者兴趣，扩大市场总需求，以便获得更大的商业利益。

2. 塑造自己产品的差异化优势

企业在教育、引导、刺激衰退市场的同时，要同步介绍、塑造自己产品的差异化优势，以获得该市场的最大份额和最大利益。

案例解析 \ANLIJIEXI

好记星
——衰退学习机市场，再掀热潮

↑ 少年营销英雄杜国楹

好记星的创立人杜国楹在中国营销界有"少年英雄"的美誉。

1994 年，21 岁的杜国楹辞职下海。

1997 年，24 岁的杜国楹利用 50 万元开始创业，同年成功推广"背背佳"，三个月实现了销售 3000 万元。

1998 年，背背佳销售 4.5 亿元，年仅 25 岁的杜国楹成为中国最年轻的亿万富翁。

2000 年之后，由于"背背佳"的官司之争，以及一系列投资操作失败，杜国楹从亿万富翁变成了负债千万的"负翁"。

2003 年，好记星所处的英语学习工具市场并不十分被人看好，自从第一台英语学习工具电子词典诞生后，经过十几年的发展，英语学习工具市场（包括电子词典、复读机）正逐渐萎缩。仅 2001 年，电子词典的销量就比 2000 年下降了近 1/6（2000 年电子词典销量 335.9 万台，2001 年骤降至 281.1 万台，一年缩水 55 万台）。与此同时，复读机市场份额也在不断下降。两大市场空间总计不超过 50 亿元，其中电子词典 18 亿元，复读机 30 亿元。

2003 年 5 月，好记星在济南进行市场试点，试点成功后转战武汉进行样板市场操作，当年 7 个月实现销售额 2 亿元。

2004 年，好记星实现销售额 5.5 亿元。

2005 年，好记星销售额突破 20 亿元，第一季度就高达 7.5 亿元。此前，传统英语学习工具从未有过产品年销售额突破 6 亿元的记录。

↑ 衰退市场造就新财富

可以说，2003 年好记星进入英语学习工具市场时，市场环境并不好，市场萎缩，而且品牌格局稳定，文曲星、好易通、易记宝、永华复读机等几大品牌占据较大的市场份额。当杜国楹召集曾一起创造"背背佳"神话的团队分析市场时，很多人提出放弃操作，但这些都没有动摇杜国楹决心，他吃定英语教育工具市场了。

面对"市场衰退"和"品牌格局稳定"两大难题，好记星团队制订相应策略：

1. 把市场做大——教育、引导消费，扩大市场需求

把市场做大：要唤起更多消费者的需求，提升总购买量、扩大市场。

在好记星的早期广告策划中，无不奔着一个目标——增强消费者对英语学习重要性的认识，唤起消费者的市场需求，成功做大了市场（2003 年英语学习机市场空间不足 50 亿元，2005 年达到惊人的 200 亿元）。

如"高中梦、大学梦、求职梦、出国梦——英语粉碎了多少望子成龙梦""别让孩子输在起跑线上""别让英语拉了孩子的后腿"等系列广告。

2. 对市场进行洗牌

对市场进行洗牌：塑造产品与竞品相比的强大差异化优势，成为消费者的首选品牌。

好记星策划，宣传英语学习重要性的同时，诉求好记星产品强大的差异化优势——独特技术、学习方法和益处，让好记星在众多英语学习机中脱颖而出。

如独特的方法：好记星的差异化优势——掌握单词的"五维立体记忆法"；独特的益处："好记星三大突破让孩子英语成绩一升再升"。

当然好记星的成功操作，还有很多方面，这些是好记星操作的关键一步。这其中，对报纸整版广告、电视广告等营销推广手法的运用，以及书店等独特渠道的开发，都是好记星初期成功的重要因素。

↑ 不断进取的好记星

2003 年年底，好记星取得 2 亿元销售后，昔日营销界的"少年英雄"杜国楹在其而立之年成功翻身，不仅偿还了七八百万的剩余债务，还重新跻身富豪行列，然而这一切只是开始。

2004 年，就在竞争对手，即传统品牌依旧漠视时，好记星不断发力，不断升级产品（手写全能王、双向互动练听力等）、营销手法也不断创新、提高（登陆央视广告，变换报纸、电视广告风格，塑造品牌等多种营销手段组合），让好记星在英语学习机领域一骑绝尘，登上英语学习机第一品牌的霸主地位。

而好记星在不断取得成功、走向巅峰的过程中，传统英语学习工具的没落与之形成了鲜明对比。

好记星的成功是用近三年时间打造的，这期间传统品牌过于不思进取，没有重视，甚至对好记星采取的一些营销手法嗤之以鼻，以至于接二连三失去了补救机会，从而导致最终的溃败。

直至2006年，这一现象仍在延续，好记星在很多方面完成了超越，无论在技术(手写输入、双向互动练听力、重金购买版权)，还是营销方面（报纸、电视广告都在不断革新，尝试品牌化运作，如心有大未来品牌广告）都不断进行了突破、超越。

然而众多传统品牌仍在"喊冤"，认为好记星只会规模投放广告（这种理解已经非常幼稚了），没有任何技术含量。而事实上，他们不仅在广告上比对手差很多，还在产品的技术层面落后好记星很多。

这是所有营销人都该吸取的一个教训，一定要关注你的对手，关注他的举措，对手成功举措必定有独特、合理的原因，一定要善于学习、超越，否则只能被残酷市场洗牌、淘汰。因此，证明衰退市场的产品仍有可能再度畅销，如图 1.5.3 所示。

图 1.5.3　衰退市场产品再度畅销示意图

第五节　如何创作"好广告"

一、把握好广告营销这把利器

1. 为什么广告费至少一半被浪费了

营销人恐怕都听过"我花在广告上的钱至少有一半被浪费掉了"这句话，很多企业老板对此意见更大，坚信他们被浪费的广告费更多。为何会出现这种情况？

相信通过前面的讲述，大家已经明白营销有很多科学的规律、规则，必须严格以市场为准，以消费者为准，而不是脱离市场，创作花哨、不中用的所谓"自我感觉良好"的创意广告。

广告不是不懂市场、花哨、不中用的自我陶醉，这是屡屡被大师们批判的，就像现代广告的奠基人霍普金斯所说："忘了他们是推销员，而干起演员的行当，他们不重视销售成果，却追求掌声"，这样的广告，怎能不浪费企业的钱？

广告作为营销的重要手段之一，担负着营销中不可或缺的传播、推广任务，即通过广告宣传，努力刺激起消费者对产品的兴趣，引起消费者的购买欲望。在广告这一作用和任务充分完成下，再配合终端等其他营销手段，从而实现满意的销售。

在实际操作中，很多广告公司却不理解广告的这一基本目的和任务，反而发出"为什么广告一定要能销售"的愚蠢、低级的抱怨。

好好想一下吧，企业的投入是为了产出，为了带来更大的销售和利润。而如果投入带不来产出，企业的钱不是在白白浪费吗？如果每天都承受着巨大市场竞争压力的企业能允许这种情况继续发生，企业岂不是脑子出问题了。那些天天做些花哨广告的人，好好反思一下吧！

2. 广告的目的是什么

懂行的营销人都知道广告的目的是为产品服务，促进产品的销售。但很多从事广告的人不明白这个道理，把它们当作想要掌声，表明自己高雅气质的自我陶醉品。

所有营销手段的目的都是为产品服务，推广、销售产品，作为营销手段之一的广告自然不能摆脱这一属性。

1904 年，20 世纪前期美国最有影响力的广告人、广告理论家约翰·肯尼迪给出了广告的科学定义："纸上推销术"（当时，只有纸媒广告）。

1923 年，现代广告奠基人克劳德·霍普金斯在经典营销著作《科学的广告》中再次重申："广告只是推销术"。

"现代广告之王"大卫·奥格威在其经典著作《奥格威谈广告》中写道："我不想听到你说我创作的某广告'很有创意'，我希望广告能吸引你购买产品。"

USP 理论创始人罗瑟·瑞夫斯说："假设你是个制造商，眼看广告起不了作用，销售下降。但是任何事情还都必须仰仗它们，你的前程仰仗它们，自己和其他家属的未来仰仗他们。你想要一篇美文，一篇名著？还是希望看着那该死的销售停止下滑，开始上升？"

比尔·伯恩巴克说："如果其广告的目的不是为了销售，那么，他不是个无知，就是个骗子！"

广告人，拜托请不要张口闭口谈大师了，还是认真读读大师吧，可千万不要再误读了！

3. 广告的实质是什么

在搞清楚广告的目的是"为了销售"后，我们可以更清楚地了解广告的简单实质：传递信息、激起消费者购买欲望。可以说，广告让消费者产生的购买欲望强烈（其结果也就是产生销售的多少）是衡量一个广告效果好坏的重要标准。

通俗地说，消费者看完广告后第一感觉应该是"这个产品真好，我该买"，而不是"看，这个广告拍的多有意思啊！"，把产品却抛一边去了。很多广告公司创作的广告却一而再、再而三重复后面那种明显颠倒轻重的错误广告。

二、怎样让广告达到最佳效果

不用说了，好广告就是成功激起消费者欲望，完成广告销售目的的广告，如何创作好广告注需要把握两点：

1. 时刻把握广告的首要任务——激起消费者购买欲望

"吸引、打动消费者，激起消费者的购买欲望"，这是广告的核心目的和首要任务，任何时候都要把握这一点。

2. 因势制宜、制定合理的广告策略

根据市场状况，以及产品的发展阶段制作合理的广告。

正如我们在"策划推广力制胜秘诀"中所讲的，不同阶段诉求重点不一样，广告所传达的信息也不相同。因此，在把握广告"激起消费者购买欲望"的核心任务的基础上，应根据产品所处不同市场状况，以及产品发展的不同阶段制订合理广告策略。

如产品处于新开发的市场、成熟的市场和衰退的市场中的诉求点不一样。

在新开发市场中首要的重点是要先教育，激起消费者的消费欲望；成熟市场的重点在于强调产品的独特，让消费者选择该产品而不是竞品；在衰退市场中的首要重点则是要先教育、再次激起消费者的消费欲望。

再如产品的不同发展阶段的广告诉求也不一样。

一个产品市场推广的不同阶段，以及随着市场状况的发展及产品市场地位的变化，其广告诉求会在"坚持核心卖点"的基础上有所发展变化。

（1）新开发市场代表产品。

例如，21 金维他。

第一轮：教育消费者。在吸引消费者注意的同时，教育消费者对维生素价值的认识和重视，如：

《一份惊人的报告》

《你是否上了黑名单》

第二轮，目标人群对症诉求、刺激消费

在唤起消费者对维生素价值认识、重视的基础上，对老人、中年人、女性、孩子等各个目标人群进行分类利益诉求，刺激消费者购买 21 金维他。

第三轮，炒热销，炒流行，进一步刺激行动

在完成教育、利益诉求后，以炒热销、炒流行的方式，进一步刺激市场，如：

《改善营养，杭州人在行动》

《维生素，真的火了》

......

（2）衰退市场代表产品。

例如，好记星。

第一阶段：教育。通过教育软文，激起家长对英语学习的重视，如：

《高中梦、大学梦、求职梦、出国梦——英语粉碎了多少望子成龙梦》

《别让孩子输在起跑线上》

......

第二阶段：市场成熟后，转而强调产品的独特为主，如：

《英语学习有了新标准——同步》

《好记星树立英语学习新标准》

......

（3）成熟市场——塑造产品的独特，让消费者选择该产品而不是竞品。

① 感冒药市场。

a. 999 感冒灵，独特方法——中西结合。

b. 海王银得菲，见效快——治感冒，快。

② 日化洗衣粉市场。

a. 立白，独特效果——有立白、天天都穿新衣服。

b. 奥妙，独特功效——三重功效、清除衣服十大死角。

c. 巧手，实惠——省钱、效果好。

d. 汰渍，效果好——有汰渍，没污渍。

③ 手机市场。

a. 荣耀手机——高性价比。

b. OPPO、vivo——年轻、时尚。

c. 华为 P 系列、Mate 系列——商务范、高科技。

d. 三星——创新时尚、科技。

e. 苹果 iPhone——引领潮流、独特体验。

④ 电商市场。

天猫——优质生活方式。

京东——品质、实惠、快。

拼多多——低价。

三、有关广告的两个重要认识

1. 广告到底有没有效果

今天，这个问题恐怕不是困扰少数企业的问题，为数不少的企业都会对这个问题非常困惑。有那么多企业投了广告没什么回报，白白打了水漂，更甚至很多企业就栽在了广告上。这些疑问和困惑都让不少企业在这个问题上犯了难。

那广告到底有没有效果？

我们给出的答案是肯定的：有效果，关键是广告如何做！

其实，关于广告到底有没有效果的问题，从广告这种营销形式一出现就在讨论。在不断的争论中，一批又一批的企业通过广告操作成功了，甚至成了行业巨头，创造了惊人的营销奇迹。

当然，我们也不可否认有不少企业因为广告出现了问题。但这些由于广告出现问题的企业，不是因为广告这种营销手段有问题，而是企业本身的操作出了问题——没有用好广告这个营销利器。

广告失败的企业源于广告被浪费了，正如一句有关广告的经典语——"我至少一半以上的广告费被浪费了，但不知道被浪费在了哪里？"这句话一方面说明不少企业的困惑，另一方面也说明这些广告失败企业问题所在——广告费被浪费了。

每个企业主在寻找广告公司、策划机构合作时，可以问："你能保证我投入产出成正比吗？"，如果不能，这样的广告、策划公司很可能会浪费你的广告费。

广告的目的是为了销售，吸引、打动消费者，促使消费者去购买产品。

如果广告的这个目的没有实现，或者效果非常差，甚至没效果，其投入产出必定不成正比，那么广告肯定被浪费无疑了。

我们可以把那些失败的广告拿来总结一下，它们都有以下共同的特点：消费者不知道广告在说什么；太花哨、看上去很美，却不实用；没有差异化优势，在说服消费者的力度上比较弱；此外，还有一些广告投放上的问题。

总之，这些广告发挥的作用都非常小，都没有完成广告应尽的推广任务。

例如，某国际知名广告公司为御苁蓉（补肾产品）制作的广告《水枪篇》：用水枪做比喻，用尿的问题带出肾的问题，听起来是极好创意，据说还得过该公司得意的"龙玺奖"，但是广告太过抽象，太过花哨了，以至于消费者都不知道广告表达什么意思。该广告一投放，御苁蓉销量却飞速下降了。而同类产品汇仁肾宝一句"喝汇仁肾宝，他好，我也好"，利益明确、诉求直接，赚到盆满钵满。

再如，盘龙云海曾推出"去痰利咽"的灵丹草，因仰慕某国际知名广告公司，投放了该广告公司创作的《山歌篇》广告。风景优美的某地，身着少数民族服装的演员在对山歌，阿妹却突然唱不出来了，传出阵阵咳嗽声，然后小伙子把一盒灵丹草射了过去，之后阿妹又可以唱出动听的山歌了。这绝对是一个制作"精良"的广告，但是利益诉求太含蓄、太晦涩了，晦涩到消费者不能直接理解、记忆，对产品产生不了很深的印象。于是，曾因运作排毒养颜胶囊而名声大震的盘龙云海遭遇滑铁卢了，广告投放 800 多万元，而销售却只有区区几百万元。

同样的产品，黄氏响声丸推出了"黄氏响声丸、祛内火，治嗓子就是快"的广告，功效诉求、利益诉求直接又简单，于是短短 1 年时间一个老品牌就实现了销售量从 3000 万元到 1 亿元的飞跃。

还有金嗓子喉宝，推出广告利益诉求更直接——"保护嗓子，就用金嗓子喉宝！"，多少年都一直卖得非常好，年销售超过 6 亿元，占据 30% 的市场份额。

思路不正确，广告能不浪费吗？广告效果能不打折扣吗？由此，我们看到了同样是做广告，却是不同的广告效果。

为什么脑白金仅靠 11 篇新闻软文就能成功启动市场、打开天下，靠一个"收礼只收脑白金"广告 10 年卖了 100 多亿元。

为什么跨国巨头宝洁、联合利华的广告所向披靡（广告一直和明星代言、终端被视为这些跨国巨头的几个重要法宝）。

都说"标王"会毁掉企业，可宝洁三次蝉联标王，不仅没有被毁掉，相反其业绩一直都在不断上升。

问题关键不是好不好用，关键是如何去用。这也是为什么同样做广告，有的企业能实现高投入产出，而有的企业产出少得可怜，甚至出现亏损。

如果广告这个营销利器使用正确了，它同样可以为您带来巨大收益。

2. 广告为什么要做

广告要不要做，可以说是和"广告到底有没有效果"这个问题一起困扰着企业。

因为不会用广告，对广告的效果没底，心里只能是疑惑：广告到底要不要做？对此，我们同样是给出肯定的答案——如果条件允许，企业最好做一些广告。

广告为什么要做？如同谁都不会嫁给素不相识的人一样，消费者也不愿买一个从来都没听过的产品，广告就是把产品介绍给消费者，让消费者知晓、接受，并购买。因此，广告要做好，就要从广告的作用和消费者的消费心理角度出发！

（1）广告的作用是传播。

广告是将产品的有利信息传播、传递给消费者，让消费者对产品感兴趣，激起消费者的购买欲望。

打个通俗的比喻，消费者是要嫁的姑娘，要选择一个对象，广告就是媒婆，把产品介绍给消费者，让消费者对这个小伙子（产品）有好印象，并产生兴趣，看是否可以把自己的未来交给他。

媒婆的介绍（无论是内容，还是技巧）很关键，因为它的好坏，直接决定了消费者对小伙子（产品）最初的印象和态度。当然，消费者最终的态度——是否能长期在一起（长期使用该产品）还牵涉到接触后（使用后）对产品质量的满意程度，如果一开始消费者就对产品没有好印象，甚至没什么印象，那么消费者选择该产品的可能性就非常小，销售自然大打折扣。

（2）消费者心理越来越理性、越来越挑剔。

今天的市场环境已经发生了很大的变化，早已不是以前的商品短缺，只要是个产品就会引发大家疯抢的时代了。相反，现在是选择太多了，要"多中选优"，因此，消费者的心理也随之发生变化，已经变得非常成熟理性、挑剔了。

可以说，在这样的状况下，广告这个媒婆的作用发挥得好坏就非常关键了，媒婆作用发挥得好、表现得好，产品受消费者青睐的机会就会大大增加；而一旦媒婆作用发挥得不好，表现得不好，产品会很容易从消费者的心里出局。

即使在有广告宣传的情况下，由于广告的作用没有发挥好，消费者都有可能不选择该产品。而没有广告宣传，产品对消费者来说，可以说是素不相识。试想一下，与那么多做了宣传、条件优越的人相比，谁会嫁给素不相识的人、不了解的人，或者说谁会娶一个素不相识、不了解的人。

如果您不会，消费者会吗？而如果消费者不会，又该针对这种情况做什么？好好传播、表现一下自己吧！

这是一个产品众多的时代，这是一个传播的时代，没有宣传的产品很容易湮没在众多无名产品之中，直至从市场上来也悄悄，去也悄悄。

要点
POINTS

广告是策划力在传播上的体现

1. 广告是策划力在传播媒介上的任务体现

策划推广力承载着扩大用户数量的任务，它要解决消费者知晓率、激起消费者的兴趣和购买欲两个重要问题。

媒介广告（媒体广告、终端广告、其他广告等），作为策划推广力在媒介上的工具，同样承载了这样的任务，而且作为策划推广的主要阵地，是策划推广"扩大用户数量任务"的主要完成者，任何时候都不要忘记这一任务。

2. 好产品要换位思考，具备大价值，好广告同样要换位思考，体现价值

要做好产品，要考虑关键两点——换位思考（从用户角度出发）、创造大价值（为客户带去大的体验价值），只有做到这两点，真正从消费者角度出发，从用户体验、感受出发，为用户带去大的价值，才能赢得用户的青睐和喜欢。

好的广告同样如此，也要做好这两方面的工作——学会换位思考，要传播产品的价值。

一方面，广告要换位思考。在广告形式及内容创作上要换位思考，站在消费者角度出发，考虑如何吸引消费者观看，而且要让消费者看明白，所以表述要清晰、内容诉求要到位。不要玩文字游戏了，要考虑消费者是否接受，也不要"太花哨"，让消费者看得眼花缭乱，却把产品扔一边了。

另一方面，广告要体现产品价值。广告内容诉求上，要充分传递产品价值——产品独特卖点，要努力说服消费者、打动消费者。传递不出独特价值，就无法调动起消费者兴趣，广告也就失去了意义。

总结起来，广告传播内容要有吸引力、说服力，完成调动消费者兴趣、购买欲的任务。

在广告创作过程中，要学会换位思考——如果你是一个目标消费者，看到这个广告，你是否被某些诉求内容吸引、说服、打动了？你是否具有购买的欲望？如果你都没有，消费者怎么会有，千万不要把用户想得太简单。

因此，做广告一定要明确你的任务，要如何吸引消费者、打动消费者。

3. 千万不要只追求炫技，追求花哨，而丢了商业作战的任务

正如广告鼻祖之一的克劳德·霍普金斯所说："广告是推销术的一种，它的基本原则就是推销术的基本原则""把广告本身当作一个推销员，让它自己证明自己"。

被誉为现代广告教皇的大卫·奥格威，更是表示霍普金斯的观点"摒除了我在英国做撰文员时所患的'假文学病'，使我深刻认识到广告的责任在于销售。"

另一位著名广告人、DDB 创始人、美国百位广告人曾排名第一的比尔·伯恩巴克明确指出："如果其广告的目的不是为了销售，那么，他不是个无知，就是个骗子！"

同时，克劳德·霍普金斯对于广告从业人员的问题一针见血地指出："广告创意人员放弃了他们的职责，他们忘记了自己是推销员，而把自己当作了一个演员。他们想要掌声，而不是销售。"

现代广告诞生的原因之一，就是为了促进销售，这是它的商业任务。现代广告兴起于第二次工业革命后，由于众多科技新产品的诞生，产品销路就成了问题，必须让消费者知晓、调动其购买欲，于是，现代广告应运而生。

今天国际日化巨头宝洁，它的辉煌就崛起于那个时代。1882 年，哈利·普拉科托

说服合伙人，为扩大销量去选择投放广告。当时，其他合伙人觉得产品卖就行了，没必要投广告。最终，哈利·普拉科托说服合伙人，宝洁公司首次投资 11,000 美金以印刷广告在全国促销 Ivory(象牙) 香皂。通过一份名为"独立"的周刊，为象牙肥皂的清纯、持久和漂浮性能做广告，大获成功。此后，广告成为宝洁商业运作重要利器之一（今天的宝洁仍是全球最大广告主，年投放广告费超过 400 亿元人民币）。

　　因此，做广告时，千万不要只追求炫技花哨，而忘了它的商业作战任务。

第六节　做广告需要注意的七个问题

一、广告人不要再继续玩"文字游戏了"

广告人不要再继续玩"文字游戏"了。这个话题，其实已经被强调了很多次，但它依旧是众多广告人一再重犯的错误。

说广告人不要再继续玩"文字游戏"了，实际上就是让广告人不要再追求脱离市场的花哨创意，多从消费者出发，考虑怎样能够吸引、打动消费者，多为产品的销售做出贡献，从而不让企业的广告投入白白浪费。

多年前，一位营销人讲过一个案例，一个针对男人肾虚的产品企业最初找了一位学中文的策划人，这位策划人写了"很优美"文字，标题"寻找男人失落的春天"，文章如诗、如散文一般"优美"，但投放半月后，效果奇差，没几个咨询电话、终端走货就更差，老板慌了，钱不白扔了吗，真金白银十几万啊，都白白打水漂了。

后来另一位实战营销人（营销人和广告人区别很大啊）接手后，创作单刀直入式针对目标消费者的广告，标题《某某某专治肾阴虚》，效果立竿见影。

消费者可不是文学爱好者，他们看每个广告都是奔着找解决问题的办法，或是更好的解决办法去的，而不是闲着没事找优雅、欣赏广告本身去了。

现代广告奠基人克劳德·霍普金斯曾主张"受过大学教育的人不能做广告"，他的意思就是反对一些受过高等教育的人太脱离实际，不懂市场、不懂消费者，只会玩花哨的文字游戏。

所谓营销，始终就是对消费者人心、人性的掌握。广告大师比尔·伯恩巴克生前，有人请他预言一下未来的广告发展，比尔·伯恩巴克回答，人性永远不会变。

很多营销人喜欢市场，觉得刺激，其中很重要一个原因，就是自己所做的能直接对产品销售产生影响，自己的付出能收获市场回报——销售上升。这也是企业投放广告的目标，每个成功帮企业实现市场回报目标的营销人都因此找到成就感。

那么广告人如何帮企业实现这一点？无非就是吸引、打动消费者，让他们对产品产生浓厚兴趣和购买欲望。而不是那种花哨的自我陶醉，对客户一点都不负责任的做法。

更直接地说，营销就是一场没有硝烟的战争，其残酷程度一点不亚于战争，如果操作不当，企业面临的结局很可能就是失败，甚至被淘汰出局，多年的努力全都付诸东流，企业的市场操作时刻都是战战兢兢，承受着巨大压力的。

因此，企业的每一部分投入，都必须有效，都能带来实际产出效果，企业的钱可不是拿来白白浪费的，都是多年辛苦努力赚来的，直接影响着企业的发展。

广告人，请多为客户考虑考虑，多为客户所承受的风险和压力考虑考虑吧，不要继续不负责任了！

如果你想对得起客户，自己也想有所成就，就踏实一点，少些脱离市场的花哨，多研究如何吸引、打动消费者，只有这样才能成功，你的工作也才真正有意义。

二、做广告一定要学会"换位"思考

作为长期从事市场营销的人们，每天都会关注多个媒体的广告，经常会看到太多让人痛心的广告。每当看到这些广告，我们总忍不住想喊一句："拜托，做广告，一定要学会'换位'思考！"

产品是消费者在消费、购买，因此，消费者才是中心，一定要站在消费者的角度考虑，考虑他们需要什么，怎样才能吸引、打动他们。

1. 太多广告被一些人用来自我陶醉

这种现象特别严重地存在于一些广告公司，追求所谓创意，把广告当成美文，当成自我陶醉艺术品。总是关键一点没把握，没有站在消费者角度考虑，没有考虑如何吸引、打动消费者。因为产品是消费者在购买，如何做到吸引、打动消费者才是关键，而不是广告人自我陶醉的美文、艺术品，千万不要颠倒问题的核心。

2. 广告是用来销售的，不是广告人的自我陶醉，而应考虑如何吸引、打动消费者

广告是用来销售的！

向谁销售？是向消费者销售。

那广告该怎样做？

要站在消费者的角度考虑，要考虑怎样的理由能吸引、打动他们，让他们产生购买欲望。

消费者不是傻瓜，非常理性，非常现实。正如女人选择一个要结婚的丈夫一样，多帅、多会说话没用，房子、车、收入等实在理由是直接、最有效的硬道理。

千万不要讲什么美文、什么艺术品。你站到一个销售柜台试试，朗诵篇美文、做个艺术腔的推荐试试，看谁会买你的产品，谁会理你，其结果肯定是：不仅不会有人理你，甚至八成消费者会认为你脑子是不是出什么问题了！

3. 广告人一定要学会"换位"思考

广告任务是将产品介绍给消费者，让它能够吸引、打动消费者。因此，广告人一定要学会换位思考，站在消费者角度考虑，怎样的推荐才能吸引、打动他们。

当每一则广告制作完成后，让自己站在消费者角度考虑。最简单的办法就是，假设自己是一位目标消费者，看到这样的广告后，能否对所推广的产品产生浓厚兴趣？是否会产生购买欲望（想不想买）？购买的欲望强烈不强烈？

如果你不能，那消费者更不能！如果连你自己都不能说服，那么消费者就更不能被说服！千万不要认为消费者的智商比你低，那么容易说服，如果你天真认为消费者的智商比你低，只能说明你自己智商太低了，那这样的广告就该被换掉。

广告和其他营销手段一样，都是对人性的洞悉。做广告，一定要研究什么样的理由能吸引、打动消费者，并且让消费者疯狂、痴迷，而不是做成广告人自我陶醉的美文、艺术品。

三、做广告需要科学地说服消费者

广告的目的是为了销售！广告的核心是吸引和打动消费者！

广告的一切都是围绕消费者，要吸引、打动消费者，并最终说服消费者产生购买行为。

如何才能说服消费者？

用事实！

用事实科学地说服消费者。

无论是做营销的，还是做广告的，应该都知道一个著名的"喜力滋啤酒"案例。喜力滋啤酒曾是美国 20 世纪 50~60 年代卖得最好的啤酒，但在它成为美国卖得最好的啤酒之前，在美国的排名只是第五，基本属于一个位居二线的产品。后来，克劳德·霍普金斯接手了"喜力滋啤酒"的广告，短时间内就让它从第五一跃成为了第一。

克劳德·霍普金斯是如何实现这一点的？

那就是用事实说话，用事实去科学说服消费者！

当时，美国啤酒流行"纯啤酒"大战，每家都宣称自己是纯啤酒，在广告中把"纯"字写得特别大，甚至后来用两页来写这个"纯"字，但这些对消费者都毫无意义，用克劳德霍普金斯的话说："这些广告都如鹅划水以后留不下任何痕迹"。

克劳德·霍普金斯在喜力滋啤酒的广告中，讲述了大量的事实，证明喜力滋啤酒"纯啤酒"的独特。例如，喜力滋啤酒用的是来自4000 英尺（1 英尺 ≈ 0.3 米）地下的纯水；喜力滋啤酒的酵母是经过 1018 次试验，具有独特风味的酵母；喜力滋啤酒的酒瓶都是经过 4 次高温消毒等。

该广告一下子就让喜力滋啤酒与众多只会把"纯"字放大的啤酒拉开距离，用当时一位著名商人的话说，这个广告让我觉得喜力滋啤酒的确与众不同，值得尝试。于是，喜力滋啤酒销量迅速上升，短时间就从一个二线产品一跃为行业第一。

可以回想一下，生活中什么最有说服力，是事实、证据！这也是此处一再强调"以事实说话、以事实为依据"的原因。

20世纪90年代，中国的乐百氏直接拷贝了"喜力滋啤酒"的这一创意，推出了乐百氏纯净水以"二十七层净化"为卖点的广告，迅速获得了良好的市场反响。

广告是科学的说服，是事实的支撑、证明，而不是花哨、不中用的自我感觉良好的创意。

大卫·奥格威曾在其经典著作《奥格威谈广告》中就深刻地谈到这个问题，并在《广告到底出了什么问题》一文中特别强调广告人千万要注意："不要提供'不全面的信息'，一定要多提供事实。"

最近，我彻底让我的旧车寿终正寝，另买了辆新车。6个月来我一直注意收集所有的汽车广告，寻找信息。我找到的都是自吹自擂的口号和笼统的概况。汽车制造商认为我们对事实没有兴趣，他们甚至不针对消费者做广告。他们的目的是，在经销商互相吹捧的会议上，汽车在屏幕上亮相时能博得大家的掌声。这是冷静客观的广告做不到的，如果汽车技术也像汽车广告那么不合格，只怕跑不上十几公里就报销了。

为劳斯莱斯做广告时，我提供了大量的事实——没有修饰和吹捧。之后，我的同事汉克·波恩哈德用同样的手法为奔驰做广告。每一次，销售都戏剧性地上升了。

我为银行、汽油生产商、股票经纪人、人造奶油、外国旅游业和其他许多产品创作过信息翔实的广告，都比那些言之无物的广告销售得更好。

投身广告撰稿工作之前，我有3年时间在苏格兰向家庭主妇们推销将军牌炉灶。我所做的工作就是把事实告诉消费者，一次推销用时40分钟，大概讲3000个字。如果为底特律汽车工业写广告的人从入户推销员起步开始他们的职业生涯，我们就能在他们的广告中找到需要的信息了。

正如奥格威大师所说："如果广告人从推销员做起，从市场一线做起，才能真正懂得如何做广告。"众多广告人，千万不要再继续误读大师的思想了，要注意用强有力的事实、科学的说服消费者。

四、做广告千万不要只会乱烧钱

广告的过程是一个吸引、说服的过程，千万不要把说服丢了。同时，做广告千万不要只会乱烧钱。

"做广告千万不要只会乱烧钱"是对某些企业的批评，指某些企业仗着资金雄厚进行盲目、或有问题的广告制作、投放，其结果是投入产出严重不成正比，让投入的广告资金白白浪费。

2007年，一款名为"K可"的饮料在其广告上就存在乱烧钱的问题。K可的生产厂家绝对是一家实力不小的企业，这一点从其广告投放中就可以看出。从2007年5月份开始，K可在中央电视台进行了大规模投放，中央1台、4台等多频道均有投放，而且是在中央电视台的黄金时间以及其他一些时间均有投放。选择中央电视台，而且是如此多频道、多时间段位的投放，那可是要花不少真金白银的，这一切真是让人不得不佩服该企业的资金实力。

但是，面对企业投放广告的大量砸金，在佩服企业实力的同时，我们又很遗憾地看到，K可广告中存在着明显的问题。

K可的广告语是"原汁原味，健康味，K可之道，健康之道"。

1. 成功之处：选择了一个不错的方向——健康

通过广告语可以看到，K可饮料卖点方向是功能性健康饮料，这个方向还算不错，时下伴随人们对健康越来越多的关注，健康性功能饮料正逐渐成为一个趋势。

2. 失败之处：说服不足

我们在前面一篇曾强调过"做广告需要科学地说服消费者"，广告的过程是一个吸引人、说服人的过程，千万不要把科学说服丢了，而K可的广告中恰恰就在这方面存在严重问题——说服力不足。

K可选择的健康方向是对的，但是有关"K可为什么能够提供健康"这个问题就没有解释清楚。健康不是随便说的，你喊一句健康就健康了，一定要把"K可如何提供健康，为什么健康"这个问题讲清楚，说明白了，消费者才会认可、接受。否则就只是一句空话，这一卖点也就成了空中楼阁，无法说服消费者，也就不要谈什么消费、销售了。

试想一下，向消费者推销一个产品，只是简单的一个劲说这是一个好产品，却没什么支撑点，说不出来"为什么好，有哪些好"，消费者会对此产生怀疑。你说好就好了，没证据，谁信啊？你糊弄傻瓜呢？这里可以借用前面喜力滋这个案例来说这个问题，克劳德·霍普金斯用了大量的事实（来自 4000 英尺地下的纯水、经过 1018 次试验后具有独特风味的酵母等）来证明喜力滋啤酒的出众，让人觉得这个啤酒确实与众不同，很容易产生尝试和购买的欲望。而对比喜力滋的案例，再看 K 可饮料。除了一个劲地喊"健康"外，只剩下是简单的四个字——"原汁原味"，可简单的"原汁原味"四个字说服力够吗？

原汁原味是个非常模糊的概念，什么原汁原味？原汁原味就健康了？谁说的？

这一切都无法支撑 K 可的健康概念，K 可的健康卖点就成了空话，也就无法说服消费者。无法说服消费者就更不要提去打动消费者，使其产生购买欲望了。

其实，K 可本身有一个关于健康的很好支撑点——人参花蕾，人参可是高价值、高营养的象征，可以将这一支撑点突出，再加上其他因素，绝对可以达到非常好的支撑，从而有力支持健康这一卖点，掀起饮料的健康新潮流之风。

关于科学说服这个问题，除了喜力滋的案例外，K 可还应该向国内本土饮料巨头娃哈哈好好学习。

如娃哈哈营养快线，这是一个主打"营养"核心卖点的饮料，我们暂且不说营养快线的名字起得实在高明（从名字上就容易打动人——营养），营养快线在广告方面做得同样非常到位。

伴随画面，营养快线的广告诉求内容："纯正果汁，香滑牛奶，15 种营养素一步到位"，这些都是人们心中营养的代名词，也都是有关产品营养卖点非常好的支撑点和说服点。这种充满诱惑力和说服力的广告效果自然不错，市场业绩也证明了这一点。2005 年年初投放市场后，营养快线在全国各地迅速受到了热烈追捧。以江苏苏南市场为例，营养快线上市 4 个月销量就突破了 20 万件／月。2005 年营养快线实现了年销售 8 亿元，而 2006 年销售更是达到惊人的 26 亿元，之后又突破了 100 亿元，今天营养快线已经成了娃哈哈重要的利润贡献点之一。

说到这，我们不得不佩服宗庆后的营销水平之高，因为营养快线只是其造就的众多明星产品之一。

和喜力滋啤酒、娃哈哈营养快线这些好榜样一比较，K可的问题就非常显而易见了。

在2007年中央电视台多频道的大规模广告轰炸后，我们看到K可广告做了大调整，新广告变为"K可商务饮料，战胜疲劳，不做纸片人"，这与以前的诉求点有了很大的变化。

首先，诉求点发生改变，抛弃了以前的健康诉求，从健康饮料变成了商务饮料。

其次，目标人群发生改变。主打诉求人群从以前针对大众缩小到了商务人群。

可以说这是一种大手术般的调整，关于这种大手术般调整后的广告是否合理，这里我们暂不多说。但至少一点，这种大调整说明了K可前一阶段广告投放的失败（如果前一阶段成功，这种"大手术"般的调整不会发生）。

市场业绩也证明了这一点。K可重金砸下的第一期广告没有带来预期的市场业绩，市场上反应平平，销量非常一般。这种业绩与其在中央电视台多频道、多时段巨资砸下的广告投入严重不成正比。可以毫不夸张地说，同样的资金支持，另换一支队伍操作，很可能已经在全国市场做得如火如荼了。

当然，导致K可饮料失败的原因除了广告外，还有价格、口味等多种因素，但这与广告在推广方面的不成功有很大关系。

资金雄厚对市场推广是件好事，但是钱不是拿来乱烧的。有钱不意味你就一定能成功，只有把钱花在刀刃上、花正确，才能获得满意收益，否则，花钱再多也只是增加了浪费的数目。钱既然花了，就一定要争取花出最大效果，而不是乱烧钱。

最后还是再提醒一下：做广告，千万不要只会乱烧钱！

五、广告诉求表现一定要"简明"

广告强调诉求表现，一定要"简""明"，简——简单，明——清晰、明确。换句话说就是广告诉求表现越简单、越清晰、越明确越好，消费者越容易明白。

千万不要把诉求表现得很复杂，千万不要把诉求表现得很隐晦，以至于让消费者看完广告后，不知所云，不知道广告在表达什么，如若云里雾里，其结果就是：广告一定在白白浪费钱。

国内很多广告公司不懂市场，总是重复犯这样的错误，经常习惯将广告做成抽象艺术品，而且越抽象越好，以此来考验消费者的智力，看消费者是否明白广告的表达。消费者可没有工夫和你玩猜谜语的游戏，这样做最惨的是企业，广告费就白白浪费了，但是这样的错误却一再地出现。

国内一个女性私处护理产品——"采幽"，其2007年推出的一个广告就是犯这样错误的一个典型例子。其广告诉求本身还勉强有些方向，诉求内容是：你一直以为的保护并不存在、告别清水护理时代，给特别之处真正护理。

这个诉求本身带有打击对手的意思，但关于如何告别清水时代，自己与其他护理产品有何不同的优势都没有提，你说是真正护理，就真正护理了，谁信啊？只能算是勉强有方向的诉求。

但最要命的不是诉求本身，而是其诉求表现。配合诉求表现的画面，实在是太"艺术"、太隐晦了！画面是一个下雨天没有雨伞保护的女性，让人一看还以为是个公益广告，呼唤人与人之间的相互关怀。

不用说，这一定是脱离市场的广告公司的做法，非要把一个简单的主题表现得很复杂，非要不好好说话，以表明自己真有所谓的"创意"。

消费者可能要想半天才能明白其中的意思，关键是广告时间如此之短，消费者怎能明白，再说了，消费者有那么多功夫去想吗？其广告效果必打折扣。消费者真的没有时间和企业玩猜谜语的游戏。

广告公司一定要注意几点：

（1）广告不是艺术品，消费者也不是艺术爱好者；

（2）中国消费者没有抽象思维的习惯；

（3）广告时间短，根本不可能思考；

（4）就算时间长，消费者也没有时间去瞎琢磨；

......

千万不要把一个简单的事情复杂化，广告诉求表现一定要简单、直接、清晰、明确！做广告，一定要懂市场。

另外，这个世界最聪明的人也是将复杂问题简单化的人，而最愚蠢的人是将简单问题复杂化的人。广告诉求一定要到位（吸引、打动消费者），同时，广告诉求表现一定要简单、明确。

六、产品广告 千万不要做成行业的"公益广告"

广告诉求内容：塑造、表现产品与众不同的差异化优势，吸引、打动消费者！

做产品广告，一定要时刻考虑塑造、表现产品的差异化优势。一方面，广告千万不要做成过于花哨、让广告人自我陶醉的所谓艺术品；另一方面，广告也千万不要做成不表现自己产品优势，却为大家作贡献的"公益广告"。

2007 年，中央电视台 10 频道播放一个"山推小松润滑油"的广告，该广告就犯了后一种错误。广告虽然没有花哨的东西，但很可惜却做成没有价值的"公益广告"。伴随广告画面，配音广告语是"润滑为了摩擦，摩擦离不开润滑，山推小松润滑油"。

润滑油市场目前已经是一个成熟的市场，成熟市场广告一定要表现产品的独特，表现产品的差异化优势，但是在这个广告中没有体现出来。

可以说，"润滑为了摩擦，摩擦离不开润滑"说了一句谁都知道的大实话，也说了一句所有产品都能做到的没有意义的话，说得更直接些，这是一句对塑造，对表现自己产品优势没有价值的话。

而实际操作中，类似这样的例子还有很多，辛苦半天为大家做了广告，自己的产品销售没上升多少，同类产品销售却上升了。

现在是一个产品过剩的时代，对消费者而言，不存在产品缺乏的问题，而是产品泛滥的问题，市场上有太多的产品，消费者有太多的选择。那么，你就要认真考虑：消费者为什么要选择你的产品，而不选择其他的产品，你必须要提供合理的理由。

实际上这个理由很简单：你的产品比别的产品要好。作为传播、宣传工具的广告就是要告诉消费者你的产品比其他产品要好，以及为什么比其他产品要好。

广告中一定要塑造、表现产品独特的差异化优势，既不要过于花哨，消费者不明白什么意思，也不要做成公益广告。

山推小松润滑油是在中央电视台10频道投放广告，虽说不是中央电视台1套、2套，价位也远高于地方台，是一笔不小数目啊！这么多钱一定要花的值啊！

七、做广告请不要把产品给丢了

前面已经说了广告创作中常犯的几个错误，如，广告太花哨、广告诉求表现太复杂隐晦、广告乱烧钱、广告做成没有价值的"公益广告"等。此外，企业还经常犯的一个低级错误，就是广告里把产品给丢了。

所谓广告把产品给丢了，就是广告中产品名字出现的比较少，到最后广告不知道给谁做的，消费者对产品印象很浅。这本是一个没必要强调的低级错误，但还是有不少企业在犯。

前几年有个企业在国内大电视台投放产品广告，短短几秒钟的广告，广告语为"一天一片仙人掌，年龄不随时间长"，然后就结束了，产品名字是什么都不知道。这个广告连续投放了一段时间，但消费者始终不知道这是什么产品。

广告中产品名字一定要多重复，至少3~5次，特别对于一个新上市的产品，一定要让消费者记住该产品。

为什么脑白金采取简单广告语一连几次的重复——"今年过节不收礼，收礼只收脑白金"等没完没了地重复，就是要让消费者深刻记住该产品。

试想一下，如果一个产品都不能让消费者记住，那消费者怎么可能会选择它呢？更不要说消费它了。所以，做广告时，千万不要把产品给丢了。

第七节　怎样选好名人代言

名人代言也是很多企业营销操作中要认真考虑的一个重要问题，正如所有的营销手段一样——"一半是火焰，一半是海水"，很多企业、产品因名人代言的成功选择而获得巨大的商业利益；同时，也有不少企业因为名人代言的选择失败而损失巨大。

选名人代言就是要借名人的势（名气、美誉、信任等），的确，借助名人的个人气质、知名度、影响力、诚信度、亲和力的"势"会对产品的营销推广起到巨大作用，但关键是一定要选对，否则也很容易出现"赔了夫人又折兵"的情况。

成功选择名人代言的秘诀是：名人的内涵和产品的内涵相吻合。通俗地说，就是名人本身的特质与产品的属性（产品品类属性、目标人群特点）相吻合。

有的产品偏理性、有的产品偏感性、有的产品时尚、有的产品高端、有的产品大众……因此，所选择的名人特质一定要与产品的属性吻合。

如：偏感性产品要选名气大、有影响力的男女明星；偏理性的产品要选稳重、庄重的影响力的明星；偏时尚的产品要选魅力型明星；高端产品要选个人气质高雅、成熟、稳重的明星；大众产品可选知名度大的明星……当然产品的属性可能综合几种，同样我们必须在明星的选择上综合几方面都能打高分的明星。

1. 按品类属性分

（1）时尚产品——化妆品、钟表、服装等。

产品属性：时尚、魅力。

适合的代言人：富有魅力的男星、女星。

例如：

玉兰油——张曼玉、林志玲。

欧米茄表——富有魅力的男性（007系列主演）。

（2）学习机。

产品属性：教育（理性产品）。

适合代言人：庄重、名气大、有影响力，而且具有权威性（专家）最好。

例如：

好记星——大山（著名的外国相声演员，曾主持中央电视台学英语栏目）。

（3）洗衣粉。

产品属性：大众化产品。

这类产品大众要求不高，不要求借助明星的信任度，只需借助明星的名气即可。

适合代言人：富有亲和力的大众化明星（不必考虑稳重）。

例如：

汰渍——郭冬临。

立白——陈佩斯。

2. 按目标人群分

（1）定位：高端、成功人士。

适合代言人：形象、气质高雅，成熟、稳重。

例如：

8848钛金手机——王石。

（2）定位：年轻人、时尚。

适合代言人：年轻人——代言人必须年轻；时尚——活力、魅力。

例如：

优乐美奶茶——周杰伦。

第八节　如何做好推广力

在策划推广中，一方面，是有力的策划方案，另一方面是推广力度要有力，包括推广投入的形式、组合，以及力度上有很大关系，特别是推广投入的力度，其重要性不亚于策划方案。

1. 推广的形式

推广的形式包括线上的媒体推广、线下的地面推广（渠道终端推广、渠道外人员直销推广、渠道外地面推广），以及穿插在一起的活动推广。

（1）媒体推广。

即通过传播媒体进行推广的方式，其中既有传统媒体（电视、报纸、广播、杂志、户外广告），又有新媒体（互联网、移动互联网的新闻客户端、微博、微信、短视频等）进行推广的形式，例如，广告实际上就是策划推广在媒体上的传播。

传统媒体一直是企业传播的主阵地，成就推广的阵地。近些年，随着新媒体的崛起，也成就了一些企业，一些互联网品牌。不过，两者相对有一些区别，相对而言，新媒体在传播的快速上具有优势，特别是现在的移动互联网，可以让一个信息瞬间传出去。但是，传统媒体在品牌形象建设上具有很强优势，因为传统媒体在公信力上还是具备很强优势的。同时，持续投入品牌建设的方法也有可取之处。

（2）地面推广。

①渠道、终端推广。

渠道推广，主要指利用渠道资源、渠道终端进行的拦截式推广活动。

它包括两方面，一方面进行渠道资源的拓展、开发，例如业务员对代理商、渠道商、终端商的拓展，扩大终端零售阵地和网络；另一方面利用渠道、终端资源（例如卖场等进行的推广，终端形象建设、终端广告、终端陈列、终端导购等）进行推广。

好的终端形象、好的陈列位置、有销售力的终端导购，都可以带来渠道上的竞争力、占据优势；相反，如果这些不到位，那么就会导致在渠道上处于下风，丢失一块阵地。

②渠道外人员直销推广。

在渠道终端以外，通过业务人员直接对接客户，如电话邀约、拜访的方式，进行直销推广。

这种人员直销推广方式，比较多见于一些 B2B 行业中业务员开拓企业客户的模式，例如工业品的销售，业务员直接与企业客户一对一对接开发，如华为的 B2B 通信商业务，就是销售人员直接与各国通信运营商对接，开发企业客户。

此外，在一些 B2C 领域，例如保险行业等一些直销推广模式，通过电话营销等人员直接对接消费者，进行一对一、一对多的客户开发。

③渠道外地面推广。

除了渠道终端推广、渠道外人员直销推广外，还有渠道外的地面推广，主要有推广人员直接去一些人员聚集的场所，进行潜在客户的推广和开发。例如在小区、社区、广场、写字楼等进行潜在客户的开发与推广。

可以说，从渠道终端，到直销对接客户、消费者，再到人流量大的地方地推广，构成了一个庞大的地网，最大化地实现与消费者的对接。

（3）活动推广。

在媒体和地面推广的同时，还会有活动推广的结合运用。

活动推广，在体验产品、增加消费者了解、刺激消费者购买、加深客情关系、强化持续购买，以及社会热点借势、公关推广、企业社会形象建设等方面具有重要作用。

例如：

a. 体验产品的活动：免费品尝、免费试吃、试喝等。

b. 增强了解的活动：知识宣讲（会议营销）、路演等。

c. 刺激消费者购买：特价促销、主题促销、节假日促销、上市促销等。

d. 加深客情关系：如感恩回馈、客户答谢的活动。

e. 社会热点借势：体育赛事等大型事件营销。

f. 公关推广：大型推介活动等。

g. 企业社会形象建设：公益营销活动等。

活动推广，可小可大，从小到免费体验、品尝，到特价促销、会员感恩答谢活动，再到会议活动、路演活动，还有大到调用媒体进行的组合活动，如全国性大型特惠活动、公益活动、大型公关活动等。

这三种推广中，有着以下三个特点。

①媒体推广：成本高、速度快、影响大。

相对而言，媒体推广速度最快，因为媒体传播可以实现短时间内 1 对多的传播，实现覆盖人群及推广的最大化，地面推广往往是难以达到这种效果的。

②地面推广：成本低、速度慢、起量后比较稳。

一方面，地面推广相对媒体的费用投入要低、成本低；另一方面，虽然渠道终端推广、人员直销推广、渠道外地面推广都是慢工出细活，需要精耕细作的推广，存在推进速度慢的不足，但是一旦运作起来，就会形成比较稳定的销售。

③活动推广，要结合媒体和地面推广运用。

活动推广往往在运作时，与地面推广中的渠道终端推广、渠道外地面推广，以及媒体推广组合运用。通过媒体推广、地面推广与消费者建立联系，然后配合一定的活动推广，更好地促动消费者进行购买行动，实现销售突破、增长。

（4）三种推广实质是三种"引流、转化流量"方式。

推广的任务实际上是将产品推向消费者，它的本质是为产品带来消费者数量、消费者流量——扩大消费者，同时完成流量转化工作。

①媒体推广是买媒介的流量，进行媒体流量的拦截。

②地面推广中，渠道终端推广是买卖场的流量，拦截卖场的流量，渠道外人员直销是拓展流量，渠道外地面推广同样也是寻找流量、开发流量。

③活动推广和前两种推广方式的结合，通过特定的主题、互动，扩大流量效果，提高流量的转化率。

2. 三类推广，在运作中如何运用

在企业的运作中，这三类推广往往根据企业的自身情况，进行因地制宜的运作。

（1）根据行业特点灵活运用。

实际操作中的媒体推广以及三种渠道推广、活动推广，要根据行业特点采用适用的方式。有些推广方式适合于某些行业，而有些更适合另一些行业。

例如快消品，它的主要销售路径集中于零售终端卖场，因而，它在地面推广时，应主要聚焦于渠道终端的推广、活动推广；而工业品营销，往往在零售终端外，需要与厂商客户直接对接，就适合终端外人员直销型推广。

（2）根据企业实力灵活运用。

企业在运作时要考虑自身的经济实力，企业实力大就可以采用成本高的推广方式，企业实力小则采用成本低的推广即可。

例如，媒体推广速度快，但是费用高，对企业资金实力要求较高，如果企业实力比较大，资金实力雄厚，采用媒体推广就比较轻松，而对于一般的中小企业而言，则有很大难度。

一般处于初期的企业或者中小企业，在相对经济实力不强的时候，往往先选择地面推广（渠道推广、人员直销推广、渠道外地面推广）这种相对价格比较低的方式；而当企业已经有一定实力积累后，或者资金实力比较大的企业进入新领域时，往往可以采用多种方式组合运用，在短期内达到效果最大化。

做一个通俗的比喻，商场如战场，在企业实力弱小的时候就采用小规模"小步快跑"的作战方式，在企业实力大了可以采用多种打法、组合运用，发起更大的攻势。

（3）企业至少要有一种，或以上有效的推广打法。

①企业至少要有一种推广打法，否则推广通路会断掉。

企业实力大小会有所区别，但无论如何，企业至少要有一种有效的推广方式，并且达到有效果打法。如果缺乏，企业的推广通路将断掉，将难以到达消费者，销售量将很难产生。

②如果企业想做得更强大，就要组合运用、立体攻势。

如果要想做得更好、更大，企业的打法运用越多、越丰富越好，共同构建立体的攻势，每一条推广线都是一个阵地，一起组成天罗地网的组合式推进，实现最大覆盖面的推广。

3. 推广的三种模式打法

上面提到推广的五种形式，并提到五种推广形式的运用，要考虑企业的资金实力。这里就涉及一个问题——"推广的力度"，效果和力度有着直接关系。

在推广力度上，企业与企业之间，也有很大的差异化优势区别，往往存在"高举高打"模式、"地面阵地争夺、小步快跑"模式，以及两种打法综合的模式。

（1）资金量不同而产生的三种模式。

①"大规模投入、高举高打"模式。

这种模式适合资金实力强的企业，一上来就可以采用高举高打的打法，一启动市场就进行大面积的媒体推广投放作为先导，同时地面配合渠道终端推广、活动推广等，可以实现瞬间爆破，犹如闪电战一样，迅速打开市场。

这种模式，相对而言是一种高成本打法，对企业资金实力门槛要求较高，比较适合中大型企业。当然，如果企业有条件采用这种方式，最好采用这种方式。

②"地面阵地争夺、小步快跑"模式。

对于中小企业而言，缺乏资金实力，在最初难以采用大规模的广告投放，而是采用地面阵地争夺的模式。因为实力小、节奏就要快，采用小步快跑的方式，注重线下阵地一块一块的争夺，一步步积累实力。

这种模式，相对而言是一种低成本模式，适合中小企业、初创企业。

③两者结合的模式。

对于中型企业而言，可以适当将两种模式结合，以地面的阵地争夺为主，外加一部分媒体投放的尝试。

这种模式适合上升期的企业，具备一定实力后，仅仅靠渠道带来的增量拓展有一定局限时，通过媒体推广来引流，拓展客户资源，也能让企业进入一个新的增长阶段。

每种推广线，都有它的人群，推广线涉及越多，意味着对接消费者越多，推广的效果更佳，而三种推广模式的实质是实力、配置资源投入的区别。

实际上，今天很多的大企业都是从小到大、一步步走过来，开始小的时候，注重渠道拓展，等实力积累后，开始逐步媒体投放，再到实力更大的时候，进行大面积媒体投放，构建强大影响力。

（2）投入力度不同，也直接影响商战效果。

商场如战场，资金的投入犹如战争中的粮草、弹药、武器等资源的投入，不同的资源配置和投入，直接影响了商战的规模和效果。

因此，推广投入力度也往往影响商战效果，如前面所说的几种不同推广方式，如何打好，也需要相应的资源配置和投入。

小资金就打小规模作战，聚焦于地面推广作战；中等资金除了聚焦地面推广作战以外，可以适当投放媒体广告，扩大推广阵地；大的资金可以在就打大规模作战，形成强大的立体作战。

如果企业想要大规模的效果，就要匹配相应的作战资源配置和投入。毕竟，天上没有掉馅饼的事情，想要效果，就要付出，需要相匹配的投入。

要点
POINTS

策划推广力差异化优势
= 策划力差异化优势 × 推广力差异化优势

策划推广的效果，包括两个环节——策划环节和推广环节，它的好坏也往往与两方面有很大关系。

1. 策划方案的效果

策划推广方案在商战中所发挥的作用，类似于作战部署、作战方案、作战规划，好的作战方案可以起到事半功倍的效果。

2. 推广投入力度、执行效果

推广投入力度，决定了策划推广的作战规模和攻势强度，不同的资源配置决定了不同的规模，不同的攻势强度，不同的影响范围，进而决定了效果。

要想做好策划推广力，就要考虑做好：a. 策划方案的差异化优势；b. 投入力度的差异化优势，两者组合产生"1+1>2"的效果，共同决定了策划推广的效果。

策划方案异化优势越强，投入力度差异化优势越大，市场起量、上升的速度也就快；相反，如果策划推广力的差异化优势越弱，推广投入力度差异化优势越小，效果也就越差，市场起量、上升的速度就越弱。

所以策划力的差异化优势与推广力的差异化优势，共同决定了推广线的运作情况。

策划的核心和产品选择是相同的
——塑造差异化优势

在产品策划推广上，需要把握营销关键核心——差异化优势，这与产品选择的核心是相同的。

因为在这个产品泛滥、竞争激烈的时代，消费者面临众多的产品选择，为什么要选择你？给个理由先！产品要胜出，必须要在某些方面具备差异化优势，领先同类产品，要更胜一筹，才会受到消费者的青睐。产品的研发设计是如此，产品的策划也是如此，都要构建产品的差异化优势，保证产品在竞争中成功胜出，两者的核心是相同的。

而策划，一般包括两种：一是介入前期的策划，即在产品的研发、设计、规划阶段，策划就开始介入、积极发挥作用，根据受众状况、竞品状况以及行业发展潮流趋势对产品本身进行策划和规划，从而在产品项目的设计阶段就形成了产品的差异化优势；二是后期进入的策划，即在产品的研发、设计、规划阶段不参与，而是在产品已经成型后，对其进行卖点挖掘、概念包装，形成差异化优势。当然相同的是两者在形成差异化优势这个环节后，都要进行传播推广（包括媒体推广和终端宣传物料的推广）。

这两种策划中，相对而言，前一种能力要求无疑是更高的，它要求对行业具有很强的洞悉力，甚至包括前瞻性和远见，如著名策划人王志纲代表性的星河湾策划案例。王志纲在 1999 年在对星河湾进行策划时，提出了地产发展的三个层次，第一个层次是简单的卖房子，第二个层次卖的是景观和环境，第三个层次卖的是品味、文化和氛围。这一思路对于当时兴起时间不长，刚刚走过初期的地产行业而言，无疑是绝对超前的，也成为星河湾项目的指导思路，企业在这个方面下了很大功夫，通过对国外很多高档社区的考察和研究，终于形成了独有的星河湾特色，当楼盘一开盘，整个业界都惊呆了，没想到房地产开发标准竟已提高到这种程度了，也由此开创了地产业的星河湾奇迹。星河湾的运作是一个典型的策划参与前期的案例，这种参与产品前期研发设计的策划，所要求的专业性更高，对行业的把控也要更强。目前这也是一种趋势，对策划人的要求越来越高，特别是在如今产品力越来越受重视的时代，产品本身的策划就已成为一个极为关键的事情，能够把握好潮流趋势，给产品打下一个好的先天基础，突显强大差异化优势，正逐渐成为市场制胜的关键。

当然，我们不排除很多策划是因为企业产品出现后才介入的，这是一种现状，但是那种与企业深度合作，介入企业前期产品规划的策划无疑是一种更高的境界。

总之，无论是介入前期的策划，还是后期进入的卖点挖掘、概念包装，核心要做的都是塑造、打造产品的差异化优势，然后通过一定的渠道平台进行传播，差异化优势塑造、打造得越强大，就越容易从激烈的竞争中脱颖而出。

第六章 渠道力制胜秘诀

在营销中，一直有"渠道为王"的说法，足见渠道重要性，各行业领军企业往往也是构建了强大渠道竞争优势的企业，没有强大的渠道力，企业很难做到领先。

渠道力，一方面协助完成地广任务，另一方面担负着打通交易通路，解决消费购买途径的任务。推广的通路不能断，购买的通路也同样不能断。

本章，将讲述渠道力考量要素，渠道差异化优势对企业的影响。

一、关于渠道的认识

渠道指产品的流通路径、销售通路，公司内部的组织单位和公司外部的代理商、批发商与零售商的结构（严格意义上讲，应该称为销售渠道，毕竟传播推广的渠道，例如媒体等，也是渠道，只是传播渠道与销售渠道的区别）。

通俗地讲，就是产品的各级销售网络。

渠道有两个任务：一方面，它有一部分的推广任务（地面推广中的渠道终端推广任务）；另一方面，它要完成最主要的销售通路（消费者在哪里买）的任务。

二、渠道力的科学策略

1. 渠道质量的关键人物——渠道代理商、经销商、分销商的能力、配合度及管控度

在渠道体系的操作中，渠道优质资源的培养、争夺是重中之重，要想有好的渠道网络体系，必须要拥有一批优质渠道经销商、分销商资源，他们往往是渠道竞争力的关键要素。

渠道经销商、分销商的质量，主要由三个指标决定，渠道商的运营能力、合作配合度和有效管控度。

（1）渠道商（代理商、分销商、经销商）的运营能力。

在渠道中，代理商、经销商、分销商能力千差万别。这种能力不同，直接决定渠道强弱。其中，优秀渠道商占比，可以作为衡量企业渠道商质量的一个指标，毕竟优秀渠道商是稀缺资源，哪个企业拥有优质渠道商越多，渠道竞争力就越大。

（2）合作配合度。

如果企业拥有优质的渠道商，但是对方不配合企业，对企业的经营不重视，也不行，也会导致渠道网络体系失效，或者效果不大。

（3）有效管控度。

在渠道中，管控是个复杂的难题。如果管控不力，窜货情况发生，会让局部，甚至大面积的渠道市场出现混乱，导致渠道阵地出现问题，甚至丢失市场。

因此，在渠道商层面，企业所拥有的渠道商运营能力、合作配合度、管控度上的区别将直接影响渠道商体系，进而影响渠道网络体系的质量。

2. 渠道网络体系的效果评判——渠道网络总效果 = 深度 × 广度 × 精度

渠道网络体系，往往不是单一的，而是立体、多元的，既有纵深，又有横广的立体网络。

（1）深度（纵向深度）：中国市场的纵深极其复杂，从省会城市，到县乡镇一级市场，甚至超过五级纵深。

这种纵深的空间，既为企业提供了增量空间，也为一些企业提供了避实就虚的缓冲空间。例如，在日化行业，本土日化企业选择避开在一二线省会市场与国际品牌竞争，而进入了三四线城市、县乡市场的发力，赢得生存、发展空间。

（2）广度（横向广度）：横向广度包含两个方面，一方面是跨地区广度，企业是做局部地区、几个省市，还是做全国市场，更或是全球市场，这种可以称之为跨地区广度；另一方面是同一市场跨渠道线的广度，每一个市场都存在多种类型渠道线、众多渠道终端，例如，在快消领域，存在商超、便利店、士多店、特渠、餐饮场所等多种渠道线。

（3）精度：精度解决端点走货量的问题，渠道终端推广所解决的就是这个问题，终端广告、终端形象建设、终端陈列、终端导购、终端促销，都是为了解决终端点的质量问题。

深度和广度是做渠道网络量、覆盖面的问题，而精度则是做质的问题，是覆盖面各个端点效果的问题，它们组合在一起，构成了高质量的渠道网络体系，形成了一个立体的网络体系，从而形成极强的渠道网络体系。

注：两个特殊领域的渠道特点。不同行业，因为所处的领域有所区别，会在纵深的深度，以及横向广度大小上有所区别。在此，我们讲述两个特殊领域。

①连锁店／专卖店。

连锁店、专卖店与众多消费品需要借助分销体系，需要借助其他渠道终端店的形式不同，它一般采用的是以自营、加盟为主的开店模式，不过，它的渠道网络同样存在深度、广度、精度的特点。

深度：连锁店同样存在从省会城市到市、县的覆盖，为了覆盖不同地区人群消费。

广度：一方面要跨地区广度，在多个省开连锁店；另一方面，在同一地区、连锁店同样要横向覆盖，在一个地区通过多店模式覆盖更多的消费人群。

精度：在网点，也就是单店上，连锁店同样要做到质，如何提高单店／单点的经营效益。

②互联网电商品牌。

相对于传统线下零售，少了纵深，广度和精度依然要做。

与传统线下模式，要不断深度分销辐射不同层级市场不同，电商的主要平台聚焦于几大主力电商，例如天猫、京东等，它们打破了传统线下市场的纵深，以一个卖场同时对接不同层级市场消费者，在深度上变短了。

这种模式有利、有弊。好处在于它在一些产品消费上打破区域层级，实现产品同时对接全国消费者，让销量在短时间内达到一个量级。而弊端在于线上只占零售的一部分，目前线下消费依旧占大部分份额，少了增量空间，有些消费者难以覆盖，缺失部分市场。

因此，针对深度的问题，一些做得比较大的电商品牌，通过多产品矩阵、覆盖不同人群的店来完善，实现线上平台消费群体最大化的挖掘；或者有些走向了线下、传统的纵深，覆盖了更多用户。

深度：通过产品阵列，针对不同人群的店，在单一的大卖场覆盖不同消费者（极少数走向线下进行了传统纵深的模式）。

广度：主要集中于电商平台渠道线的天猫、京东、唯品会、亚马逊等多个平台的延伸（有少数开始拓展传统线下渠道线）。

精度：针对单店的产出、效益，进行产品精选、关键词优化推广、直通车广告等提高单店效益。

后面，我们将分别针对性的对这几种情况，利用案例解析，让大家深刻理解渠道力，以及如何做好渠道力。

3. 渠道深耕到位的五个条件

渠道建设是个精耕细作的过程，对这点企业一定要有深刻的认识，要明白欲速则不达。

要深耕渠道到位，一定要了解这五个条件。

（1）渠道运作要下"笨"功夫。

商业运作既需要技巧，也需要下"笨"功夫，需要做很多累活。

与策划的技巧性相比，渠道终端的运作，就是要下"笨"功夫的累活，是个耗费精力的苦活——费人、费时、费力。因为，它不像媒体可以迅速实现广泛传播，无论深度，还是广度组成的庞大网络，要经营到位，需要一个过程。

相对而言，在线上渠道相对快一些，因为线上零售平台、分发渠道比较集中，而线下渠道网络体系的建设比较分散且构建起来费时、费力。

不过，一旦企业把这个别人不愿意做的做好了，做透了，就会形成强大的优势，形成强大的竞争力。行业领军企业，往往都是在不辞辛苦地做这些渠道终端的"笨"

工作，也成就了它们的辉煌业绩。

手机行业巨头步步高派系的 OPPO、ViVO，格力、美的等家电巨头，以及伊利、娃哈哈、加多宝、可口可乐等快消巨头都是典型的代表。

（2）要有吃苦耐劳、勤奋的精神。

线下渠道需要深度、广度才能构建一个庞大网络体系，造成巨大的任务量，要做好这些工作，形成一个强大网络体系，一定要做好吃苦的准备，否则难以做好。

例如，娃哈哈的创始人宗庆后，在其 60 多岁时，一年中有 200 多天奔波在市场一线，宗庆后用脚板了解市场，接人气、接地气，及时了解行业变化，以及对手状况，并及时做出针对性的调整。宗庆后至今不参加包括高尔夫在内的任何体育休闲活动。

这种吃苦、勤奋的精神，也成就了娃哈哈优异的终端工作。同为浙商的 IT 富豪丁磊，曾对宗庆后这种卖水的生意看不上眼，但是 2005 年，他和女朋友去新疆天山旅游的经历，让他对宗庆后佩服至极。当时他在天山深处的旅途中买饮料，买不到百事和可口可乐，却能买到娃哈哈的产品，他便对娃哈哈的渠道彻底服了。

（3）要形成自己的成熟打法。

任何领域要做好，要形成一定的技巧和经验，渠道同样如此。

在企业运作渠道的过程中，无论是渠道开发、培育、维护，还是渠道的推广，实现产品起量，都需要具备一定的能力和经验沉淀，要形成企业成熟的打法。

优秀的企业都会在渠道运作上，形成自己的操作策略、操作规范，并找到自己的操作工具。例如，在渠道开发策略、培育措施、渠道推广要求（如终端形象、终端陈列、终端促销、导购技巧）等方面，都会形成自己一套打法。

因此，企业一定要在渠道的三个指标——深度、广度、精度上形成成熟、完善的打法。

某种程度上，是否形成了企业自身的渠道打法，是一个企业渠道运作是否走向成熟的体现；同时，这套打法的高低，也体现着企业渠道运作水平的高低。

（4）渠道经营需要时间积累。

渠道运作，不像媒体可以瞬间对接全国消费者，全国庞大的渠道系统建设、打通和培育，都需要一个时间过程，它是一个慢慢积累，逐步扩大，实现渠道网络深度与广度上的丰富、做透做精的过程。

因此，渠道深耕要有规划性、阶段性、次递性的开发、建设计划，切忌"欲速则不达"。

（5）渠道最优渠道资源获得，需要品牌力升级。

除了做好上面的"笨"功夫、打法和时间积累要求之外，还有一个因素要注意，那就是要切记渠道优质资源获得多少，与品牌力成正比。

虽然，下了苦功，也具备了成熟打法、时间积累等，能把渠道精耕到一定程度，实现在渠道力上的一定竞争力优势，但是，离占领渠道制高点还有距离。

因为，渠道的"优质资源"，往往会被渠道平台、渠道商、渠道终端倾斜给品牌力最强、号召力最强的产品。例如，各大商场招商时，会给予行业中的强势品牌各种优厚条件，会把最好的位置、最优惠条件给予品牌力最强的企业；再如自媒体高晓松《晓说奇谈》会被视频平台给予优质资源也是代表性例子，在今天用的比较多的一个词是"IP"，优势品牌就是强IP，是各大渠道平台追捧对象。

所以，企业要想在渠道中成就最大优势，就一定还要提高企业的品牌影响力、行业影响力，从而获得最优质的渠道资源（渠道代理商、渠道平台、终端商资源），实现在渠道上"称王"的效果。

4. 全渠道时代到来

如今，正进入全渠道时代，即线上、线下构建立体渠道网络的时代。渠道的竞争也即将进入全渠道竞争、渠道立体作战的时代。

（1）渠道之争进入新时代——线上、线下都重要的时代。

今天，电商相对传统线下零售而言，增速明显高于线下零售，但是，我们一定要看到并认清一个事实，那就是消费者既需要线上，也需要线下的零售。

毕竟，人们的消费场景是和生活方式密切相关，人们的生活不只有宅在家里上网，还要有外出休闲、娱乐、交友等，还需要去实际体验，感受是否满意，这样才是完整的生活。特别是对于女性而言，逛街是她们的天性，也是她们人生一大乐趣，这个是无法取消的。

因此，对于消费者而言，线上重要、线下同样不可或缺。

据 2016 年国家统计局发布的前三季度宏观经济数据显示，全国网上零售额 34651 亿元，其中，实物商品网上零售额仅占社会消费品零售总额 11.7%，目前，实体零售在中国仍占主导地位。

（2）科技进步，生活方式完善，线上、线下不存在谁取代谁的问题。

电商出现，是科技进步的延伸，但不是全部。

社会一直都在进步，人们生活方式在不断改进与丰富中。无论是吃、穿、住、行，还是其他消费，都在随着社会进步，不断改进、丰富。

例如，过去电视出现时，曾对电影形成很大冲击。但是，电视最终没有取代电影。今天互联网出现后，互联网依然没有完全取代电视，更没有取代电影。

但是，人们的生活丰富了，既有居家娱乐消费，也有外出娱乐消费，还有打破时间和地域限制的线上生活。

因而，电商的出现也是科技进步的成果和延伸，对人们生活方式进行了拓展。但是，正如电视没有取代电影，互联网没有取代电视和电影一样，它只是对人们生活的丰富。

20 年前，当大型连锁百货在中国市场蓬勃发展时，将小杂货店冲击得不行，但是便利店依然兴起了，形成有力的消费补充。

同样，今天互联网线上零售的诞生、发展，曾经对线下形成一定的冲击，甚至一度喊出了替代线下的口号，但是很显然这是不可能的，它也是人们生活丰富的一部分，有自己的一部分份额，而不可能是全部。

（3）"电商"一词正成为过去式，零售新时代到来。

如马云所说："未来的10年、20年没有'电子商务'这一说，只有新零售这一说。"也就是说，线上线下和物流必须结合在一起，才能诞生真正的新零售。线下的企业必须走到线上去，线上的企业必须走到线下来，线上线下加上现代的物流和在一起，才能真正创造出新的零售。

未来"电商"一词将成为过去式，电商将成为标配，如同线下已成为传统行业领军者的标配一样，线上也成了厂家的标配，全渠道的新时代即将到来。

以往，传统不提线上落伍；今天，线上不提线下也是落伍！

以往，在电商普及时代，传统企业不提线上是一种落伍。过去，传统企业不重视线上电商渠道，不懂线上电商运作技巧，就失去了这一渠道并失去了这一渠道的获利，就白白流失了一部分市场，是一种落伍表现。

而今天，线上成长起来的电商品牌，不提线下也将是一种落伍。未来，线上品牌，如果不懂线下渠道运作，就会遭遇增长瓶颈，同样会失去一部分市场和阵地，也是一种落伍。

目前，传统企业走向线上，丰富自己的渠道线，而线上的品牌领导者遭遇天花板后，走向线下寻找增量，都在构建立体渠道，已经成为一种趋势。

（4）全渠道营销时代，综合实力强的全能型选手，更易成为最大赢家。

零售的全渠道时代已经到来，综合实力的竞争也将越来越明显。

无论是线上渠道还是线下渠道，每个渠道阵地都蕴含着成就企业的机会，这每个渠道阵地做好，都会成长出业绩优秀的企业。但是，最具实力的无疑是线上、线下运作都懂，并能娴熟运作的全能型选手，毕竟它们所拥有的阵地，远多于只会运作一部分阵地的对手，优势越明显。

因此，未来综合实力强的全能型选手，更容易成为最大赢家。

零售新时代已经到来了，所以企业都要认真思索。

01 OPPO、vivo
——三四线市场渠道之王，上演惊天大逆袭

↑ 步步高派系 ——中国商界的低调王者

在 2016 年，OPPO、vivo 因其手机的出色业绩成了中国商界的热点，在很多人的印象中，它们似乎是一夜成名的，甚至有人论断，它们的成功只是一时的，是走不远的。

实际上，这种认识很肤浅、片面，OPPO、vivo 在中国商界可不是突然走红，它们在中国一直都是份量很重的企业，只是他们很低调，不太喜欢抛头露面。

OPPO、vivo 同属一个派系步步高，步步高的创始人是中国商界年少成名的段永平，在 1994 年，年仅 33 岁的他就已经打造了业绩 10 亿级的企业（1994年的 10 亿级差不多相当于今天的几百亿级规模，格力当时的业绩不过几个亿，华为在 1992 年才过亿）。

之后，段永平创立步步高公司，迅速凭借步步高无绳电话打开局面。

步步高派系是一个低调的、绝对不容忽视的存在。

在步步高的发展过程中，形成了自己独特的三大利器——产品、传播推广、渠道。以后在讲到 OPPO、vivo 手机时，会详细分析这三大利器，这里我们先只谈步步高的渠道。

↑ OPPO、vivo 渠道揭秘

步步高的渠道体系，可以和格力、美的等的渠道体系相媲美，堪称中国线下渠道网络体系的典范。无论是代理商质量，还是渠道网络体系的质量，都是相当优秀的，都是值得学习的标杆。

1. 渠道的代理商
——优质经销商资源、厂商关系极为密切、管控力度极强

（1）优质渠道商资源。

步步高派系的代理商经营水平都不俗，曾有国内咨询公司为其区域总代服务时，都被其代理商的运营能力和要求所折服，足见其代理商水平之高。

（2）厂商关系极为密切。

步步高派系的省级代理商，都是从步步高原厂出来的人，对步步高的忠诚度极高，而且拥有公司股份，是国内厂商价值一体化模式的代表。

最典型的例子莫过于OPPO手机的CEO陈明永在做OPPO品牌时，说"我们是否可以承受三年亏损打市场"，竟获得经销商的一致力挺，这种厂商关系，在国内极为罕见，在业内只有少数企业做到了。

另一个采用这种模式的典型代表就是格力，格力公司与经销商成立合资公司，利益深度捆绑，形成利益共同体。

（3）管控力度很强。

除了密切的代理商关系，步步高派系对渠道网络体系的管控力度极强。涉及渠道的企业都了解，渠道管控的难度和重要性，特别是窜货现象，一旦出现，就会导致区域市场崩溃，如果无法控制，出现问题的市场会继续增多。

对渠道商的有效管控，一是厂家的管理水平，另一个也与厂家的品牌力有关系，厂家的品牌力强、运营能力强，就能强势控制；反之，则很难。在这点上，步步高派系在渠道上的管控，堪称业内典范，基本上很少有窜货问题发生。

2. 优秀的渠道网络体系

在20多年的发展中，步步高派系形成了一套自己的渠道网络建设体系。

（1）深度：从省会到乡镇市场的纵深覆盖。

OPPO、vivo 的网络体系 / 网络终端，现在已经从省会城市覆盖到了乡镇市场，特别在三、四线市场，OPPO、vivo 手机占据市场优势地位。

（2）广度：全国市场、多条渠道线覆盖。

OPPO、vivo 都是做全国市场的手机品牌，它们在渠道线上也是多渠道覆盖的，具体如下。

①通信商：与移动、联通、电信的合作。

②大客户：国美、苏宁的等综合零售卖场，迪信通等的全国手机连锁，以及区域性的手机卖场。

③商场：在一些城市中比较有影响力的商超，或一些地段比较好的商场（例如临近厂区的工厂店），步步高派系会设置专柜。

④通信商授权小店：如长尾一样，遍地都是的移动、联通、电信授权店。

⑤专卖店：在城市有影响力的地段，建设专卖店，主要目的为了品牌形象传播。

这种纵向'深度'与横向'广度'的覆盖，让它们在中国市场构建出了强大的渠道网络体系，OPPO、vivo 在全国分别拥有超过 20 万家和 25 万家终端组成的庞大网络，其竞争力不言而喻。

（3）精度：单点终端的精度。

步步高派系不只是在渠道网络的纵深、横广上构建出了强大的网络体系，它们在单点终端上的精度也同样出众。终端形象建设（门头）、醒目位置、终端广告、终端导购（销售技巧、话术等）一起组成一个极有效果的终端阵地打法。

无论是渠道网络体系的深度、广度，还是精度上，步步高派系的 OPPO、vivo 在线下构建起了一张庞大的既有数量，又有质量的渠道大网，也产生了让一些对手望尘莫及的销量。

02　互联网电商品牌
——线上连锁店的密集网络模式

互联网电商品牌，主要指伴随淘宝、天猫、京东等为代表的新兴渠道——电商渠道（线上渠道）成长起来的品牌。在最初，由于电商渠道未成气候，传统品牌并未重视并认真进入，给了一些新品牌崛起的机会，这些新品牌把握住了电商大规模推广换来的流量红利成长起来。

它们在运作的本质上，与传统渠道成长起来的品牌一样，都要构建渠道力。虽然渠道的种类有所区别，一个是线上，一个是线下，但是同样都要依托于渠道，提高渠道竞争力。

↑电商品牌本质是缺少纵深的连锁店模式
但广度和精度同样不能少

电商品牌在电商平台开店的模式，类似于线上连锁店模式。

区别是它们相对于传统线下零售，少了纵深的层级（传统线下零售要随着市场下沉而开设新店，进行辐射和服务，电商品牌则通过几大卖场平台同时对接了不同渠道消费者），但是它们在广度和精度依然要做。

这种模式有利有弊，好处是一个平台可以同时对接多个层级市场消费者，实现聚合效应；不利就是线上渠道只覆盖一部分零售市场，还有更大的零售在线下产生，缺少了更多消费者的覆盖。于是，互联网品牌，要么通过开发多种不同产品线、覆盖不同群体进行电商平台的挖掘，要么走向线下，进行纵深市场的覆盖。

↑优秀电商品牌渠道网络体系

1. 深度：通过丰富产品线、目标人群细分，挖掘市场深度

第一种路线：一部分电商品牌，通过拓宽产品线和用户群，深度挖掘电商平台大卖场的价值；第二种路线：一部分电商品牌，开始走向线下，获得纵深空间。

例如，韩都衣舍走的是前面第一种路线，韩都衣舍已经不仅仅局限于女装，还有了男装、老人装、童装产品等，而且在女装中还推出多种风格的子品牌（从最早韩版女装起家的它，如今已从韩风系延伸丰富了欧美风系、东方风系等多种风格）；而茵曼则走向后者第二种路线，从线上走向了线下门店拓展、走向传统市场层级的纵深覆盖；还有小米开始大规模线下开店，也是在走第二种路线。

2. 广度：在几大电商平台拓展开店

无论是从阿里系（淘宝、天猫）渠道崛起的淘品牌，还是从京东渠道崛起的品牌，都在进行电商平台线的横向广度拓展，从单一电商平台走向了多电商平台运作。

如淘品牌韩都衣舍向唯品会等平台进行了横向平台的拓展，韩都衣舍2014年、2015年的销售渠道占比中，唯品会都是位居前列。

3. 精度：单店的出色运作

在单店运作上，做得出色电商品牌，都形成了自己电商渠道上可圈可点的打法。

无论是产品本身的特色、竞争力的打造（例如，三大服装淘品牌——韩都衣舍的"买手小组"模式，裂帛、茵曼创始人都是设计师出身，都极为注重产品），还是在产品线组合，以及店面形象建设（出色的淘品牌也是店面形象的标杆）、店面推广等方面都极为下功夫，让店面在阿里系、京东等电商大渠道脱颖而出。韩都衣舍更是形成自己一系列门店运作打法，甚至不仅经营自有品牌，更为其他品牌做电商渠道代运营。

可以说，做得出色的淘品牌，在深度、广度、精度上同样努力下功夫，构建出自己在渠道上的优势，通过"深度挖掘不同客户、广度延伸不同电商平台、精度成型渠道门店打法"，在电商渠道构建了自己的优势，从而在电商渠道中脱颖而出，成为电商品牌中佼佼者。

近两年，随着电商渠道黄金时代的远去，白银期的到来，快速增量的天花板越来越近，一些互联网品牌，开始从线上走向了线下，无论是在广度，还是深度上都进行了延伸和拓展，例如茵曼、林氏木业、三只松鼠、小米等开始进行广度渠道线的丰富，从线上渠道线走向了线下渠道，通过丰富线下渠道寻求增量。未来，类似操作的互联网电商品牌，将越来越多。

03 《罗辑思维》
——视频内容产品的渠道资源占位模式

除了物质产品需要渠道以外，内容型产品也需要渠道，如视频节目、文艺作品等，特别是这些在互联网时代衍生的一些节目内容，它们和过去一样，需要进行渠道的深耕。

↑国内最火的脱口秀节目之一
估值最高的自媒体之一

《罗辑思维》的本质和淘品牌、小米一样，满足了互联网渠道诞生后需要相应产品的需求，因此而声名鹊起。同时，《罗辑思维》也面临淘品牌、小米一样的问题，渠道的立体覆盖不够，它需要拓展更大空间（后来它自己做了平台）。

2012 年 12 月 21 日，曾先后在中央电视台担任过财经节目制片人、第一财经频道总策划的罗振宇，和同样出身于媒体，曾在《中国企业家》杂志工作，与牛文文一起创立《创业家》杂志的申音，联合推出了一个视频脱口秀节目《罗辑思维》。

节目在推出半年之后，越来越火，一跃成为知名的视频脱口秀节目。

某种程度，《罗辑思维》的成功，是一个把握特殊时代机会的产物，它本质上和淘品牌、小米一样，都是把握了线上渠道成长起来的，需要相应产品的机会。

淘品牌和小米，满足了当时线上渠道物质产品的消费需求，而《罗辑思维》则满足了线上精神产品、内容产品的消费需求。它把握了视频网站成长之后，却长期主要靠购买传统电视媒体内容节目为主，缺乏原创内容的行业机会。

《罗辑思维》从产品本身和传统的综艺节目有相似之处，如它和以前电视媒体的《××故事汇》有相似之处，都是脱口秀节目，只是节目内容有所不同、播放渠道不同。

《罗辑思维》通过节目成功崛起，经成为估值最高的自媒体之一，估值超过 10 亿元（如今，它又已再次延伸拓展，进入了得到 APP 时代）。

↑ 《罗辑思维》的渠道精度操作
广度、精度的拓展

作为内容节目，在生产完成之后，也需要相应的渠道通路，实现与消费者对接，《罗辑思维》也不例外。在这方面，因为它主要依托于互联网渠道，和互联网线上产品有相似的问题，无须纵深方向上的拓展，但是要在广度和精度上下功夫。

1. 广度延伸，扩大影响力

《罗辑思维》最初诞生于优酷视频平台，它最初以互联网视频播放平台为主，后来延伸至互联网音频播放平台，如喜马拉雅，覆盖音频平台的用户。

与互联网电商品牌不同的是，《罗辑思维》在互联网视频平台运作的时候，采用的是独家播放模式，没有像电商品牌在多个电商平台经销（如韩都衣舍等除了天猫开店之外，还在唯品会销售）。

当然，这种模式可以让它获得单一平台更多的资源倾斜，同时也意味着放弃了其他互联网视频平台，例如爱奇艺等（这种情况在电商平台商也出现过，例如优衣库入驻京东之后，又放弃了，并非是京东销量不好，而是平台之间的合作关系原因）。

在针对互联网视频平台的运作上，另一个自媒体传奇《晓松奇谈》也采用了独播方式。这种独家播放的形式，也是几大视频平台构建自身平台独特性、竞争力的一个做法。

相对而言，视频平台和音频平台之间，没有那么大的竞争性，视频平台不介意它们平台上的独播节目在音频平台上播放。

2. 精度优势，占据渠道优质资源

在拓展广度，覆盖更多人群的同时，内容节目还要考虑一个问题，就是在单一渠道平台上获得优势——占据渠道优质资源。

以《罗辑思维》为例，它在优酷获得很大的优质资源，无论是首页还是栏目频道页，它都获得了推荐位置。特别是首页的推荐位置，首页是流量最大的入口，也是最有优质的资源，其获得的流量也最大。

这种资源优势，犹如传统渠道、零售卖场里，把最好的位置、资源倾斜给了某品牌，其渠道竞争优势就大了很多。

当然，产品的优质内容是前提，否则无法获得这种渠道优势，也很难获得更广的传播。

需要注意的是内容产品和物质产品的运作特点类似。

①互联网视频内容存在一定的过度神话——它本质和视频节目没什么区别，只是播放渠道的不同。

互联网视频内容产品特别是伴随着《罗辑思维》《吴晓波频道》等几个节目的成功，被各种概念所笼罩，越弄越复杂，实际上它们本身就是一个视频节目产品，和经典的产品运作一样，有产品制作、推广、渠道，以及品牌的沉淀。

它们实质上和知名的电视脱口秀节目没什么区别，属于视频节目的互联网渠道播放，占据互联网渠道。和电商产品的线上销售类似，电商产品实际上和线下销售的产品没什么区别，只是渠道的区别，互联网视频同样如此，它和电视上的脱口秀节目本质上没什么区别，只是播放渠道的不同。

同样，通过出色的产品力，把一个节目打造成著名节目品牌，形成忠实的粉丝群，进而延伸出衍生消费品。例如，关于节目的图书衍生产品，一种是著名节目主持人所写的书，或节目内容汇编图书的热销，如白岩松、倪萍著名主持人的著作都曾引起不小的反响；另一种是主持人所推荐书籍的热销，如美国著名脱口秀节目主持人奥普拉的"奥普拉读书会"，每次经过奥普拉推荐的图书，都是本本畅销，包括奥普拉的巡回演讲门票同样火爆，这一切都是基于奥普拉长期优秀产品力沉淀下的优秀品牌力。

这种模式，和产品运作类似，即通过一个产品成功打响品牌，进而延伸其他品类产品。

在这些互联网视频中，同为脱口秀的《晓松奇谈》没有那么多概念，但它的点击量和影响力，在视频内容节目上都处于领先位置，凭借的就是优秀的产品力和沉淀下来的品牌力。

②渠道优势资源获得，需要产品力沉淀和品牌力打造。

渠道资源优势的获得是需要积累的，是需要优秀产品力沉淀、优秀品牌力打造的。

以《罗辑思维》为例，它之所以能获得如此多的优质资源，与罗振宇此前的行业知识积累、媒体圈知名人士的个人品牌力积累密不可分。

罗振宇曾先后做过中央电视台财经节目制片人，以及第一财经频道总策划，无论是专业知识积累，还是媒体资源积累，都达到一定程度，而在制作《罗辑思维》节目之前，他已经是很多商业活动的主持人，具备一定的个人品牌影响力。而《罗辑思维》早期的另一个创始人申音，也是媒体圈知名人士，这些影响力的积累，让他们获得了优越的媒体资源倾斜，而他们之前的沉淀和积累又保证了产品质量，打造出了优秀产品力，从而形成，即"业内个人品牌影响力——获得优质资源倾斜——内容形成口碑、获得更大流量——获得更多资源倾斜——产生更大影响力"的良性循环。如果没有之前的资源积累、沉淀，《罗辑思维》是很难迅速引爆的，这也是众多人曾经想模仿《罗辑思维》却没有成功的重要原因，有些硬件的积累是不可短期复制的。

另一个比《罗辑思维》点击量还要高的自媒体节目《晓松奇谈》，它的主讲人同样也经历了产品力和品牌力积累、沉淀的过程。在20世纪90年代，高晓松曾是中国流行音乐的标志性人物，校园民谣歌曲的代表，其作词、作曲的《同桌的你》《睡在我上铺的兄弟》都曾火热一时，1996年推出的个人作品集《青春无悔》，更是被许多媒体评为中国原创音乐典范之作，这些都使得他在业内形成辨识度很高的个人品牌力。

同时，高晓松独特的家世背景（外公是深圳大学创办者、中国工程院、科学院两院院士；外婆是中国著名的流体力学家、教育家，参与筹建北京航空航天大学的委员；舅舅是著名的物理电子学与光电子学科学家、清华大学教授兼博导；母亲是著名的建筑学家；父亲是清华大学教授）、独特的学识经历（他曾是清华大学电子工程系学生）和独特人生经历（24岁写出成名作《睡在我上铺的兄弟》，26岁走红歌坛、屡获业内大奖）、知识情怀等，都为他的知识节目打下了良好的产品基础，高晓松庞大的知识量甚至一度让商界传奇人物柳传志都吃惊不已，足见其知识积累之丰富。

正是在此前积累的个人品牌力和产品力的基础上，高晓松有了与优酷合作推出《晓说》的机会，并获得资源支持，高晓松事业再次迎来辉煌，《晓说》一跃成为国内最具影响力自媒体之一。

无论是高晓松，还是罗振宇，他们在视频节目上的成功，非短期速成，都是多年下来人生阅历、知识、经验、个人品牌沉淀后的变现。这些内容知识层面、个人品牌力层面、渠道资源层面的长期积累，成就了他们在视频自媒体上的成功，毕竟"罗马不是一天建成的"。

一些互联网视频公司，进行着类似韩都衣舍一样的平台深度价值挖掘。

相对于罗振宇的《罗辑思维》、高晓松的《晓松奇谈》这类单一节目制作，一些互联网视频制作公司，已经在针对不同客户群推出多个节目，深度挖掘平台价值，例如，马东的米未传媒推出的多个网络综艺节目，成为传统媒体人征战互联网渠道的代表；还有一些专门针对视频网站的网剧公司，内部划分了青春题材、古装题材、现实题材等不同板块，这种做法和韩都衣舍从女装延伸至男装、老人装、童装等，深度挖掘平台价值，实现"深度"指标优化一样。

要点
POINTS

互联网时代，渠道依然很重要

在这个时代，渠道似乎是一个传统商业的名词，但是，实际上它依然是商业经典要素之一，无论是传统产品还是互联网产品，都需要渠道通路，都需要渠道建设。

在互联网时代，渠道力的法则和以往传统产业运作相同，既要考虑渠道网络的"量"，同时也要考虑渠道网络的"质"。

因此，渠道的争夺和过去一样，在线下零售业中，消费产品需要争夺一个好位置，从而获得更多竞争优势，在互联网时代，同样如此。

1. 互联网电商品牌，依然要争夺电商渠道位置、资源

无论是阿里系，还是京东，都对自身的定义和电商有清晰的认识——"电商还是一个渠道"，阿里零售平台总裁张建锋就明确表示："天猫就被阿里人定位成一个中国'品牌线上化'最重要渠道。"京东对自身定位同样很清晰，刘强东最崇敬的是沃尔玛，明确表示京东要做线上的"沃尔玛"，实际上也是线上零售渠道。天猫、淘宝都为渠道，都是线上重要的渠道之一。

要想在电商这个线上渠道突围，就要在争夺更多流量、客户量上面下功夫。

在电商操作中，被诟病很多的"刷单"，它的目的就是为了在电商渠道上争夺一个好位置，通过刷单把成交量刷高，就会排在相应目录搜索前面，就会比其他产品多一些机会。当然，这种作弊方法也意味对其他网店的不公平，如今无论是阿里，还是京东都在强化这方面的管理。

而对网店关键词的优化，同样也是为了获得渠道流量，获得更多渠道搜索的流量。

此外，买电商网站的广告位，例如阿里的直通车等，就如同传统终端渠道的终端广告、堆头陈列等，将使网店获得更多的关注度和更大的流量。

2. 视频节目、文艺作品，同样也在争夺渠道位置、资源

对于视频内容节目，同样也要争夺渠道，有没有资源完全是两种状况。

如在《罗辑思维》的成功道路中，如没有优酷网优质资源的支持，其速度无法这么快，这说明它也在争夺渠道竞争力。

3. 游戏、应用软件等，也在争夺渠道位置、资源

此外，在应用软件、程序、网络游戏等方面，也需要渠道资源的争夺。

以网络游戏为例，在 PC 游戏的时代，它的渠道包括媒体导流、游戏门户网站导流、应用软件的捆绑下载、分发渠道，以及渠道终端地面网吧资源等。

在移动互联时代，手游与 PC 时代有所不同，但依然有多种渠道，手机厂商（如苹果手机的应用商店）、分发渠道（如百度应用平台、腾讯应用宝、360 手机助手、豌豆荚等）等。此前媒体报道过一些在手机 App Store 上刷单的公司，实际上和电商渠道的刷单一样，好的排名获得好的位置，好的位置获得更多下载量，同样也是为了获得好的渠道资源。

其他一些应用软件，同样需要争取获得渠道资源，例如曾爆红的"足记"，起初流量不大，后来由于平台人员觉得不错，进行了特别推荐，获得巨大流量，加上产品确实很有特色，有一定下载量后，因口碑传播而迅速走红。

所以，在互联网时代，渠道这个似乎传统的名词，依然是运营的重要因素，无论是线上产品，还是线下产品都需要争夺渠道资源，构建渠道优势。

渠道力差异化优势决定渠道网络体系强弱

渠道力是商业竞争关键的要素之一，它构建产品到消费者之间销售通路。如果通路断了或不畅通，意味辅助推广作用失效，同时通路不佳，销售便难以产生。渠道力的重要性，过去存在，今天存在，未来依然如此。

无论是对于传统的线下产品，还是互联网电商产品、内容产品、应用软件产品，以及移动互联网应用软件产品，渠道力都发挥着重要作用，它们都在争夺渠道、体现渠道价值。

要构建渠道力优势，就要在深度、广度、精度上下功夫。企业之间的差距正是这样拉开的。

（1）在跨区域的广度上，只做局部市场的公司和做全国市场的公司，以及全球市场的公司都有着巨大的差距。

以服装业为例，国际四大快时尚品牌 ZARA、H&M、GAP、优衣库的业绩都具有 1000 亿元级规模，而国内服装品牌、服装业务超过 50 亿元基本是行业领先的了，超过 100 亿元的只有海澜之家、安踏等屈指可数的几家，相差极为悬殊。其中一个重要因素，就是四大快时尚面对的是国际市场，中国服装品牌面对国内市场，在区域广度上拉开大距离，这也是 ZARA 创始人奥特加一度成为仅次于盖茨的世界第二大富豪重要原因。

同样，还有跨渠道线的广度上，只做某一条渠道线和做多条渠道线，业绩差别很大。以饮料为例，餐饮渠道、大商超和便利店、士多店三分天下，如果只做其中一条线，就少了渠道线阵地，业绩上有很大差别。

（2）在渠道深度上，只做省会城市，而没有继续下沉，去做好县、乡、镇的市场，那么在业绩上同样形成了巨大差距。

以娃哈哈为例，它直接对接的代理商，先从省级代理下沉到市级代理，再从市级代理下沉到县级代理，直至乡镇级市场，这每次渠道的下沉、深耕，都意味着总量近乎翻倍的增长。

以省代理下沉市代理为例，过去省代理负责，省级代理商往往省会城市做得很好，但其他城市由于精力辐射不到的原因，而不如省会城市，一旦下沉到市代，则意味每个市都如省会城市一样做得很好，总量近乎翻倍。以一个省 10 个市为例，过去省会 9 分 + 其他市平均 6 分 ×9=63 分，现在平均 9 分 ×10=90 分，意味至少是过去的 1.5 倍，甚至更多，同样从市代下沉县代，又会大幅度提升。几个层级倍增累积下来，就能达到超过 500% 的增长。

2016 年，OPPO、vivo 让中国手机行业震惊的业绩，就是通过纵深市场深耕，在三、四级市场、县乡镇市场构建强大优势，实现弯道超车。

（3）渠道精度上，精度的区别同样会产生不同结果，在渠道终端所获得的资源、支持力度、推广力度的不同，都会导致结果的区别，甚至是悬殊的。优质资源、强力推广和与之相反的状况，往往会导致两种结果。正如前面提到视频自媒体中，为什么只有《罗辑思维》《晓松奇谈》等少数成为现象级产品，众多却默默无闻，除产品力外，资源支持的力度也密不可分。

传统渠道中，不同企业针对渠道投入力度、打法、渠道终端关系、推广 (终端陈列、终端促销、终端导购) 状况的不同，也会形成不同单点效益。

这种广度、深度、精度的区别，让企业在渠道网络覆盖度及质量上拉开距离，形成企业之间渠道力的差距，产生企业渠道网络体系大小的差距。

第七章　品牌力制胜秘诀

要想成为卓越的企业，企业一定要做品牌。但是，目前95%以上的企业和营销人并不真正懂得品牌，不明白什么才是真正的品牌，不知道成功品牌的奥秘。

品牌让企业和营销人"爱恨交加"，但一定要做！

今天，每个企业和营销人都对品牌充满了复杂的情感——太多"爱恨交加"。

一方面，企业和营销人看到了太多成功的企业品牌，饮料行业的可口可乐、百事可乐，汽车行业的宝马、奔驰等。他们的成功让企业和营销人爱到了极点，特别是可口可乐前总裁的一句话："即使可口可乐被一把火烧掉了，凭借'可口可乐'这个品牌我一样可以重生。"让众多企业和营销人对做品牌更疯狂了；另一方面，我们又看到太多的企业在做品牌，以在赢得更大市场的过程中却坠落了。这些失败又让企业和营销人迷茫了，做品牌到底是好还是坏？

但在这里，我们要说的是，企业一定要做品牌！

这是直接关系到企业未来发展的重要问题，今天人们的经济行为中已经越来越受品牌意识的影响，从小到饮料、牙膏等生活用品，再大到汽车、家电、冰箱等，无一不受品牌的影响。如果不相信的话，你可以看一下自己最近所购买的重要产品，有几个不是因为品牌而选择的。好的品牌塑造了一种好形象，在消费者心理上暗示了一种优秀品质的保证。

同时，我们也要强调：企业不要盲目做品牌，不要为品牌而品牌。企业一定要掌握并明白品牌的本质，不要接受一些不懂市场，只会纸上谈兵的公司错误建议。

·········· ✿ ··········

第一节　品牌实质的科学认识

1. 品牌要塑造成一个有"独特个性、风格"的形象

品牌理论的雏形出现于 20 世纪 20 年代，现代广告奠基人之一的克劳德·霍普金斯提出为产品创造独特个性的理论，后成形于 20 世纪 60 年代，由"现代广告教皇"大卫·奥格威等倡导。

品牌理论创立的初衷，就是为了让产品摆脱同质化严重的现象，区别于竞品。特别是今天不再是产品贫乏的时代，而是一个产品过多的时代，每个产品都会面临与众多产品的激烈竞争。在这种情况下，产品就更必须有一个"独特的个性和风格"，从而脱颖而出，更好地赢得消费者的青睐。

正如克劳德·霍普金斯所说："一个人要想给别人留下印象，就要想办法从众人中脱颖而出，有个性的广告也可以像有个性的人一样赢得别人。"因此品牌的实质之一，就是要塑造一个有"独特个性、风格"的形象，这也符合成功营销的核心——差异化优势。

2. 品牌塑造"独特个性、风格"的形象必须要有销售力

品牌理论创立的目的是为了让产品从竞争中脱颖而出，并吸引消费者的购买。特别提醒营销人的是，不要忽视了后者，只追求独特了。吸引消费者购买才是关键，所有营销手段的目的都是为了销售服务的。

因此，在塑造品牌时，不要只是为了独特而独特（如万宝路牛仔男人品牌形象的创立者李奥·贝纳所说："如果你只为了标新立异而标新立异，早上醒来嘴里含着袜子就可以了。"）。同时要注重销售力，塑造出的这个"独特个性、

风格"的形象必须是能影响、打动消费者的心理，影响购买行为的品牌形象，如要去塑造"大品牌""国际品牌""权威""技术领先""时尚"等这些能够影响消费者购买行为的品牌形象。

品牌形象是一个"既要有独特个性，同时又影响、打动消费者心理"的形象。

第二节　成功品牌的奥秘——充满魅力的偶像标准

品牌形象就是为产品塑造一种充满魅力的偶像标准，值得消费者去使用、追随、模仿的形象。

"品牌充满魅力的偶像标准"既可以是一种实的标准，如领先、领导地位、国际品牌、独特魅力等；也可以是一种积极倡导的理念，一种情感的共鸣等，例如耐克倡导的体育精神"Just do it"。但不管怎样都要能够足够影响、吸引消费者，值得消费者去追随、模仿的。

大家应该都记得由著名影星周润发主演、风靡一时的电视剧《上海滩》，20 世纪 80 年代这部经典电视剧火遍中国大江南北的同时，剧中周润发饰演的许文强所穿戴的风衣、白围巾也流行一时。

可以说，在这部电视剧中，高大、帅气的周润发不仅成功饰演了许文强这个角色，更塑造了一个成功的品牌形象"充满魅力的男人标准"——穿风衣、戴白围巾的男人。于是，当时的众多男性纷纷模仿周润发穿风衣、戴白围巾。

很多服装企业，以及其他企业都应该从这个故事中获得一些有益的启发——怎样做品牌，什么样的品牌才是成功品牌。

衡量一个品牌成功与否，要看你塑造的偶像标准魅力有多大，让消费者追随、模仿的程度有多大。如果你的品牌无法让你自己激动、追随、模仿，那它对消费者同样没有意义，甚至也不能称之为品牌。

·❋·━━━━━·━━━━━·

第三节　成功品牌的密码

品牌可供人们追随、模仿的"充满魅力偶像标准"有很多种，它就像一组密码，发现密钥就能打开品牌成功的大门，标准分为实的标准和虚的理念标准。

实的标准，即国际品牌、权威、行业专家、技术领先、行业领导者、新时尚、高端、独特人群、独特技术、独特品质、历史悠久等。

虚的理念标准，即一种所倡导的、能打动吸引消费的"积极理念"，以及情感的共鸣等。虚的理念标准要求一定要获得受众心理的深度认同和共鸣。

1. 千万不要塑造无影响力的品牌形象

上面我们已经讲了做品牌需要注意的几点，以及如何做实效品牌。很多企业在实际过程中，做得非常不成功，接受一些不切实际，不懂市场的广告公司的建议，做了一些无影响力的品牌形象，这样对企业是非常危险的。

2. 多数企业最好还是做"实标准"的品牌

企业在塑造充满魅力的偶像标准时，最好做"实标准"的品牌，与虚标准的理念性品牌相比，"实标准"因其实实在在，易理解、接受，很容易和消费者完成沟通，让消费者对产品产生好印象，从而对消费行为施加影响，对销售产生推动作用。而"虚标准"的理念性品牌，适用于一些已经取得强大市场地位或垄断地位的企业。对于这些企业而言，已经占据了较大的市场份额，并且销量非常稳定，形成了稳固的强大优势，此时企业地位非某个新品牌短期所能撼动，只需广告、品牌的出现完成提醒作用即可，如可口可乐、百事可乐。

案例解析 \ ANLIJIEXI

01 格力
——掌握成功品牌塑造核心的巨人

↑格力 一个全球品牌的奇迹

今天誉满全球的格力电器，成立于 1991 年，在当年只能算是一家默默无闻的小厂，只有一条简陋的、年产量不过 2 万台窗式空调的生产线，但是在领导人朱江洪的带领下，从小厂起步，进行了一年一个大飞跃的发展。

而幸运的是，格力还来了一个堪称"销售之神"的营销天才董明珠。1990 年，36 岁的董明珠辞掉南京工作，南下广东打工，一次偶然机会加入了珠海格力电器。董明珠从基层业务员做起，一开始不知营销为何物，却连续创造奇迹。1992 年，凭着勤奋和诚恳，董明珠在安徽的销售额突破 1600 万元，占整个公司 1/8。随后，被调往几乎没有一丝市场裂缝的南京，隆冬季节，神话般地签下了一张 200 万元的空调单子，一年内，个人销售额上蹿至 3650 万元，堪称销售之神级的人物。之后董明珠被迅速上调，成为格力公司营销带头人，1994—1995 年，任珠海格力电器股份有限公司经营部部长，1996—1997 年，任珠海格力电器股份有限公司销售公司经理，董明珠的营销天赋得到了更大的发挥，创立了全新的渠道联盟模式——区域性销售公司（进行厂商共赢的深度合作，厂家与经销商共同投资成立区域销售公司，厂家输出品牌和管理，同时几大经销商又成立合资公司入股格力），这种独树一帜的深度合作模式，成为格力在空调行业胜出的重要法宝，甚至在与当时风头正旺的渠道霸主国美闹僵后，业绩不降反升。

而董明珠的销售天赋又和公司当时的董事长朱江洪的技术天赋形成了极好的搭档和互补，朱江洪被称为格力技术品牌的"金字招牌"。他是一位具有严谨工业精神的企业家，朱江洪本人对技术有着狂热的爱好，从狠抓质量的"总裁四十四条禁令"，到公司在内部成立质量严格监督组织，推行"零缺陷"工程等，无不彰显了朱江洪对技术和质量的狂热。而国内第一台具有自主知识产品的一拖多变频空调（多联式中央空调）就是由朱江洪牵头研发的，格力每年投入技术研发的资金都超过了销售收入的 3%，成为中国空调业技术费用投入最高的企业，当时格力 1/3 的技术研发都是由朱江洪牵头组织的，其本人也有 20 多项专利。

营销天才与技术天才的结合，造就了中国的格力传奇。1995 年格力成功打败当时的空调霸主春兰，登上中国空调业产销量第一宝座，并连续稳坐冠军宝座超过 24 年。1997 年到 2012 年，16 年时间格力空调的业绩增长了近 50 倍，2012 年，格力空调销售突破 1000 亿元，净利润超过美的电器、海尔电器、TCL 上市公司的净利润总和（格力、美的、海尔、TCL 归属母公司净利润分别为 73.8 亿元、34.8 亿元、32.7 亿元、7.96 亿元）。2018 年，格力电器营收 2000.24 亿元，净利润 262.03 亿元。

↑格力品牌塑造，一直把握核心奥秘

格力的成功，有多方面因素的影响，比如两位企业关键领导人杰出才干，一个解决技术、把控大局，另一个实现销售，还有格力独创厂商合资区域性销售公司的模式等。

而在这里要分析一下格力的品牌塑造。

之前的部分解释过成功的品牌就是塑造一个充满魅力的，值得消费者追随和模仿的偶像标准。对于空调这样一个家电行业的产品，其品牌属性是科技，因此塑造领先的高科技形象，能对消费者施加最佳的影响。

可以说，格力在品牌塑造上，如同它的传播诉求"掌握核心科技"一样，一直掌握着成功品牌塑造的核心。

我们回顾一下格力的几个主要品牌诉求：

1. 好空调，格力造

这是比较早的一个诉求，这个诉求让人佩服之处是，它一剑封喉地直接将好空调和格力对接起来，"好空调，格力造"，意味着好空调就是格力，格力就是好空调。塑造了"好空调"的品牌形象。

消费者要买什么样的空调，肯定是好空调！可以说这个品牌塑造极其精准！

2. 格力空调，世界名牌

这是在"好空调，格力造"后，格力曾传递的另一个品牌诉求。世界名牌形象的塑造，直接将格力推向了一个新的高度，"世界名牌"意味着从国内走向国际，无疑会让消费者觉得格力空调更加领先。

3. 格力，掌握核心科技

客观说，这个品牌诉求的升级，更加精准，对于高科技行业而言，是否掌握核心技术是衡量企业水平高低的一个标准，谁掌握了核心科技，就意味着站在了行业的前沿，甚至是最高峰。

国内的家电产业，屡次被诟病的就是没有掌握核心技术，换句话说，掌握了核心科技，也就达到了新的高度，站在了国际科技企业的顶端，也意味着产品品质极佳，这个诉求真是非常之厉害。

通过格力的这三个品牌诉求，我们既看到格力一贯的高水准，始终把握成功塑造高科技企业品牌形象的核心——塑造科技领先的品牌形象；同时，又对品牌形象不断进行提升，推到新的高度，实现格力品牌的跨越式升级。

好的品牌形象是具有销售力的，消费者在听到品牌诉求、理解品牌诉求、感受到品牌理念的那一刻，会被该品牌吸引，甚至会产生购买的冲动。

比如格力的这三个诉求，无论是"好空调，格力造""格力空调，世界名牌"，还是"格力，掌握核心科技"，都能对消费者施加影响，因为消费者购买科技类产品，肯定是买领先的、高科技的产品，格力的品牌诉求无疑是极其精准的，可以说格力，掌握了塑造成功品牌的核心奥秘。

品牌的好坏是可以衡量的，无论是实的品牌标准，还是虚的品牌理念，都是如此。实的品牌标准能通过容易衡量的标准直接施加影响，而虚的品牌理念，一定要唤起受众的共鸣和认同，从而对受众的购买施加影响。无论实、虚标准，都需要对消费者的购买产生影响，成为消费者购买的理由，否则，这个品牌诉求是无效的。还是那句话，品牌是有销售力的，可以衡量的。否则，就是失败的。

02 李宁
—— 曾经空洞的"一切皆有可能"

↑ 成功的商业奇迹 不成功的品牌塑造

"李宁"由原国家著名体操运动员李宁创立，如同李宁在体育比赛中创造的奇迹一样，李宁品牌自从 1990 年创立后，便一直突飞猛进地增长。于 2004 年在香港成功上市，作为公司老板的李宁身价突破 16 亿元。

但是在成功的背后，我们看到李宁的品牌形象非常不成功。且不说从标志到品牌内涵、广告语等对耐克、阿迪达斯公司的模仿，仅其曾经的"一切皆有可能"的广告语与阿迪达斯"没有不可能"就非常雷同。即使抛开模仿不说，"一切皆有可能"的表现、诠释也是非常空洞的。

↑ 空洞的"一切皆有可能"

我们这里抛开雷同、模仿不说，单说"一切皆有可能"这个品牌理念。前面分析过，塑造充满魅力的偶像标准可以有两种：实的标准——技术领先、行业领先，也可以是虚的标准——所倡导的积极理念。

同样，在体育用品方面，我们可以有两种品牌：一是实标准的品牌——运动用品的技术领先者、行业领先者；二是虚标准的品牌——倡导体育精神的积极理念。

李宁选择的是第二种，从积极理念出发。单论"一切皆有可能"这句品牌理念，没有什么过错，但关键是这个品牌理念，或者说李宁品牌所倡导的体育精神，没有在李宁的宣传包括广告中诠释出来，让这个理念变成一句空话。

李宁品牌的具体分析如下。

1. 李宁产品的目标消费者

所有参与运动的人，特别是很多非运动员的普通大众，他们在体育方面并不出色，但他们会选购李宁品牌。

2. 成功的品牌理念

一种值得他们追随的理念——"你也可以做得很出色""你也可以在体育方面非常棒"（"一切皆有可能"）。但是这种理念形式的虚品牌标准毕竟不像实的品牌标准那样，如技术领先、行业第一、国际大品牌等，一听就明白，容易产生影响力和号召力。而且即使是实标准，也需要一些实证来支撑，比如多项认证、某某大奖等。这种理念形式的虚标准理念，更需要通过一些实际内容，把它深化、表现、诠释出来。

因此，"一切皆有可能"的广告中应该表现很多偶像人物本身在体育方面并不优秀，但通过参与、努力他们成功了。如某体育明星在年轻的时候，被别人说不可以成功，但他成功了，或者某体育方面比较出色的人，曾经被别人说他做不好，但他做成功了，这样才叫"一切皆有可能"。

消费者只有看到这些"不可能成为可能的故事"后，受到鼓舞，精神上、心理上才会接受，并被感染、打动。很可惜，在李宁的品牌广告中看不到这一点。

如万宝路品牌，如果我们只说抽万宝路的男人是有男子汉气概的男性，而不用西部牛仔的具体形象表现出来，估计现在万宝路这个品牌可能早就消失了，而通过西部牛仔这一具体形象表现出来，其号召力不用多说，大家都能明白，而李宁品牌却只有空洞的语言。

↑ "一切皆有可能"错过的良好提升机会

看过 2004 年雅典奥运会的人，除了记得那年中国奥运代表团取得的惊人成绩外，相信大家还记得李婷和孙甜甜的网球双打冠军、孟关良的皮划艇冠军等多个曾经令中国人不敢想象的纪录，实现了多个领域从零到第一枚金牌的突破。

说到这里，相信大家应该明白了，这是与李宁"一切皆有可能"品牌理念多么吻合，又是多么令中国人兴奋的热点，多好的精神共鸣点，肯定能大大提升李宁品牌在国人心中的地位和形象，与之相应必定是其国内市场份额和销售的提升。

但令人遗憾的是，我们看到李宁品牌没有把握住这个机会，他的品牌理念空洞依旧。

↑2008 年北京奥运会 李宁品牌有提升 也有不足

2008 年北京奥运会是一场成功的体育盛会，而这场盛会对于李宁品牌而言有提升，也有不足。

成功之处是通过李宁品牌的创始人、中国的传奇运动员李宁提升了品牌形象。因为李宁本人成了 2008 年北京奥运会开幕式主火炬的点燃者，四年一届的体育盛会，又是首次在中国举办，都让这一切备受瞩目。而北京奥运会开幕式主火炬点燃更是这场体育盛会焦点中的焦点，李宁成了这个幸运者，李宁品牌也成了北京奥运会运动场外的商战幸运者，事实也证明了这一点，在奥运会开幕式后，李宁品牌的股价大幅度上涨。

不足之处仍是李宁"一切皆有可能"的品牌理念，仍没有很好地和消费者产生共鸣，这方面没有很好地获得提升。中国取得金牌 50 枚、总奖牌 100 枚的辉煌成绩可以说再次让不可能的奇迹变成可能，也是这一理念非常好的诠释，但李宁同样没有把握住。此外，2008 年奥运会上传奇运动员菲利普斯一个人取得了 8 金的惊人成绩，这是一个让不可能变成可能的最佳诠释。聪明的企业应该在之前就能及时把握这一信息，选择其为广告代言。正如 2004 年雅典奥运会前，可口可乐公司就以掌握的数据预测当时名气还不大的刘翔可能会在奥运会取得不俗成绩，从而以较低的代言费提前签下刘翔，2004 年奥运会后证明了这一决策的正确。

启示 QISHI

实事求是地说，李宁品牌的成功很大程度上来源于其创始人李宁个人的影响力和号召力（民族英雄、体操王子），这种曾经充满魅力的个人品牌掩盖了李宁品牌本身建设的不足。

但如果从长远角度看，特别是在 20 世纪 90 年代后成长起来的年轻一代，对李宁个人的了解非常少，李宁个人品牌发挥的作用会比较小，李宁品牌建设不足的问题必定会越来越明显。

03 苹果
——"非同凡想"的 IT 领军企业

↑ 苹果：硅谷传奇，品牌巨擘

在全球的 IT 史上，苹果都是占有重要一席的品牌。

正如 1999 年上映的一部传记电影《硅谷传奇》一样，苹果无论是这个品牌的发展历程，还是其创始人的经历，都是硅谷的一个重要传奇。

1975 年，年仅 20 岁的乔布斯和好友沃兹尼亚克在"车库工厂"里组装 Apple I，是最早的一批个人电脑。

1977 年，经过改造的 Apple II 在电脑展览会上大获成功，目标消费者从 IT 爱好者转向了大众，真正开启个人电脑时代，同时 Apple II 在商业上也获得巨大成功，这一年乔布斯年仅 22 岁。

1980 年 12 月 12 日，苹果正式上市，乔布斯身价达到了 2.56 亿美元，当时年仅 25 岁（而和乔布斯同龄的另一位 IT 天才比尔·盖茨所创立的微软在 6 年后的 1986 年上市）。

1984 年，苹果公司发布了具有纪念意义的产品麦金塔电脑（Macintosh，简称 Mac），其产品发布会获得巨大成功，Mac 成为苹果公司发展史上的重要产品。

1985 年，对于苹果公司和他的创始人而言，都是一个巨大的转折点，因为多种原因，经过董事会投票通过，乔布斯下台，他被自己所创立的公司抛弃了，这一年他仅 30 岁，对于年少成名的乔布斯而言，这无疑是莫大的打击。

之后十年，乔布斯经历了太多沉浮，新创立的 NeXT 公司业绩不佳，让他一度对 IT 业失去了信心和兴趣。而他投资的皮克斯，耗去了他离开苹果时抛售的一半股票 5000 万美元，还没有任何盈利的迹象，连续两个关键事业都在亏损之中，这十年对他而言简直就是炼狱的十年。

终于在 1995 年，皮克斯十年磨一剑，推出的作品"玩具总动员"获得了巨大成功，并成功上市，乔布斯的身价达到 12 亿美元，逐渐显现出王者归来的迹象。而此时的苹果公司正因为失去了"创意灵感和远见"，业绩不断下滑，步入了亏损的境地。1996 年，苹果全年亏损 10.4 亿美元，这家昔日的明星企业、IT 先锋已经坠落到令人吃惊的程度，多次传出了出售传闻。

1997 年，乔布斯回归苹果，经历了众多风雨，已经变得更加成熟、睿智的乔布斯回归了，同时以"非同凡想"的主题广告片宣告苹果即将重新起航！

1998 年 5 月，乔布斯和天才设计师艾维合作，推出了回归后的第一个重要产品 iMac，再次成功引爆市场。《福布斯》杂志称之为"一个产业华丽的转身"，《新闻周刊》撰文称"硅谷这家最初的'梦想'公司终于不再梦游了！"

2001 年，苹果在一片质疑声中，开始运作专卖店模式，推出品牌专卖店，并大获成功。

2001 年 10 月，苹果推出 iPod，成功颠覆音乐播放市场，再次让苹果的品牌影响力大幅度提升，并实现了一次成功转型，从一家计算机公司转型为一家全能的科技公司，苹果不再只是电脑的代名词。

2002 年，苹果推出 iTunes 商店，实现了在线音乐的新销售模式，同时保护了知识产权！

2007 年 1 月，苹果再次在一片质疑声中，推出全新的手机产品 iPhone，引发手机革命，迫使当时的两大巨头诺基亚和摩托罗拉，分别于 4 年和 6 年后先后出售手机业务，而黑莓手机也一度在 6 年后面临出售的窘境。

2010 年，苹果又在一片质疑声中，推出平板电脑 iPad，再次取得了令人不可思议的成功，并且对整个 PC 行业的销售形成了冲击。

至此，乔布斯回归后，已先后对 Mp3 播放器、手机、IT 三个行业形成了巨大的冲击，众多行业巨头先后被挑落马下，而另外的很多行业则表示担忧，担忧自己所在行业会不会成为乔布斯的下一个目标。

2011 年 10 月，一个让世人震惊的消息传来，天妒英才，年仅 56 岁的乔布斯因癌症逝世。

至此，苹果传奇和旋风革命暂告一段落，后续精彩只能等待后面天才书写。

这是一个令人钦佩的商业天才，也是一个为大众所敬仰的 IT 行业先锋巨匠！

↑苹果品牌塑造：非同凡想的改变世界，将"虚的理念"变成"实的影响力" 引领 IT 潮流

1997 年，当乔布斯重新回归苹果时，再次与来自 Chiat/Day 的创意总监李·克劳（美国 13 位著名艺术指导之一）合作，在乔布斯的催促下，李·克劳拿出了一个广告提案——"非同凡想"的创意，看后乔布斯激动不已，这就是他要的，在这个广告中致疯狂的人（丘吉尔、甘地、卓别林等那些著名的政治家、科技天才、文艺天才、体育天才）依次出现，它们所代表的也是苹果的精神：非同凡想，改变世界。

广告词的全文如下：

致疯狂的人。他们特立独行。他们桀骜不驯。他们惹是生非。他们格格不入。他们用与众不同的眼光看待事物。他们不喜欢墨守成规。他们也不安于现状。你可以认同他们，反对他们，颂扬或是诋毁他们。但唯独不能漠视他们。因为他们改变了寻常事物。他们推动人类向前迈进。或许他们是别人眼中的疯子，但他们却是我眼中的天才。因为只有那些疯狂到以为自己能够改变世界的人……才能真正改变世界。

这则广告所传递的精神让乔布斯感动，这也正是他回归后，要为苹果找回的精神——追求"非同凡想"。当多年以后提到这段经历时，乔布斯仍会潸然泪下。

这则广告与苹果产品史上经典的广告"1984"形成了极好的呼应，"1984"广告中一个白衫红裤的女孩，冲进一个巨大的会场，将手中的铁锤掷向了巨大的屏幕，把屏幕上讲话的象征权威的老大哥砸了个稀烂，宣告苹果即将掀起一场革命，一场个人电脑的革命，将巨头击败。

可以说，乔布斯多年来对科技的追求，始终秉持"非同凡想""创新，改变世界"

的理念。

客观地说，"非同凡想"本是一个有点虚的理念式标准，它不像领先、权威、专家这些直接传递明确价值的实品牌标准，消费者很容易理解、感知和判断，从而很容易对消费行为产生影响。而虚的理念式标准做不到，如果做不好，没有通过一些行为对其进行很好的诠释，就会变成一句空洞的口号，这也是很多企业做品牌的通病，就如我们前面说过的"激情成就梦想""一切皆有可能"一样，充满了空洞，对消费者无法施加影响力，进而影响购买行为。

对于"虚的理念式品牌"，最好进行一定的诠释，引发消费者的共鸣和认可，进而影响其购买。在诠释上，要么通过一定的传播内容诠释，要么通过企业行为诠释。而后者通过产品等企业行为的诠释，无疑高明得多，影响力会更大，也会更深刻，企业也会更领先。

苹果正是通过自己的创新行为，不断创新，改变着世界，对虚品牌理念进行了很好的诠释。

从最早的个人电脑、最早的电脑图形界面、最早的鼠标，以及别具一格的产品设计，再到回归后，全新的 iMac、全新的 Mp3 播放器、首创的科技产品品牌专卖店、首创的 iTunes 网上商店、全新的手机、全新的平板等。每一个产品的问世，都包含着创新的结果，这一切就像把一个又一个大创意不断地放在人们面前，冲击着人们，以至于把几个行业改写了。而这些不断地创新（包括时尚设计和独特的功能体验）也将苹果品牌形象推到了领先的地位，成了 IT 潮流，成为时代的巨人。

对于一个高科技企业，能塑造出技术领先、引领潮流的品牌形象，无疑是巨大的成功，而苹果通过企业的行为，将一个"虚品牌理念"转化成了实在的影响力，将品牌承诺践行到了极致，不断地创新，不断地对行业进行冲击，不断"非同凡想"地改变世界。一次次的惊喜让消费者狂喜不已，这是其他众多企业远远达不到的，也成就了苹果的品牌传奇。

可以说，苹果对品牌演绎进入到一个新高度和层次，将品牌理念变成企业的 DNA，将"非同凡想""改变世界"品牌理念注入企业身体，并且身体力行，做到"品牌理念＝企业 DNA＝承诺＝行动"，从而创造一个又一个的奇迹，将企业推上了商业王座。

虚的理念式标准最好要做一定的诠释，获得消费者的深度认同和共鸣

苹果的成功，向我们展示了"虚理念"转化成实在的影响力所释放出的巨大能量。而我们现在看到的众多品牌，其虚的品牌理念只是一句空洞的口号，而且，其中有很多企业自己认为的这种"有效"，其实恰恰是对企业的媒体推广的巨大的浪费！

我们以李宁曾经的"一切皆有可能"为例，假使针对的是学生群体，推出这样一则广告——"曾经在学校球场、运动场上表现不好，被嘲笑、沮丧所包围，会有人劝他，你放弃吧。一次次的无奈，特别是在某些女生面前丢面子，但是还在坚持，而有了李宁运动用品之后，他终于成功了，在赛场上表现优异，成为同学中受关注的焦点"。这样"一切皆有可能"的主题就得以很好地诠释和表现出来，在目标人群心中形成极好的共鸣，很多学生会疯抢该品牌运动鞋的，因为它意味着"可能"。而我们曾经提到过的在雅典和北京奥运会上中国运动员所创下的惊人纪录，都在诠释中国健儿"一切皆有可能"的传奇，如果当时和国人的民族情感相结合，将会释放出巨大的张力，但是在李宁的传播上我们没看到，真的很空洞！当品牌理念变成一句空洞的口号时，一切都是那么苍白和无力！

而国内的利郎商务男装曾经演绎的品牌理念——"简约不简单，放松不放纵"，就很好地和目标商务人群进行了对接，很贴切目标人群的追求，获得了目标人群的心灵的认同。

苹果则进行了更具高度的诠释，不仅仅是"非同凡想"广告的传播，还在企业的产品上不断兑现着品牌承诺，深刻地践行着企业的品牌理念和使命，言行合一，让消费者更加深度地认同企业，形成了对苹果如宗教般的忠诚和信奉，产生了独有的"果粉"现象。

正如我们所说，品牌的关键奥秘是塑造充满魅力的偶像标准（见下图），这一标准要值得消费者去追随和模仿，做到这个层次的企业很少，苹果做到了，而且是实现成功品牌塑造的著名企业。

成功的品牌形象就是"为产品塑造一种充满魅力的的偶像标准"，值得消费者去使用、追随、模仿！

图　成功品牌形象塑造示意图

第四节　品牌塑造需要注意的五个方面

1.品牌主张意味着承诺，要求企业必须兑现、践行

品牌形象、品牌主张不是随便说说，一旦确定，就意味着对消费者一份承诺，要积极兑现，言行合一，才能赢得消费者的深度认同和信赖，成为忠实的消费者。

而企业如果只是塑造了品牌形象，宣传了品牌主张，并不去践行，意味着这些只是一句空话，没有任何意义，不能持久吸引消费者，而且终将会被消费者所抛弃。

如国内的电商 B2C 品牌凡客，以前一度遭遇麻烦，有很多因素，其中有一项是对品牌承诺践行不了。凡客宣传自己要做快时尚，要做互联网的优衣库，快时尚是一个热点和趋势，如果做好了空间很大，经济效益也很好。但正如前面我们也分析了快时尚、平价时尚的特点，以及 H&M 是如何打造的——在价格和品质、档次两方面都下功夫，以优惠的价格、提供高品质的产品，形成最优的性价比。而凡客只是在价格上做了文章，在产品的品质和档次上做得很弱，最终变成了一个只具备低价的低端产品，而不是快时尚了。在目前消费升级的情况下，低价、没有品质的产品空间越来越小，和凡客目标人群也会脱节，对凡客未来空间影响越来越大，这一点上，凡客真的要向优衣库这些快时尚品牌好好学习一下，它离那个品牌精髓还是有些距离的。

2. 品牌是一种战略，决策要谨慎

品牌是企业战略高度层面的决策，品牌形象一旦确立，将直接影响几年或未来更长期的走向，所以，要求企业在制订品牌规划时，一定要慎重、全面。一旦确定，至少几年内不能做大的更改和变动，不能变来变去，如同儿戏一般，让消费者产生混乱感和不信任感，也无法建立稳定的品牌形象。

3. 品牌是一个体系，考虑要全面

品牌是一个全面的体系，从品牌形象的确立，到品牌故事（传奇）、品牌理念、价值主张等的文字阐述，再到品牌的视觉表述（品牌 logo、色彩体系、视觉语言、宣传物料、终端形象等，其中，色彩、风格会直接影响品牌的档次），构成的是一整套的体系，而不是只有一个形象，一句话，一个广告语那么简单。

4. 品牌是一个长期建设的过程

（1）品牌建设需要长期坚持核心。

品牌建设还是一个长期坚持的过程，不要认为做一阵就万事大吉了，需要长期坚持品牌核心，并不断践行、兑现价值主张，否则也会失去消费者的信赖。

如苹果在失去乔布斯后，一度几次让人失望，对苹果"非同凡想"品牌理念造成影响，导致苹果"魔力"下降、品牌贬值，直到后面推出优秀产品才改善。

（2）品牌是一个长期积累的过程。

品牌建设是一个长期积累的过程，绝非一朝一夕就可以完成的。就像 HTC 手机为什么瞬间闪耀后又如流星般下滑一样，品牌是一个积累的慢过程，无论影响力，还有资源、营运能力，都是需要长期积累才能达到的。否则，即使短期内知名度上去了，但是因为很多配件支撑不了，运营体系不支持，导致品牌力瞬间上升后，又会下降。

5. 品牌形象要和企业的实力结合

（1）企业的品牌形象，要结合企业的实力量力而行。

企业塑造品牌形象时，一定要结合企业的实力，量力而行。如塑造高端品牌，对企业的设计能力要求比较高，企业实力做不到，可以塑造大众品牌。

（2）如果企业想塑造超越实力的品牌形象，就要丰富资源、提升能力。

如果企业要塑造的品牌超越了企业的实力，企业最好就要丰富资源、提升能力。因为品牌意味着承诺，如果塑造了做不到、兑现不了，消费者是不会买账的，不会因为你说自己高端就高端，而是产品必须达到那个程度，消费者认可确实是高端产品；否则企业实力做不到，还定位高端，消费者不会认可，还会把企业做垮。

第五节　品牌力的三个重要指标

品牌力的终极目的是构建品牌选择优先权的优势。

品牌力要想做好，要想构建优先权的优势，要做好下面三个关键指标。

1. 品牌形象规划、塑造要有力

品牌力的第一个重要指标是品牌形象塑造，也就是我们前面第一节、第二节、第三节所讲内容的核心——品牌形象实质的科学认识、成功品牌形象的奥秘、成功品牌形象的密码，来揭示这个问题。

品牌形象是企业品牌力的基础，它也是企业的一种战略规划，一种长远、有竞争力的规划。

品牌形象塑造、规划，直接决定品牌未来的发展方向。品牌形象塑造好、规划好，品牌形象就可能在消费者心中构建优势，让消费者追随模仿，获得很强的选择优先权；相反，如果形象塑造失败，则意味在竞争中处于劣势，影响整体发展。

2. 品牌运作和推广要有力

在实际运作中，不仅要有好的品牌形象的规划塑造，还要有优秀的品牌运作和推广。

好的品牌形象，如果缺乏有效的运作，在产品力、策划推广力、渠道力上得不到良好支撑，都会影响品牌形象的市场效果。如产品力达不到，品牌体验差，就无法支撑品牌形象，相反，还会透支品牌形象。而如果策划推广力、渠道力不够，则无法将品牌形象推广，会影响品牌受众的范围拓展。

因此，优秀品牌形象的效果最大化，还要做好品牌运作和推广工作。

3. 品牌市场占有率要有力

品牌力要有影响力，还要在第三个指标上做好，即品牌市场占有率要有力，要有优秀业绩，努力提升行业地位、行业影响力，强化品牌在消费者心中地位。如果品牌形象做得不错，但市场占有率极低，则意味着影响力不够，品牌力也会打折扣。

品牌有影响力，要拿一定的实际业绩和份额作支撑。因此，随着市场占有率的提升，无论是在细分领域的市场占有率优势，还是行业整体占有率的优势，都会强化品牌的行业地位和影响力。

启示 QISHI

品牌运作不成功，问题主要出在这两个指标上

一般企业在品牌运作上的失败，问题很可能出现在前两个指标上，即品牌形象塑造缺乏吸引力；品牌运作、推广力度不够。

1. 品牌形象塑造缺乏吸引力

这是很多企业常出现的问题，在品牌塑造上过于花哨、空洞，缺乏足够的吸引力、产品缺乏个性化、特色化，缺乏足够的亮点，难以打动消费者，缺乏销售力，自然难以有效果。

2. 品牌运作、推广力度不够

有了优秀的品牌形象之后，还要做好品牌运作和推广工作。

一方面，好的品牌形象，是要拿产品来承接、兑现品牌承诺的，否则就会变成品牌形象空洞化，跟没有没什么区别。因而，一定要拿出符合品牌形象相支撑的产品，兑现承诺，在面对消费者上，实现形式（品牌形象）与内容（品牌体验）的统一，产生良好口碑，有利于满足消费预期、持久消费，并形成良好的口碑扩散。

另一方面，好的品牌形象，需要做好推广工作，毕竟酒香也怕巷子深。这一点和策划推广力、广告力类似，再好的策划、广告，如果不进行推广，不能辐射更广

的人群，都会极大影响效果。因而，在品牌形象塑造有力的情况下，经市场验证确实很有效果、很有销售力，对消费者很有吸引力，那么就一定要做好品牌形象推广工作，让效果扩大化，让品牌形象辐射更多人，让更多的人了解公司、产品品牌形象的独特魅力，并追随品牌。

这两个方面（品牌形象塑造、品牌运作和推广），往往也是很多企业运作比较失败的地方，要么认为有个简单品牌形象、品牌理念就可以了，没有进行有力的品牌形象塑造，品牌缺乏实效力；要么认为品牌形象有个设计出来的品牌视觉形象、品牌价值主张就可以了，没有在企业经营中深度贯彻、落实，让它彻底变成企业竞争力，或者没有进行更广传播，让更多消费者知道，在更多消费者心智占位，影响更多消费者。

这两种错误的做法，都没有理解如何塑造有效品牌、如何让品牌影响力最大化，自然难以发挥品牌的作用，会产生"品牌无用"的错误认识。究其本质，这两种做法都是因为操作者对品牌的认识过于简单，都没有从更高的层级和角度认知品牌、理解品牌。

第六节　中国民族品牌崛起的时代来临

1. "假洋品牌"时代即将逝去，中国民族品牌崛起时代来临

目前中国民族民牌崛起的最佳时代到来了！

随着中国人民物质、生活的改变，消费的要求提升了，消费也日益理性，对待国外品牌、民族品牌的认识比以往要清醒了很多。

一方面，"假洋品牌"的时代即将过去。

屡次曝出的"假国外品牌"事件，已经让消费者对这种本是国内产品，做个洋气的包装，非说自己是国外品牌的做法有了反感。从最初的欧典，再到后

面的施恩的曝出，某个品牌一旦被曝光存在这个情况，消费者必将将其无情地抛弃，而且对于所谓的外国专家包装，消费者的免疫力也越来越强。

另一方面，国外品牌不再是唯一选择的对象。

这两年，中国消费者的消费意识，已经比以往提高太多了，不再像以往一样，在消费的过程中盲目的热追。如当年麦当劳、肯德基对中国餐饮业的冲击，它们代表着新潮流，很多家庭以去这两家快餐店就餐为荣，认为其很时尚，当时对很多中餐的关注，与其相比的差距可以说是天壤之别，这两年很多中餐品牌已经重新崛起，大有超越之势。

再如饮料行业，可口可乐、百事可乐的"水淹七军"，将中国的七大品牌可乐收编为他们的生产基地；再有日化行业，遭遇了差不多程度的横扫，当年羽西、小护士、丁家宜、大宝、舒蕾等都纷纷被外资收购，国产品牌在多个领域失势。

当初，这种情况的出现，可以理解为一个经济发展阶段的产物。在我们经济发展的初期，国外品牌的进入后，由于国外品牌的商业运作比较成熟，产品品质也具有一定的先进性，带有国际品牌光环的它们作为新鲜事物进入，具有新潮流感，而中国消费者存在好奇和赶时髦的消费观等，这些都让它们在早期的中国市场上占得一定先机。

但是，随着商业环境的成熟，中国本土企业逐渐崛起、商业运营能力大幅提高以及本土高品质品牌的不断出现，在一些领域，中国国产品牌的形象正在不断改观。而消费者也日益成熟，都展现出了极好的促进中国本土品牌崛起的机会，而众多企业成功突围的例子很好地说明了一点。如日化领域的家化奇迹，上海家化的六神、美加净、佰草集等都曾呈现良好增长的势头，成为国产日化品牌的代表。

再如，本土餐饮业的崛起，无论是全聚德等一些老字号，还是海底捞这样的餐饮业新贵，都在彰显本土力量。特别是海底捞在企业管理和消费者的服务营销上都达到新的高度。此外，快消领域加多宝打造的凉茶奇迹，在罐装饮料领域超越可口可乐，成为中国销量最大的罐装饮料。还有最近两年火热的国产华为手机、小米手机，以及在互联网领域，中国本土企业的不断胜出，腾讯、阿里巴巴、百度的业绩在国际上都位居前列。

这些既有它们企业自身运作的成功之处，也说明了国人对国产品牌的认知度、认可度在上升，中国企业在消费者心中的形象逐渐提升，本土品牌力量的时代来临了。而随着本土品牌的崛起，中国本土高端品牌，甚至是奢侈品品牌的机会也在出现，高端品牌、奢侈品的形成有两种方式：一种是时间、工艺、传奇的累积（像爱马仕、LV 都具有悠久历史，迪奥、古驰的时间同样不短），另一种是品牌具有天才级、大师级的创始人（如阿玛尼的创始人、著名设计师阿玛尼）。后一种方式，随着中国消费者对国货的认同感提升，以及中国本土顶级设计力量和商业运作团队的出现，在国产品牌会出现高端、奢侈品这样的机会。而原上海家化董事长葛文耀在谋划打造的时尚产业，既表明中国企业正逐渐找到市场运营的感觉，也说明中国消费者对国产品牌的认可度提升，本土时尚品牌的机会出现了，所以葛文耀试图把海鸥表打造成中国的奢侈品（海鸥的历史和工艺传承符合了高端品、奢侈品的条件之一，如果有成熟的运营来实现，还是有很大机会的）。

品牌时代到来了，中国品牌崛起机会也来临了，中国企业一定要抓住机会。

2. 时代在进步，品牌视觉形象的档次要求在不断升级

在品牌发展的趋势中，中国的企业要慎重注意另外一个重要现象：消费者审美意识提升，对品牌视觉形象的审美要求也在不断提升。

麦当劳这两年推行的形象升级也在体现这一趋势，从以前大红色背景逐渐升级成黑色背景，店内设计强化了时尚气息，这既是中国消费升级趋势，也是全球消费升级趋势，有媒体报道麦当劳形象升级后，其在欧洲市场业绩提升了15%。

而国内很多行业的形象也都在升级，如美发、餐饮、服装等行业，即使一些路边店都在提升档次，换句话说，对企业品牌形象的视觉要求比以往更高了！

因为，视觉形象是直接影响档次的重要元素，随着消费者物质、审美意识的提升，消费者对这个要求越来越高，中国企业一定要注意这个档次要求的变化趋势。

成功的品牌是做到极致的差异化优势

成功品牌与普通品牌的区别就是，成功品牌会让消费者"疯狂"地追求、迷恋，甚至产生极高的忠诚度。

换句话说，要想在市场上突围，一定要具备差异化优势，而成功的品牌则是将差异化优势做到了极致，达到了引领潮流、引领行业标准，具备领先乃至于占领行业制高点的差异化优势。

无论是我们曾经提到的《上海滩》中塑造的充满潇洒魅力的男性形象许文强，还是格力塑造的行业领先科技的形象，都达到了这样一种效果，意味着引领，意味着潮流。而乔布斯在引领苹果的时期，更是将这种疯狂推到极致，凭借独特的设计和功能体验，吸引着各个年龄层（下到五六岁小孩，中到二三十岁青年，再到四五十岁大叔大妈）的共同追捧，达到了宗教式的魔法效果。粉丝们可以为获得新品疯狂地提前几天几夜排队，当苹果每推出一个新品，就拼命地去购买拥有。而其品牌的忠诚度就是惊人，iPhone 最高时甚至拥有超过 90% 的忠诚度（美国市场最高达到 93%），是竞争对手的 1.5~2 倍，这是其他竞品难以企及的。

成功的品牌是塑造充满魅力的、值得消费者追随和模仿的偶像标准，将竞争对手大幅度甩开，这无疑是做到极致的差异化优势，值得企业和每位营销人认真思索！

第八章　团队力制胜秘诀

团队好坏的关键取决于老板、决策层和管理层。所谓"千军易得，一将难求"，强调的也是这个问题——优秀、杰出团队领导者的重要性和稀缺性。作为领导者，其操作市场能力的强弱和团队管理、建设能力的好坏，直接决定了团队的好坏。

关于老板和决策层的相关管理知识，已经有很多专著讨论过这个问题，我们这里只说企业老板和决策层的几点注意。

老板、决策层这些企业的关键人物在企业里被称为"头"，头是人体的关键部位，企业里的"头"同样如此，某种意义上他们直接决定了企业发展的好坏。

老板和决策层的思想有多远，企业就能走多远，每个老板、每个企业的领导、每个处于决策层和管理层中的人都应该扪心自问一下，你是否真的称职、合格、优秀呢？如果是的话，企业为什么还有那么多问题，不能发展壮大呢？

第一节　决策层要做好的三件事

决策层要做好的事情有很多，这里我们强调三点经常被众多决策层忽视，却直接影响企业生死存亡的重要问题。

1. 关注市场需求

决策层一定要有长远的眼界和独道的眼光，要善于把握市场流行趋势，无论是在技术发展层面，还是在消费者需求发展层面。

2. 关注竞争对手

企业的决策层，一定要密切关注你的竞争对手，无论对方是强大，还是弱小。

强大对手会给你致命一击，也可能会犯错误，给你创造非常好的机会；而弱小对手很可能在你的忽视中，成为你最强劲的对手，甚至把你挑落马下，将你颠覆。

3. 关注团队

企业决策层要善于将所带领的团队打造成极富战斗力的"铁军"。企业的决策层不仅要善于解决市场和竞争对手等外部问题，同时要善于解决企业内部问题，即如何让团队具有非常强大的凝聚力、战斗力。

企业决策层犹如军队中的将领，应努力将所带领的团队打造成极富战斗力的"铁军"，战无不胜，攻无不克，只有极富战斗力的军队才能在战争中打胜仗。同样，只有极富战斗力的团队才能在市场营销中取得不俗的业绩，这不是一项简单的工作，也不是一件容易的事情，需要每个决策层成员认真思索、学习和总结。

✈ 案例解析 \ ANLIJIEXI

柯达
——市场预测失误，错失行业变革机会

我的失误在于对民用胶卷（或称胶片）业务的下降之快没有做出准确预期，导致柯达出现今年的（艰难）局面。

——柯达前 CEO 邓凯达

↑面对市场变化，错失行业技术变革机会

柯达早在 1888 年就开始生产传统相机，其后在长达 100 多年的时间里，凭借技术的不断革新，以及其优秀的发展策略，将对手逼到节节败退，长时间持续保持影像业的领先地位，无人能敌。1981 年，柯达公司的销售额突破 100 亿美元，成为当之无愧的业界领军者。

但今天，这些荣光似乎已经离柯达远去。最近十几年，柯达经历了从巅峰到低谷，又从谷底涅槃重生的变化。它先是在国内、国外市场的接连失守，并持续多个季度的亏损。其中 2005 年第三季度，柯达净亏损 10.3 亿美元，创下历史新高，其被迫出售了优质资产。而经过几年的艰难挣扎后，2012 年 1 月 19 日，柯达及其美国子公司提交了破产保护申请，一代著名企业坠落，让人们不禁感叹不已。

不过，在经过破产重组之后，柯达又上演了涅槃重生，重新崛起。

2013 年 9 月 4 日，伊士曼柯达公司宣布完成破产重组，正式退出破产保护程序。2013 年 11 月，完成重组的伊士曼柯达重返纽约证券交易所。

2016 年，伊士曼柯达公司成功实现盈利，净利润 1600 万美元。2017 年，伊士曼柯达公司实现营收 15 亿美元，净利润 9400 万美元，意味着柯达再度成功崛起。

柯达如此之大的变化，主要源于企业决策者应对数码浪潮的决策失误：

1. 没有及时预料到数码时代来临对传统胶片行业产生的冲击

1975 年，世界上第一台数码相机出自柯达，1986 年，柯达第一台百万像素民用 DC 也早早诞生，尽管柯达是世界上第一个发明数码相机的企业，但是柯达却没有及时预料到数码时代的来临对传统胶片行业所产生的巨大冲击。

20 世纪 90 年代，数码之风开始席卷全球，数字技术几乎渗入了世界上的各行各业，传统行业在备受数码技术冲击的同时都在积极寻找自身技术的变革。一时间，佳能、索尼包括惠普等一些巨头企业都纷纷加入了数码相机的研发阵列，然而柯达这个领军企业，这个第一个发明数码相机的企业，却做出了错误判断，

认为数码取代胶卷时代不会如此之快。

2. 对亚洲市场判断失误

当欧美消费者迅速采用数码相机后，柯达决策者再次做出错误判断，认为中国、印度等亚洲第三世界国家里，传统相机普及率还不高，数码相机离亚洲消费者还太远，幻想以亚洲传统胶卷相机的销量增长来弥补欧美市场数码相机的冲击影响。

正是这两个错误，让柯达错过了最佳转型时机，而与此同时，2000 年前后，柯达昔日的对手富士公司，抓住新浪潮，成功完成向数码的转型，并在各地疯狂跑马圈地，先是欧美市场，然后是亚洲市场。

直到 2003 年 9 月，柯达才意识到战略错误，宣布全面进军数码领域，可惜这时企业已经失去了最佳转型时机。其后，柯达虽然进行了一系列调整，并也取得一些成就，但还是无奈地陷入艰难之中，美国本土市场失守，亚洲市场失守，多季度持续亏损，靠出售优质资产来支撑公司。

直至后来，在经历一番波折后，柯达成功东山再起、涅槃重生。

不可否认，今天柯达仍是世界上优秀企业之一，但错过市场技术变革机会，确实一度给柯达造成了很大的影响。

启示 QISHI

这个案例可以说给所有企业决策者敲响了关注市场的警钟，市场机会是稍瞬即逝的，可正是那一瞬间整个市场格局就被改写了。企业的决策者必须有长远的眼光，准确预测、把握市场形势，并及时做出调整。

市场没有永远的赢家，它总是这么残酷，但这也是它的规律。

市场就像一场没有终点的马拉松，一时的领先不能代表什么，只要不注意，下一刻，你可能就被超越，被远远甩开，乃至于被淘汰！每个身处其中的企业，都应时刻有强烈的危机意识，对行业未来及竞争对手给予充分的重视。否则，企业将会为此付出沉重的代价，因为这样的状况永远不会是最后一个，永远都会持续不断地发生。

第二节　老板需要具备的能力

与决策层相比，老板的位置更为关键，因为老板是企业最终拍板的人，是企业的最高领导者、企业的灵魂和核心人物。

做老板，你真的合格了吗？

"老板"不是一个简单的称谓。国内一位营销人曾说过："老板可以分成三种类型——精明型、高明型、英明型，中国的老板中精明的占了多数，高明的非常少了，英明的就更少之又少了！"

老板们，你们可以问一下自己，自己属于哪一种？

"思路决定出路，布局决定结局"，这句话体现在老板身上更明显，老板思路越强，布局越好，企业会发展越好；相反，企业问题越多，失败得也越快。

1. 营销能力

老板要具备优秀的营销能力。要具备高水平的营销和管理知识，并最好是一名高手。回顾一下那些著名企业，哪一个不是由能力强的老板造就的，只有能力强的领导人，才会有强势企业。

你可以凭借偶然的幸运积累第一桶金，但幸运不可能永远垂青你，你要努力提高自己，将偶然变成必然。

如果你在营销方面不是顶尖高手，就要懂得给自己充电，提高自己的水平：

（1）专业能力强——最好要懂行。

老板最好要懂行，要有高水平的运作思路，否则很危险。如果一个企业的领导人不知道怎样走，那么他领导的企业只能不断在十字路口上摸索、彷徨。这是多么危险的情况！而这样的例子却数不胜数。

（2）不具备专业能力，但懂得营销的大思维，懂得分辨好坏。

老板可以不懂某一行业，可以通过聘请懂行、高水平的职业经理人来做，但前提是老板要有大思维，可以不懂行，但要能分辨策略好坏，如果老板连这一点也做不到，不具备专业能力，又不能分辨策略好坏，那么企业的结局只有淘汰、出局。

（3）不能思想保守，要不断与时俱进。

思想保守、因循守旧也是很多老板常出现的严重问题，这也是导致众多企业失败的原因。很多老板会固守思维，不懂得不断提高、与时俱进，不懂得随着市场环境的变化而变化，这样的结局就可想而知了。

有些老板意识到自己和企业出了问题，然后招聘人才，可是聘请人才后却不接受新的优秀操作思路，不信任他们，最终还是以自己意志、自己已经过时的方法行事，最终不仅引进人才的作用没有发挥，还导致企业依旧在错误路线上挣扎。

中国市场已经经历了好几代营销人的沉浮，但现在第一代老板还有谁？第二代老板还有谁？第三代老板还有谁？

市场是非常残酷的，你若不主动前进，那结局就是被淘汰。

2. 管理能力（带队伍的能力）

老板要有优秀的管理能力，带队伍绝不是一件简单的事情，要做到以下几点：

①善于选人、用人，善于吸纳人才；

②善于倾听意见，采纳合理建议；

③善于沟通、协调，凝聚团队；

④善于激励下属、激发员工的工作热情；

⑤善于培养团队，打造团队战斗力；

⑥善于组织建设、梯队建设；

⑦善于文化建设。

总之，你的人才配伍如何、团队建设如何、组织建设如何、团队商业作战能力如何，你是否打造了一支有竞争力、凝聚力、战斗力的团队？如果没有的话，您就要反思了。

3.老板要努力打造领导魅力

老板是一个企业领导人，成功领导人都需要一些独特的、超越常人的能力和魅力。

多年前，百家讲坛上著名学者易中天的《品三国》火热中国。其中有关曹操、刘备、孙权的评述应该让大家深有体会，三位枭雄能在群雄并起的大三国时代成功崛起并最终成为笑到最后的王者，没有独特、超越常人的能力和魅力是无法做到的。

同样，在今天竞争激烈的商业时代，企业的老板没有独特的、超越常人的能力和魅力，也很难成功并成为时代强者。

可口可乐公司前总裁唐德基奥曾经说："如果有一天，可口可乐公司不幸被一把大火化为灰烬，只要我们核心的 2000 员工在，三个月后同样的一家可口可乐公司会重新诞生。"这既说明了品牌的力量，也说明了企业核心团队的重要性，对于一个企业而言这是值得深思的，团队也是考验一个老板能力和个人魅力的重要标准。

马云最早的创业团队有 18 人，被称为"阿里 18 罗汉"，也是当初阿里巴巴受投资人青睐的一个重要原因。

蒙牛创始人牛根生创建蒙牛之初，几十个以前的下属加入，其后又陆续有几百人加入，这批强大的有生力量在蒙牛发展中所起的作用，不亚于其独特营销手法。

史玉柱即使在巨人集团遭遇致命惨败，欠下两亿多巨额债务，仍有二十多个下属始终跟随，这些有生力量同样对史玉柱的重出江湖功不可没。

……

企业家们，你们可以根据这些案例衡量一下自己。

4. 新趋势：对老板在产品上的要求越来越高

这是新出现的一种趋势，或者说是新的要求，我们在前面讲述产品选择时曾经提到过这个内容，现在营销的竞争逐渐返璞归真，回到原点，即产品力的竞争，苹果前 CEO 斯卡利针对乔布斯复出后推出的第一个，并引发巨大轰动的产品 iMac G3 这样评论："他采用了和以前一样的策略——制造大受欢迎的产品，发动无比强大的营销攻势"。在乔布斯引领苹果的成功时期，产品都是核心和基石，将工业设计和用户体验不断推向新的极致，这也是苹果成功的法宝。在乔布斯去世时，曾有人评论"乔布斯是一个成功的产品经理"，这句话在当时看似乎是有些贬义，一个全球市值最大的企业 CEO 做的竟是产品经理的工作，但是在今天，国内的众多领军者，无论是 IT 业，还是其他行业的众多优秀企业家都纷纷把自己定义成公司的首席产品经理、首席产品体验官，也都在说明产品竞争力的回归。在这个新的时期，企业决策者要对行业产品发展有前瞻性的眼光，至少要看懂、看清，否则将很难引领企业的发展和进步，因为产品企业家的时代正逐渐到来了！

老板和决策层是一个企业的关键，老板和决策层的思路和能力决定了企业的未来，如何把握市场需求、如何与对手竞争，以及如何管理和建设团队等，这些就是企业文化的关键。只有懂得如何打造有战斗力的团队、如何打造有竞争力的企业，公司才能在激烈的竞争中立于不败之地。

✦ **案例解析** \ ANLIJIEXI

中国电商 20 年
——为何只成就马云、刘强东他们少数几个人

中国互联网至今已有 20 多年的历史，但是，为何电商只成就马云、刘强东等少数几个人，其他众多参与者却都消失了？马云等人究竟有何过人之处，成为电商领域霸主？

↑中国电商近 20 年只成就了马云、刘强东等极少数人

中国的 B2C 电商从起步到现在已有近 20 年历史，有过早期的萌芽探索期，有过后面的快速成长期，但是前后 20 年发展中，为何只有马云、刘强东几位企业家有所成就？

1. 淘宝天猫、京东问世之前：天时未到，B2C 电商先驱者 8848 倒掉

在阿里巴巴的淘宝天猫和京东之前，中国出现过 2C 市场的电商，如 1999 年王峻涛创立的 8848 网站，但是 8848 网站最后并没有成功，而是成了先烈。

主要因为当时，天时未到——用户、物流、支付几个关键环节都不成熟。

（1）用户不成熟：消费用户少，大多数人对网络购物印象不好。

① 用户少：当时互联网普及率低，国内仅 400 万互联网用户，连今天的 1% 都不到。

② 信任度低：大多数人对网络购物不放心，当时网络购物作为新生事物，因为不成熟，给多数人一种不安全、不放心的印象，当时敢于网络购物的都属于大胆尝试新鲜事物的潮人。

（2）物流不发达：像今天知名的申通快递，1993年年初才成立，以几个人、几辆自行车开始，专营以上海和杭州之间的报关急件直送业务；1997年在北京、广州等大城市设点，业务开始增大，标志着申通进军全国的战略吹响号角，可见当时物流体系还不完善。

（3）支付不成熟：没有与网络相配套的支付工具。

这一系列因素使得当时2C电商在国内发展整体比较慢，烧钱也没有推起市场，最终8848网站成了先烈。在中国电商领域最早发展起来的是B2B领域，2C市场的C2C、B2C直到几年后才启动。

2. 2003年，淘宝、京东相继开始2C电商之路，11年后，电商却只成就了少数成功者

到了2003年，经过4年的发展，无论是电商的普及程度，还是物流业的发展都比以前有了很大提高，这一年，淘宝和京东都开始运作。

2003年，阿里B2B业务成熟，内部开始悄悄孵化淘宝，5月份淘宝成立，当年业绩3400万元。同样在2003年，因为"非典"，很少有人敢出门，在中关村开店的刘强东店里生意没法继续，开始网上发帖子卖产品，由此开始网络销售，并最后索性转向了网络电商模式。

从2003年开始，随着电商普及、市场环境的改善，越来越多的公司和人加入这一领域。

11年后的2014年、京东和阿里先后上市，进入中国互联网市值最高公司行列，阿里位列第一，京东位列第四，两人财富也大涨，马云1050亿元，刘强东430亿元。

在2003—2014年的11年发展中，我们看到大多数从事电商的公司已经荡然无存，仅剩下阿里马云、京东刘强东、唯品会沈亚少数几个超级电商。直至最近几年才兴起了拼多多这个新秀（2015年9月上线，2016年黑马崛起。）。

如果说早期8848电商网站的倒掉，和市场配套不成熟有关，而到2003年，特别是2005年之后市场环境改善了，可为什么大多数电商都消失了，只剩下马云、

刘强东、沈亚等少数几个，特别是前两者——马云、刘强东，为什么？

↑马云、刘强东究竟有何过人之处
成功胜出，成为电商霸主？

马云带领的阿里巴巴团队，先后参与中国的 B2B、B2C，并在这两个领域里，相继成了中国第一。而刘强东带领的京东也成了 B2C 的超级巨头，仅次于阿里。

前后参与竞争者上百家，甚至数百家，可为何只有他们成了市场的赢家？

1. 具有超强的商业前瞻性，视野超越同时代人

要想成为出色企业家，必须有超强前瞻性，超越同时代人视野，才能领先业内。

在这点上，马云和刘强东，都展现出了超越常人的商业敏锐。他们是国内最早重视到互联网和电商商机的企业家，走在了前沿。

（1）马云——国内最早意识到互联网及电商前景的一批人。

马云对中国互联网的认知，在时间上，几乎做到了与国际同步。

1994 年，马云还在杭州电子工业学院当老师，当时他第一次从一位美国外教老师口中听说了互联网。1995 年，当他受托去美国帮助协调纠纷，但是因为被对方欺骗，差点被对方软禁，如同"进了虎穴"一般，脱离后的马云，买了机票飞到西雅图。那名美国外教的女婿，在西雅图当时唯一的网络公司工作，马云想去西雅图亲眼看看互联网。

网络公司的人和马云说，要查什么就在电脑上输入什么，他就敲了 beer，搜索出德国啤酒、美国啤酒、日本啤酒……但没有中国啤酒。他又敲了 China，搜索结果是只有数十个单词的中国历史介绍。外教的女婿帮马云将海博翻译社的简单材料放在网上，3 小时就收到 5 封询价邮件，这让马云兴奋不已。

凭借过去的商业经历，马云敏锐意识到这是机会。1992 年，时年 28 岁，大学毕业四年的马云就开始投入商海，进行创业。英语系毕业的马云，毕业后担任

老师时成为杭州市优秀青年教师，发起西湖边上第一个英语角，开始在杭州翻译界小有名气，很多人找他做翻译，敏锐的马云意识到浙江外贸业务比较多，翻译公司有市场，于是他办了一个翻译公司，也是国内改革开放后比较早的翻译公司，虽说翻译公司发展历经波折，三年时间才走上正轨，但是，这已展现出了他商业上的天赋。

1995 年，接触到互联网的马云从美国返回后，就开始拉队伍做互联网，当时大多数人不理解。但后来事实证明，从最早的网上黄页，到之后的贸易平台，这个过程中马云确实有超越同时代人的敏锐眼光。

毫不夸张地说，马云绝对是国内最早意识到电商前景的一批人，互联网先行者杨致远推出雅虎是在 1994 年，1995 年 3 月才注册公司，而亚马逊也是 1995 年才注册成立，在 1995 年通过美国之行返回中国之后，马云就认定了互联网的前景，他确实是国内比较早的一批，几乎与世界同步。

（2）刘强东——义无反顾转型电商，领先业内布局物流。

刘强东介入互联网，相对马云晚一些，但也是国内零售领域最早重视线上的经营者。

2003 年"非典"时期，大家不敢出门，京东线下门店没法经营，刘强东才开始认真接触线上。但在这之前，刘强东在线下已经有了丰富的商业经验，在线下实体和零售连锁积累了 7 年的经验。

1992 年，作为江苏宿迁高考状元的刘强东考入中国人民大学，在大学时就通过编程积累了第一桶金，多达 20 多万元。不过因为一次失败的开餐厅创业，把赚的钱全赔光了，还欠了 20 多万元，为此，1996 年大学毕业后，刘强东去外企工作了两年来还债。两年后，1998 年刘强东重新创业，拿着仅剩的 1.2 万元，在中关村租了一个柜台开始做起，刘强东开始做批发，售卖刻录机和光碟，当时中关村一共才有 40 多个柜台。2001 年开始尝试零售，到 2003 年有了 13 个店，一年有了几千万规模，那时候刘强东目标是未来做 3C 领域的国美、苏宁。

但是 2003 年，突如其来的"非典"，让这一切中断了，生意一落千丈。没有生意做，为了生存，当刘强东听说有人在互联网上卖东西，就四处打听，想要参与进来。当时连 BBS 是什么意思都不懂的刘强东，为了推销自己的网上商铺，到处在论坛发"广告贴"，终于一家论坛创办人回复了他的帖子——"京东我知道，这是唯一一个我在中关村买了三年光盘没有买到假货的公司。"因为这句话，当天刘强东就成交六笔生意，后来又达到了每天 30 多单。

这个情况启发了刘强东，然后他在 2004 年做出关闭线下，全面转向线上的大胆决定。虽然遭到下面一片反对，但他还是强硬拍板，为后来的京东奠定了基础，而当时的国美、苏宁，则没有像刘强东这样高度重视线上零售渠道，这也为后面埋下了伏笔。

2007 年，京东获得第一笔融资，由此进入发展快车道，刘强东做出两大决定性战略决策，一是向全品类扩张，从只做 3C 产品转为一站式购物平台；二是决定自建仓配一体的物流体系，这是京东真正蜕变的开始。第一个决策让刘强东超越了当时只注重单品类的当当网，而后一个决策，让京东物流领先业内，今天电商企业，都开始学习京东注重物流，包括阿里，曾经不愿意碰物流，怕把公司由轻变重，后来意识到物流重要性，开始做菜鸟物流。

2. 都是能文能武的企业领导者，不仅会做规划，还会跑业务

再大企业也是从小做起的，阿里、京东也是从小企业一点一点做起来的，不是一开始就是大企业了，如同孩子不是一生下来就变成了青年，也是从幼小、脆弱开始成长起来的。

因此，虽然企业成长起来的后期，老板可以做做规划，但是企业早期，企业领导人要能亲自冲锋陷阵，带领大家拼搏。所以，要求企业领导人必须能文能武，一句话"文能提笔安天下，武能上马定乾坤"，马云和刘强东都属于这种代表。

（1）马云——不仅制订规划，还能自己跑业务。

今天马云以前瞻性的战略眼光和规划，为人们所称道，但是不可忽视的是马云还是一个善于开发业务的团队领导人。

马云第一次创业，做海博翻译社时，因为开始效益不好，便自己做小贩来养活翻译公司，马云背着大麻袋到义乌、广州去进货，海博翻译社开始卖鲜花、

卖礼品，还曾经销售过一年医药，推销对象上至大医院，下至赤脚医生，补贴翻译社，直到 3 年后翻译社才走上正轨赚钱。

而早期做网上黄页，在北京开展业务时，马云自己也跑业务，也遭受过拒绝和白眼，他也为此流过泪。而这也给下面的人做了表率，一个好的领导者要身先士卒，要有表率作用，能带动大家。

（2）刘强东——自己站柜台起步。

刘强东早期也有做业务出身的经历，从一个柜台开始，拿着两年打工的 1.2 万元积蓄在中关村租了一个小柜台，售卖刻录机和光碟，柜台名叫"京东多媒体"，印制宣传单，然后站在中关村大街发宣传单。3 年后的 2001 年，他成了当时中国最大的光磁产品代理商，并在全国各地开设了十多家分公司。

3. 都很注重产品 / 业务

国内很多企业老板，往往容易陷入一个困局，在事业成功后逐渐迷失，有些老板往往"飘了""找不到北了"，精力不在主业了，对业务不再关注，把注意力转移到其他方面去了，缺失了对市场的敏锐性，也缺乏了掌舵企业前进的能力。

马云、刘强东与这些老板不同的是，他们不仅在创业时对业务专注，而在事业成功后，依然保持对业务关注，注重业务竞争力的提升，也是他们持续增长的重要原因。

（1）马云——曾骂哭支付宝总裁，大魄力更换 CEO。

即使在阿里走上正轨，公司业务持续高速发展时，马云依然保持了挑剔。

2010 年，阿里各条战线不断告捷，2010 年 1 月 22 日，当一千多名支付宝员工兴冲冲地赶到杭州人民大会堂参加公司年会时，他们没想到会遭到一场严厉的批评。

没有舞台装饰，没有音乐背景，甚至没有灯光，黑暗中所有支付宝员工听到的是一段段来自用户的声音，所有的声音片段都来自客户部门的电话录音。录音的内容很刺耳，没有常见的歌功颂德，没有任何好话，全部都是指责、抱怨、无奈、骂、恨、批评。

马云随后表示，他曾在多个场合听到用户对支付宝的抱怨，他认为这不应该。

支付宝员工很努力，但用户体验依然非常差，这一点他容忍不了。他甚至用了"烂，太烂，烂到极点"来形容支付宝的用户体验。

在这次严厉的批评中，当时的支付宝总裁邵晓锋被马云骂哭了。

而 4 年后，马云对曾经选定的 CEO 接班人进行大魄力调整，再次体现了他对业务的高度关注。

2013 年，马云宣布退休，陆兆禧也在万众瞩目中成了阿里巴巴集团的 CEO。2014 年，电商逐渐从 PC 端向手机端、移动互联网延伸，春节前后马云在看到阿里无线数据后，意识到危机，并开始做出调整。3 月份，他把无线业务交给时任阿里巴巴集团 COO 的张勇，然后在 2015 年亲自换掉了自己选择的接班人，让张勇接替陆兆禧，成为阿里巴巴集团新的 CEO。

无论是骂哭支付宝总裁，还是大魄力更换被媒体关注的阿里巴巴集团 CEO，马云一直保持着对业务的关注。而阿里在发展过程中，无论是构建支付宝，补上了中国 B2C 电商的软肋，还是跨越边界的发展金融业务，从大数据、云业务，再到多个产业的布局，打破传统零售边界、构建零售生态系统、引领行业等，都与马云的这种关注密不可分。

（2）刘强东——极为推崇沃尔玛，亲身体验抓改进。

早期做线下实体店时，刘强东立志成为 IT 领域的国美、苏宁，为此他跑遍了北京国美的各个连锁店。北太平庄那个旗舰店他去了无数次，问了各种问题，如进货渠道、配送等。

京东从代理转型零售，又转到线上，始终保持着对零售业务的极致追求，他多次表示，"根本不存在互联网思维""没有改变商业的本质""对京东这种商业模式来讲，属于零售的一种，无非就是用户体验和效率，这点没有改变过，零售业就是围绕着用户体验和效率"。

同时，刘强东对零售业典范沃尔玛极为推崇，表示"零售业的秘密都在沃尔玛的货架上"。刘强东曾在沃尔玛总部待了四五天，全面了解沃尔玛物流网络和仓储系统，并很快在京东展开供应链再造和物流渠道优化。京东管理层还与另一家优秀线下零售领军企业大润发的高管团队，进行全天经营管理跨界经验交流，学习线下零售管理知识。

每年刘强东都会抽一天时间，参与送货，除象征意义外，也是为了对物流体验和改进。

4. 都有很强的策划推广能力

企业要发展，除了主力业务做得好，带给消费者出色体验外，还要有强大的推广能力。没有人知道的企业和业务，很难做大，马云和刘强东都是擅长借助媒体进行推广的企业领导者。

（1）马云——媒体炒作推广大师。

马云是中国商界水准极高的推广高手，从一开始就注重推广。1995 年，马云推广中国黄页业务时，就非常注重，在媒体上发宣传文章，召集京城各大媒体记者开发布会。

1999 年，马云带领"十八罗汉"创立阿里巴巴，2000 年 9 月，举办首届"西湖论剑"大会，汇聚互联网界的商业和意见领袖讨论业界重要议题，并借此极大地提升了阿里知名度和影响力。

2006 年，央视打造了知名的商战节目《赢在中国》，马云连续多次担任评委。

这一系列传播，包括当时马云多个经典言论流传，如"西游记唐僧师徒四人是最好的团队"等，让马云和阿里的影响力不断扩大，也使其市场业绩有了很大提升，而伴随业绩的提升，又进一步推高其影响力，成就了马云和阿里现在中国商业的地位。

（2）刘强东——同样非常擅长媒体炒作。

刘强东同样也非常擅长传播，特别是微博刚兴起时，刘强东就是成功利用了微博。

虽然最初利用微博源于 2010 年一次对公关危机的处理，但这让刘强东深深地意识到刚刚兴起的微博的价值，当时微博在中国刚掀起火热，经常成为焦点，刘强东极好地把握了微博刚问世不久的传播红利，并让自己的微博成为年度焦点之一。

通过微博，刘强东成功发起过多场针对竞争对手的商战较量，通过微博发布京东动态，然后引发媒体关注，通过逐步扩散成为焦点，使得京东每次的商业行动都能获得传播效果的最大化。

如京东与当当的竞争，或是与苏宁的较量，每次都会引发非常大的关注，成为当时的商业大事件。这些事件也使得京东的品牌传播变得非常广，例如2012年那场京东与苏宁的较量，从微博到媒体报道，甚至央视都对其进行了报道，足见这个扩散波及之广。

5. 都有传统行业的运作经历

目前，国内最成功三大电商的领导者，阿里马云、京东刘强东、唯品会沈亚都有传统行业经历。

这不是没有原因的，虽然互联网带来了很多改变，但它更多的是一种工具，一种方式的改变。虽然，在一些软件类业务上，科技程序需要 IT 人员完成。但是，在商务领域，商业本质没变，经典的商业法则依然在发挥作用。不懂商业的本质，很容易出问题，这也是十几年中，曾经出过那么多流星企业，曾经风行一时，却也起来也快，坠落也快的原因之一。

马云开过翻译公司，刘强东开过线下店。

在做阿里之前，马云有过创立海博翻译社的经历，把一个翻译社从亏损、赔钱，最终做到赚钱，在这个过程中马云甚至做过小贩，做过推销。

刘强东在创立京东电商之前，做线下实体柜台店，最初做批发业务，逐渐成为最大的光磁产品代理商，然后从批发转成零售，在全国开了十多家分公司。

这些经历让他们对商业本质有更深刻的理解，例如马云在海博翻译社做小贩的经历，对中国传统小贩经营和管理有一定的认识，对他后面打造服务小商家的 B2B 业务、B2C 业务有很大价值；而刘强东从代理到零售这段经历，对他做线上零售渠道的京东同样价值很大。

无论是商业经营，还是团队管理方面的这些积累，都对他们后来的重要认知和经验有益处。而很多人直接进入互联网行业做电商失败，就与他们对商的本质不懂有很大关系。

6. 有很强的团队打造能力

做任何事情，都需要一个好的团队，而随着企业规模的扩大，管理就会成一个大问题，要想成就一个商业领军企业，其领导者和公司必须构建出强大的团队打造能力。

（1）马云——"十八罗汉团队"让投资人吃惊。

马云在创业初期，就拥有了"十八罗汉"，这也成为其投资人当时投阿里的一个主要原因。

即使在初期非常艰难时，"十八罗汉"也一直紧紧跟随。当时为软银做投资调查的人都非常吃惊，因为一般公司合伙人很难处理，而阿里有十八个合伙人，而且在马云带领下居然合作非常融洽，还很有战斗力，足见马云的团队打造能力非常强，也促使投资人下定决心投了阿里。

阿里在之后构建的企业文化、价值观、团队打造体系，都成了业内典范，阿里和海底捞被认为是国内两家人力资源驱动的代表，也说明其管理和团队打造之高。

阿里团队战斗力极强，地推是业内标杆，美团网、大众点评、去哪儿、赶集网、瓜子二手车的COO（首席运营官）都来自阿里销售团队，这些负责人进去后，业绩都迅速提升，足见其战斗力之强。

（2）刘强东——11年从36人到7.5万人，竟没有走样。

刘强东虽然没有马云的"十八罗汉"，但是其管理掌控力同样很强，2004年京东商城创立时，只有36人，2013年京东员工总数超3万人，2015年超7.5万人。短短11年，京东从36人到7.5万人，这么快速的发展居然没失控，没出大问题，不得不说其管理犀利，让国内的一些商业名人都极为吃惊，说明刘强东的团队驾驭能力极强。

而京东独有的管培生计划、管理体系、价值观等，同样做得也非常不简单。

相对照，凡客也是从几十人开始，但是到一万多人时，问题丛生，走向下坡路。

7. 都善于与资本打交道

互联网是一个资本重度参与的领域，对资金需求量极大，特别是对于打造平台公司而言，耗费资金量极大，大量推广费用必不可少，对与资本打交道的能力要求很高。

（1）马云——和资本巨头关系不是一般强，投行高手被吸引而加入公司。

马云与资本打交道的能力不是一般强，甚至让当时担任投行高管的蔡崇信折服，并加入阿里，抛弃了300万年薪，而去选择拿一个月600多元的收入，不得不说马云的人格魅力太强。

而在蔡崇信这个投行高管出身的财务大管家的带领下，阿里的融资能力不断增强，加上阿里团队的战斗力极强，能迅速地拿出出色业绩，赢得投资者青睐。

（2）刘强东——连续融资，弯道超车。

刘强东在初期也遭遇过资金不佳的尴尬，但是在获得今日资本投资后，迅速扩张，业绩飞速发展，连续超越发展计划目标的成绩，在后面的融资中他的掌控能力也越来越强。

可以说，正是有了以上因素，前瞻性布局、能文能武、重视业务、善于推广、善于打造团队，又有务实经验，同时又善于与资本打交道，这一系列优势，让他们成了电商赢家。

总结起来就是从战略、战术，到营运体系构建，再到战斗力、资源等都有着强大的竞争力，最终他们胜出了，成了市场的霸主。

商业的竞争是综合实力的竞争，综合实力强的自然成为赢家！

企业老板的水平，决定了企业未来的空间和高度

一个企业发展的好坏，掌舵者至关重要。某种程度上，企业老板就是企业发展的天花板，企业老板的水平到什么程度，也决定了企业能到达什么程度。老板认知的视野、能力的高低，直接决定企业的视野、能力的高低。

一个卓越企业的创始人，不仅善于做规划，还要善于落地，不仅善于做业务，还要善于打造团队，不仅善于短期成功，更要充满危机意识，善于谋划未来。

在中国电商 20 年的发展中，马云、刘强东等少数优秀者的胜出，很明显地体现了这一点。

（1）相对于只会做高度规划的企业，他们有极强的落地执行力。

相对于擅长拿到风投资本，只会高度做规划的那些人，马云、刘强东他们有着务实的实干精神，和极强的落地执行力，能将商业规划变成现实。这让他们不仅拥有梦想，更拥有了把梦想变成现实的能力。这也是 8848 网站走在了行业前面，却最终变成了先烈，而马云、刘强东他们则成功了的重要原因之一。

（2）相对于只会低头做事的企业，他们有宏观的视野。

相对于只会高度做规划的企业而言，很多中小企业在落地的执行力上并不差，并可以在一定区域、一定范围内取得不错的成绩。但是，他们往往只知道忙碌于眼前事情，中小企业往往缺乏宏观的视野。而马云、刘强东恰恰多了宏观的前瞻性，特别是马云，对互联网和电商发展的宏观视野，是绝对领先时代的。

（3）相对于取得一定成绩，就停止前进的企业，他们充满了危机感。

在电商发展的路上，也曾出现过其他的明星，如凡客，风头一度和京东并列，但是 2016 年京东的交易额跨越了 6582 亿元人民币，京东市值一度超过 600 亿美元，刘强东更是跻身中国富豪榜前列时，而凡客和陈年则已经边缘化了。

在阿里和京东发展的过程中，很多次业绩的突破都足以让他们骄傲自满，如果他们也那么做了，也就不会有今天的成绩。

可以说，马云、刘强东两人在电商行业的发展，生动诠释了做一个行业领军企业领导人，应该具有的能力特质。决定企业竞争力的高低，企业老板是第一要素。老板的水平，决定了企业未来的发展空间大小和所能达到的行业高度。

第三节　缺乏"帅才"是很多企业常见的问题

俗话说"千军易得，一将难求"，强将如此难求，良帅更难得。

在商业上同样如此，优秀的操盘手和"良帅"至关重要。

一、做企业，"帅才"是决定性因素

国内著名企业万达的董事长王健林曾表示："做企业人是关键，人才是决定性因素""人就是钱，人就是事业，人是决定性的"。

> "最后关键看运营，这才是能不能挣钱的关键。我经常讲一句话，'术'的层面固然重要，但最核心的层面是'道'，'道'是什么？不要以为是什么战略、创新，错！就是人。从我自身的经验，从万达的发展，我深深体会到，人就是钱，人就是事业，所以人才是决定性的"。

王健林所表达的，既是人才的重要性，更是优秀"帅才"对业务的重要性，万达文化、万达金融作为万达的跨界拓展（从地产领域跨界文化、金融领域），都是找到了关键人才成功崛起的。

对于企业经营而言，"良帅"起着决定性的作用。

一方面，企业能做多大，取决于"帅才"能力的大小。

在企业中，领导者的能力往往是团队的天花板，他们能力的高度，也是企业所能达到的高度，他们能力大小直接影响企业最终发展规模大小及行业地位的高低。

另一方面，新业务拓展能否成功，也取决于"帅才"能力的大小。

企业在做大之后，必然会走向多元扩张，在扩张后的新领域中新业务能否成功，与是否具备能够承担重任的"帅才"息息相关。

要么从外部引入对新领域熟悉、能力比较强的"帅才"，要么发掘出内部能够快速适应新领域，学习力、开拓意识都非常强的"帅才"（很多时候，过去的成功打法往往会成为新领域的阻碍，必须学习力、开拓性很强的人才能破局），承担起新领域"领军"的重任，才能顺利突围。

如果企业在新领域具备了这两种优秀的"帅才"之一，企业在新领域拓展都有望成功。否则，企业所面对的将是失败。

二、优秀的"帅才"是"灵魂操盘手"，也是综合能力优秀的多面手

优秀的"帅才"可以说是"灵魂操盘手"，他们具有超越一般领导者的能力，对运营的多方面都有非常强的深刻认知、见解，并有很强的操盘运作能力。

1. 优秀的"帅才"是"灵魂操盘手"

优秀的"帅才"是关键性的"灵魂操盘手"，是成就传奇的操盘手、力挽狂澜的操盘手。

一方面，优秀的"帅才"可以把企业带到一个少见的高度，甚至走上行业巅峰；另一方面，一些超级优秀的"帅才"可以实现破局，把处于困境甚至在危局中束手无策的企业成功拯救，力挽狂澜，使其再次走上巅峰。例如，郭士纳曾成功拯救处于亏损中的 IBM，乔布斯重返苹果后，让处于危机中的苹果帝国再次登上巅峰，成为全球最赚钱的公司。这些一度在业内被视为难以挽救的企业困境，都被他们大逆转了，这是绝对的超强能力。

2. 优秀的"帅才"是综合能力优秀的多面手

优秀的"帅才"往往是多面手，他们不仅是专才，更是通才，对运营的多方面（产品、推广、渠道、品牌、团队等）都有独到的认知和见解。"将才"承担某一方面、某一要素的重任，"帅才"是对全局进行运筹帷幄的把控、提升。

毕竟，商业是综合实力的竞争，只有综合竞争力越强，企业的竞争优势以及行业地位就越靠前，优秀的"帅才"将承担这一重任和压力。

三、近几年多个失落的明星企业，都与缺乏优秀的"帅才"有关

近年来，多个在业内有一定影响力，却最终下滑，甚至坠落的明星企业，都与缺乏优秀的"帅才"有关。

如酷派手机这家中国技术流手机的代表，新时期却没有像同为技术流的华为一样取得巨大成功，"帅才"竞争力不足，创始人逐渐隐退后，"帅才"的缺乏让它下滑幅度更大。

再如乐视手机在乐视危机爆发，贾跃亭去美国后，几乎陷入空转，昔日行业黑马退出行业主流。之后，乐视整体业务重新踏上征程，最大的问题仍是缺乏"帅才"。

还有恒大冰泉，恒大作为中国地产界巨头，在地产行业绝对是舍我其谁的王者地位，但是，它在快消领域却没能拿出如地产一样辉煌的业绩，背后也是因为缺乏擅长快消的"帅才"。

而作为国产手机新领军的华为手机，是华为的一次跨界运作，其能够成功突围的关键，就是由于任正非选择了一位敢于打破传统常规，具有非常强学习力、开拓意识的"帅才"余承东。否则，无论是崛起时间，还是发展规模，华为手机都达不到今天这种状况。

四、除"帅才"外，"强将""精兵"也是很多企业要注重发掘的

当然，要打造优秀团队，在决定性因素"帅才"之外，还要考虑强将、精兵这些重要因素。

"强将"是商业作战体系中某个模块或领域的优秀负责人，负责打造某一领域的超强竞争力。例如，锤子手机曾经一度起死回生、好转的背后，很大程度上是因为生产研发领域的改善，它在生产研发领域引入了一员优秀"悍将"——来自原华为荣耀手机的产品副总裁吴德周，一个出色的承担手机研发、生产重任的"大将"。

"精兵"则是一线上具备较强能力、比较突出的员工，例如，华为、阿

里巴巴打造的业务铁军，都是让业内对手汗颜的精兵，他们对企业的出色业绩同样贡献巨大。

一个团队，在决定因素"帅才"上做到位，然后再把选拔"强将"和培养、锻炼"精兵"这些重要因素做到位，从上到下组成一支强大、充满战斗力的团队体系，无疑将构建出超强的团队力。

第四节　团队的三种层次
——团队水平直接决定行业地位高低

前面提到的产品力、策划推广力、渠道力、品牌力，实际上都是由企业团队完成，团队的水平高低，直接决定了前面提到这四大要素运作的好坏。

因此，团队要定期对自身的水准进行评估，了解自己在行业中处于哪个层级，什么地位，而这些直接决定了企业运营结果的层级、行业地位高低。

1. 一个行业中，团队的三个层级

一般说来，团队具有以下三个层级。

（1）基础：有一定经验。

从事任何一个行业，要想让企业生存并发展起来，最起码的一个条件就是要有一定的经验。

很多企业跨界进入另一个行业或领域，失败的原因基本上都是缺乏经验，对行业缺乏了解和足够的认知，没有经验就意味着要交学费，要付出一定代价。

（2）中级：具备较强的能力。

如果想做好企业、业绩出色，仅仅有经验还不够，还要具备较强的能力，在产品力、策划推广力、渠道力、品牌力等各个要素上要具备较强的能力，把某个方面、某几个方面做到出众，才能更好地胜出。

（3）高级：引领行业的能力。

要成为行业的领先者，不仅仅要具备经验、较强的能力，还要做到标杆带头作用，承载拓展行业发展空间，进行行业革新、创新的重任，不断将企业及行业推上新的高峰。

2. 行业中团队层级不同，所形成的三种地位

由于团队能力的三种层级，基本上在行业中形成了三种行业地位：

（1）引领者、开创者。

一个行业之所以能够成为一个行业，之所以出现一个大的品类，是因为至少出现了一个领军企业，通过运作，把这个行业、品类变成了热点，引起大众关注和消费兴趣，并取得了很大的商业成功，引发了很多企业跟进，由此行业、品类才能兴起。

因而，行业引领者往往是行业的开创者，行业兴起的推动者。

（2）优秀的跟进者。

在行业兴起之后，往往有一些敏锐的跟随者，拥有极强的能力，能够快速跟进，并且能进行一定的微创新，甚至大创新，迅速跟进行业开拓者打开的市场，并一起把市场推向新的高度。

开创者与优秀跟进者的关系，犹如金牌冠军与银牌亚军、铜牌季军的关系一般，他们往往一起占据了行业的最大份额。

（3）层次相对较弱的模仿者。

在行业开创者、优秀的跟进者，市场成为热点后，大大小小不同的模仿者

开始涌入。

相对而言，跑在前面的模仿者，还有些机会和一点市场蛋糕，通过高质量的模仿和价格切割、区域抢占的方式，有一定市场、业绩和利润；而越往后的模仿者，市场机会和份额越小，它们在行业中也往往越难越做，有些企业也仅仅是粗糙的模仿者，它们也往往是最容易被淘汰的。

团队的差异化优势

直接决定前面四大要素的竞争力大小

产品力、策划推广力、渠道力、品牌力，分别解决交易价值（消费者买单理由）、交易兴趣调动（推广通路）、交易场所（销售通路）、交易优先权（选择优势）四个关键问题，一起构成了从产品到消费链条整个环节。

而团队是这四个要素落实的关键人，负责整个交易从前到后的落实，团队的好坏直接决定了这四个要素落实的好坏。

换句话说，团队力的差异化优势，直接决定了前面四大要素的竞争力强度。团队力是第五大要素。

五大要素是商业作战体系的关键要素，而团队又是其中的重中之重。

因此，企业一定要对自身的实力有清醒的认识，要对自身实力进行评估，及时调整自己的软肋、短板，毕竟企业体现在"产品力、策划推广力、渠道力、品牌力"上的短板，都和企业自身团队相关部门的竞争力有直接关系，要么改进、提高、升级自身团队的能力，要么就要引入外部智慧提高，否则，无法改善、提升相应要素的指数，就会影响企业迈上更高峰。

第九章　五大要素在运营中的作用与关系

本章主要表述五大要素在商业运用中的作用与相互的关系。

前面我们讲了五大要素，本章主要讲述，这五大要素在运营中各自发挥怎样的作用，以及企业想运作好，该如何运用这五大要素。

一、五大要素在商业运作中的作用

1. 产品力：运营的基础

产品 / 项目，是一个企业的基础，是企业先天竞争力的基础。

产品自身价值的大小，一方面，决定了产品值得不值得做、可不可做（消费者是否愿意买单）；另一方面，决定了企业未来的空间大小（有多少消费者愿意为其买单）。

如果产品这一关过不了，产品价值不够大，基本上可以淘汰、放弃运作。

2. 策划推广力：快速起量的关键要素，也是领先的最重要因素

（1）快速起量。

策划推广要解决消费者知晓率，和调动消费兴趣、购买欲两个问题。

如果知道产品、了解产品的用户少，以及对产品感兴趣、有购买欲的用户少，没有用户愿意购买，即使产品再好，都没有意义。

一个好的策划方案、有力的推广投入，可以构建产品到消费者心智的通路，迅速扩大知晓率，调动起消费者购买欲，让一个值得做的产品实现快速起量。

（2）抢占行业领先位置。

策划推广还承担构建影响力的任务。策划推广中的媒体推广有着覆盖范围

广的良好传播效果，一旦策划推广中的媒体推广战线打通，将有利构建产品在行业中的领先位置。

3. 渠道力：基础起量的重要因素、做大的重要因素之一

（1）基础起量。

在企业初期、没有大量资金投入的情况下，在产品值得做的情况下，聚焦力量运作渠道，在投入成本相对低的情况下，实现基础起量、资源和实力的初步积累。

（2）做大的必备条件。

能否做大，要看产品力、策划推广力，还要看渠道力，三者结合将产品价值最大化，策划推广通路最大化，渠道通路最大化，一起实现了业绩最大化。

4. 品牌力：抢占优先权，做得稳、做得久

（1）抢占优先权。

品牌理论的诞生是在产品功能层面，独特利益点越来越小的情况下，塑造心理层面的形象优势，实际上，就是为了构建优先权，努力成为消费者购买的首选对象。

（2）做得稳、做得久。

品牌建设通过产品和策划推广进行品牌培育，一旦建立起来，实现占位，就会在消费者心理上构建起一个稳固的形象，形成持续、稳定的消费习惯，从而做得稳、做得久。

5. 团队力：关键因素

团队力是以上产品力、策划推广力、渠道力、品牌力四大要素的关键决策者、落实执行者，四大要素做得好与坏，直接由团队力的好坏决定。团队的层次，决定了四大要素的层次和竞争力。

二、五大要素在运作时的关系

一个企业在运作过程中，在运用五大要素（①产品力②策划推广力③渠道力④品牌力⑤团队力）时，要想达到的效果，需注意其间的关系。

1. 要做起来，至少要满足①、②，或满足①、③

要想运营起来，走起量来，必须满足"产品力＋渠道力"、或"产品力＋策划推广力"这两种状况中的一种。前者"产品力＋渠道力"是"小做"，可以在低成本的情况下运作起来，但相对影响力没有策划推广力影响力那么大，可以慢慢积蓄力量，逐渐做大；而后者"产品力＋策划推广力"属于"大做"，特别是媒体推广、投入力度大的情况下，属于高举高打的模式，迅速铺开影响力，在消费者层面和渠道层面都可以形成强大攻势，快速打开市场。

在运作中，企业至少要有这两种启动模式中的一种，要么小做，要么大做。

因为，企业在运作过程中，一定要明白，仅有产品是不够的，没有渠道力，或者没有策划推广力，是无法动销起来，很难有好的产出，企业没有进项很危险。

2. 要想快速起量，必须满足①、②

企业要想快速走量，那么必须满足"产品力＋策划推广力"，特备是策划推广力中的策划力要够强、推广力度要大，才能实现快速构建产品到消费者心智的通路，扩大知晓率、调动起消费者的购买欲望，推动市场快速成长，从而实现快速起量。

3. 想要快速起量，同时做到很大，那就必须满足①、②、③

企业要想既要快速起量，又要做到很大，那就必须满足"产品力＋策划推广力＋渠道力"，不仅要产品力够强、策划推广力够强，同时也要有强大渠道销售网络。

4. 要想成为行业领先，那必须具备强大的①、②、③，特别是①、②

如果企业想成为行业领先，就要具备强大的"产品力＋策划推广力＋渠道力"，特别是在产品力和策划推广力上要具备很强的竞争优势，前者奠定行业产品技术领先地位，后者奠定消费者心智上极大的影响力，从而协同构成行业领先优势。

5. 想要做到既领先，又强大、又稳，那就要满足①、②、③、④

如果企业，想要做到领先、强大又稳，那就必须满足"产品力＋策划推广力＋渠道力＋品牌力"，四个方面都要做到很强，特别是构建起强大的品牌力，形成良好的美誉度、忠诚度，从而构成为行业领军品牌。

第十章　五大要素的综合商业作战体系，决定企业行业地位

前面六章，我们分别讲述了产品力、策划推广力、渠道力、品牌力、团队力的重要性以及如何做到位的问题。

本章内容，则讲述五大要素的综合差异化优势，以及其与行业地位形成的关系。

一、企业从小做大历程——从小到大、从弱到强，区别在哪里

企业发展，从小到大，从弱到强，都会经历以下四个阶段：

1. 入行：行业新手、缺乏经验、交学费——菜鸟级别

这是很多新企业、新手进入一个行业最初的状态，或者有些企业跨界进入一个新行业、新领域时，也会呈现出的状态，对行业认知缺乏足够的了解和认识。

一方面，对于行业特点、消费者特点、消费习惯，以及竞争对手的特点缺乏足够认知。

另一方面，对行业中的各个要素状况、特点缺乏足够的了解和认知。

在这个阶段，企业注定了要交学费，为成长付出代价，通过挫折，才能逐渐认识行业，认清行业特点，了解行业规律、运作手法等。

2. 入门：有一定的经验，具备一定能力、资源——经验级别

进入入门级别的企业，基本上具备了一定经验，懂得了市场操作，并且在操作过程中积累了一系列资源，企业在产品、策划推广、渠道上有了一定的沉淀和能力，积累了一定的资源，并能在部分市场、部分领域取得一定业绩，也能取得不错的收益。

不过，入门级别的企业，只是相对一些企业而言具备一定优势，但是在整个行业来看，达不到具备强大商业作战体系优势的程度。

入门企业，和后面入流的企业一样，也分几个层级，有经验、能力、资源达到合格层级和比较强层级的区别，它们的区别形成了赚少、赚多的区别。

3. 入流：在商业作战体系五项要素上，具备一项或多项领先的差异化优势——影响力级别

入流级别的企业，在营收业绩上达到了一定级别，在层级和能力上明显高于入门级别的企业。入流级企业，不仅具备五大要素，还有一定的经验，而且至少具有一项业内的领先差异化优势，或多项领先差异化优势。

真正进入到这个级别的企业，已经进入到业内有影响力的范围，成为有影响力的企业。

入流企业，它们从具备一项领先优势，到具备多项领先优势，形成了不同的领先层级。

4. 登顶：五项要素全面领先——领军级别

登顶，实际上是入流中的最高级别，属于超一流的级别。它们在产品力、策划推广力、渠道力、品牌力、团队力五个要素上，往往都领先业内。

从入行到入门、入流，再到登顶，企业之间的差距也由此拉开。

实际上，这也是企业从小到大，从弱到强，必须走过的一个历程。

中国今天众多行业领军的企业，如华为、格力、伊利、娃哈哈、老干妈等众多细分行业的领军企业，都是从小一步步做起来，从入行到入门、入流，再到登顶。

它们并非一开始就是大企业，都是从小企业做起的。例如，华为创业时只有2.1万元的资金，规模很小；而格力的前身之一冠雄是个亏损的小厂；伊利早期只是一个从养牛合作小组发展而成的奶牛场，后面发展成奶食品加工厂；娃哈哈创始人宗庆后最初曾经拉着"黄鱼车"奔走在杭州的街头推销冰棒；老干妈刚

开始则只是一个摆地摊卖凉粉的，后来用废旧物品搭了一个小饭馆卖凉粉……

之后，他们一步步积累实力，同时，凭借不断地提升、改进，不断强化能力，一步步走上了行业巅峰，成了细分行业中的领军。

二、企业行业地位

一个行业中的企业，在地位上，存在着以下关系（见下图）。

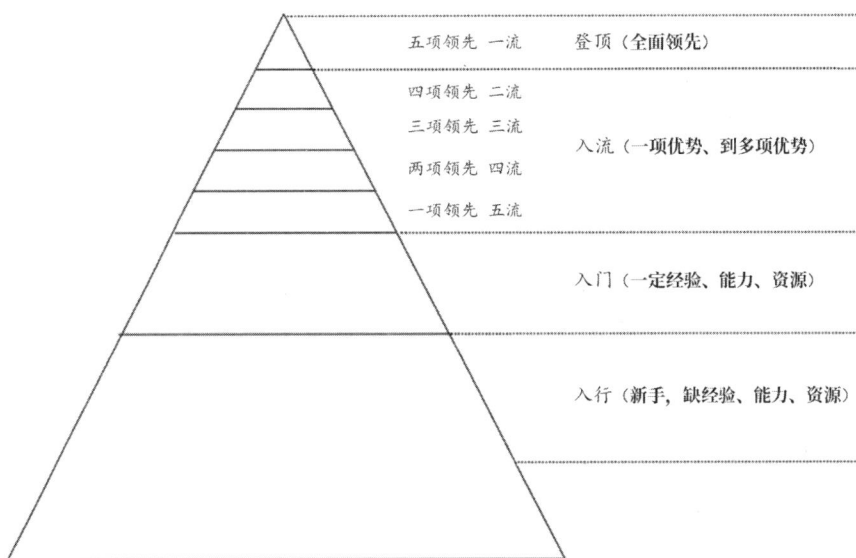

图　企业行业地位示意图

（1）入行：新手级别。

（2）入门：具备一定经验，懂操作，能盈利赚钱。

（3）入流：这已经进入少数竞争者行列，进入少数者游戏环节。

（4）登顶：基本上都是超级竞争者行列。

总结起来，存在以下这样的特点。

（1）很多入行企业，主要是初创企业，倒在了从入行到入门路上，虽进入行业，但是却一直没有突破，处在亏损的边缘；

（2）很多入门企业，懂得基本操作，能赚到一定的钱，甚至有不错盈利。但是，停在格局、境界、进取心上，格局和层次无法继续上升，无法进入有影响力的主流阵营；

（3）很多入流企业，停在了自满和能力上，要么满足于自己现有成绩，觉得行业里毕竟有一票位置了，不再继续向上努力了，要么受能力的局限，无法继续突破，无法向上走了，难以更上一级，进入更高层级；

（4）极少几个企业，凭借天赋、能力、低调、进取等优势，最终成为登顶的企业。

换个通俗的比喻，商业竞争如同竞技体育，入行类似于业余玩家的乙级队水平，有些类似玩票性质；入门如同具有一定水准的甲级队水平，也能踢像样的比赛；而入流则是超级联赛，达到较高的竞技水平，能打出精彩的比赛，具备一定影响力；登顶则是达到全球竞技超一流的水准，进入顶级的世界王者之争。越往更高层次的竞技，要求越高，相应的企业数量也就越少。

启示 QISHI

企业一定要认清自己的位置，明确自身与同行业中其他企业的差距。

对于每个企业而言，认清企业的实力很重要。

企业只有认清自己的实力，才能更好地找到自己的差距和不足。

在入行、入门、入流、登顶等不同的位置上，企业要知道自己所处的位置，清楚自己在行业中的层级，才能更好地改进，明确下一步努力的方向在哪里。

因而，企业要对自身做清晰、合理的评估，对产品力、策划推广力、渠道力、品牌力、团队力做精准的分析，找到自己的位置，从而进一步改进。

●─────────── ● 本部分小结 ● ───────────●

五大要素的综合差异化优势，决定企业行业地位

第一部分用了十章来解析企业胜出的关键要素，以及企业从小到大，从弱到强的奥秘。

在这个快速发展、竞争激烈的时代，企业要想突围，必须要在商业作战体系的五大要素上具备差异化优势。要想走在行业前列，则意味着不仅要具备一项优势，更要多个要素都做到领先，才能走到行业前列。

因此，企业一定要在商业作战体系的五大要素——产品力、策划推广力、渠道力、品牌力、团队力上，努力提升、改进。这五大要素的综合差异化优势大小，直接决定了企业行业地位的高低，从不懂到有经验，从有经验到有优势，从有优势再到有多项优势，企业之间的差距就这样一步步拉开了。

这种差距，也正是企业从小到大，从弱到强，乃至成为领军的奥秘。

的确，做大、做强几乎是每个企业都会有的梦想，都想实现和追求的，但是关键问题是，你为什么、凭什么超越对手、做大、做强？你是否打造了强大的商业作战体系，构建了综合性优势？

这些问题是每个企业都应该自问的，然后由此做精准评估，并进行下一步改进和努力。

THE WAY OF BUSINESS LEADER

PART 2
第二部分

中国手机大战揭示做大、做强的奥秘

手机行业，作为中国目前商战竞争最激烈一个行业，如同 20 世纪 80~90 年代的家电大战、日化大战、PC 大战、快消大战一样，都是各个时期的中国商战前沿，代表了同期商战的最高水平。

手机大战，集结了领域中的众多优秀企业、精英企业进行博弈，不同等级、层次、水平的企业在上演着不同的精彩，向我们充分展示了商战的激烈。

同时，也让我们看到了不同企业之间的差异，企业在商业作战体系五大要素上的不同实力，形成了不同的竞争力，也形成了不同的行业地位。

苹果、华为、OPPO/vivo、小米、联想、TCL、魅族、8848 钛金手机、HTC、格力等代表性手机企业，为我们充分展示了商业作战体系区别对于行业地位高低的决定性作用。

第一章　手机大战生动揭示企业做大、做强的秘诀

20世纪80年代的中国商界中，郑州亚细亚商场掀起过一场浩大的中原商战，让"商战"这个词开始受到关注。此后中国市场先后上演多次精彩商战，例如，家电大战、电脑大战、快消大战、日化大战、手机大战等，21世纪后又上演了互联网大战。

在2007年，苹果手机的诞生，再次在手机行业掀起了新的变革——从功能机向智能机的变革，进而引发了手机行业的大变革，上演了新的商战。

手机大战如昔日家电大战、日化大战、PC大战一样，代表了同期商战最高水平。

手机大战，生动展现了商业竞争的激烈，又充分展示了企业竞争的领军之道。

1. 手机商战，生动展示几大商业流派

在智能手机大战中，充分展示了商界中常见的几大商业流派。

（1）技术标准派："四流企业卖价格，三流企业卖产品，二流企业做品牌，一流企业卖标准"，做标准的企业，意味着引领行业技术潮流的企业，属于创新驱动的企业。

代表企业：苹果、三星、华为。

（2）传播推广派：擅长通过媒体传播推广运作，构建起较大的影响力。

代表企业：OPPO、vivo、小米。

（3）渠道派：擅长渠道运作，或与渠道商有深度合作，或聚焦渠道。

代表企业：OPPO、vivo、中兴、酷派。

（4）价格派：主要以低价格为特点。

代表企业：山寨手机企业。

（5）小而美派：主要以特殊小众群体为主。

代表企业：8848 钛金手机。

（6）代工转型派：生产企业努力转型品牌运营。

代表企业：HTC。

（7）新入派：新进入行业的企业，或进入几年，尚未进入前列。

代表企业：锤子手机、格力手机。

（8）其他。

代表企业：一度没落，并试图崛起的诺基亚 Lumia。

由于企业不同的基因，形成了不同流派、打法，这些流派特点在很多行业都存在，不同流派、不同打法形成了不同格局。同时会组合运用，如小米将传播和价格组合运用。

2. 手机商战，生动揭示商业竞争奥秘

手机商战，生动揭示了不同企业之所以在行业中处于不同地位的奥秘。

企业由于基因区别，形成了运营打法区别，进而形成企业商业作战体系强弱的不同，形成了主流领域（入流层级至登顶层级）第一阵营、第二阵营、第三阵营、第四阵营、第五阵营的不同层级。

在手机大战的竞争中，可以清晰地看到企业之间从小到大，从弱到强的区别，也可以看出企业的领军之道，由此让企业更深刻的理解商业竞争的关键。

3. 手机商战，生动展示商业格局的动态变化

同时，在手机商战中，充分展示了市场竞争动态变化的特点，在市场运作过程中，一些企业甚至上演了"一波三折"的变化。

例如，华为手机并非开始就领先，它最初从 B2B 模式进入 B2C 模式时，也遭遇过困境，一度想放弃，但最终成功转型，成为国产手机新领军，有望成为全球第一。

再如，小米手机，从上半场明星宠儿，到中场的大幅下跌，再到下半场的翻转。

它们在这些转折过程中，究竟采用了哪些措施，什么成就了它们的崛起、转折，这些不仅值得其他手机企业学习，也值得中国商界中的其他企业学习。

第二章 第一阵营

它们跨界进入手机领域，它们是智能机时代的王者。

它们（苹果、三星、华为）都是技术派的代表，是技术驱动、技术引领模式的代表，是面向全球市场运作的企业，是居于世界前列的企业。

第一节 苹果手机——掌控制高点的霸主

今天，苹果手机是当之无愧的全球手机之王，手机业务年销售额近万亿元，每年净赚近 2000 亿元，每天净赚超 5.3 亿元，超越一切手机对手。

一、手机行业跨界颠覆者，并非一帆风顺，却最终改写了行业格局

苹果并非最初就是做手机的，它也是跨界者，它从 PC 跨界到了手机。

事实上，苹果跨界做手机并非一帆风顺，iPhone 也并非苹果尝试的第一款手机，在 iPhone 推出的 2 年前，即在 2005 年，乔布斯在美国当地发布了苹果公司的第一台手机——iTunes Phone，但是由于外观不够吸引人，并没有取得成功。

于是，乔布斯和苹果又继续磨砺了 2 年，研发革命性的技术。

2007 年 1 月推出划时代手机——iPhone，一场手机行业大变革由此拉开大幕。

在 2007 年之前，手机行业是诺基亚、摩托罗拉、三星、黑莓等企业的天下，其中，诺基亚、摩托罗拉、三星，占据行业近 70% 的份额，再加上黑莓手机，意味着超过七成份额被它们占据着。但是，短短三四年后，昔日王者诺基亚、摩托罗拉、

黑莓纷纷坠落。其中，诺基亚手机、摩托罗拉手机先后卖掉，黑莓手机则长期亏损。

如今，iPhone 手机年销量超 2 亿台，曾经一度占据行业 80% 的净利润。

二、苹果手机成功秘诀，掌控行业制高点、掌握微笑曲线两端

1992 年，著名企业家施振荣提出了有名的"微笑曲线"理论，在产业链中，附加值更多体现在两端，产品研发和品牌运作（营销），处于中间环节的制造附加值最低。苹果却成功地将微笑曲线的两个制高点都掌控了，在产品研发和品牌运作两个价值最高的地方，都领先业内，也就成就了其独一无二的霸主地位（见下图）。

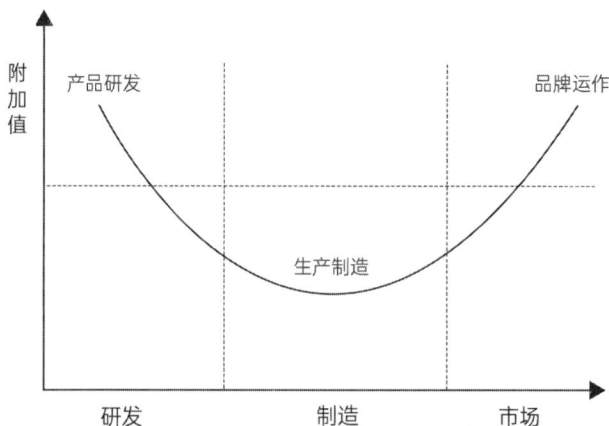

图　微笑曲线

乔布斯通过独特的技术天赋和商业天赋，打造了苹果独特的企业文化和领先的商业运营体系，在产品技术和品牌推广两个方面都是手机行业的标杆。

1. 产品力：技术领先、行业标杆

苹果是一个技术驱动、技术领先为代表的企业，它以革命性的技术创新，占领了科技制高点、行业制高点，在全球 IT 发展史上，苹果一直扮演先驱的引领者角色。

在乔布斯创立苹果之时，就为苹果注入了独特的文化基因——"非同凡想"，打造改变世界、引领潮流的产品，以创新的工业设计和用户体验，一次次震惊业内，

在 IT 行业，苹果所做的不只是手机，此前它已经积累了近 40 年的领先经验。

1976 年，乔布斯率先推出了 PC 电脑。而在其后，苹果发展历程中，曾经多次走在行业前列，最早的鼠标、最早的图形界面，再到智能手机的引领者。

1977 年 4 月，苹果公司在首届西岸电脑展览会（West Coast Computer Fair）上率先推出个人电脑——Apple II。1984 年，年仅 29 岁的乔布斯再次因麦金塔（Mac）电脑引起轰动。

苹果公司一次次引发行业革命，而 iPod、iPhone、iPad 等一系列产品震惊业内，iPhone 的推出更是重新定义了手机，引发了手机行业从功能机向智能机的换机革命。在 iPhone 手机问世后，从硬件到软件，再到互联网服务等，苹果公司一次次引领行业，成为行业的标杆代表。

持续让业内轰动的产品，使苹果公司收获了一批为其产品疯狂的粉丝——"果粉"。

2. 策划推广力：是目前其他手机企业营销推广手法的鼻祖

在策划推广上，苹果可以说重新定义了手机行业的营销，乔布斯以其商业天赋打造了独特的苹果式营销推广模式，成了现在这些手机企业营销的鼻祖。

（1）产品发布会推广模式。

这是乔布斯所开创的独特营销推广手法，乔布斯生前，苹果的每次发布会都成为焦点。乔布斯是位少有的舞台大师和演讲大师，让苹果的每次发布会都成为其宣传攻势的重要利器。今天产品发布会仍是苹果的重要营销推广方式之一。

（2）新闻公关，宣传炒作模式。

新闻公关是高技巧的营销推广，以其公信度高、传播性强而著称，运用好了，它能起到远大于广告的作用和效果。

乔布斯打造的苹果是新闻公关营销的高手，无论是发布会前后的新闻造势公关，还是日常的新闻公关推广，都运用得非常娴熟，达到非常高的层次，调动着大众对苹果的高关注度，塑造着苹果的形象。

（3）应用商店。

苹果在 iPod 时期开创的网络应用商店 iTunes Store 模式，在 iPhone 之后发扬光大，构建了 IT 时代新消费方式。形成了独特的"硬件 + 软件（iOS 系统）+ 应用商店"模式。

这些乔布斯打造苹果帝国开创的营销推广方式，今天都成了手机行业的标杆。

如在小米崛起的过程中，雷军就充分学习了苹果的推广模式，产品发布会、新闻公关营销（铺天盖地的新闻营销），甚至包括苹果的应用商店，并成为所谓的小米"硬件 + 软件 + 互联网服务"的"铁人三项"，其实都源自苹果（苹果的硬件 +iOS 系统 + 应用商店模式）。

特别是产品发布会上，最初雷军的服装也都与乔布斯极其相似，一度被称为"雷布斯"。在雷军之后，这些模式成了今天中国手机行业标配式的营销推广打法，其鼻祖都源于苹果，而小米因最早借鉴这一模式，获得模式红利，取得巨大成功。

3. 渠道力：同样是行业标杆

（1）强势品牌带来的强渠道力。

当初，iPhone 引入中国时，中国电信、中国移动等国内三大运营商都主动去美国和苹果洽谈合作，这种强势渠道力没有其他品牌能做到。基本都是其他品牌主动拜访运营商，寻找合作机会。

（2）独特专卖店体系。

苹果专卖店体系是乔布斯的一个创举，当初建立专卖店时，无论董事会还是外界都不看好，都认为会失败，但是乔布斯坚持做下来，并使其成为苹果独有的渠道风格。

后来的事实证明了乔布斯的远见，通过高品位、高档次专卖店体系的建立，让苹果与竞争对手区隔开，同时塑造了苹果业内独特的高端形象。

今天，其他手机品牌企业也在学习苹果的专卖店体系，特别是它的设计风格。

4.品牌力：品牌建设的标杆

如我们在前面品牌力章节中所提及，苹果的品牌塑造是标杆级的，它成功把"虚的品牌理念"变成"实的品牌影响力"，将"非同凡想""改变世界"的理念注入企业基因中，一次次引领 IT 潮流，成为 IT 产业的标杆。

5.团队力：集合了一批优秀人才

乔布斯是一个对团队要求极其苛刻的人，在乔布斯眼中，员工不是天才就是"狗屎"，他不能容忍平庸。这种思路和他对产品的要求一致，一个产品不是完美就是"狗屎"，这种对完美的追求，也让对其员工有着很高的要求，并由此打造了苹果独特的优秀人才团队。

如苹果的首席设计师艾维，是世界公认的设计天才，苹果现任 CEO、当时担任 COO 的库克，是一位运营高手。除了艾维、库克之外，乔布斯还汇集了一大批软件高手、硬件高手、运营高手，在乔布斯严格的要求下，形成了堪称梦幻组合的商业作战团队。

可以说，苹果在产品力、策划推广力、渠道力、品牌力、团队力五大要素上，都做到了领先，构建了一个超强商业作战体系，成就了其独特行业地位和惊人业绩。

行业领导者与跟随者的区别，就是领导者获取高收益、享受高溢价，这是对创新的奖励，对创新者的回报，这也是苹果曾能够独占业内净利润 90% 的原因。

三、目前真正称得上苹果对手的，只有三星和华为

目前，真正能称得上苹果对手的是三星和华为这两家公司。

三星是一个同样注重档次，擅长品牌运作，有很强创新力的企业，在全球企业研发投入上，2018 年三星位列第一，足见它对技术创新的重视。智能手机的大屏时代、曲面侧屏时代、折叠屏时代这些也带有革命性的创新都是三星开创的，不过它在设计和技术上与苹果还是有一定差距，这也是它一度能够与苹果共占手机行业净利润超过 90%，却无法在手机方面达到苹果高利润的原因。

此外，另一个苹果的强劲对手莫过于中国的华为手机，这家中国最成功的

高科技企业，近两年在手机方面，弥补了自己在针对大众市场（B2C）的营销推广弱势短板之后，多年储备的技术优势、人才优势逐渐体现作用，实现了手机市场高、中、低市场的全面飘红，特别是在中端、中高端市场成功突围，成为参与手机中高端市场竞争的重要力量。

四、失去乔布斯后，苹果为何依旧持续领先？因为它依然掌握微笑曲线制高点

2011年10月6日，苹果创始人、IT史上一代奇才乔布斯逝世，商界中一片悲痛。苹果曾经在此一段时间内被连续唱衰，苹果的市值不断下滑，人们对苹果不看好，甚至认为苹果帝国会坠落。

但是，乔布斯1985年离开苹果时的悲剧并没上演，苹果仍不断步入新辉煌。

因为，乔布斯去世后，苹果的两个关键优势产品——研发与品牌推广的优势依旧，有两位出色的人物保证苹果依然高水准，依然掌控着微笑曲线的两个制高点。

1. 产品技术上，另一个产品灵魂人物依旧在

1985年，乔布斯离开苹果后，苹果的独特优势，即与众不同的产品设计也离去了。苹果曾因此一度陷入困境，这也是一些人在乔布斯去世时唱衰苹果的原因。

不过，这次与乔布斯一起打造苹果新辉煌的另一个灵魂人物依然在。乔纳森·艾维——苹果设计负责人，被称为世界上最聪明的设计师，一位成功将艺术设计与商业设计完美结合的工业设计师。在乔布斯重返苹果后一系列辉煌的产品都与他分不开，第一炮打响的透明炫彩iMac到iPod，再到iPhone、iPad，都与艾维团队密不可分。

艾维也是苹果的产品灵魂和设计灵魂人物之一，在艾维的身上，乔布斯打造的苹果追求与众不同、非同凡响设计的理念依然在贯彻，这也是两人长期共鸣、合作的基石，在乔布斯和艾维的努力下，已经成了苹果设计的基因文化。因而，这一次苹果没有像乔布斯第一次离开时那样，随着乔布斯的离开，苹果产品的灵魂也就消失了，依然保有很强的优势。

2. 运营上，还有一位高手

在拥有天才设计师乔纳森·艾维的同时，苹果还有着一位运营高手——蒂姆·库克。

苹果的 CEO 库克的确不是像乔布斯一样的产品大师，但是我们不能期望再复制一个乔布斯，毕竟多少年才有了一个乔布斯，他所具有的天赋，不能要求库克也具备，这种期望本身就不现实，就像不能要求微软复制一个盖茨一样。

库克是一个运营高手，在商业运营上有他自己的优势。举个简单的例子，做过生产型企业的都知道供应链的难度，库克加入苹果后，将苹果的库存期从 2 个月缩短到 2 天，有时甚至是 15 小时，这是非常惊人的，而其在苹果担任 COO、首席运营官时，在乔布斯几次生病治疗和休养中，由他代管一切时，也都证明了他独特的运营能力。

这两位得力干将，一个负责打磨产品，另一位负责整体运营，然后还有乔布斯当年留下的软件精英，让苹果从硬件到软件，再到运营，都保有着大量优秀的人才，同时，库克还在不断吸引优秀人才加入，强化苹果人才优势，这一系列综合优势，让苹果仍可以完胜对手。

五、目前，苹果手机行业统治力有所下降，短期不易被超越、不过长期会受到冲击

1. 短期不易被超越，四大优势 + 暂无强劲对手

判断一个企业实力如何，不要看表面，而学会要看企业深层次基本面，看关键人物如何，看运营能力如何？看关键核心人物是否依旧业内领先，再看企业具体的运营能力如何。

上面分析了苹果两位关键人物——艾维和库克，下面具体解析苹果运营能力。

（1）苹果在行业内依然有四大优势。

①产品力优势：依然引领行业。

在产品上，虽然屡遭吐槽，但是不可否认的是，苹果在产品上依然领先行业。虽然每次产品发布会都要与 iPhone 对比一番，实质也说明通过和标杆对比，来抬升自己。而苹果很多设计依旧领先，虽说其统治力在下滑，但是还是有一定优势。

如，当 2013 年 9 月苹果推出扁平化设计的清新 UI 系统 iOS 7 的时候，媒体和业内人士负面评价颇多。但是我们看到，到 2014 年众多手机都开始纷纷模仿苹果 iOS 7 的风格，国内的华为、小米、魅族等都有借鉴。

苹果推出的指纹识别系统，也被纷纷跟进，甚至被苹果内部都认为推出不合适的 iPhone 5c 风格，也被众多国内企业模仿。这些都说明苹果在产品上依然保持领先。

2014 年 9 月，在开售 3 天，新款 iPhone 6 和 iPhone 6 Plus 的销售量就达到了 1000 万部，创下了让业内吃惊的记录，当季更是超越三星成为销量第一，2015 年一季度更是创下惊人的单季度高达 180 亿美元（超过 1100 亿人民币）的净利润。

2016 年苹果推出的 iPhone 7/7 Plus 亮黑色（钢琴黑）一机难求，再次让业内刮目相看。

2017 年发布的上市十周年纪念旗舰机 iPhone X 再次火爆，将苹果业绩再次拉升。

目前，虽然艾维已经离职，但还和苹果保有合作，对短期产品实力还有所保障。

②营销推广优势：依旧犀利。

在商业运营上，乔布斯在的时候已经形成了一系列成熟的商业打法，发布会模式、新闻推广模式，加上媒体的关注度仍然非常高，苹果的一举一动，都会受到媒体广泛关注，可以说推广优势依旧犀利。

③渠道优势、供应链优势：依旧强势。

苹果走的是技术驱动、产品驱动的模式，它依靠的是推出优秀的产品，赢得消费者关注，进而影响渠道。只要它依旧能够推出出色的产品，品牌影响力依旧，它在渠道上仍然保持过去的优势。

④品牌优势：品牌势能还很高。

苹果这些年所形成的品牌势能，依旧保持着较高的惯性势能，粉丝的忠诚度依然极高，远高其他产品……

这一系列优势，让它在短期内引领行业依然没有问题。

（2）暂无超越型对手，一时难以被打败。

商业坠落取决于两个原因：自己犯错误，商业作战体系下滑；出现强有力对手。

目前，第一个原因上，苹果还没有表现出来，而第二个原因，也还没有遇到。

强有力的超越型对手，或者称为"杀手级对手"，暂时还没有出现。

当年手机之王诺基亚，就是被"杀手级对手"苹果击溃。如果不是苹果出现，诺基亚不会溃败那么快，甚至保持一段时间辉煌都没有问题，毕竟它一度占据全球超过 35% 的市场份额。当时它就是业内标杆，苹果没有出现时，业内没有它的对手。

就像当初周瑜所发出的感慨"既生瑜、何生亮"一样，没办法，造物弄人，虽然他也很强大，但是出现了另一个更强大的对手。

很可惜，诺基亚遇到苹果乔布斯的跨界，以全新外观设计、触摸体验、智能功能等，一下子就和诺基亚拉开距离，重新树立手机行业标杆，将诺基亚拉下了王座。而诺基亚的反应速度又比较慢，在关键几年里，一直到 2011 年之前都没有推出和 iPhone 相匹敌的标杆产品，来强力反击对手，于是就一步步被拉下了神坛。

对于苹果而言，要想打败它，同样需要如此，要么在市场中出现了比苹果更厉害的企业，要么苹果自身出了问题、犯了错误。

就目前而言，这两者都有难度。虽然苹果失去了乔布斯，不会像以往那样推出让世界为之震撼的产品，或许不再是那个伟大的企业。但是由于产品和运营上的领先，它依旧是个优秀、领先的企业，维持一段时间的辉煌依然没有问题。

2. 长期会受影响、未来会受到冲击

长期来讲，苹果的地位会受到冲击，市场会被切割，其中两个强劲对手，莫过于三星和华为。

三星是苹果的老对手，已经和苹果博弈了这么多年，如果不是 Note 7 出现的质量问题，可能会更上层楼，但是它们之间的份额一直保持相对均衡。

除三星外，最大一个变量就是华为，华为和它们太像了——注重技术投入、注重创新，拥有出色团队，富有进取精神，充满危机意识。这两年华为进步速度越来越快、在销量上直逼苹果。未来，华为手机必然会切掉它的一部分市场。

作为手机行业的标杆，可以说苹果向我们充分展示了它强大的商业作战体系。

苹果 iPhone 手机商业作战体系竞争力指数

产品力　　　★★★★★

策划推广力　★★★★★

渠道力　　　★★★★★

品牌力　　　★★★★★

团队力　　　★★★★★

综合竞争指数　★★★★★

第二节　华为——中国手机领军品牌

华为，与苹果、三星相似之处，就是它们都是跨界，都是技术标准派、技术驱动模式。

不同之处，华为的跨界幅度有点大，它是从 B2B 模式跨界到 B2C 模式。苹果、三星都有着大众消费品 B2C 模式的运作经验。相对而言，苹果、三星属于是 B2C 模式的品类跨界；而华为从 B2B 转型 B2C 的模式跨界，相对幅度要大，难度也大得多。

一、华为手机成功背后艰难转型，从 B2B 领军，到 B2C 领军

今天，华为手机已是国产手机领军品牌，2018 年全年出货量 2.06 亿台，销售收入 3489 亿元，再次创造新纪录。

但是，华为手机之旅并非外界想得那么简单，也并非那么顺利，华为手机也一度迷茫过。在功能机时代，华为手机也曾遭遇挫折，直到智能机时代，才真正走向了辉煌，登上了手机领域的巅峰。

1. 华为，全球通信领域的 B2B 王者

在手机之前，华为已成为通信设备领域世界巨头之一，并成为 B2B 领域的王者。

（1）产品力：注重研发、技术驱动。

华为与同期起步的国内其他科技企业最大的不同是，它是一家注重技术的企业。

1987 年，年满 43 岁的任正非和 5 个同伴集资 2.1 万元成立华为公司，利用两台万用表加一台示波器，在深圳的一个"烂棚棚"里起家创业。

1990 年，经过两年多发展，公司刚走上正轨时，任正非突然做了大胆的决

定——走自主研发路线，自主研发小交换机。为此，任正非为了自主研发承受了前所未有的压力，做好了破产、跳楼的准备。因为，华为当时不仅使用了自己所有的利润来投资这一研发，而且把客户预订小交换机的钱也都投了进去。如果到1991年这一产品还不能供应市场的话，华为就会破产了。

幸运的是这次从代理向创新转型成功了，1992年华为业绩突破1亿元。1993年的春天，任正非召集270名员工，开年终总结大会，他哽咽着说出："我们活下来了……"然后泣不成声，用双手抹拭眼泪。这次大胆一搏，让华为与其他国内科技企业拉开距离。

如今，华为已是国内研发投入最大的科技公司，2007年到2016年这10年间的研发累计投入已接近3000亿元。2016年5月，任正非面对新华社记者谈华为成功秘诀时说道："华为坚定不移28年只对准通信领域这个'城墙口'冲锋。我们成长起来后，坚持只做一件事，在一个方面做大。华为只有几十人的时候就对着一个'城墙口'进攻，几百人、几万人的时候也是对着这个'城墙口'进攻，现在十几万人还是对着这个'城墙口'冲锋。密集炮火，饱和攻击，每年1000多亿元的'弹药量'炮轰这个'城墙口'，研发近600亿元，市场服务500亿元到600亿元，最终在大数据传送上我们领先了世界。"

可以说，华为是国内少有的技术驱动、技术创新型的企业，投入之多、投入之大都创下了纪录，而这些投入又转换成了华为竞争的技术优势。

（2）推广力：营销铁军。

华为的推广队伍是业内称道的一支队伍，一支善打硬仗的营销铁军，特别是孙亚芳一手建立的市场体系令竞争对手胆战心惊。

一方面，华为的销售铁军可以说非常有韧劲，有一股不服输的劲头。

如1996年，华为开始国际化时，在俄罗斯市场苦苦坚持四年后，才打开局面，实现突破。当时华为派驻的员工希望拿下俄罗斯的运营商市场，可是俄罗斯运营商已有固定的合作伙伴，华为高层一遍遍登门拜访，有了新技术就上门游说。四年的时间华为没有拿下一单，后来俄罗斯经济危机，大量外企撤退，华为继续守在当地, 终于在2000年拿下乌拉尔电信交换机和莫斯科MTS移动网络两大项目, 才在俄罗斯市场实现了大突破。

另一方面, 华为销售人员的战斗力超强。

华为的销售人员能做到你一天不见我, 我就等你一天; 一个星期不见我, 我就等你一个星期; 上班找不到你, 我节假日也要找到你。华为的销售人员甚至在知道了你在哪个小岛上开会后, 也会摸过去把你找到……

华为销售团队的打造, 从团队文化 (胜则举杯同庆, 败则拼死相救), 到选择良才、培训、用人、激励等方面, 都极其独特, 打造了一支销售铁军, 这支队伍的作战能力绝对是让对手汗颜的, 没有多少公司的销售团队, 能做到这种程度。

(3) 渠道力: 运营商渠道全球领先。

一方面, 华为在运营商渠道优势明显。

如上面所述的华为突围俄罗斯市场一样, 凭借不服输、充满韧劲的销售人员, 以及出色服务的工程师团队, 再加上大规模技术投入的创新, 这种多种优势的组合, 也成就了华为在运营商渠道的明显优势。

另一方面, 华为的渠道做到全球市场领先。

华为的渠道不仅做到在中国领先, 在海外市场也做到了领先, 它也是目前国内科技企业中国际化最成功的企业之一。

1995年, 任正非看到将来不会有仅仅依靠区域市场生存的电信设备商, 所有的电信设备商都必须是国际标准化的。于是, 在1996年华为就开始了国际化布局。如今, 华为不仅在中国, 在欧洲、非洲、中东等海外市场, 都具有不错的份额, 特别是欧洲市场, 华为同样位居前列, 目前海外营收已经占华为一半。

在渠道力上, 无论是运营商渠道覆盖的广度, 还是深度, 华为都非常不错。

(4) 品牌力: 技术领军。

凭借出色技术、服务、长期的耕耘, 以及优异业绩, 华为逐渐在通信领域树立起了良好的品牌形象, 特别是能打开要求严格的欧洲市场, 并取得领先份额,都说明华为品牌影响力已经达到较高的层级。在 2000 年之后，华为已经成为中国科技公司中的一面旗帜，而且还是国际化非常成功的一面旗帜。2012 年，华为收入超 350 亿美元。

在做手机前，华为在通信领域和中国商界，就已经树立其良好品牌形象，只是做手机前由于 B2B 模式低调、注重服务特点，没有大规模传播这种优势。很多人通过手机才知道华为并了解华为，其实此前华为在科技公司中就已经非常有影响力了。

总之，在 B2B 领域，华为通过技术投入、销售铁军、渠道优势、品牌优势，构建起了强大的商业作战体系，也成就了华为在 B2B 通信领域的领军地位。

2. 华为做手机，B2B 王者遇到新问题，从 B2B 模式转型 B2C 模式，难度极大

虽然，华为已经在 B2B 领域取得成功，但是华为从 B2B 转向 B2C 模式时，最初却是不顺的。

从通信设备领域跨界手机领域去做手机，也许有些人觉得华为以前做通信那么成功，做手机也是很容易的事情，实际上并非如此。华为之前所针对的客户通信运营商属于 B2B 领域，而做手机属于 B2C 领域，这是两种不同的业务模式，要求的是两种不同的能力。

（1）两种不同客户类型，在行销上有很大不同。

通俗讲，华为以前卖通信设备，和运营商打交道，针对企业客户，属于 B 端客户；而华为手机，是直接卖给消费者，直接和终端消费者打交道，属于 C 端客户。两种不同的客户模式（一种是 B2B 模式，一种是 B2C 模式），在销售方式、销售渠道、产品特点上都有很大不同。

①运营商注重耐用性（质量、稳定性）——运营上采用工业品行销、业务员大客户营销的推广方式。

运营商客户，特别是针对通信设备，最注重的是质量、耐用性，毕竟通信设备一旦出现问题，那就不是小事情，涉及一个区域大面积的通信问题。它们要求产品更注重质量、稳定性，同时服务要好，出现问题要快速响应，进行处理。

针对这种运营商客户，往往采用工业品行销的方式——相对低调的跟单模式，业务员进行大客户直接对接、行销的模式，对业务员的能力要求很高。

在推广模式上，工业品与大众品有一个明显区别，就是广告投放少。

华为在做通信设备时很低调，基本上很少投放广告，因为它需要直接面对通信运营商客户。此前关注华为比较多的，主要是科技行业和中国商界，他们对华为的不俗业绩、独特管理文化比较关注，相对而言，大众对华为知道比较少，这一点实际上也是华为手机运营模式转型的一个难点。

②大众消费者注重产品设计、功能——运营上采用媒体传播、渠道终端的推广方式。

大众消费者客户，对产品的关注点，特别是时尚属性产品的关注点，与工业品完全不同，工业品看重耐用性，而大众消费品，特别是时尚类产业，对外观设计尤其关注。

今天，手机行业已成为具有快时尚属性的快消品（更换频率变快），有很强的时尚要求，注重颜值、功能，特别是颜值高、外观炫酷产品，更受消费者青睐，产品溢价能力也高。

同时，针对消费者客户，往往采用大众消费品的行销方式——媒体广告、卖场渠道覆盖、终端拦截等形式。

这两种不同客户类型，不同产品要求、不同传播方式、销售途径，运作上有很大区别。

（2）两种不同运营模式，转型是个很难的事情。

两种不同客户、不同运营模式，要完成转换、转型，不是一件容易的事情。

如和华为同样属于技术流的中兴、酷派，就没有成功完成这个转型，虽然它们的技术积淀也不错，但在手机领域的业绩，与华为相差堪称悬殊。

其他领域的企业转型同样不易，如互联网两大巨头——阿里巴巴和腾讯。

阿里巴巴有电商基因，腾讯有社交基因，两者都是在自己主力领域做得不错，都是所在领域的王者，但是一旦跨出去，就会非常吃力，阿里巴巴做社交领域的跨界始终没成功，腾讯做电商领域的跨界也一直没如意。

类似例子还有，一些代工企业转型做自主品牌，成功比例不高。它们习惯做外贸、代加工，当它们想做自有品牌、做品牌运营时就很难。例如，在代工领域富士康已经成为王者，有"代工之王"的美誉，它也一直想打造自有品牌，可惜，战绩一直无法与代工相比。

同样，当华为从自己擅长的运营商客户、工业品行销的 B2B 模式，转向消费者客户、大众消费品行销的 B2C 模式时，也很难，因为这也是一个大的转型。

3. 两个关键事件很重要，业务分拆、成为战略重点，选一个优秀操盘手

在华为手机发展历程中，两个决策极为重要，它们成功奠定了华为手机今日的基础。

（1）内部业务分拆，手机部门成了战略重点。

华为过去在通信运营商领域进展迅速，从国内做到国外，让国际通信巨头都害怕。但是，很长一段时间里，通信设备及服务始终是华为业务主力，其他业务都是非主力的辅助业务，华为手机也是如此，最初华为手机业务一直没有作为主力重点打造。

虽说华为的小灵通曾经也做得不错，但手机一直没有成为主力业务，华为在手机领域没有取得运营商领域一样的品牌影响力，甚至两者之间的差距用悬殊来形容一点也不为过。华为手机早期做手机，做的是自己的资源渠道——运营商渠道，做的类似于代工业务，为运营商生产定制机，虽然量也不错，但是，单价低、利润低，而且缺乏大众影响力，品牌影响力极弱，也就是白牌手机——有技术，但是缺乏品牌知名度、美誉度、影响力。

直到 2011 年，华为内部开会，决定将业务分拆为运营商业务、企业业务和终端消费者业务（包括手机业务）三大板块，手机业务才正式独立出来，才算改观。

因为，这意味着终端消费者成了战略重点之一，将成为华为重点进攻的方向。一旦列入华为重点进攻的业务，相应的重点资源配备、人员配备，要求都大幅提高了。

（2）选了一个优秀操盘手，悍将余承东＋任正非力挺，成就了手机传奇。

一个业务能否运作成功，某种程度上，是否拥有"优秀操盘手"至关重要，也可以说，优秀领导者起着关键性的作用。在华为手机分拆成独立业务板块时，任正非挑选了一员悍将——余承东，一员高调、前卫、敢干、凶悍的大将。

华为的余承东是一位具有开拓意识的悍将，仅其出色业绩就足以让人刮目相看，实力不可小觑。

余承东在以往负责业务时，就很有创新精神，华为成功打开欧洲市场的"分布式基站"，它的第一发明人就是余承东，通过余承东拍板的华为第四代基站（Single RAN），一举奠定了华为无线优势地位，以风卷残云般，横扫整个欧洲市场。2010年之前，华为无线花了多年时间，在西欧市场也只取得9%的份额，但两年后，华为市场份额飙升至33%。

而且要特别强调，余承东是具有开拓精神的人，对于在一个新领域开展业务的企业来讲，需要一个具有创新精神，能够打破惯性思维的人才，引入新思维、新理念才能打开局面。这是华为手机破局所需要的条件，也恰恰是余承东所具备的特质。

任正非对余承东的评价是："能抓大放小，有战略眼光"。

而在余承东接手手机业务后，也对以往的战略、策略进行了很多大胆的改进，这些改变恰恰正是盘活华为手机的关键——精品战略、大众消费品行销模式。

①走出运营商定制模式，关注产品、做精品战略。

华为手机最初的产品走资源渠道——运营商渠道，做的是代加工模式、白牌手机模式，为运营商定制，这种模式很难打开消费者层面，很难打出品牌影响力。

如果不走出以往的模式，意味着华为手机难以出海，难以有更大的空间！

因此，余承东一个大胆决定，就是走出运营商渠道，从以前针对运营商的"机海战略"转为"精品战略"，从运营商贴牌机市场退出，全面向自主品牌和中高端产品加速转型。

这种转型也让华为一度承受了很大的压力，从2012年到2013年，华为在欧洲运营商的定制机合作伙伴从15家骤然降至1家，也招致了内外部的极大争议，毕竟合作伙伴的减少意味着业绩受影响。但是，最终证明了余承东这一转型的正确。

②引入大众消费品行销模式。

运营商客户与终端消费者客户，是两种不同类型客户，两种不同的运作方式，余承东清醒意识到这两种方式的区别。

华为以往做运营商服务 B2B 模式，偏重于内敛的工程师文化，比较低调，不喜欢张扬的传播广告的方式运作，由于客户注重实用性、耐用性，往往重点是技术和服务，只要做好产品和服务，而且产品不用很炫，性能卓越，服务卓越即可。

大众消费业务属于 B2C 模式，要直接面对消费者，特别是大众消费产品要炫，而且要多传播，多做广告，多做渠道，让更多的消费者知道，这是两种不同操作模式。

为此，余承东从一个低调的技术男，变成了一个高调的企业 CEO。他高调露面，与媒体打交道，向媒体推介华为手机，并经常将华为目标追求公之于众，为此，余承东一度成为华为内部的另类高管。但是，余承东很明白，他这样做的目的，就是要让更多人知道华为手机。

同时，在华为转型过程中，余承东也承担了很大的压力。

无论是砍掉产品线，引发运营商不满，导致业绩受影响，还是高调推广华为手机，都与华为过去的风格和打法有很大的不同，也在内部引发了很大的争议，以至于 2013 年左右，每隔一段时间就会传出余承东"下课"的声音。而余承东自从 2011 年秋天正式接受任命后，一直到 2014 年，他都过得很难受，一直在争议与压力中煎熬，一直到 2015 年，华为以绝对优势从国产手机中胜出，对余承东的争议基本平息了，他最难熬的日子才算过去了。

在这个过程中，帮他渡过难关的，一方面是他不服输的性格，另一方面，就是来自华为创始人任正非的力挺，任正非曾在 2013 年春节前（2013 年 1 月 14 日）给余承东一个"从零起飞"奖，还有一架起飞的飞机模型，鞭策他继续努力，同时在一些决策和内部争议上给予了支持。余承东曾表示："任总给我挡过很多箭，否则我可能没有今天的机会。我有时做些出格的事，任总有气度，有胸怀，能包容我。"

（3）华为人凭借出色的学习能力和进取精神，成功完成转型。

虽然，这种 B2B 模式向 B2C 模式转型的困境，一度让华为人困惑如何找到感觉，但是华为人有一个独特的基因特点，就是进入一个行业，要么不做、要做就做第一，这种进取精神让对手有些汗颜。

在华为手机转型过程中，这种"要么不做，要做就做第一"的特点，同样成为其成功转型的关键因素之一。以往华为凭借进取精神、与时俱进的学习能力，成功实现了国际市场的突破。在手机市场上，只要当他们把这种精神发挥出来，完成转型，是早晚的事，而华为最终也确实成功做到了。

二、华为手机崛起，从学习到开创自己引领的时代

华为手机通过两个阶段，使其实现了成为国产领军品牌的大跨越。

1.第一阶段：学习小米的传播推广——完成从 B2B 到 B2C 的营销推广模式转型

2012 年，华为一度要和 360 合作推特供机，但是关键时刻被任正非叫停，这个考虑还是很明智和长远的，一旦介入特供机，对华为将来的品牌形象会有不良影响。任正非对华为的定位可不是只做一个中低端品牌，因为华为在通信上都是国际前沿的企业，而今天我们看到这个"叫停"是非常具有战略性，今天华为已经形成高、中、低都有布局的产品矩阵，而且定位高端的产品也获得了国际认同。

2012 年，在和 360 分手后，华为快速地对小米的运作模式进行复制，从高性价比的产品到营销推广，都进行了复制。

（1）在产品方面：紧逼 1999 元档位的小米，华为推出了 1888 元的荣耀 4，荣耀 3C 则紧逼红米，红米 799 元，荣耀 3C 定价 798 元，而当小米出了 699 元的红米 1S 后，华为出了 599 元的荣耀畅玩。

这也是一种极高的策略，采用了紧盯小米的战术，一方面对小米最有力的武器进行了复制，也体现出了自身的性价比优势，另一方面又借势炒作了自己，是一种非常有效的策略。

（2）在传播推广方面：华为加大宣传力度，小米所用方法，也多数被华为复制。

客观地说，华为本身也具备很强的新闻炒作点——一个成功国际化的中国

公司，在全球通信领域位居巨头行列。可以说，很多资源过去没有利用好，而通过 CEO 余承东的操作，很好地利用了这个价值点，然后同时不断地发表言论，制造话题，他本人也因此被称为"余大嘴"。

这些说起来简单，但当初如我们前面所说，余承东做起来可不容易。华为习惯内敛的工程师文化，这些强化宣传做法一改以往 B2B 运作低调模式，过于高调、适合于大众产品的营销方法，最初并不被内部所接受，但余承东扛着巨大压力，向大家证明了这种操作的正确。

余承东的这些努力，也把华为知名度拉升起来了，包括上面提到的每一次对标小米价格的炒作等，都逐渐让华为手机成为大众消费者品牌的目标落地。

而像小米采用的预约手段，也被华为一次次运用娴熟，加上产品特有的品质，华为的荣耀 4X 也创下了单日预约量过百万、3 天 224 万的记录，同时随着这些新闻的传播，也把华为的品牌拉升。

不仅是对互联网媒体的传播运用日趋娴熟，对微博等 SNS 媒体的运用，华为也远超不少同行。2014 年年底，余承东的微博粉丝、子品牌荣耀的微博粉丝都超过了 300 万，华为终端官方微博粉丝达到 400 万，也极好地利用了新媒体。

截至 2019 年 7 月，余承东的微博粉丝、荣耀的微博粉丝、华为终端官方微博粉丝已经分别达到 720 多万、2479 万多、2391 万多，可以说是暴涨，这个数字的倍增，某种程度上，也反映了如今华为系手机品牌影响力不断扩大。

同时，华为也打造了自己的粉丝——花粉，目前因为华为品质的卓越和良好的形象，这一粉丝群体也在不断壮大。

可以说，凭借进取精神、与时俱进的学习能力，华为快速地复制了小米的营销推广模式，让自己迅速壮大起来，这是第一阶段，到了第二阶段，华为前瞻性的布局开始显现，展现出了自己的特色。

2. 第二阶段：华为开始创新自己的特色——用华为产品技术驱动模式矫正手机行业，成为中国手机新标杆

在掌握了传播推广之后，华为开始构建自己的打法。

2013 年开始，华为逐渐形成自己的特色——用产品技术驱动模式矫正手机行业，此时，华为多年积累的技术优势、人才优势、运营优势、战略布局优势也开始发力。

商业竞争是综合实力的竞争，而不是某一方面、某一要素的竞争，是"产品力、策划推广力、渠道力、品牌力、团队力"的综合实力的竞争。

相对而言，小米在传播推广上优势比较大，一度在业内具有较高的地位，但是当华为娴熟运用传播推广后，开始把自己产品驱动优势、人才储备优势、企业文化优势等综合实力优势发挥出来后，也意味着行业领导者的位子要发生更迭了，行业新的领军企业诞生了。

（1）华为手机在产品线上，成功实现了突破——成功打开中端、中高端市场，与竞品之间，开始大幅拉开差距。

华为最初与国内其他对手在产品上区别不大，大多集中在中低端领域，但是华为却有一股韧劲，持之以恒地向中端、中高端市场进攻，通过 P 系列和 Mate 系列，成功打开中端市场和中高端市场，也与小米等竞争对手大幅拉开距离。

这个过程中，通过产品序号可以知道华为人，有多么大耐力和毅力，P6 打开中端市场、Mate7 打开中高端市场，华为人这种不服输劲头很值得国内企业学习。

①第一个突破 突围中端市场，打开 2500 元价格带。

2013 年，华为手机通过 P6 进行中端市场突围，成功打开 2500 元价格带，凭借超薄纤美的设计，华为的品牌美誉度大幅度拉升，产品成功攻破了 2500 元的中端价位。

P6 的成功，对华为具有战略意义，意味华为首次走出过去"以荣耀与小米在中低端竞争"的状态，成功打开了中端市场，成功将华为手机品牌形象大幅度拉升，开始与小米拉开差距。

2014 年 5 月，华为 P7 发布，再次获得美誉，销售比上一代大幅提升，达到 700 万部，成功巩固了中端阵地。

2017 年 3 月份，华为 P9 单品销量突破 1200 万台，创下中端市场单品过千万台的新纪录。

②第二个突破 突围中高端市场，打开 3000 元价格带。

2014 年 9 月，华为发布 Mate7，进行了中高端市场突围，成功打开 3000 元价格带。Mate7 上市之初，售价一度超过 4000 元，所获得的良好反响也超出想象，以至于国际市场和国内市场普遍断货，之后 Mate7 的销量突破 700 万部，足见任正非为华为指出向中高端突围，注重利润决策之犀利。

同样，Mate7 的成功，对于华为也有重要战略意义，意味着华为成功打开中高端市场大门，再次把华为的形象大幅拉升，也同时与竞争对手的差距进一步扩大。

之后，Mate9 销量突破千万台，意味中高端市场华为手机再次创下单品销量破千万台的记录。

P 系列单品销量千万台、Mate 系列单品销量千万台，这意味着华为分别在中端、中高端市场成功站稳，并获得了很强的竞争优势，再加上荣耀系列单品销量千万台，华为手机成功实现高、中、低市场全面飘红。

P 系列和 Mate 系列的成功，在战略上实现了破局，为后面大幅甩开竞争对手埋下伏笔，毕竟这两个系列的成功意味着华为手机攻下阵地更广，意味着华为手机从中低端，到中低端、中端、中高端市场全面开花。

（2）在渠道上成功回避线上、线下互搏——独立电商品牌、回避线上线下问题，用子品牌攻打小米。

线上、线下渠道之间的影响，成为困扰很多企业的问题，如果解决不好，对两个渠道都会有影响。实际上，这两个渠道还是有区别的，线上消费群体偏年轻、更注重于价格，而线下注重体验，价格敏感度相对低的群体。

①荣耀作为性价比品牌，主打线上。

2013 年 12 月，华为将荣耀品牌独立为专门的电商品牌，定位则针对电商人群的中低端品牌，回避线上线下品牌互搏。之后，华为这一"线上、线下子品牌分拆"模式被国内众多同行所学习和借鉴，如酷派、联想等都曾模仿过这种模式。

2019 年 1 月，小米分拆红米品牌，也是在借鉴这种模式，表明华为在一些运作模式上已经引领国产手机品牌。

而荣耀的独立运作，也实现了"荣耀"这个子品牌的业绩暴涨，2014 年一年销售超过 2000 万部，2015 年完成 4000 万部。继 2014 年荣耀 6、荣耀 6Plus 大获成功后，2015 年 6 月 30 日发布的荣耀 7、荣耀 7i 再获好评，预订量更加惊人。2016 年 5 月 8 日，荣耀发布旗舰机荣耀 V8，再次获得巨大成功，标志荣耀系列走向成熟，而且还有了多个产品线。

如今，华为的一个子品牌荣耀，就可以对打小米全系列（小米＋红米），甚至一度超越小米，成为中国互联网手机著名品牌。

②华为没有放弃线下渠道，用 P 系列、Mate 系列作主打。

在小米当红时，线上电商渠道似乎被看成销售主流时，余承东顶住了压力，没有放弃线下渠道，认为线下渠道作为中端、中高端产品的体验阵地无法替代，事实证明这一决策同样极为正确。

华为侧重于线下渠道运作的中端、中高端的 P 系列、Mate 系列，都取得了不错成绩。

如今，荣耀品牌手机、华为品牌手机针对线上、线下渠道，在分别稳住线上、线下渠道各自优势后，又进入渠道 2.0 阶段，对渠道进行了一定的延伸、拓展，如荣耀也在拓展线下渠道，进行渠道延伸。

（3）构建品牌阵列——实现低、中、高多层次消费者的覆盖。

如同成熟行业中的领军企业一样，它们往往用多个品牌阵列，满足多个消费群体，例如，通用汽车、大众汽车、丰田汽车，都会有自己的低端、中端、高端品牌，实现多层次消费者覆盖。

在手机领域，三星采用高、中、低模式，来对抗苹果仅凭高端手机通吃的模式。

在国产手机品牌中，华为率先开始构建自己的品牌矩阵，实现低、中、高层次的覆盖。

其中，荣耀品牌定位中低端，对标互联网品牌，瞄准中低端市场争夺，华为品牌定位中高端，对标苹果和三星，与国际著名品牌较量，形成自己针对不同领域的品牌阵列。避免了一个品牌不利于几个层级、几个人群同时发展的弊端，从而有效地进行针对性攻击。

如今，伴随着荣耀的成功，荣耀品牌的产品线也在不断延伸，开始向中端市场进军。荣耀的路线也从最初的性价比，走向了丰富设计和技术的新阶段。2016 年荣耀 8 发布的"魅海蓝"成了潮流，成为竞品模仿的对象。2017 年，荣耀 9 发布的"海鸥灰"，再次成为潮流。

华为品牌手机，则以 Mate 系列、P 系列为代表，成功掀起了双摄技术潮流，并且引发苹果对双摄技术的跟进，成功树立技术标杆。在 2017 年 10 月 16 日发布的 Mate10，率先搭载人工智能芯片"麒麟 970"，再度引发关注。

目前，国内手机中，低、中、高三个群体品牌立体覆盖中，华为是最成功的。

OPPO、vivo 则在中端、中高端有很强优势，小米在中低端具有很强优势，而华为则是最全面的，中低端、中端、中高端均衡发展，均具有不俗的业绩。

（4）华为产品优势、人才优势开始发力——技术创新驱动，构建领先的科技形象，抢占行业制高点。

作为华为创始人，任正非对华为手机有着更高的要求和期望，作为一家信奉技术驱动、追求技术创新的企业，华为手机逐渐开始抢占行业制高点。

当华为手机业务高歌猛进时，任正非再次对华为消费者业务进行提醒，"一部手机赚 30 元算什么高科技，要打造高品质、高价值的产品"，也正是任正非的敲打，让华为实现了中端、中高端的突破。在 2016 年任正非与华为手机渠道商的见面会上，他再次表示："消费者根上的需求是好产品，是高品质的产品，而这需要持续巨大的投入，这一点未来不会变"。

于是，华为长期形成的产品技术驱动、技术创新优势和人才优势开始发力，也逐渐开始引领手机行业潮流。从 Mate7 的设计风格，到手机背部指纹识别、双摄技术、颜色潮流（荣耀 8 的魅海蓝和荣耀 9 的海鸥灰等），不仅在市场上叫好又叫座，还成了同行学习、跟进的对象。目前，国产手机在产品技术上能做到这种程度的，只有华为。

一个企业想成为行业领军，只有当它的产品、品牌引领潮流时，才能实现，而华为做到了。

从2014年的P7、荣耀6、Mate7、荣耀6Plus，2015年发布的P8、荣耀7、荣耀7i、Mate8，到2016年的P9、荣耀V8、荣耀8、荣耀magic、Mate9，再到2017年的荣耀9、P10、Mate10等一系列旗舰产品，叫好又叫座，无论是外观设计，还是内在的技术，都有很强的个性特色。这一切，既是华为人长期的技术沉淀积累，也是他们持之以恒的技术创新追求的结果。

同时，华为很多前瞻性的布局也开始发挥作用。

如，2012年苹果、三星打专利官司时，任正非就开始提醒华为注意这个问题，开始进行芯片布局，今天海思麒麟芯片已经成为华为手机重要的竞争优势。

华为麒麟芯片和华为其他业务一样，开始也不是很顺，与如今的地位无法相比。但是，经过一步步努力、优化，它逐渐成为行业"黑马"，走到行业前列，成为一张名片，可以与三星、苹果、高通的芯片较量。2017年9月2日，华为发布的人工智能芯片"麒麟970"，也是"首款人工智能（AI）移动计算平台"，再次引发业内轰动。2017年10月16日，华为发布首款采用麒麟970的华为手机Mate 10，说明华为在芯片和手机领域再次达到了新的高度。

此外，华为的专利储备也获得了国际巨头的认可，今天苹果也在向华为购买专利，标志着华为技术竞争力已在行业处于前沿地位。

也正是意识到差距，华为开始在手机行业产业链上进行布局，整合全球技术资源、人才资源进行竞争。通过国际的半导体和芯片研究，国际的软件研究，日本横滨的元器件研究，欧洲和俄罗斯的数学与软件算法研究，加上中国整机和能力，带来整合优势。

在第二阶段，华为手机精品战略、抢占行业制高点布局的作用日益显现。华为手机逐渐成为精品手机代名词，在海外市场也受到越来越多的追捧，也成了华为超越国内同行的重要原因。

在互联网行业素有"红衣大炮"之称的周鸿祎就曾表示："大家可能感觉这两年华为手机势头不错，如果你只研究华为最近两年做了什么，是没有意义的。华为在十几年前就成立了手机终端部门，有很多积累。如果没有这些积累，仅仅靠一些营销技巧，一旦这些技巧大家都学会了，企业的核心竞争力很快就会失去光芒。"

这一系列成功也构建起华为手机的领先科技形象，成为国产手机行业引领者。

（5）华为人并没有止步，保持着一贯的清醒和危机感，仍在补短板。

面对巨大成功，华为手机 CEO 余承东表示："没有危机感非常危险，很多企业走向顶峰就是失败和倒闭的开始。当你走向成功的时候，你自己内部会发生变化，所以危机意识要时刻保持。"

在产品力优势日益稳固之后，华为手机依旧在补着自己的短板。2016 年在取得一系列成功之后，华为依然处于不断的努力和提升中。它针对国内两个强大竞争对手——OPPO、vivo 进行研究，对这两个品牌的明星代言模式、线下渠道模式进行探索和实验。在经过一系列实践之后，华为的明星代言模式也成绩斐然，胡歌代言的荣耀 9，张艺兴、关晓彤代言的 nova 分别都取得了不俗的成绩。

短短 4 年的时间，华为智能手机的排名，从未能挤进前十一跃成为全球前三，甚至有望成为全球第一，也成功实现了转型，从一个 B2B 模式的运营商品牌转型成一个具有非常强影响力的 B2C 大众消费品品牌，再次充分显示了这家中国国际化最成功的科技公司的实力。

进取精神、与时俱进的学习能力、技术驱动优势、优秀的产品力、推广力、品牌力使得华为手机成为国产手机的新旗帜。

华为手机崛起的过程中，它在产品力、推广力、渠道力上所下的苦功和创新精神，特别是对技术驱动的信奉，对技术领先的积累和追求精神，是它成功的奥秘，这一切都值得中国企业认真学习和思索。

华为手机商业作战体系竞争力指数

产品力　　　　★★★★★

策划推广力　　★★★★★

渠道力　　　　★★★★★

品牌力　　　　★★★★★

团队力　　　　★★★★★

综合竞争指数　★★★★★

第三章　第二阵营

第一节　OPPO、vivo——中国商界黑马军团

真正的领导者往往是低调的，但他们的实力和业绩往往都是惊人的。在中国手机行业同样如此，这两个低调的品牌，是中国商界黑马军团。

一、中国手机行业低调的"双子星"

中国手机市场一直格外热闹，各种理论层出不穷，互联网思维、情怀、生态等，同时，还作秀不断，但是实际上赚钱厉害的，不是创下理论记录和走秀记录的那些企业，而是比较低调的、出于同一门派的两个品牌——OPPO 和 vivo。

这两个品牌在大家都在喊互联网思维，似乎不说互联网思维就落伍的时候，依旧通过传统经典打法，交出了让业内也觉得吃惊的业绩。

在 2016 年，两者的出货量之和超过 1.7 亿台，超过华为的 1.39 亿台，分别超过小米的 5800 万台，在 2014 年 OPPO、vivo 的销量之和还不如小米（2014 年，OPPO、vivo 销量各自在 3000 万台左右，两者之和 6000 万台，而小米则是 6112 万台）。

2017 年，OPPO、vivo 的出货量之和达到 2 亿台。2018 年，两者出货量之和达到 2.19 亿台左右，分别位列全球手机市场第五、第六。

在国产手机中，OPPO、vivo 在利润率上可与华为相比。根据 Strategy Analystics 的报告，2016 年在智能手机行业利润占比上，中国智能手机厂商对应的市场份额为 6.4%。其中，华为以 9.29 亿美元的营业利润位列第三，市场份额

为 1.6%。OPPO 的份额在 1.5% 左右， vivo 的市场份额则为 1.3%。OPPO、vivo 的份额之和占到手机行业利润的 2.8%。

在 2017 年 2 月的华为消费者 BG 年度大会上，任正非指出："公司 EMT 会议给你们终端订了一个小目标，三年内，服务水平赶上苹果，利润率赶上 OPPO/vivo，这样我们就很满意了。"作为中国领军国产手机的华为，对 OPPO、vivo 的利润率的重视，足见它盈利之强。

二、中国商界黑马军团，中国市场多个品类位居优势地位

OPPO、vivo 都源自一个传奇团队——中国商业的知名人物段永平所创立的步步高。

步步高团队创立至今已有 20 多年的历史，却一直屹立在中国商海，而且至今仍在创造传奇。

1. 步步高创始人，一个中国商界传奇

1989 年，28 岁的段永平，去中山市怡华集团下属的一家亏损 200 万元的小厂当厂长。这家公司就是后来闻名商界的小霸王，它推出的小霸王学习机、游戏机在中国曾风靡一时，在段永平担任厂长 5 年后的 1994 年，小霸王也成了年产值 10 亿的公司。

1995 年，34 岁的段永平创立了自己的公司——步步高，在不被看好的情况下开始了新征程，掀起了中国一个黑马军团的开始，在中国市场屡创奇迹。

2. 连续进入多个品类，都位居优势地位

在中国营销界，段永平所打造的步步高团队，书写了多个商业传奇。从早期无绳电话到 VCD，再到复读机、手机、学习机，几乎很少失手，多次在业内不看好的情况下后来居上。每进入一个领域，都迅速成为该领域领军品牌之一，其中多个品类都位居优势地位，如无绳电话、VCD、学习机。

而且最让业内称奇的是，他们在进入行业时，既不是最早进入的，也不是

在最好的时候进入的，往往是在竞争比较激烈，强手如云的时候，或者是行业低谷的时候进入的。在大家都觉得没法做，业内都不看好、建议千万不要进入的时候，他们进入了，而且进入后就愣是打出了自己的一片天，迅速成了行业的领军企业。从早期的无绳电话、VCD，再到手机、学习机都是如此。

如在功能机时代，步步高做手机的时候，没有人看好，结果却上演了大逆袭。

当时整个国产机处于一个低谷时代，2000－2003年，中国国产机曾经有一次热潮，一度高歌猛进。但随后因为国产机品质不高，导致大溃败，多个知名品牌倒闭，并且造成了国产手机品牌的信任危机，无论业内，还是消费者，都对国产手机不看好，甚至选择山寨机，都不选择国产品牌手机。这个时期，步步高却进入了手机行业，众多业内人士称这一举动是"无异于找死的商业行为"，但是步步高人却说他们有自己的玩法。

之后，步步高派系交出的成绩单让业内人大吃一惊，步步高不仅没有像其他国产品牌那样溃败，还成功打造出了两个品牌——步步高和OPPO，前者有知名的步步高音乐手机，后者主打国际范的形象，特别是后者，国际范塑造得很成功。很多人得知OPPO与步步高的关系后，都比较吃惊，因为两者给人感觉是完全不同的档次。而且这两个品牌，均位居当时国产品牌前三，在国产手机前三里占了两个位置。

然后在学习机市场，当好记星异军突起，正和诺亚舟争夺的不亦乐乎的时候，步步高进去了，结果又在学习机行业占据优势地位。

在智能机时代，它再次以两个品牌成为中国市场佼佼者，在中国市场仅次于华为，和华为一起占据中国市场前三，在全球市场也一度仅次于华为，位列全球第四、第五。

除此以外，它们在国内的智能手表领域销量也占据优势地位。

……

不得不说，这真是一个很神奇的团队。

虽说它们没有像一些企业一样，四处走秀、贩卖成功方法论，但是它却一直都是中国市场低调的巨头。

三、解密中国黑马军团的秘笈，已形成犀利、强大的商业作战体系

在实际操作上，步步高团队确实有自己独特、犀利的商业作战体系——在广告、渠道、终端、产品等方面，步步高均形成了自己独特打法，并且运作得极其娴熟，水平之高让业内称奇。

1.产品力优势：注重产品品质、设计、档次

（1）20多年的电子产品生产经验，注重品质。

作为一个有着20多年经验的电子产品生产企业，步步高深知产品品质的重要性，否则很难在激烈的竞争中长期存活、发展。作为从电话机到VCD技术成长起来的企业，它有着大量的行业技术积淀。

（2）产品是营销的基础，步步高派系对产品的打造极为用心。

在做手机时，步步高派系注重自己的特色。在功能机时代，OPPO在产品上借鉴三星外观设计理念，注重时尚，与国内企业拉开距离，构建起具有档次的品牌形象。步步高手机注重独特的个性品质打造，其音乐手机的音乐功能独树一帜，形成自己特色，这些都与国内同行形成了有效区隔。

2.推广力优势：强势传播推广，形成密集、高举高打优势

在商业运营中，传播是必不可少的一环，产品再好，没人知道也没用，而在媒体传播推广上，步步高派系的运作堪称典范。

步步高同样很好地运用了媒体推广这一营销利器，无论是广告传播内容销售力，还是品牌代言人，以及对知名电视节目的赞助、抢占传播制高点，都达到了领先业内的水准，构建了极强的广告传播优势，对步步高手机的传播推广起到了极佳作用。

（1）它创造了多个经典广告。

在步步高的广告运作中，留下了一系列经典广告，在被人们广泛记住的同时，也成就了它惊人的销售业绩。

如步步高无绳电话的"喂、小丽吗"、步步高VCD的"李连杰超级真功夫"（"世间自有公道，付出总有回报，说到不如做到，要做就做最好"）、步步高学习机

的"so easy, 妈妈再也不用担心我的学习了"等，都是业内经典实效广告的代表。

（2）它抢占了各大热门综艺栏目。

这些年收视率高的综艺栏目，是广告投放效果好的电视媒体时段，OPPO 和 vivo 几乎占据了国内大多数收视率比较高的综艺媒体，如湖南卫视的《快乐大本营》《天天向上》、江苏卫视的《非诚勿扰》、东方卫视的《中国达人秀》等众多热门栏目，几乎一网打尽。

（3）精准的名人代言。

不仅广告做得好，极其精准有效，而且在传播中的名人代言的选用极其精准，和目标群实现有效对接，高效传播。例如，步步高 VCD 的代言人李连杰，手机领域的代言人莱昂纳多·迪卡普里奥、宋慧乔、蕾切尔·薇姿等热门明星，学习机最初的代言人何炅、谢娜、维嘉，到后来的 TFBOYS 等。

3. 渠道力优势：强大的渠道、终端网络体系

（1）强大的渠道联合体，三、四级市场的王者。

步步高渠道和终端体系，也一直是为业内广为赞誉的，被认为是业内的典范。

得渠道者得天下，谁掌控了渠道，就很容易成为王者。因为，在富有销售力的广告推动之后，地面渠道终端的落地承接就尤为关键，而那些掌控了渠道的企业，很容易成为业内的大赢家，如娃哈哈的联合体、格力的厂商合作体都是如此。

步步高派系和渠道经销商建立了稳固的关系，省代和公司都存在股份合作的关系。这个厂商合作体系不亚于格力、娃哈哈的联合体，这批经销商不仅战斗力强，而且忠诚度极高，这使得步步高派系在传统的渠道里获得了很强的优势。

陈明永在做 OPPO 品牌时，曾说我们是否可以承受三年亏损打市场，获得经销商的一致力挺，这种厂商关系，在国内极为罕见，在业内只有少数企业做到了。

而且，步步高的经销商团队，可以说都是区域操作的高手，无论是区域的覆盖度，还是单个终端的竞争力都极强。

（2）终端建设，同样领先业内。

步步高派系在终端打造上，更是可圈可点，无论是终端形象建设，还是终端销售团队打造，都极具竞争力。

如，在功能机时代，步步高在终端展示的形象建设上借鉴了三星，比较有档次，对塑造产品档次极为有效，对树立和打造品牌作用尤为明显。

再如，步步高对终端导购团队销售能力的打造水平极高，其要求之高、要求之细，让国内知名的咨询公司都称奇，更是让众多同行视为标杆。

可以说，在多年的商战中，步步高已经形成一套有效的营销打法，也是商业运作的几个关键方面，形成了自己的犀利运作。

产品力出色、推广力出色、渠道力出色——"产品有特色、广告富有销售力、稳固的经销商渠道联盟、终端有效拉动"，四维一体，步步高派系在运作过程中，已经形成非常强的商业作战体系，这个商业作战体系也形成了强大的竞争优势，使其屡创奇迹。

只要有特色的产品，放入到这个体系中，形成强势的媒体传播、加上强大渠道，成功是水到渠成的事情。

四、智能机时代，步步高派系凭借经典营销依旧笑傲行业

在智能机时代，OPPO 和 vivo 也成为国内为数不多功能机快速转型成功的代表。原有的营销打法、商业作战体系依然发挥出强大的作用，同时也做了升级和改进，让其优势更强。

1.产品力：产品品质升级，更加领先业内，国内前三强

智能机时代，OPPO 和 vivo 两个品牌在产品上更加注重，被称为轻奢风格。

步步高手机通过 vivo 实现了品牌升级，档次大幅提升，而 OPPO 手机更是再次提升，它们和华为，一起成为国产品牌中三个售价超过 3000 元，销量依然惊人的品牌。

OPPO 的当家人陈明永和国内众多受乔布斯传记影响的 CEO 一样，把自己定义为公司的首席产品体验官，乔布斯被称为世界上最厉害的产品经理，正是因

为这份专注才成就了 iMac、iPod、iPhone、iPad 等众多产品，而陈永明也做到了。他狠抓产品的设计，追求美学，OPPO Find 系列和 N 系列在设计上都有自己独树一帜的个性，特别是 N 系列可旋转的摄像头，给人耳目一新的惊艳感，OPPO R9 更是创下 82 天销售 700 万台的惊人纪录。而 vivo 推出的多款手机，同样不俗，获得了良好的市场反响。

2018 年，OPPO 和 vivo 又分别以创新的旗舰机 OPPO Find X 和 vivo NEX 轰动业内，也让消费者对其不俗的创新刮目相看。

2. 策划推广力：充分发挥媒体推广优势

在推广上，vivo 和 OPPO 延续了其高举高打的风格，虽然没有在互联网上进行大规模炒作和推广，但是在传统电视媒体上，占尽了上风。两个品牌一年动辄就是几亿元的广告投入，甚至一年超过 10 亿元级，他们几乎占据了主要的媒体节目资源。

（1）广告依然犀利。

在手机广告上，步步高派系延续了其实效的风格，再次创造经典案例，例如，OPPO 手机的"充电 5 分钟，通话两小时"的广告，这个体现其闪充优势的广告，同样响彻全国，更引发多个同行在发布会上针对充电性能，对标 OPPO 手机比较的现象。

（2）抢占头部综艺节目。

今天，电视媒体被互联网视频媒体分去了不少流量，但是头部综艺节目依然有很强的优势，OPPO、vivo 依然以优势占据行业头部综艺节目。例如，vivo 赞助了《快乐大本营》《非诚勿扰》等，OPPO 赞助了《奔跑吧，兄弟》《我们来了》等。

（3）代言人依然精准。

在代言人上，OPPO、vivo 在精准的同时，也组成了堪称强大的明星阵容。

3. 发挥好线下渠道终端

在三、四级市场，OPPO 手机和 vivo 手机的渠道之强，简直令人难以置信，无论是覆盖的广度、密度，还是单点的竞争力都极强。目前，OPPO、vivo 拥有超过 45 万个终端，这庞大的终端构建了一个强大的地网，形成了强大销售流量入口、阵地。

同时，在智能机时代，步步高派系的渠道和终端体系依旧非常稳固，忠诚度非常高，非常成熟，就如同在功能机手机领域以及学习机等其他品类操作一样，成功攻城略地。

4. 低调的作风

面对优异的成绩，他们CEO明确表示"员工要保持清醒，外界不要过度捧杀。"

在拥有了好产品、好推广、好渠道，取得成功后，企业最害怕的一件事情就是骄傲、自满，一旦企业骄傲、自满了，就意味着企业开始进入天花板了，很难再进步了。

而步步高派系，有一个相同的特点——低调、务实，特别是在越成功的时候，这家企业的低调更甚。

2016 年，当 OPPO R9 手机创下 82 天销售 700 万台惊人业绩、震惊业内时，OPPO 创始人兼 CEO 陈明永在内部发文，提醒 OPPO 员工保持清醒的头脑，不能有膨胀的心理，无论做得多大，越是在市场地位越大的时候越要保持谦虚的姿态。

OPPO 副总裁吴强，更是严肃地表示："希望大家能够对 OPPO 更多的是冷静的观察，而不是太多的捧杀""对我们来说，过多的赞誉会让一些人膨胀或是自满起来，我们希望自己能够永远更进一步""现在的成绩只是对前一阶段工作的肯定或认可，但并不代表未来就能够成功"。

可见，步步高派系在智能机时代之前已经形成的成熟商业作战体系，作为遵循经典商业法则的代表，在智能机时代依然有生命力、竞争力，依然效果惊人。

五、OPPO、vivo 的打法，被同行纷纷学习

伴随着 OPPO、vivo 的成功，OPPO、vivo 很多打法被同行所学习和借鉴，无论是华为系，还是小米、魅族这些品牌，都在纷纷学习。

例如，OPPO、vivo 的强势媒体推广方式——电视广告、综艺节目、名人代

言等，受到了同行大规模的借鉴，包括此前看不上经典传统模式，一直走线上互联网推广模式的品牌，也开始纷纷请代言人、赞助综艺节目。

再如，OPPO、vivo 的线下渠道模式，也在 2016 年成为同行关注的焦点，大家纷纷开始研究它的渠道模式。

......

在互联网时代，商业的本质未变，对于产品运营的企业而言，依然要做好商业作战体系的五大要素——产品力、策划推广力、渠道力、品牌力、团队力，它们并非这个时代所不需要的，OPPO、vivo 的成功，就得益于其强大的商业作战体系，这些经典的商业法则、打法，依然有它的独特实效，这是值得企业深思的。

OPPO/vivo 手机商业作战体系竞争力指数

产品力　　　　★★★★

策划推广力　　★★★★⯪

渠道力　　　　★★★★⯪

品牌力　　　　★★★★

团队力　　　　★★★★

综合竞争指数　★★★★

第二节　小米—— 一波三折的手机明星

在国产手机中，小米的发展上演了一波三折，从异军突起的黑马、引领者，到增长放缓、暴跌，再到反思、改进、翻转。

一、上半场：**迅猛崛起，上演新贵传奇，一个手机业新贵的诞生**

小米的上半场，是中国市场异军突起的黑马，一个新贵传奇。

小米 2010 年开始作准备，在 2011 年 8 月 16 日，正式发布手机，从 2012 年开始进入快车道，2012 年销量达到 719 万台，2013 年达到 1870 万台，2014 年达到 6112 万台，增长率持续超过 100%，创造了一个新品牌诞生的销量奇迹。

1. 小米成功把握"四大红利"

小米崛起的原因，成功把握了四大红利。

（1）行业红利——行业大变革，巨头坠落，空出巨大空间。

2007 年 1 月份，苹果发布 iPhone 手机，一年后 3G 版 iPhone 创下 3 天销售 100 万台的记录，意味着一个新时代——智能手机时代的到来。

之后，苹果掀起的潮流，引发了行业地震，传统几大巨头，除三星反应迅速，快速进行了调整外，诺基亚、摩托罗拉、黑莓等巨头都坠落了。这几大巨头坠落，让市场从以前的饱和、几大巨头相对垄断的状况，迅速变成留出大量空白机会的机遇大市场，这个机遇也给了小米手机难得成长机会。毕竟诺基亚、摩托罗拉、黑莓等巨头空下的市场达几亿台，诺基亚仅中国市场的销量就达 1 亿多台。

说个类似例子，就很容易明白，2008 年中国奶粉市场大地震，奶粉巨头三鹿因严重质量问题轰然倒下，整个市场一下子空出 100 多亿元销售空间，很多竞争对手短期内销量获得飞跃，如年销售在 10 亿元的飞鹤，年销售额一下子跑到了 30 亿元。

当然，诺基亚、摩托罗拉、黑莓坠落的原因和三鹿不同，不是产品质量问题，而是由于技术大升级所引发的换代问题（智能机对功能机的超越，手机进入智能机时代）。但是，同样使得市场空出了大量的空间，可以被重新划分。某种程度上，如果没有苹果开创的智能机时代、引发手机换机革命，很难有小米快速增长的机会和空间。

这也是为什么小米能在手机领域迅速成功，却无法短时间内在 PC 领域取得同样辉煌成绩的原因。因为手机行业由苹果掀起的智能机热潮，把传统巨头都纷纷击溃，空出了大量市场，创造了近些年少有的机遇，而 PC 领域却没有这样的状况出现，没有出现被某个企业颠覆，引发行业地震，传统巨头坠落、空出大量市场机会的状况。

（2）推广红利——率先引入先进打法，对中国市场形成重大冲击。

小米在推广上，率先引入了乔布斯为苹果构建的一套成熟推广打法。

苹果在从 20 世纪 80 年代做电脑时，就已经形成一套完整的营销推广模式，如产品发布会，把发布会做成最大的宣传工具——够炫、够酷、够吸引人，而围绕发布会前后在媒体上进行事前、事中、事后炒作推广，整体系列的精心谋划，构建一个强大的事件营销，这种打法的效果远超传统广告模式。

雷军是国内最早把苹果的营销打法复制到中国市场的，这也是雷军曾经被媒体称为"雷布斯"的原因。这种打法对小米的成功起到了很大作用，手机行业里乃至中国市场之前从没有人这样操作过，于是形成了很强的迅速爆破力，在成就小米传奇的路上发挥了重要作用。

（3）电商渠道红利——把握了线上零售渠道的爆发期。

2003 年以前，电商渠道市场还处于萌芽状态，2003 年淘宝的交易额只有 3400 万元。

2007—2010 年，中国线上零售渠道开始了大爆发式的增长，2006 年淘宝交易额 169 亿元，到 2010 年就暴涨到了 4000 亿元（2011 年淘宝正式分拆出 B2C

的淘宝商城，也就是之后的天猫商城）。

在淘宝这个最大的 C2C、B2C 平台的交易额达到 4000 亿元规模时，意味着线上零售达到了一个规模层级，线上零售渠道逐渐成熟，占比越来越高。

一方面，线上渠道成熟，降低了新企业早期开发全国渠道的难度。

线上渠道成熟，由于它交互连通的特点，企业可以利用互联网直接与全国消费者进行对接，省去新企业初期全国各地开发渠道的难度，否则按照以往初期一个地区一个地区开发区域市场，时间、人力所花都比较多。这样一来，通过线上渠道，企业初期可以直接对接全国市场，在销量上获得超过区域市场的量。当然，在后期企业实力增强后，还是需要深耕市场，还需要针对线下渠道精细建设，毕竟线下还占有很大优势。

另一方面，当时重视线上零售渠道的传统企业不多。

在当时，传统企业对互联网零售渠道重视的不多，把线上渠道作为重点销售渠道的不多，例如淘宝平台上最初崛起的是淘品牌，并不是传统大品牌。

在这方面，先后有过参与卓越、凡客网运作经验的雷军，对于互联网零售渠道逐渐成熟的状况体会比较深，他敏锐地把握了这个新渠道机会。

（4）价格红利——把握智能手机，在中低端机市场的品牌机空挡。

任何一个领域新科技、新技术的市场发展，大多都会遵循"初期高价上市，部分消费者使用，之后价格普及化，覆盖不同消费者"的过程，这其中原因在于初期开发成本较高、售价高，后期随着大面积使用规模化、开发成本下降，以及参与企业变多、价格竞争，都会促使价格下降。

例如，汽车在中国市场初期是高档生活的象征，之后随着产业成熟，汽车逐渐平民化，变成大众化消费，也形成了中低端市场的机会。

在手机的功能机时代同样如此，从最初的高价到之后价格的下降，国内的山寨机做到了几百元一台，占据了中低端市场。

在智能机时代，也存在这样的规律和状况，没有小米，国产的山寨机以及其他手机也会做这个市场，小米下手比较早，早早在这个领域占位。

2. 成功把握红利背后，是雷军对中国市场 20 多年的沉淀、思索

行业红利、推广红利、渠道红利、价格红利，这无论是对于中国市场，还是国外市场而言，都是难得的机会。

这也是为什么雷军提出"风口论"观点的原因所在。

但是，成功把握四大机会背后，又要清醒地认清——能认识这些机会，把握这些机会，绝不是容易的事情，需要对趋势的把握、判断，具有娴熟的商业运作能力。

一方面，辨识、判断行业机会，有着很高要求。

能够认清行业大时代机会，要有行业长时间积淀，才能形成对行业深刻、透彻的认知。

20 世纪 80 年代末和 20 世纪 90 年代初，雷军就已经进入了 IT 行业。1992 年，雷军加入当时国内著名 IT 公司之一的金山公司。1998 年，年仅 29 岁的雷军，就已担任金山公司总经理。2000 年年底，31 岁的雷军担任北京金山软件股份有限公司总裁。

作为 IT 行业的"老兵"和"中关村劳模"，IT 行业在中国的几次潮流变化，雷军都经历了。例如，中文处理软件的崛起、微软等国际 IT 巨头进入中国后的冲击、互联网的几次大潮（门户兴起、网络游戏兴起、电商兴起等）……

此外，除了担任金山公司负责人外，雷军还有做投资人的经历，并成了互联网行业著名的投资人，先后投资了卓越、凡客、UC 浏览器、YY 等多家公司，特别是卓越和凡客的业绩上升之快，让他深深感受到互联网时代的潜力。

当经历几次浪潮后，对于行业机会有了更高的认识，有了更清晰、敏锐判断力，这也是雷军更深刻洞悉行业，把握机会的重要基础。

正如小米投资人晨兴资本刘芹所说的一个观点——"深度思考比勤奋更重要"，某种程度也是雷军的一个体会，对行业的深思以及对趋势的把握，意义和价值都非常大。

另一方面，把握商业机会，需要较高的商业运作能力。

机会来了，要把握住，能否运作起来，对商业运作能力也有非常高的要求。

雷军年仅29岁就担任了金山公司总经理，31岁担任北京金山软件公司总裁，成为金山公司的操盘手。他带领团队在中文处理软件上与微软竞争、在游戏软件上与同行较量，对于传统运作有着丰富运作经验。

同时，雷军还先后参与卓越网（后卖给亚马逊，成为亚马逊的中国网站）、凡客网这两个电商网站的运作，在电商领域也有一定运作经验，这也是他之后成功运用互联网工具的基础之一。而作为投资人，他还投资了众多资源，包括一些互联网媒体，拥有互联网传播阵地。

这些经历使其无论是洞悉力，还是商业操盘能力、资源积累，都达到较高的层次。

正是这些商业竞争经历中大风大浪的沉淀，让雷军达到一个较高层级，如果没有这些沉淀、积累，小米能否诞生，或者能否达到这样的高度，将会打问号。

因此，"风口论"背后并非易事，或者说雷军只说了前半句，没说后半句，几年后，雷军对他提出的"风口论"做了补充："任何人成功在任何的领域都需要一万个小时的苦练，如果没有基本功，那真的是机会主义者。"

3. 小米成功的商业运作解析

在小米崛起的过程中，碰上多年难遇的、由苹果iPhone掀起的行业格局重构机会，同时，它凭借在产品、推广、渠道、团队方面的四大优势，成功实现了崛起破局。

（1）产品优势：性价比优势。

市场操作中有"定价定天下"的说法，在商业上，一个产品的定价，直接决定了它可能的市场空间和机会大小。

如我们前面所说，行业都会有"从高价、部分用户，过渡到产品普及化、不同价格带"的发展过程，在国内性价比、中低端价格带这个空挡，小米抢先了一步。

智能手机初期，只有三个品牌比较火，一个苹果、一个三星，还有一个HTC，这三个又都有一个共同点，那就是价格比较高，都属于中高端，在中低端品牌领域留有很大空档。

小米很聪明地把价格定在了 1999 元，比其他的国产品牌机做得都要明智。

在小米之前，魅族的价格定在 2499 元，量一直不大。而同期的联想和中兴相继推出 3000 多元手机，都失败了，那时国内消费者对国产品牌机那个价位还很难接受，必须要有匹配的产品和品牌力，而当时国产品牌机产品力和品牌力都还达不到。如果当时小米做 2000 多元、3000 多元市场，结果也会不容乐观，这一点上可以说雷军所定的价格策略，非常精准、到位。

小米通过低于 2000 元的价格，来对中低端智能机市场进行抢位。

在中低端市场，它的唯一对手是缺乏品牌影响力的山寨机。

实际上，中低端市场并非小米开创，国内手机中低端市场一直都有，只是长期被山寨机占据。特别在 2005 年开始的国产手机低谷期，由于国产品牌机的低迷，中国手机市场一度形成"国际品牌占据中高端市场，山寨机占据中低端机市场"的状况。

小米是国产品牌手机中，率先采用性价比模式、中低端价格，用品牌收割山寨机市场的公司，凭借互联网的传播，小米获得了非常高的关注度，远远超越了没有传播力的山寨机，满足了消费者品牌和价格的双重需求，成了中低端性价比手机的代名词。

于是，小米的这个定价，一下子就给自己创造了极强的产品力——高性价比，而同行反应速度比较慢，也使其一下子获得了比较高的增量。

2013 年，一些同行企业开始借鉴小米的打法，推出同样 2000 元内性价比产品。面对对手的紧逼，小米又于 2013 年 7 月 31 日推出定价 799 元的红米，进军千元机市场，千元机市场一直是中国特别大的市场，再次对山寨机市场进行切割。这次下探，让小米再次放量，获得了高增长。

这两次手机行业的抢先之战，在中低端市场，小米比联想、中兴、酷派等国产品牌的对手要早一步，顺利成为行业红利的切割者。

（2）推广优势：借鉴乔布斯苹果打法、整合多种手法。

在营销推广上，雷军和小米的操作，如同当年史玉柱对医药保健品行业各种手法的融合，成功打造脑白金，开启一个时代一样，雷军对小米的操作，也是将多种优秀营销手法成功整合，如将乔布斯苹果的营销推广手法、阿里巴巴马云的传播推广、魅族的粉丝营销等，进行了有效整合，这一点不得不说雷军团队的学习和整合能力很强。

①对苹果传播推广的模仿。

前面提到，苹果在乔布斯时代，已经形成了一套独特的传播推广手法，如，产品发布会推广模式，将发布会做成一个重要的营销推广法宝，达到远超广告的推广效果，而事前的铺垫炒作，以及事后的热销宣传更是将一切推向热潮。

在小米的运作中，可以清晰地看到，在小米刚开始运作时，也是以发布会模式开始的。发布会现场风格，乃至于发布会着装，都借鉴了很多苹果的做法，发布会之前的炒作，对雷军"一个四十岁男人的再次创业"话题炒作，再到发布会之后炒作热销，不断制造着各种话题——"几分钟就售罄""在官网做首发""微博做首发""QQ空间做首发""微信做首发"等，不断创造着话题点，传播销售数字，刺激消费者。

②对阿里巴巴传播的借鉴。

阿里巴巴非常擅于运用传播推广手段，特别在早期知名度低的情况下，通过公关传播引发公众关注、扩大影响力，公关传播运作好了，可以为企业省下大量宣传费用。

小米很好地学会了这一点，无论是"风口论"的言论，还是上面提到的各种新颖的首发话题，都成功让小米登上头条（小米核心创始人之一的黎万强更是做过如何上头条的演讲，头条就意味着有效推广、流量和知名度），获得了大量的传播。还有小米不断变幻学习对象的言论，从学习同仁堂、学习海底捞、学习索尼，再到学习好市多……各种话题，炒作宣传推广的力度极大。

这些持续的报道，让小米时刻成为焦点，让人记住，而各种神奇销量的传播，也真的让销售神奇起来，总有很多人会受影响。炒作热销的推广在传播推广上一直很有效，这个玩法医药行业在20多年前就开始玩了，也玩火了很多产品，是医药"炒作八大模块"之一，后来又被张伟平带到了电影行业，成为电影行业常见的手段。

大面积的广告宣传轰炸，也是国内众多行业、众多品牌常见手段之一，曾是医药独门利器之一，小米同样运用得非常娴熟，两者所不同的，一种是媒体广告炒作，医药行业曾出现过硬广告与软文结合的新闻软文式广告炒作；另一种是媒体公关新闻式宣传炒作。

③对魅族粉丝营销的借鉴。

国内手机行业最早做粉丝营销的是魅族，其创始人黄章凭借对产品的极客追求，赢得了一众粉丝的追捧，并且形成了独有的，与用户交流的魅族论坛模式。在运作小米前，雷军曾经和黄章有过交流，双方还曾一度有过合作的意向，与黄章的交流也启发了后来的小米论坛。

之后，雷军凭借对互联网的质感把握，将论坛这个粉丝营销 1.0 的模式进行了演进，升级到了 2.0 模式，及时将微博、微信等新的 SNS 工具发展进来。小米和雷军的微博都是高达百万级，现在已过了千万级，称得上是强有力的自媒体。这个对互联网和 SNS 工具的利用，不得不说是雷军团队的创举，是国内比较早玩得这么娴熟，应用比较有效的团队。

再后来，小米又结合汽车车友会模式，做了进一步延伸的同城会，可以说对粉丝营销再次进行了创新、拓展。

④对互联网企业软件模式的借鉴。

互联网还存在一种模式——软件模式，即通过推广一个软件、应用，获得一个群体，进而扩大用户，小米推出的米柚、米聊都达到了这样的效果。

总之，在传播推广上，虽然小米一度对外宣传"没花一分钱广告费"，但实际上，小米通过创造话题，实现了大面积的新闻软文的传播推广，甚至用铺天盖地来形容都不过分，国内没有几个企业，能做到这么大面积的传播，持续成为焦点。

不过，客观来讲，小米对众多营销手法的整合，也确实给国内手机行业营销打法做了贡献。

（3）渠道优势：抢占线上零售渠道先机。

由于电商促进了中国物流业的快速发展，快递业大幅度提升，通过网络直销变成了可能，让初期的小米避开了传统手机企业开辟渠道的难度，让小米实现了快速构建的销售通路。

前面我们提到，2007—2010 年，中国线上零售渠道快速扩容、规模急剧扩大，一部分消费者已经形成了线上消费的习惯，而同行传统品牌企业重视线上渠道的对手不多，这些都给了小米通过抢先线上渠道，快速崛起的机会。

不过，小米初期并非全都靠线上电商渠道，若没有线下一些特殊渠道——运营商渠道（如联通等在小米初期时一下子拿货就是百万台，这在开始之初，对销量不高的小米来说，贡献不小）的走货，小米的崛起至少要晚些时间。

（4）团队优势：组建了一支豪华团队。

小米团队组合往往被很多人所忽视，特别被一些盲目学习的创业企业忽视。

小米的团队并非一支普通的创业团队，雷军所打造的团队堪称一支豪华团队，创始团队中有来自微软亚洲研究院、摩托罗拉中国研究院、Google 中国研究院的高层（林斌是前 Google 中国工程研究院副院长，周光平是前摩托罗拉北京研发中心高级总监，黄江吉是前微软中国工程院开发总监），同时也有其金山的嫡系团队（黎万强曾是金山设计总监、金山词霸总经理），加上雷军本人也一直是 IT 业的风云人物，有着 20 多年的历练，见证了这个行业的起起落落，对商业规律和运营的理解、掌握、运用能力，绝非一般人所具有的。

这可不是一支无名的团队，是一支超强阵容的团队，如同当时投资行业说的一句话："下一个小米这样的机会肯定有，但是和雷军一样的团队不好找。"

因此，一方面是良好的机会，天时（行业机会）、地利（对手未快速反应）、人和（团队的综合能力），另一方面，凭借产品、推广、渠道、团队四大优势，小米构建了极强的商业作战体系，把握了良好的机会，这一系列的组合给小米带来了极高的增长、快速崛起。

当时，很多创业者被小米的"风口论"鼓动，被小米的成就激励，但是没有关注小米成功背后的因素——机会的把握、商业作战体系的竞争力等，把小米当成了一无所有者，凭着一腔热血闯出天下的例子，当成自己学习的榜样。实际上相差太远，很多条件不具备，一味陷入了认知误区。

二、中场：拓展多元化，以及成功后的危机

在经过 3 年（2012—2014 年）的狂奔后，小米手机进入了一个转折的中场，先是进入增速放缓时期，接着是销量暴跌。

在中场时，小米一边是多元化的拓展，一边是陷入了成功后的危机。

1. 拓展多元化，从单品到多品

在小米手机成功之后，小米开始了多元化扩张，扩容投资一系列产品。

凭借手机领域先发优势，给小米打下的良好基础——拥有庞大数量级用户、具备品类延伸的条件，投资进入多个品类，如移动电源、小米手环、空气净化器、插线板……

随着拓展，小米多元化生态链规模不断扩大，直至打造零售品牌米家有品。

不过，某种意义上，这些产品都是依托了小米的用户，自身的独立性还不强，都是以小米手机用户为基础进行消费延伸，和传统品牌的品类延伸没有太大区别。

例如，家电巨头美的构建了一个强大"美的品牌明星家族"，堪称家电品牌航空母舰，涉及白电类（冰箱、洗衣机、空调、冰柜）、厨电类（油烟机、燃气灶、消毒柜、热水器）、环电类（净水器、电暖器、吸尘器等）、小家电类（电磁炉、电压力锅、电饭煲、电水壶等）多领域，美的在这些领域均成绩不俗，位居前列。

对于手机与小米生态链的关系，小米联合创始人刘德表示："手机业务是小米的大盘，大盘速度发生变化的时候，供应链必须要调整。"

"小米生态链其实是烤白薯效应，小米是个大火炉，用余热就可以将周围的智能硬件做起来，但是如果火炉没那么热了，白薯就烤得没有原来那么热，那么多了。"

这一点在 2016 年小米手机销量遭遇暴跌时，就表现得特别明显，小米手机这个基本盘放缓，小米生态链也会放缓。

不过，小米这个品类多元化拓展的尝试，是要肯定的，毕竟企业主力产品做到一定量级之后，必然会进行品类多元化，将用户价值最大化。只是要做好主力业务的基础工作，基础越好，拓展的空间就越大，反之，则越小。

2. 陷入成长危机

或许上半场过于辉煌，业绩太过出色，中场的小米陷入了成功后的危机。

（1）内功比拼危机：风口过去，进入比拼实力阶段，被竞争对手超越。

商业领域，前期是机会竞争时代，比拼把握机会的能力；中期以后，是"内功"竞争时代，比拼的是"内功"。商业上，机会时代总是短暂，"内功"比拼时代相对时间更长，而小米的三个强劲对手——华为、OPPO、vivo，却是擅于打硬仗的对手，是持久战中的赢家。

从2013年开始，市场环境和竞争对手悄悄发生变化，到了2014年变化逐渐明显，而到了2015年，这种状况从以前量变累积到大质变，最终引发市场变局。

小米在2012—2014年的成功更多的归功于，其对外部环境变化敏锐的感知、快速反应，短期内迅速爆发，并非是企业内功的强大，一旦环境条件变了，进入到比拼内功的时代，形势也就变了。

小米国内最主要的对手华为，一个注重技术驱动和内功的对手，这种技术驱动型对手，不强则已，可一旦强大起来，竞争力就会变得超强，对小米则意味着残酷的结果。

（2）昔日四大优势大幅减弱，三大软肋凸显。

①昔日四大优势大幅减弱。

a. 行业高速增长红利消失。

2015年开始，全球智能手机行业增速从之前72%骤降到10.3%，2016进一步下滑至10%以内，伴随着智能机普及率提高，市场逐渐饱和，行业红利消失，过去高增长的蛋糕空间不存在，要想获得更多市场，就必须要比竞争对手内功更强。

b. 价格优势消失。

手机行业的价格竞争陷入惨烈，这个价格战的玩法，门槛和技术含量不高，谁都可以操作，而不像中端、中高端市场那样，想突破有难度，必须要靠高品质产品说话，能突破的只是极少数。

于是，在中低端市场的价格战拼得如火如荼，集中了国内大多数的品牌，荣耀、联想、酷派、魅族、TCL、奇酷360、乐视、锤子坚果......还有众多已经不占主流的传统家电跨界的手机品牌，价格竞争的手机陷入惨烈状态。

而且价格战也把小米带进了一个有些尴尬的境界——市场的中端及中高端市场无法分享，还有部分开始使用中低端手机的小米用户升级以后，选择了别的产品，由于产品力和产品线的不完善，让小米的市场空间受限。

c. 推广优势消失。

营销推广模式已成为行业标配，乔布斯运作苹果产品营销推广模式，经雷军引入，并大获成功后，引发国内同行纷纷学习，已经成了国内手机行业的标配模式——只要是运作手机，甚至其他互联网类产品（卖电视的、卖电动车的等），都会开发布会，做PPT，甚至被称为"PPT模式"（更甚至有人靠教人做产品发布会PPT而赚了上百万），然后都有刷屏式媒体炒作。

d. 渠道优势消失。

一方面，小米互联网线上渠道做法被同行关注，对手加入线上渠道的争夺战中，让线上渠道竞争变得激烈；另一方面，线上渠道增速开始放缓，阿里巴巴这样的巨头都开始注意线下，2014年入股投资苏宁，预示线上渠道空间变化。

②三大软肋凸显。

这时，小米在推广上依然具备优势，但是在其他三个方面已经开始在与主力强劲对手的竞争中处于下风。在四大优势大幅减弱的情况下，小米在产品、渠道、品牌上的软肋开始凸显。

a. 产品软肋：团队产品设计力水平不足，竞争力越来越弱。

雷军在小米第一次发布会上曾说："没有设计的设计，是最好的设计"，这也成了小米此后发展的一个软肋和困局。

一方面，手机今天已经成为快时尚消费产品，时尚特性越来越明显，颜值越来越重要（而且现在社会整体流行颜值、个性化的趋势），工业设计、审美设计成为手机竞争的一个重要指标，倡导"没有设计的设计，是最好的设计"，无形中把设计放在次要，会限制这个重要竞争要素提升，对之后小米竞争力成致命软肋。

另一方面，最为重要的是，手机行业是一个产品、技术驱动行业，行业的领军企业都是在产品设计上卓越的，无论是苹果、三星，还是华为都是如此，而近几年连续位居中国市场前列的 OPPO、vivo 也是如此。

一方面行业对设计要求越来越高，另一方面竞争对手在这方面做得越来越出色，在这个关键指标的要求和竞争力上的差距，就逐渐拉开了，而且越拉越大。

今天，小米在产品推广上不弱于华为，但是两者区别就在产品的设计上。

对此，2016 年 11 月，雷军对媒体记者表示："为了产品的品质和量产，产品设计没有做到很好……"

b. 渠道软肋：过度依靠线上，主力线下急需补课。

在渠道上，小米同样有一个不得不面对的事实——线下的渠道建设确实有很大不足。

调查数据显示，2016 年中国智能手机每年销量在 5 亿部，但线上渠道的销售只占 18% 左右，剩下的 80% 以上的空间都在传统的线下渠道。根据赛诺数据，从 2015 年 3 月开始，线上渠道手机销量以平均每月 5% 的速度递减，线下手机市场的销量平均每月上升 6% 至 8%。

特别是对于中端、中高端的产品，需要体验，对于价格敏感度不高的产品，线下具有极强的体验优势。而 OPPO 和 vivo 在 2015—2016 年的高速增长，就与其线下渠道优势密不可分，而在渠道上，小米过度倚重线上，也会导致其走入困境。

同样是 2016 年 11 月，雷军表示："小米今天的核心问题是触碰不到剩下的70% 到 80% 的消费者。"

小米的联合创始人刘德在 2017 年一次分享中也表示："在 2014 年以前，我们一直判断说整个互联网有可能达到整个中国零售的一半。如果中国零售的一半都在互联网上解决，就不用考虑线下了。那时候我们忽视了站在更高的视野上看问题。

"如果今天我们反思那个时候的话，肯定不会做这么愚蠢的判断，因为世界范围内互联网销售都只占整个零售的20%。如果能有今天这样的视野，就不会做这种误判。

"但可怕的是我们没有捕捉到一个重要的商业信号。2014年阿里投资了苏宁，这个时候阿里开始投线下。

"任何一个事情都有它的本源逻辑的，一个巨大的线上公司为什么要投线下，显然是它遇到了线上的阻力和压力，它是最大的电商，天塌下来肯定先砸个高的。所以，这说明他在这之前已经感受到线上销售的压力。

"我们作为一个小电商，这个信号我们没有捕捉到。2014年，如果我们迅速地知道它投资了苏宁，我们就应该马上进行总结讨论，但是我们居然忽视了，我们没有停下来反思线上有危险。

"那一年我们错过了对线下的铺设，如果那一年我们开始铺线下，我觉得今年会舒坦多了，我们至少有1000家店，这1000家店，每年流水至少有个700亿元。"

c.品牌软肋：已被局限成中低端品牌、上升空间受约束。

在产品的知名度上，小米当时已经做得很成功了，做到了众所周知，但是在美誉度上，特别是品牌形象的美誉度上，由于和产品相连，过度依赖起家的价格策略、过度的价格战，在中端市场及中高端市场一度没有成功突围，导致自己品牌局限在中低端市场，上升不了，成了中低端品牌，使得上升空间受约束。

2014年12月，昔日拉手网的创始人吴波，在一次论坛上评价雷军："他把中国的山寨制造真正升级为一个老百姓能够支付得起的品牌制造"，吴波本意力挺雷军，但这句话会让小米很受伤，却也说了小米一度的困境——品牌形象还是不够高大。

毕竟，对于消费者而言，品牌形象越高大，意味着更高的溢价，空间越高。

（3）主要对手，在这三个软肋上击败了小米。

小米的国内三个主要对手，正是在这三个因素上，具备极强的优势，超越了小米，乃至于狂甩小米。

①华为：产品＋品牌，一骑绝尘。

华为通过持续不断地推出优秀产品，一次次冲击市场，赢得了口碑与市场。

在最初的荣耀时代，华为手机与小米在品牌形象上，相差无几，传递出的都是中低端手机的品牌印象。

但是，华为的"内功"——强大的技术优势和团队优势逐渐发力，通过P系列的P6、P7、P8、P9，Mate系列的Mate7、Mate8，成功打开中端、中高端市场，一次次提升了华为手机的品牌形象，在获得不俗评价的同时，也取得了不错的销售业绩。

不仅如此，甚至以前和小米一样定义中低端市场的荣耀系列，也逐渐在技术感、档次感越来越强，荣耀6Plus的双摄像头、荣耀7i翻转摄像头，以及档次感极强的荣耀V8，都让华为最初定位中低端的子品牌荣耀技术感、档次感越来越强。

华为手机已经通过P系列、Mate系列、荣耀系列的成功，成为国内技术领先的代表，建立起强大的技术领先和档次领先的品牌形象。

相对比，小米在2014—2015年不仅没有成功在中端、中高端打开市场，在原有的中低端市场竞争力也有一定下滑。

② OPPO、vivo：产品＋渠道＋广告，厚积薄发。

OPPO、vivo虽然相对低调一些，但是一个注重"内功"的企业，擅长在激烈竞争中获胜。

步步高派系，在国内市场多个领域上演"不进入则已，一进就做第一"的奇迹，靠的就是将经典商业法则，即产品品质、广告推广、代言人、渠道等运作得炉火纯青，一次次在中国激烈市场竞争中胜出，无绳电话、VCD、学习机等，都是竞争惨烈领域厮杀，最后步步高派系依然成绩不俗，多个品类稳居行业前列，做到"内功"超强。

在智能机时代，OPPO和vivo都极为注重产品设计，厚积薄发，加上它们渠道优势，在手机行业内属于独一份，在国内同行中没有对手，"优秀产品＋强势渠道＋大面积传播推广"，经典商业法则打法、强大商业作战体系，也使其逐渐登上中国手机巅峰。

3. 迷失危机：陷入骄傲

与此同时，快速成长小米开始陷入企业短暂成功后的常见状态——骄傲的状态，2013 年开始，各种成功方法论频频报道。

2013 年 12 月 12 日，董明珠和雷军打了那个著名的赌约，2014 年，小米达到巅峰时刻，雷军更是再次表示，格力一定会输。在 2014 年年底，央视财经《对话》节目，雷军更是再次表示，"再过一两年格力就输了""因为传统企业都是 10% 左右的增长率，而互联网刚开始 150% 甚至 200% 地增长"。

但现实是，之后的两年，也就是 2015 年、2016 年，小米就迅速转折了，不仅没有 150%、200% 的快速增长，相反增长放缓，然后还出现了下滑。

任何企业，当规模增长到一定规模和体量之后，企业基数比较大了，必然无法像早期一样动辄150% 以上的高速增长，而会进入低速增长，这是一个自然规律。

内功比拼时代的软肋，以及自身的迷失，让小米陷入了成长的烦恼。

在 2014 年小米还保持了高速增长的势头，情况到 2015 年、2016 年则发生了转折。

2014 年，小米手机销量 6112 万台，同比增长 227%，含税收入 743 亿元，同比增长 135%。

2015 年，小米手机出货量超 7000 万台，销量 6654.6 万台，同比增长低于 15%。

2016 年，小米手机销量暴跌，销量降至 5541.9 万台，其中，中国市场出货量暴跌 36%。

三、下半场：反思后的两个改变，再次走向增长

2016 年下半年开始，小米的反思已经开始呈现结果，2017 年，小米重新开始增长。

1. 反思与调整

2015 年，小米开始承受增速放缓压力，2016 年，小米承受的压力更大，这

种情况下小米开始了反思、调整,针对自己与竞争对手相比的软肋进行改善、提高。

（1）调整产品策略，强化供应链。

一方面，小米开始重视设计。

对于设计问题，雷军在 2016 年媒体采访中承认过这个不足，表明小米此前的设计软肋开始获得足够的重视，小米准备改变、调整。

2016 年 10 月 25 日，小米发布了 MIX，获得了远超此前的口碑，也让小米内部极为欣喜，也标志着小米开始在产品上进行改变。

另一方面，强化供应链。

供应链问题也是一直困扰小米的问题，对产能供应产生影响，2016 年上半年开始大调整。

2016 年 5 月 18 日，雷军发内部信宣布，小米手机研发和供应链团队的负责人大调整,改由雷军亲自主抓,小米手机研发和供应链团队,将直接向雷军汇报。

（2）传播推广策略学习 OPPO、vivo。

同时，在传播推广上，小米也开始进行调整，不再只坚持自己过去的打法，也开始向 OPPO、vivo 的经典打法进行学习、借鉴。

例如，小米开始了向 OPPO、vivo 的学习，选用品牌代言人、赞助综艺节目。此前，从不找代言人的小米，先后选了吴秀波、刘诗诗、刘昊然、梁朝伟、吴亦凡做代言人。同时，2017 年用超 1 亿元冠名综艺节目《奇葩说》的第四季。

（3）线下渠道拓展。

如今，小米在线下开展了大规模的门店建设，小米之家所售卖的不仅是手机和电视，还有小米生态链的产品。

2015 年 9 月,小米之家第一家当代商城店在北京开业,此后陆续开了一些店。

2016 年 2 月，小米开始着力线下店建设，截至 2016 年年底，小米之家一共有 50 家店。

但小米之家的加速发展，毫无疑问是在 2017 年。

2017 年年初，小米总裁林斌曾表示，2017 年的目标是 300 家，但之后这一目标做了修订，2017 年年底开到 200 家。于是，2017 年小米线下拓展开始了强化和加速，相对 2016 年翻倍增长。2017 年 12 月，小米在上海开了第 264 家小米之家，意味着 2017 年新开设的超过 200 家，目标已超额完成，相当于此前所开数量的 4 倍。

据小米之家公布的数据显示，截至 2018 年 9 月底，小米之家已经突破 500 家。

此外，除了争夺国内线下渠道，小米对海外市场注重也在强化，毕竟国内市场争夺，大格局基本稳定，想争抢已经很困难，海外市场将是一个重要的增量阵地。

这些调整对于小米而言，无论是产品和供应链的强化，还是推广打法的学习借鉴、线下渠道拓展，以及海外市场开拓，也都给小米创造了带来新增量的机会。

2. 天道酬勤，两个重大利好出现

2017 年，对于小米而言，天道酬勤的意义同样存在。这一年，对于一直努力的小米而言，出现了两个重大利好：一个是海外市场大突破，印度市场暴增；另一个是国内市场的劲敌乐视遭遇了滑铁卢。

（1）印度市场，销量暴涨。

2017 年第三季度，小米在印度市场出货量达到了 950 万台，与 2016 年同期相比增长 300%，意味着单季度增长接近 700 万台，全年增长 2000 万台左右，甚至更多。

小米 2017 年出货量超过 9000 万台，其中有近 2000 万台左右增量来自印度市场，可见，在 2017 年小米手机的增长中，印度市场占了很大比重。

（2）国内市场，劲敌乐视遭遇了滑铁卢。

小米的一个劲敌——乐视在 2017 年陷入滑铁卢。

乐视手机和小米手机都是互联网品牌手机，无论打法，还是客户群定位，都有着相似之处，它一度对小米造成很大冲击。乐视手机 2015 年 5 月上市，当年销售 400 万台，2016 年它的销量更是一度达到近 2000 万台，切割了小米一部分用户。

但是，2016 年 11 月开始，乐视手机资金危机爆发，乐视手机的快速发展戛然而止，到 2017 年更是暴跌，同时，乐视收购的酷派手机国内市场也在暴跌。于是，2017 年，乐视加酷派的销量都大幅下滑，整个市场空出近 2000 万台左右的空间，对于作为国内市场几大巨头之一，特别是同样走互联网品牌路线的小米而言，自然能分得一杯羹，切割几百万台的"蛋糕"。

而且，乐视系下滑的连锁反应，不仅是乐视手机，还有乐视电视，这都让小米、暴风等互联网品牌分享了乐视下滑空出的空间。

3. 2017 年，业绩大翻转

在反思调整以及两大重大利好下，2017 年小米的业绩实现了大幅翻转。手机销量超过 9000 万台，达到 9141 万台，小米公司实现营收达到 1146 亿元。

这个大反转，让两年尴尬的小米走出了低谷，重回正轨，重回行业前列。

不过，小米翻转后，未来战况会如何，还会是考验。

毕竟 2017 年手机暴增背后，两个特殊利好——印度市场暴增，以及劲敌乐视滑铁卢危机，占了不小比重。分别促进了国际市场、国内市场两个市场的增长。

2018 年，小米手机国内市场增长量不大，其国际市场依然贡献了不错的增长量。

2019 年，小米在其海外第一市场印度市场可能将迎来增长放缓的考验。

但是，无论如何，小米重回手机巨头之一，重回前列阵营与对手较量，对小米而言，都是好消息。未来又将上演什么样的精彩博弈，就在后面拭目以待了。

小米手机商业作战体系竞争力指数

产品力　　　★★★★☆

策划推广力　★★★★★☆

渠道力　　　★★★★

品牌力　　　★★★★

团队力　　　★★★★

综合竞争指数　★★★★

第四章　第三阵营

第一节　联想——PC 之王，为何无法成为手机之王

联想作为中国乃至世界 PC（电脑行业）的巨头，自从 2013 年首夺全球 PC 第一以来，曾连续多年位居全球 PC 行业的第一。

可是，它为何在手机领域，没有取得 PC 一样的市场地位？

在手机领域，它的地位和 PC 相比悬殊，无论是份额、销量，还是销售额、利润，都被三大巨头远远甩开，无法进入第一阵营，而在 2015 年上半年更是曝出 18 亿元的亏损，甚至于与第二阵营的距离也在逐渐拉开。

为什么 PC 王者，却无法成为手机王者？究竟是什么原因造成的？

一、联想 PC 时期的成功秘诀，本质就是"工业时代的小米"

联想在 PC 的成功有特殊行业原因，也与联想自身的独特运作密不可分。

1. 内因：PC 时代的小米——除了产品同质化外，联想其他的商业要素都做得非常领先

某种程度，联想就是 PC 时代的小米——产品无法做到引领，但商业运作很犀利。

联想运作 PC 电脑市场时，除了产品力以外，它在渠道、推广、品牌、团队等打造上都极为成功，构建起了强大的渠道优势、推广优势、品牌优势、团队优势，甚至它在 PC 时代的运作能力还要强于小米。

（1）渠道优势——联想帝国功臣构建了强大的联想"渠道模式"。

最近两年对联想董事长杨元庆的批评比较多，实际上，这很多评论非常不客观，不能因为联想手机的问题，去否定杨元庆对联想的贡献。在联想发展史上，杨元庆对联想 PC（电脑）业务的发展厥功至伟。

联想电脑，在业内独树一帜的"渠道模式"，就是由杨元庆所开创的。

在商业作战体系五大要素中，渠道力是五大要素之一，它既是推广阵地之一，也是零售的主要阵地。在杨元庆开始构建联想渠道模式时，中国的商业正处于商业初期，杨元庆所构建的渠道模式位于当时国内商业的前沿。

1991 年，27 岁的杨元庆出任联想 CAD 事业部总经理，通过借鉴国际公司所构建的渠道模式发挥重要作用。短短 2 年多的时间，杨元庆带领队伍将联想 CAD 事业部销售额从之前 3000 万元做到近 3 亿元，增长近 9 倍，杨元庆由此在联想内部脱颖而出。

1993 年年底，由于国外计算机品牌大量涌入中国市场，中国计算机产业陷入危机，联想第一次没有完成既定的目标。

1994 年，杨元庆出任联想电脑公司微机事业部总经理。在其带领下，当年联想自有品牌电脑销售出 4.2 万台，跻身于中国市场前三。杨元庆也因此被中国各界誉为"销售奇才""科技之星"，当时杨元庆年仅 30 岁。1997 年联想更是击败跨国公司。

2004 年，经过多轮谋划，联想瞄准了国际市场，开始收购 IBM 的 PC 业务，成为国际 PC 巨头。2013 年，实现了联想 PC 从中国市场前列到全球前列的飞跃。

在杨元庆的带领下，联想 PC 的全球市场份额从不到 0.8% 上涨到超过 20%。这其中杨元庆的作用不容忽视，他在联想开创的渠道模式功不可没。

（2）推广优势——大面积媒体报道和成功的品牌传播。

在商业作战体系中，策划推广力是要素之一，联想电脑当年也做得非常成功。

它昔日上头条的能力不亚于今天的小米。

国内手机企业中，小米传播推广能力是领先的，特别是在互联网媒体的运作上几乎没对手，小米是手机行业曝光率最高企业之一，大面积传播也是小米辉煌的重要因素。

当年，联想上头条能力一点也不亚于今天的小米，但是，与善于制造话题（如微博首发、微信首发、学习海底捞、学习 Costco 等）的小米不同，联想 PC 上头条，更多源于它创造的商业奇迹。联想是国内最早的知名企业之一，是 20 世纪 90 年代中国民族品牌代表，它在中国品牌力量少的时代，在 IT 行业一路披荆斩棘、击败国际对手，成为中国市场领先，再到"蛇吞象"收购 IBM 的 PC 业务，成为全球前列等，这一系列成绩，使其成为业内关注的焦点和媒体报道的对象。

（3）品牌优势。

品牌影响力与市场优势相关，也与品牌塑造相关，这两方面联想都做得很出色。

一方面，联想市场业绩不俗，市场份额不断扩大，影响力越来越大。

另一方面，当时，联想在品牌化运作上，也是当时国内企业的典范，从视觉形象的标准化、国际化，到品牌传播，都算是站在国内前沿的。

特别是"人类失去联想，世界将会怎样？"，一语双关的广告，将联想这种思考方式对人类的意义，以及联想集团嵌入其中的双关，成为热点，而视觉广告画面的大气也极好地塑造了联想品牌形象，这些都让联想品牌塑造极为成功。

（4）团队优势——联想的团队打造 在业内也是独树一帜。

联想的团队打造在国内也是独树一帜，无论企业文化，还是队伍建设，都是国内很多企业学习的对象。例如，柳传志的管理三要素"搭班子、定战略、带队伍"更是成为中国商界推崇的经典。

联想先后涌现出了杨元庆、郭为、朱立南、陈绍鹏、刘军等一系列的帅才、将才，可谓人才济济，曾让国内多位商界巨头对联想的人才建设羡慕不已。

2. 联想成功外因：PC 特殊行业特点——缺乏产品个性化消费、缺乏个性引领企业

联想 PC 成功，一方面与联想运作密不可分，另一方面也与大环境密不可分——PC 竞争，在产品力方面要求没有手机行业那么高，个性化产品消费重要性没那么高。

（1）消费者习惯：缺乏个性消费。

消费者对 PC 消费缺乏个性化消费，更注重质量、性能配置，特别是对硬件性能要求比较注重。相对而言，外观设计要求没那么高。于是，外观时尚设计、个性化特色始终没有成为主流消费特点，这样导致大量产品同质化严重，外观上区别不大。

（2）操盘企业：行业缺乏引领个性消费的厂家。

同时，也与厂家未曾引导消费潮流有关。在 PC 行业的昔日操盘企业中，一直缺乏引领个性化消费的企业。

PC 行业中，个性化设计的电脑品牌，也是个人电脑的开创者之一的苹果电脑，在乔布斯被放逐的日子里，还走向了下坡路。在乔布斯被踢出苹果电脑的日子里，乔布斯曾经对当时的 PC 厂商表达了失望，批评其 PC 产品缺乏个性和特色。

可以说，缺乏个性化产品技术标杆企业的引领，也导致 PC 领域消费者近乎工业时代的消费特点——注重耐用、质量和性能，却没有注重时尚、个性化消费，也就没有形成 PC 厂商在产品个性化上进行较量。

3. PC 领域，谁把推广力、渠道力、品牌力做好，谁就是赢家

在一个缺乏产品个性化消费的行业，谁把商业作战体系中的其他要素——推广力、渠道力、品牌力做好，谁就是赢家。

联想毫无疑问地做到了这一点，渠道、推广、品牌、团队都极为出色，在 PC 综合运作能力上，堪称"工业时代小米"，于是，它不断超越，不仅超越同时代的国内对手长城、方正、同方等，市场占有率大幅飙升，在国际市场超越华硕、宏碁、戴尔、惠普，成了全球 PC 的王者。

二、联想，在手机领域为何不能复制传奇？行业特性不同，虽也是巨头，却成不了领军

当手机行业兴起后，如同众多家电、IT 企业的延伸一样，联想也延伸进入了手机领域。但是在手机领域，联想却无法取得 PC 领域的辉煌，特别在智能机

时代，无法进入三巨头（苹果、三星、华为）的第一阵营。

1. 手机消费与 PC 消费有很大不同——注重产品、技术引领，技术标杆更容易成为领军

手机在消费模式和领军企业运营模式上，都与 PC 有很大不同，在 2008、2009 年，联想移动找来当时 PC 的干将张晖来筹建智能机。后米，张晖在内部会议上说："智能机我搞不了，跟 PC 的模式完全不同，差异太大了。"

这也是实情，手机的消费特点，以及领军企业的操作模式都与 PC 有很大不同。

在手机消费中，产品个性化是个很主要因素，领军企业之间较量也是产品技术的较量占主要。毕竟手机已成快时尚产品，个性化、时尚化是一个很重要的竞争指标。

特别当苹果进入手机领域，推出 iPhone 引发行业地震后，将手机产品力竞争升级到新层次，成为决定企业发展优劣、生死的重要因素，企业每年发布新款手机的好坏，直接决定企业当年业绩的好坏，这种特点决定手机行业产品、技术占有极高位置。

2. 联想做手机长期是跟随策略，做领军很难

联想在做手机的时候，一直采用的都是跟随策略，从未扮演过引领角色。无论是功能机还是智能机都是如此。

2002 年，在功能机时代，国产手机的第一次春天时，联想看到国产手机市场的潜力，进入了手机领域。

当国产手机在 2003 年到达巅峰后，开始陡转直下，诺基亚、摩托罗拉、三星、黑莓、LG 等国际巨头在市场上一路飘红，众多国产手机纷纷下滑、倒闭，国产手机陷入一片低迷，联想手机也未能幸免。2008 年，为更好应对收购 IBM 业务后扭亏的困境，加上手机销量下滑，联想将手机业务以 1 亿美元出售给了联想系的弘毅投资。

2009 年下半年，从苹果公司的 iPhone 掀起重新定义手机潮流，引发的行业地震开始显现。功能机向智能机的换机潮时代到来。手机行业重新成为热点之时，

联想重新把手机业务回购。2009 年 11 月，联想集团从弘毅投资手里回购了手机业务，最初联想跟风太过严重，苹果推出 iPhone，联想推乐 Phone（LePhone），苹果推 iPad，联想推乐 Pad。

某种层面，联想在手机领域一直采取的都是跟随策略，未扮演过引领角色。

直到联想收购摩托罗拉之后，联想手机的技术积淀才算多了一些。

联想的这种跟随策略，让它虽然量很多，在全球手机排名中，它也属于巨头之一，但是却进不了第一阵营。同时在利润上联想也与苹果、三星、华为、OPPO、vivo 等相差甚远，甚至于一度出现 18 亿元的亏损。

三、联想在智能手机市场无法领军的原因

1. 成功之处：品牌、渠道、团队等积淀，帮助占据巨头地位

客观地讲，联想过去的成功，包括品牌、渠道、团队等的积淀，对联想操作手机有很大帮助。渠道资源和长期累积的品牌资源，这些资源在其延伸至手机领域时也发挥了重要作用，帮助联想在短期内取得了不错的成绩。

2. 不足之处：产品软肋 + 传播软肋 + 渠道单一

在 PC 时代，联想由于行业竞争状况，以及自身重营销推广、轻技术的特点，在进军手机市场时受到了阻力。

（1）产品力软肋，让联想在手机失了一棋，与领军无缘。

在 PC 时代，产品技术不是竞争的首要因素，但是，在手机时代不同了。

在手机行业发展过程中的功能机时代，曾经引领潮流的国际品牌，如诺基亚、摩托罗拉、三星、黑莓，这些一度引领潮流的巨头，都曾推出过引领行业潮流的产品，从而成就了自己在行业中的地位。也是它们当时之所以击败国产手机的原因。

而当手机从功能机转向智能机时代后，产品技术的重要性更为突出，如苹果引领了玻璃全屏、弧形设计风格、触屏体验、指纹识别等潮流，而三星开创了手机大屏时代、曲面侧屏时代等潮流，国产手机新领军的华为也开创了业内后背指纹识别、双摄等潮流。

近两年，国内赚钱厉害的步步高双子星 OPPO 和 vivo，依靠的也是优秀的产品力，它们俩和华为一起成为国内为数不多能够成功突围中端、中高端价位的品牌。

而在这个问题上，联想手机多少有些尴尬，虽然也曾推出过不错的手机产品，但是却没有引领潮流的产品。

（2）过去的传播优势也丢了。

在产品力软肋被放大的同时，联想运营上又失去了一棋，那就是传播推广。

这些年，联想不再像当年那样是媒体关注的焦点了，联想企业规模也变大了，PC 业务在盈利，对于联想而言生存发展没有那么急迫，也没有以前推广的那么多了。除了 2010 年推广乐 Phone 做了大面积传播以外，近几年时间所做极少。

而这几年，小米持续不断地上头条，可以说是这些年媒体报道、关注率最高的手机公司，这些大面积的报道，无疑为企业做了大量的推广传播。

相对比，联想在这方面做得极少，可以说联想在 PC 时代的传播优势大打折扣。

（3）渠道上过度依赖运营商。

同时，联想在渠道上做的有所不足，过于依赖通信运营商渠道。

手机有三个主要渠道，社会渠道（线下零售卖场，目前还是主力）、运营商渠道和电商渠道。在过去发展中，联想把握运营商推广 3G 机会，一度获得不错的量。但是运营商渠道只是渠道之一，国内这两年异军突起的 OPPO、vivo，正是凭借庞大的社会渠道优势，在渠道力上，联想手机相对它在 PC 领域的优势，有很大差距。

联想在手机领域所构建的商业作战体系，与其 PC 时代的行业竞争力相比，差距很大。

某种程度上，如果不是当初积淀的一些渠道优势和品牌优势、资源优势，特别是品牌优势，现在联想手机的销售还会再"打折扣"。

四、联想发展基因中，跟随大于创新引领，是其手机难称王的软肋

联想 PC 的成功，与联想基因有关，而联想手机上失利，也与联想基因有关。

柳传志曾对比华为和联想的路径，表示："像任正非，像华为，确实走出一

条非常独特的道路，这点我觉得我们做不了，这点是他的长项。""联想走的路，比如把高科技成果产业化的路，是一条走十里就安营扎寨休息，看好了再走，这是时间比较长的道路。而华为确实把技术铺在前头，敢于用大量的投入去走，确实在全国获得了成功，他的胆量和气魄是我所没有的。"

这几年作为国际科技企业的技术流代表，华为在成功征战运营商市场后，再次在手机行业成为全球第二，甚至有望全球第一，就与其注重技术，及技术驱动、技术引领的模式密切相关。华为这种技术驱动模式，无疑值得联想反思、学习和借鉴。

不过，并不能因此对联想模式绝对否定，毕竟它在 PC 领域从全球份额不到 0.8% 做到超过 20%，也是不简单的业绩，成为一个几千亿的巨头，这也绝对是不俗的能力，能做到的企业没多少。当然，在手机领域，联想与它 PC 的地位相比，还有不小的距离，这是需要改进的地方。

联想手机商业作战体系竞争力指数

产品力　　　★★★★☆

策划推广力　★★★☆

渠道力　　　★★★

品牌力　　　★★★

团队力　　　★★★

综合竞争指数　★★★

要点
POINTS

时代不同了 产品力地位不断强化
要想做领军，必须技术力出色

1. 今天，时代发生变化，产品力竞争比拼时代到来了

今天，时代与以往有很大变化，在策划推广力、渠道力、品牌力等打法成熟后，企业竞争回到产品力竞争的原点，产品力成为重要的核心竞争力，甚至是制胜的关键。

苹果最初进入手机领域时，形势对它并非有利，甚至极为艰难。毕竟诺基亚、三星、摩托罗拉占据了接近 70% 的市场份额，已经是非常垄断的状况，想要撬动格局很难。

但是，苹果 iPhone 凭借出色的产品，引发行业地震，改写格局，诺基亚、摩托罗拉、黑莓等昔日巨头坠落，要么变卖，要么陷入困境。而苹果 iPhone，从一家新进入的手机公司，发展成一个占据行业 80% 净利润的超级霸主，这就是优秀产品力的魅力。

2. 今天的时代，企业要想做领军，必须产品力出色

在很长一段时间，中国企业注重营销推广，不注重内功，产品技术上积淀。

这一方面与中国企业在产品技术上的起步晚、积淀不够有关，另一方面也与中国企业的经营思路，过于重视营销推广、轻视产品的思路有关。

但是，在今天这个产品力越来越重要的时代，产品力竞争的作用越来越强。

在国产手机第一次春天时，在功能机时代的 1999 年至 2003 年。国产手机曾凭借营销推广和渠道将市场份额从 3% 做到 50%，但之后因产品技术不足，在国际手机公司也掌握渠道后，被拥有产品技术的国际手机公司大幅击溃。2003 年后多个国内知名手机公司（如熊猫手机、中科健手机、南方高科手机等）倒闭，市场被产品技术领先的企业占据。

在智能机时代，同样遵循这样的规律，苹果、三星、华为三个第一阵营品牌，都是技术驱动、技术引领的代表。因此，今天要想做领军企业，不仅在推广力、渠道力、品牌力上做到突出，也要在产品力上做到领先，才能成为真正的领军。

第二节　TCL——家电巨头，为何无法成智能手机巨头

TCL，中国家电行业的巨头，也曾是国产手机中最早的一批手机厂商，但是，如今它却无法成为智能手机的巨头。

一、在功能机时代，家电巨头 TCL 也曾是手机巨头

20 世纪末、21 世纪初，在手机、功能机第一次爆发的时期，国内掀起过一股造手机热潮，TCL、熊猫、南方高科、科健、波导、夏新等纷纷加入，都想从中掘金。

其中，中国家电巨头之一的 TCL，在先后取得电话、电视机业务辉煌后，于 1999 年加入正在兴起的第一波手机大战，李东生专门选择悍将万明坚担当负责人。

当时，万明坚也一度成为中国手机领域的"明星操盘手"，在功能机时代的万明坚，其地位不亚于智能机时代的华为手机 CEO 余承东、小米手机董事长雷军。

在执掌 TCL 手机后，万明坚曾交出了一份出色的"战绩"。2001 年，TCL 推出宝石概念手机——"钻石手机"，并花重金（1000 万元，当时约 14 亿韩元）邀请韩国著名影星金喜善做代言，由著名导演张艺谋执导电视广告片，大获成功，TCL 移动通讯全年销售手机 130 万台，销售收入突破 30 亿元。

2002 年，TCL 手机中国市场排名第三，仅次于摩托罗拉和诺基亚。这一年 TCL 手机净利润 12 亿元，占集团全年净利润的 80%（当年 TCL 集团净利润一共 15 亿元）。

2003 年，TCL 手机销售收入更是达到 94.5 亿元。

2002 年、2003 年，也是 TCL 国际化尝试的初始时期，2002 年 9 月收购德国施耐德公司，2003 年 10 月并购法国汤姆逊公司，正是大量需要资金的时期，TCL

手机的高额利润支撑了这种需求，TCL集团创始人李东生曾一度感慨"手机救了我"。

但是进入2004年，TCL手机和其他国产手机一样，走向下跌。

国际手机厂商开始反击，国产手机品牌缺乏核心技术、质量问题严重、品牌信任度遭遇危机，加上国际厂商对国产手机擅长的渠道优势进行吸收、借鉴，又使得国产手机品牌优势下降，弱势加剧。于是，国产手机节节败退，TCL也未能幸免，2004年业绩大幅下滑，2005年陷入亏损。

曾将TCL从最初投入8000万元做到94.5亿元的悍将万明坚离职，加盟了TCL的老对手长虹，在通过电视直销卖手机，取得一定业绩后，在智能机时代也逐渐陷入沉寂。

如今的TCL手机，主营海外市场，主做国外运营商渠道，多以中低端手机为主。

二、功能机时代TCL成败解析

在中国手机市场刚刚爆发的时期，国产手机曾经有过很好的机会。而且在1999年至2003年间，国产手机曾经有过辉煌的成绩。1999年，中国手机市场开始萌芽，并迅速进入快速成长，而众多国产企业也把握了这一趋势，国产机市场份额从3%一度超过了50%（最高达到57%）。这些家电企业出身的国产品牌手机厂家一度放言超过70%的市场，但是却迅速转折，走向了下滑。

在2000年至2003年间，那个国产手机辉煌灿烂的时期，TCL作为当时的家电巨头，加上当时选择的悍将万明坚——一个极为难得的人才，懂产品、懂营销推广、懂品牌，打造了TCL手机较强的竞争优势。

1. 它曾具备的三个优势条件

（1）传播推广优势。

在中国家电巨头崛起的运作上，媒体传播推广一直是重要因素，海尔、美的、康佳、创维、TCL等都非常擅长电视广告等传播推广，同时也是媒体关注的焦点。

它们在手机领域复制这一模式，例如2001年TCL推出钻石概念手机，聘请当时红极一时韩国知名影星金喜善做代言，2001 年 8 月 24 日在中央电视台黄金时段（新闻联播后、焦点访谈前）连续播出广告，大获成功，在十几年前 TCL 手机就做到一年 12 亿元净利润，几乎相当于如今上百亿元，这不是一个小数字。

（2）渠道优势。

20 世纪 90 年代跨国公司刚进入中国时，其娴熟的运营推广，一度导致国产品牌大溃败。后来国产品牌调整反击使出两大法宝，一个是价格战，另一个就是渠道大战，中国的市场极其复杂，从北上广深的一级城市纵向排起，到能五个层级的市场，复杂程度远胜于欧美发达国家，中国本土企业利用渠道的复杂性进行了反击。

中国的家电企业，在渠道运作上堪称典范，当它们运作手机时，同样把对渠道的娴熟运用得极其到位，在开始时占据了优势。

（3）品牌优势。

当时，正是国产家电巅峰的时刻，品牌影响力极大，无论是企业本身，还是企业的 CEO 都经常是媒体报道的焦点，年度热门经济人物，特别是家电企业，以振兴民族品牌为己任的形象，都给大众留下了极好的社会形象。

推广、渠道、品牌三板斧，使其在家电上成了巨头，同时成就了他们做手机时初始的成功。

2. 可惜败在致命软肋——产品上 技术、品牌都成劣势

（1）产品技术落后，导致国产手机极低的信任度。

但很可惜，TCL 和那些进入手机领域的家电巨头一样，败在了关键点，即产品技术上。

特别是国际品牌手机在中国开始大面积推广，并且对家电曾经引以为优势的渠道进行反攻时，例如，当时诺基亚在中国构建强大渠道，这时在推广上双方已经几乎持平，竞争回到了产品技术这个原点时，国产手机的软肋就被放大了。

一方面，手机逐渐进入技术层面的竞争，缺乏积淀的国产手机总是慢一拍。

2004年10月底，"摄像+MP3音乐功能"的出场，标志着手机走向技术时代，而还未等受挫的国产手机反应过来，拥有技术优势的国外品牌手机，如诺基亚、摩托罗拉等又迈向了MP4和多功能方向了，拼时尚设计、拼彩屏、拼摄像、拼MP4等，几乎每隔一段时间就会向前推进一大步，而国内家电企业在这些技术领域缺乏足够积淀，于是经常性地慢一拍。

另一方面，国产机还出现了一个致命问题——质量问题，手机返修率高。

这种情况大面积地出现在众多国产品牌手机上，与国际品牌形成鲜明对比，如当时的手机霸主诺基亚以耐用著称，而一些国产品牌手机则是这种特点的反面。

这两方面的软肋，导致一个致命结果——消费者对国产品牌手机的信任度低，国产品牌机在2003年的巅峰之后，开始集体走向下滑。

波导、TCL、夏新、康佳等领军品牌，无一例外地遭遇了滑铁卢，市场份额下降、销售下降，乃至于业绩亏损，更甚至一些当时风头甚猛的企业出现了倒闭。

（2）技术软肋导致严重后果——国产品牌失去信任。

当时国产手机技术软肋，导致严重后果 —— 国产品牌手机几乎失去信任，手机行业成国内企业害怕的领域，很少有企业敢进入，这一情况到智能机时代才改变。

一方面，宁愿相信国内山寨机，也不选国产品牌机。

当时，中国的手机出现了一个让人无法想到的现象——宁愿购买山寨机，也不买国产手机，一些中等收入的消费者花个2000多元，甚至近3000元购买山寨机，也不购买国产品牌机，最终部分山寨机甚至做成了影响力的牌子，如天语手机。

更甚至于，零售终端都会觉得售卖国产品牌机会掉价，当时刚进军中国手机领域的步步高家族的OPPO和步步高手机，就遭到了很多白眼，甚至被渠道赶出去，最后经过艰苦的努力，才一步步打开局面。

另一方面，手机利润不断下滑，很多企业放弃手机。

当时因为国内山寨机比较多，多数手机售价较低，导致手机整体价格下滑，千元机（千元及以下价格）成为主力。所以在智能机时代，并非是小米把价格拉下去的，千元机在中国一直存在，国内很多山寨机在这个区间，即使没有小米、红米出现，山寨机也会如同功能机时代一样，将智能机的价格拉到千元机价格。

这种极低的售价，加上竞争的激烈，也导致很多企业选择了放弃手机市场，而 TCL 则走向了国外的运营商渠道、中低端市场。

三、智能机时代，TCL 等家电巨头依旧远离主流

2007 年，乔布斯推出 iPhone 手机，掀开了手机市场的颠覆战——从功能机向智能机的变革，昔日几大巨头开始转折。

在苹果掀起的换机潮中，创造了手机行业新的机遇。一批新的手机企业，把握这些机遇开始崛起，其中包括中国的华为、小米等手机品牌。

但是，TCL 等昔日家电巨头却没有在这次机会中成功崛起。虽然 TCL 在海外市场凭借运营商渠道销量还不错，可价格低端，远离主流，与昔日辉煌无缘。

四、智能机时代，昔日家电巨头依然远离主流，问题出在哪

十几年前的功能机市场大爆发，对家电巨头们而言，是第一次机会。

十几年后的智能机市场大爆发，对家电巨头们而言，是第二次机会。

但是，在这第二机会来临的时候，昔日家电巨头所面临的形势，已经远不如上一次。

十几年前，手机刚问世的阶段，传统家电巨头还有推广、品牌、渠道上的优势，而在这个新的智能机时代，这些优势不仅变弱，甚至变得更差了。

1. 昔日的优势暴跌

（1）品牌变暗淡。

在 20 世纪 90 年代，家电竞争是商业大战的焦点，是媒体关注的热点，毫不夸张地说，家电企业当时是如日中天的明星企业，中国商业力量的代表，品牌

影响力极强。

而十年后，中国商界的明星已是互联网企业，甚至于连互联网的门户都暗淡了，热点是电商巨头、社交巨头等这些明星企业，而家电巨头的光环则黯淡多了，媒体上关于家电巨头的报道已经极少，而且不在主要位置，品牌影响力已大不如从前。

（2）传播推广哑火。

今天，传播推广的重要性与过去一样。

在十几年前甚至二十年前，家电巨头的崛起，与广告大战、媒体大战密不可分，但是在二十年后的今天，它们却陷入传播哑火的状态。

今天这个注意力经济时代，很少见到传统家电巨头在手机领域发声。在传统媒体、新媒体都很少见，缺乏传播推广，意味知道的人少，影响发挥传播推广利器的作用。

（3）渠道优势丢失。

十几年前，中国的家电巨头正如日中天，在渠道领域同样有着较高的影响力。但是，在今天的零售渠道上，无论是线上还是线下，都不再有当年那样的优势。

2. 劣势——产品技术软肋进一步放大

对于昔日手机巨头而言，它们过去的技术劣势却依旧存在，甚至被放大了。

在智能机时代，对产品的要求比功能机时代要求更高，而且通信、IT 和家电在技术上，还是有些区别的。智能机时代这里面排在前面的，都是相对在通信、IT 领域有一些积淀的。

总之，在智能机时代，家电巨头昔日在手机领域商业作战体系竞争力弱势的状况，依然没有改变，甚至变得更加薄弱了。

因此，虽然有着苹果掀起换机革命带来的良好机会，但是对于中国传统家电企业而言，自身的优势与 10 年前，有了很大的下降，而不足却在放大，于是这一次机会，家电巨头中成功比上次还少，甚至于边缘化的状况。

TCL 手机商业作战体系竞争力指数

产品力　　　　　　★★★☆

策划推广力　　　　★★☆

渠道力　　　　　　★★★

品牌力　　　　　　★★

团队力　　　　　　★★

综合竞争指数　　　★★★☆

💡 启示 QISHI

TCL 代表了昔日家电、IT明星企业共同的特点

1. 没有成功的企业，只有时代的企业

在手机功能机时代，中国家电巨头败于产品。而在智能机时代，家电巨头们则退让得有些无奈，不仅是在产品上，更把自己擅长的武器——策划推广力、渠道力、品牌力优势给丢了。

也许真应了张瑞敏所说的那句"没有成功的企业，只有时代的企业"，他们的时代和辉煌只属于家电业务。

中国家电巨头在昔日崛起时，对于策划推广力和品牌力运作极其娴熟，曾发挥过重要作用。但是，今天却只能看到一个无奈现象——无论是在手机领域，还是它们的家电业务上，对策划推广、传播阵地的占领都没有了昔日优势。相反，互联网电视品牌、互联网手机品牌却一直在大规模传播，却看不到传统家电巨头们的身影。

虽然，策划推广、传播等曾成就它们的辉煌。但是，无论是海尔张瑞敏、TCL李东生、创维黄宏生，还是电脑PC的联想柳传志、杨元庆，都少了昔日大规模传播的霸气，在互联网、电视传媒上都是如此。作为商业作战体系的一个主要阵地——推广阵地的缺失，无疑对市场拓展不利。

也许一方面，他们已经功成名就，不需要像当年一样拼搏，大规模宣传推广；另一方面，他们更踏实，更注重产品研发和制造环节了，如当年著名"公关大战传奇"、

20世纪80年代就闻名中国商界的百龙矿泉壶，其总裁孙寅贵后来反思还是要靠产品。

这种考虑是对的，产品研发、制造是基础，但传播还是要做，掌握一个度，不要过度（给今天很多喜欢作秀的手机企业、互联网公司提了个醒），但市场运作，一定的策划推广必不可少，家电巨头的退让有些无奈。

不过，他们如今专注于实体制造环节的追求，是值得当下浮躁的互联网企业学习。这些家电巨头当年在推广大战之后，对研发制造的反思和强化，值得作秀企业们认真学习。

2. 或许巨头们创业奋斗精神缺失了，更多是守业状态

今天，这些已经达到一定规模的家电巨头、PC巨头们，他们不复当年勇，甚至是丢失自己昔日擅长打法的另一个原因。或许是他们现在已经功成名就，都有着庞大的销售规模、可观的利润，已经不必再像当年创业时那么拼了。

在某种程度上，他们创业奋斗的拼搏精神不在了，更多的是守业状态。

这些年，国内科技企业的领军代表华为，在营收超过5000亿元规模后，依然保持高速增长。其中一个很重要原因，就是华为依然保持着奋斗的创业精神和进取精神。在其通信设备之后所进入的多个领域中，例如手机业务、芯片业务、企业业务等，这些领域都是难啃的骨头，华为开始也都经历了颇多周折。但是，凭借奋斗精神，华为都是做到了这些领域的前列，有一种"要么不做，要做就做行业前列"的豪气和拼搏精神。

相对而言，很多家电巨头、PC巨头都缺乏这份豪气和拼搏精神了。

第五章　第五阵营

手机行业的原有第四阵营中的金立、酷派、魅族等品牌，金立已经跌落，酷派也下滑，魅族则跌至第五阵营，第四阵营已基本没落。本章主要讲述第五阵营。

第一节　魅族——一个文艺品牌的荣誉与困境

魅族以它独特风格、经历，向人们展示一个小而美品牌经历——从小众文艺，销量受限，到调整思路、打法，成为大众品牌，销量暴涨，再到遭遇攀登新台阶遇到新困境。

一、上半场：小众文艺品牌、中国手机中另类，国产手机粉丝经济开创者

1. 智能手机初期，魅族曾是国产手机中为数不多注重产品的公司

在中国手机市场，魅族手机算是一个"奇葩"。

魅族是国内为数不多在产品上具有独特气质的企业，创始人黄章是一个对产品有独特追求的老板，专注、执迷于产品口碑带来用户，让魅族拥有了一批铁杆。

一方面，魅族创始人是工匠风格追求者。

黄章成名于Mp3，是当时少有的"产品控"类型的公司创始人，对产品打磨极为下功夫，在当时属于少有的工匠精神追求的公司。凭借这种追求、独特个性，魅族的一系列Mp3产品赢得不少用户青睐。

另一方面，魅族注重与客户的互动、交流，进而改进。

在当时，黄章通过网站、论坛与用户互动、交流，而且黄章每天有几小时泡在论坛上，对用户反馈的问题及时发现，及时改进。这种注重用户、有良好服务性质的互动、交流，也赢得了一些用户的青睐。

这种对产品的打磨、注重用户意见的模式，都让魅族拥有了一批忠实的用户。

2. 魅族是国内手机行业最早的粉丝经济开创者

粉丝经济并非互联网时代才有，它是一个传统经济模式，在一些行业获得充分发挥，例如娱乐业、奢侈品行业，特别娱乐业大明星体制诞生基础就是粉丝经济。

很多企业没有做到粉丝经济的程度，只是因为这种模式对于产品、服务等客户价值的要求极高，能做得到企业不多。

如果产品做到位，做到出色，自然就会赢得一批铁杆粉丝，并赢得粉丝青睐。例如，苹果的果粉是最成功的代表之一，苹果凭借出色、潮流、引领时代的产品力，即使没有与粉丝进行互动，也赢得了一批高价值铁杆粉丝的钟爱。

如果服务能做到出色，同样能赢得一批铁杆粉丝，例如国内餐饮企业海底捞在服务上做得极为出色，也让它拥有了良好口碑和粉丝用户。

总之，只要企业能够给用户提供独特、出色的产品价值、服务价值，超越其他竞品，就会获得粉丝级铁杆用户。

国内手机行业，魅族是率先实现粉丝经济模式的公司。无论是独特的产品追求、还是粉丝互动，都让魅族拥有了一批铁杆，在 Mp3 时代就赢得了一批铁杆粉丝用户。特别是魅族开发的 mini player，一度登上了国内消费者关注度第一的宝座。

2006 年，黄章看到 Mp3 播放器产业衰弱趋势，放弃了国内 Mp3 市场领头羊地位。这个战略转型非常成功，很多同时期很火的 Mp3 没有进行这个转型，其后便坠落了。

在从 MP3 转型到手机期间，魅族铁杆粉丝依然坚持等候魅族手机产品，说明魅族独特的产品力和品牌力，都是当时国内罕见的。2009 年 2 月，当魅族推出第一款手机上市后，等待已久的魅族粉丝"煤油"在魅族专卖店前排起长队。上市

5 个月后，魅族 M8 销售额达到 5 亿元。

2011 年 1 月 1 日，在魅族公司的最新产品魅族 M9 首发当天，在北上广深地区引发了上千人的排队购买的场景，这在当时国产手机品牌中都是少有的。

3. 上半场的魅族，小而美品牌，优劣势都明显

魅族创始人黄章有着鲜明的个性，有着工匠般的追求，同时个人风格有些另类——太过低调，不接受媒体采访，甚至于员工都极少见黄章，这种风格形成了魅族独特的个性，却也成为它做大的阻力——优劣势都非常明显。

（1）优势明显：有自己独特产品气质。

虽然，今天魅族手机在产品设计上或许已经不再位于国产手机前列，国产手机已经出现了更强的对手，它被华为、OPPO、vivo 所超越，特别是被华为这种技术储备优势、人才储备优势、布局优势强大的公司甩开。

但是，在国内智能手机初期阶段，魅族产品气质还是非常有竞争力，特别 2009 年至 2010 年间，国产手机低迷时期，与其他国产机相比，魅族气质另类、独特，充满个性。

（2）劣势明显：与大规模商业运作有了很大距离。

魅族创始人黄章是一个有工匠精神的人，这种风格也让他有着"技术控"的特点——低调、内敛，使得其在魅族市场扩张上有着明显软肋——太低调、太文艺。

毕竟在规模进攻的大商业时代，而且是 B2C 的大众消费品领域，过于低调，意味着不会广为人知，影响发展做大。

①价格劣势。

产品定价定天下，一个产品定价，直接决定了它可能的市场空间和机会大小。

魅族手机当时定价 2499 元，这个价格也获得了一定的用户，说明用户对它价值的认可。但是，这个售价同时又是不低的，特别在智能手机普及的初期，这个价格不低，让它的用户数量、销售规模都受到了影响。

②推广劣势。

虽说，魅族独创了论坛交流模式，形成它独特的传播推广模式，凭借口碑扩大它的影响力，但是，在媒体进行更大范围、更大力度的传播上，魅族就相对弱一些。

③渠道劣势。

同时，在渠道上，魅族相对业内知名品牌而言，无论广度、深度上也弱很多。

可以说，虽然当时魅族在产品上有自己的独特气质，但是，它的商业作战体系还是比较弱的，这也让它一度只是一个小而美的品牌，无法实现规模化扩张。

4. 2011—2013年的三年，对于魅族而言是可惜的三年

客观地说，魅族产品、品牌力都是有潜力的，如果运作得好，是可以实现规模扩大化，如同一个餐饮单店口碑很好，盈利也很好，完全可以通过规模化，实现规模化倍增。2011年M9发布，曾引发轰动，出现千人排队盛况，就是很好证明。

但是，很可惜，在2011年至2013年，魅族却失去了三年机会。这三年，魅族太沉浸在自己的成功和模式中，在营销运作上一直是软肋。

例如，当时魅族2499元的定价，面临小米1999元的价格，性价比立刻被拉下来。

再如，魅族的传播在过去依靠论坛的成功后，也把主要的阵地放在了论坛上，没有和大众媒体进行对接，又限制了传播的范围。

这些都影响魅族影响力及用户群的进一步扩大，影响魅族销量扩大。

这样三年时间里，魅族失去了很多，而魅族的竞争对手则快速起量。

首先，小米，这个昔日还曾学习、借鉴过魅族的模式，迅速放量，超越了魅族。

2010年，魅族已在业内扬名，小米刚起步，当初雷军做手机前，曾和黄章有过交往，对魅族产品追求赞不绝口。2011年后，小米一骑绝尘跑开，魅族还在原地。

在传播推广上，小米吸收了魅族论坛的粉丝营销1.0模式，并将它进化到2.0，甚至3.0的时代，及时将微博、微信等新的SNS工具发展进来。同时，雷军还将苹果等成功的传播推广手法整合，形成了小米的立体整合传播推广打法。

在价格上，小米推出了价格更低的品牌机，小米推出1999元的小米时，魅族MX2价格是2499元。虽然魅族的产品口碑有，但是价格在那，性价比一下

子就被拉下去了，影响了销量。到了 2013 年，MX3 价格还是 2499 元，而这一年小米出了 799 元的红米，黄章气愤地骂道"无底线，无下限"。

> 但是，在商业大运作视野上，显然雷军比黄章要更擅长一些。2012 年，小米销量 719 万台，2013 年，随着红米推出，小米销量再次倍增，达 1870 万台，营收 265 亿元，魅族销量 200 万台，营收 37.6 亿元，销量相差 9 倍，营收相差 7 倍，差距悬殊。

其次，快速反应的华为手机，也取得了不俗成绩。

面对快速崛起的小米，2013 年 12 月 16 日，华为手机分拆子品牌荣耀，对标小米，推出荣耀 3C、荣耀 3X，剑指红米和小米，并推出华为喵王，成为华为手机发展史上的里程碑事件，并迅速引发关注，显示出荣耀及华为手机崛起的迹象。分拆一年的时间后，荣耀子品牌就做到了 2000 万部销量。当时，国产手机中反应最快的就是华为手机，它也最终成了国产手机的王者，这就是两家企业的基因区别。

二、中场：惊醒后的改变，销量暴涨

2013 年年底，面对对手暴涨的销量，魅族和黄章都坐不住了，黄章重新复出。

2014 年 2 月，黄章对媒体宣布重新走上前台，担任 CEO。2014 年的下半年到年底，终于让人们看到了这个企业的惊醒，以及由此引发的销量暴涨。

1. 魅族惊醒后的改变

黄章复出后，魅族在产品、推广、渠道上，都进行了大量的调整，进而带动了整个体系的变化。

（1）产品发力。

①价格调整、下落，提升性价比。

2013 年 12 月 27 日，魅族宣布将 MX3 的价格下调 300 元，变为 2199 元。

2014 年 2 月，黄章高调宣布复出时，更是将价格再次下拉，下降 200 元，变为 1999 元，和小米一样的价格，同样的价格、独特的产品，魅族的性价比优势就开始显现，市场增量立竿见影。

2014 年 9 月，魅族发布 MX4 时，将价格拉到 1799 元，性价比一下子爆棚，也带来了销量爆炸性增长，MX4 预订量突破 1000 万台，要知道魅族在 2013 年全年的销售只有 200 万台。紧接着推出的 MX4 Pro 预订也突破 700 万台，将魅族 2014 年的销量再次推到一个峰值，而 2014 年 12 月发布的千元机魅蓝同样又创新绩。

②丰富产品线，推出多产品系列，冲击小米和市场。

2013 年年底、2014 年年初，魅族内部对产品线也进行了认真反思，大幅调整。

于是，2014 年魅族一改自己的进攻态势，开始多价格系列冲击。魅族改变了以往一年只发布一款的模式，2014 年一连发布多款产品，形成了不同价位的阵列。

1799 元的超高性价比产品魅族，2499 元的形象产品魅族 PRO，以及千元机的魅蓝冲击产品，三个不同价格带的产品，构成了一个产品矩阵，对市场进行冲击。

（2）推广发力。

2014 年 2 月，黄章宣布复出后，魅族一改往日低调，开始大面积传播，它把小米借鉴的乔布斯苹果模式复制过来，也采用开产品发布会，宣传炒作推广模式。

宣传推广一定有一个支点、卖点，如果没有有力的支点、卖点，就会变成哗众取宠，有了支点，就会如虎添翼。魅族本身也有炒作点，黄章和魅族本身都富有传奇性，在业内和一些消费者中有一定口碑。但是以往过于低调，没有把这些效应放大，同时，它在媒体上传播频率上也较低，导致大众关注度低。

在 2014 年，无论是黄章复出，还是二号人物白永祥，以及整个团队在传播上都极为注重，新闻推广、精致产品发布会、新闻预约等也被魅族学习得很好，白永祥也坦承魅族内部方向——在产品上学习苹果，营销上学习小米，渠道上学习 OPPO。

而至于粉丝营销，不用多说，这原本就是魅族的优势，凭借特色的产品，魅族赢得了一批铁杆粉丝，只要发挥好就可以。

（3）渠道发力。

魅族专卖店，在 2012 年年底有 400 家，2014 年迅猛突破到 1000 家，2015 年又增加 1000 多家，累计总数超过 2000 家，每年增长量都是以前 400 家的多倍。

2. 一系列大调整，带来了销量的暴涨时期

通过"推出超性价比产品、多元产品阵列、传播推广的发力、渠道建设的发力"一系列大调整，魅族在商业作战体系上增强了很多，也带来了业绩的调整。

在2014年、2015年，魅族都是中国手机行业中的亮点之一。2014年，魅族销量翻倍，从200万台做到440万台，2015年，魅族销量再次暴涨350%，达到2000万台。

对于魅族而言，这个觉醒来的似乎有点晚，因为2011年到2013年，短短3年的时间，行业格局就已经天翻地覆了。但是，商业成长就是如此，要通过付出代价来成长。

不过，好在不算太晚，行业红利还有一部分，行业格局还没有重新排完，还有机会切割一部分市场。否则，它就难以从200万台暴涨到2000万台，如果魅族早一点觉醒，也许它的业绩会比这个成绩还要翻上几倍。

三、下半场：新困境——再上层楼的局限

当魅族通过调整，一下子从小而美的品牌跨向了大众品牌，销量暴涨，从200万台跨越到了2000万台级别，在中国手机行业也有一定分量之时，魅族又遭遇了新的困境——再上层楼的局限。毕竟再上层楼，意味着挑战更强大的对手，与更强大的对手争夺市场。而与这些巨头相比，魅族又需要突破自己了。

1.与更大的对手——华为、OPPO、vivo、小米相比，存在四大不足

当魅族从小而美的品牌跨向大众品牌后，它在国内的对手变成实力更为强劲的华为、OPPO、vivo、小米等，它的竞争要素实力需进一步的强化。

（1）产品不足。

在智能手机初期，与其他国内智能手机相比，魅族产品还是很有竞争力的。

但是，如今与华为、OPPO、vivo相比，其产品竞争力就显得不足了。特别是华为这个国产手机新领军，凭借技术优势、人才优势、战略整合、布局优势，

产品力发生天翻地覆的变化，更甚至以后背指纹识别、双摄、酷炫色彩（荣耀 8 的魅海蓝、荣耀 9 的海鸥灰等）引领潮流，树立了国产手机新的标杆。

虽然，魅族产品具有很独特的个性，但是与这些强劲对手相比，竞争力则弱了。

（2）推广不足。

魅族的传播推广虽然比以前有了很大改变，但是与巨头相比，同样要弱。

一方面，与擅长互联网媒体传播的小米相比，还是要差个层级，小米上头条能力要比魅族厉害太多。每隔一段时间，小米都会有新闻上头条，引发大面积报道。

另一方面，与擅长经典打法的 OPPO、vivo 这些巨头相比，魅族在代言人、广告投放、综艺节目上的推广力度，也远远不足。

（3）渠道不足。

魅族线下渠道门店曾超过 2000 家，甚至一度达到 2500 家，后有所收缩。

在赛诺 2017 年三季度渠道结构表中，魅族的专卖店依然占据了 49% 的市场比例，而运营商营业店为 7%、通信连锁店和独立店的数据分别为 16% 和 20%。

可见，魅族的专卖店渠道依然占主要，而这个数量的渠道网络，与 OPPO、vivo 强大的线下渠道网络体系相比，相差甚远。

（4）风格不足。

同时，一个企业的风格和创始人的风格一致，魅族创始人黄章是一个"技术控"、有着工匠精神追求的人，但是其为人太过低调，也直接影响了魅族的作战风格。

但凡行业前列的巨头企业，都有一个相似特点——凌厉进攻、富有进取精神，这些都是能够进入前列，成为领军的重要条件，魅族在这方面还是有所欠缺。

2. 这四大不足，也是魅族未来发展，需要突破之处

产品力、策划推广力、渠道力、风格是魅族与更强劲对手对比，显现出的弱势，也是魅族新阶段业绩弱势的原因。

2014 年，魅族的觉醒，让魅族的商业作战体系，与之前相比有了很大程度的增强，这也使它的销量在短短 2 年的时间中从 200 万台暴涨到了 2000 万台。但是当魅族上了新的台阶之后，它的商业作战体系，与更强大的对手相比，有了进一步完善的需求，这也是未来它需要突破之处。

2018 年，魅族的销量有了大幅度的下滑，表明手机行业前几位的巨头凭借强大的实力，在进一步争抢市场，压缩中小品牌的空间，意味着对魅族而言，严峻的大考验来了，能否守住业绩和销量，不被抢去阵地，都存在不小的压力。

魅族手机商业作战体系竞争力指数

产品力	★★★★☆
策划推广力	★★★☆
渠道力	★★
品牌力	★★
团队力	★★
综合竞争指数	★★

·······   ·······

第二节   8848 钛金手机——次奢级手机

8848 钛金手机是一款奢侈手机（次奢级别），第一代产品价格就定在9999 元。之后 M5 价格卖到 12999~16999 元，私人订制款最高定价 29999 元，年销量超过 10 万台，销量已经可以比肩威图（VERTU）等昔日著名奢侈手机。

一、一个比 iPhone 还贵的国产手机品牌

1. 它比苹果、三星都要贵

8848 钛金手机，第一代定在 9999 元，作为国产品牌中最贵的手机，在当初问世时，就引得媒体一片惊呼，因为这个价格比手机行业两大王者苹果、三星都要贵得多。

今天占据大部分手机行业利润且产品高端的苹果、三星的售价在 5000~7000元。苹果公司直到 2017 年 9 月份发布十周年纪念旗舰手机 iPhone X 时，才首次把价格定在了 8000 元以上，不过 iPhone 8 时还保持在 6000 元左右的价格。

而新一代 8848 钛金手机则定价在 12999~16999 元，私人订制款则达到了17999~29999 元，也创下了国产手机品牌的定价记录。

2. 众多国产手机失败在 3000 元，它售价万元，却成功了

2014 年，锤子手机发布 T1 的时候，宣称定价在 3000 元起，但是结果就是锤子被无情地打了脸。最后面对销售惨淡的情况，将定价变成了 1980 元的惊喜价。

2015 年 1 月，小米推出小米 Note 顶配版，进军 3000 元价位（定价 3299 元），

但是在实际上市时价格下滑到了 2999 元，销售成绩依然令人不满意。直到一年半以后（2016 年 10 月 25 日）发布小米 MIX，才再次冲击 3000 元以上的价位。

国内手机品牌中成功突破 3000 元价位，且销量还非常惊人的一度只有华为、OPPO、vivo 三个品牌。

而 8848 钛金手机作为一个刚建立的新手机品牌，一上来就定位在次奢档次，售价万元，在不到一年时间已经销售超过 10 万台，销售额已经达到十几亿元。数据显示，上市后两年的时间，8848 手机销售 24.8 万部。

它的这个业绩，无论是对次奢手机而言，还是对于一个创立仅 2 年多的高端手机品牌而言（M5 尊享版定价 12999 元，巅峰版定价 16999 元，私人订制款最高定价 29999 元），都非常不俗了，销量已可以比肩威图（VERTU）等昔日著名的奢侈手机。

8848 钛金手机发布的新产品，不仅在奢华与安全等方面再度刷新行业标准，它最高达 29999 元的价格也再次创造了国产手机新高，创造了国产次奢级手机新纪录。

二、8848 钛金手机背后神奇的操盘手

8848 钛金手机背后的操盘手，不是一个一般的人物。其操盘手是中国商界的一个传奇人物。他白手起家，25 岁成为亿万富豪的"营销少帅"，先后创立 5 个著名品牌，曾在 25 岁就成为中国最年轻的亿万富豪。

他就是杜国楹，在前面的案例中提到过他，19 岁师范学校毕业，21 岁辞职，22 岁时才知道什么是"网点"，但是 22 岁时，他就成功把自己负责的天津市场做成标杆市场，24 岁创办自己的公司，并大获成功，然后开始创立自有品牌，25 岁就成为亿万富翁，被称为中国商界"少年英雄""营销少帅"。

同时，杜国楹的商海经历并非一帆风顺，也曾遭遇波折，曾栽倒在年少得志的陷阱，遭遇了与"商界战神"史玉柱类似的境况，在短短四五年时间里，就尝到了从普通人到巅峰，然后又迅速跌落的戏剧性经历。他在 29 岁时跌入人生

低谷，负债千万，30 岁时再次成功东山再起，跻身亿万富豪行列。

在杜国楹东山再起之后，先后打造了 5 个年销售额 10 亿元级的品牌，分别是好记星、背背佳、E 人 E 本、8848 钛金手机、小罐茶。

一个人能成功打造一个品牌传奇，就已经很了不起了，而由他创立的著名品牌就有 5 个，5 次创造商业传奇，还不包括他参与的其他案例，绝对是让人瞩目的成绩。

三、8848 钛金手机，国产最贵手机是如何做到的

为何那些国产手机突围 3000 元失败了，价格上万元的 8848 钛金手机却成功了？

1. 杜国楹团队营销成功转型，找到高端市场的成熟打法

在 8848 钛金手机成功的背后，是杜国楹团队对高端市场的深刻认识和其在市场中的精准打法。

在成功运作好记星、背背佳两个针对学生市场的著名品牌后，杜国楹团队进行了一次调整——将目标人群从自己以前擅长的学生人群，转向了高端人群。

2009 年，杜国楹创立"E 人 E 本"品牌，2010 年推出第一代平板电脑产品，大获成功。"E 人 E 本"也由此成为国内为数不多面对苹果公司 iPad 的冲击，依然能在平板市场盈利的品牌。2010—2011 年，E 人 E 本销售额超过 16 亿元，净利润超过 1.6 亿元，成为中国商务人群平板电脑的第一品牌，一度在中国商务人群消费的平板电脑中占到 41.07% 的份额。

这次运作"E 人 E 本"的成功，可以说是一次高端产品成功尝试，不仅敢与国际巨头竞争，定价还高于国际巨头，定位高端，竟也大获成功了。

在这次尝试之后，杜国楹团队对高端市场有了一定认识，之后推出"E 人 E 本"手机，进行了手机领域的试水。2015 年，杜国楹团队出奇招，推出国内最贵的手机——8848 钛金手机，定价高达 9999 元。

"E 人 E 本"平板、"E 人 E 本"手机的先后成功，杜国楹团队逐渐找到高端市场、次奢市场的感觉，形成了一套针对高端市场、次奢市场的成熟打法，

由此 8848 钛金手机成功了，小罐茶也成功了。

2. 8848 钛金手机成功的秘诀：精准的商业谋略

无论是"E 人 E 本"的成功，还是 8848 钛金手机的成功，背后都有精准的策略。

想在高端市场成功，并非价格定高了，就意味着可以成功，毕竟"低端市场看价格、中端市场看价值，高端市场看档次，奢侈市场看华贵"，不同市场的关注点不同。

要想在高端市场成功，就需要对目标消费者进行清晰了解，需要对人群定位、优秀产品力、成功形象建设、犀利传播推广、精准代言人选择等一系列进行组合化的精准策略。

（1）明确的人群定位：针对商务人群。

今天，消费者的分层以及消费的分级日益明显，既有按照年龄分层的消费，也有按照收入分级的消费。

如文化产品，就有按照年龄的分层。学生、年轻人、中青年、中年人和老年人消费的文化产品都不同，如儿童的动漫、年轻人的青春偶像剧、中青年的商业类型片、中年人带有深度的文艺作品、老年人的年代剧等，有不同的消费特点。

同样，按照收入分级的消费，可以有低档、中低档、中档、中高档、高档、次奢、奢侈品等不同消费层级。根据收入和消费价值观，还有着不同消费标准和消费特点。

在"E 人 E 本"和 8848 手机的操作上，都不是泛化的人群，而是明确、清晰、精准的人群定位，即针对商务消费人群。

（2）优秀产品力：打造针对目标人群的出色产品。

不同群体有不同的消费特点，要研发对位、针对目标群体且有竞争力的产品。

杜国楹曾是一个营销推广的推崇者，但随着操作与成长，他逐渐转型成了"产品主义者"。

在东山再起的好记星的创业中，杜国楹完成了一次从"营销制胜"到"产品制胜"

的思维转变，提出"企业持续的生命力靠产品"的观点，注重产品力的打造。在"E人E本"平板中，这个转型更为彻底，在8848钛金手机时，就更为明显体现了他在产品上的用心。

8848钛金手机针对的是商务人群，特别是层级相对较高的商务人群——企业领导、高管等，手机的功能到设计，也都是针对这一人群打造的。

①功能贴合目标人群。

功能上主打安全，把握了商务人群的信息安全需求。

这一需求在以往的类似产品上已经被证明，是非常贴合商务人群的需求的。8848手机实现了加密通话，还有系统级的防病毒、防打扰、权限管理、自启动管理、隐形空间等功能。杜国楹还为8848手机配备了一个无线U盾，无线U盾首先是无线钥匙，当手机离开U盾10米开外，U盾就会自动报警并自动锁机。

②产品设计、工艺档次高。

高端产品对设计、档次的要求极高，而8848钛金手机，无论是产品的设计，还是工艺上，都符合目标人群的高档需求，如设计外观与目前市面上手机区别很大。

在工艺、用材上，同样不俗。8848钛金手机所采用的机身金属，优点是强度大、质量轻和耐腐蚀，价格贵，且加工难度大、批量生产困难。为此，其团队从全球范围内找到了一家为瑞士腕表进行精密金属加工的工厂，而机身背部则采用了智能手机产品中少有的皮革贴合工艺，由LV奢侈品皮料的供应商ECCO精心打造，手感独特。

可以说，从外观设计，到用材，再到工艺方面，8848钛金手机都达到了较高的档次，这也是国内众多其他手机无法达到的层级。

（3）渠道建设：成功的高端形象建设。

对于高端产品而言，形象建设极为重要。

在8848手机的运作过程中，形象建设与"E人E本"相比又有了很大提升，采用了奢侈品店的装修风格，从展台到专柜，都透着一种奢华、尊贵的感觉。

（4）策划推广：犀利的媒体传播推广。

在杜国楹早期的成功中，传播推广是其利器之一。他在 22 岁开始做区域负责人时，就开始尝试广告传播，并大获成功，而在其运作好记星、背背佳等成功品牌过程中，他所做的传播推广一直极具销售力。

在 8848 钛金手机的运作中，他同样发挥了他擅长的电视广告传播，而在电视广告传播上，一方面在风格高大上、贴合目标人群，另一方面卖点突出，特点鲜明，非常有销售力。

8848 钛金手机 细分市场"次奢市场"的商业作战体系竞争力指数

产品力	★★★★
策划推广力	★★★★
渠道力	★★★★
品牌力	★★★★
团队力	★★★★
综合竞争指数	★★★★

8848 钛金手机 整体市场的商业作战体系竞争力指数

产品力	★★★★
策划推广力	★★★
渠道力	★
品牌力	★
团队力	★★★
综合竞争指数	★

（注：8848 钛金手机是小而美品牌的代表。它在局部细分市场，即次奢市场做到领先，打造了强大商业作战体系，成为这一市场赢家。它在整体市场，由于目标客户群体数量本身少，在整体市场份额较小，影响了它的竞争指数。）

——— ❀ ———

第三节　HTC——代工之王，为何没成手机王者

每种经营模式都有它的特点，要想从一种经营模式跨到另一种，企业必须要完成转型，否则就会陷入困境，HTC 手机所遭遇的就是模式转型的困境。

HTC 手机，一度曾经卖得比苹果手机还火。HTC 靠代工模式起家，成了 IT 领域的代工之王。当它从代工模式转到品牌经营模式时，虽然产品技术很突出，却一直没能做好运营能力转型，导致虽曾经成为万众瞩目的焦点明星，却最终与"世界手机之王"失之交臂。

一、率先推出智能手机

它曾是全球手机领域中最具技术竞争力的巨头之一，差一点就成了"世界手机王者"。

1. 它比苹果推出智能手机的时间还早

苹果在 2007 年 1 月推出 iPhone 的第一代产品，而 HTC 早在 2002 年就曾推出了全球第一款智能手机。

HTC 曾被业内视为最伟大的硬件制造商之一，成立于 1997 年，由王永庆的千金王雪红创立，而在创立 HTC 之前，王雪红早已是 IT 行业中的传奇。

1988 年，30 岁的王雪红创立了威盛电子，该公司在短短 10 年时间，到 1997 年，已成功将名不见经传的威盛电子推到 IC 设计领域世界一流水平行列，并成为仅次于英特尔的全球第二大芯片公司。

1997 年，王雪红与友人卓火土、周永明联合创立了 HTC，在 PDA 市场的代工领域获得突破，凭借出色的设计和技术，迅速成为 PDA 领域的代工之王（最大客户是惠普、戴尔）。

2002 年 10 月，HTC 率先推出搭载微软 Smartphone 2002 软件平台的智能手机，这个时间比苹果推出 iPhone 整整早了近 5 年。

2. 它曾一度卖得比苹果还火

虽然 2002 年 10 月，HTC 推出了全球第一台智能手机，但是主要还是过去的代工模式，销售走的主要也是运营商渠道，对于社会大众的品牌影响力较弱。虽然在运营商渠道业绩突出，但是并没有在大众渠道上掀起热潮。

2007 年，IT 界先驱人物乔布斯发布苹果一代 iPhone，凭借乔布斯超级影响力和苹果独特设计、体验风格，开始引发热潮。1 年后苹果 3G 版 iPhone 上市，3 天 100 万部的成绩引发行业震动，掀起手机行业革命——功能机向智能机的转换潮。

而此时，经过多年积累，已经拥有丰富技术沉淀的 HTC 开始发力，成为当时唯一一个可以挑战苹果手机的品牌。

2007 年 11 月 06 日，HTC 加入安卓阵营，参加由 Google 主导、34 家公司携手创建的"开放手机联盟"（Open Handset Alliance），与 Qualcomm、T-Mobile 和 Motorola 等厂商携手发展 Android 系统平台。

2008 年 9 月，HTC 作为安卓系统与苹果 iOS 系统对抗的代表，率先推出了搭载了安卓系统的智能手机 T-MobileG1，成为了当时第一个与苹果 iPhone 抗衡的安卓系统手机品牌。

而正是这款手机，将 HTC 推向了行业的巅峰，公司的股价也一路上扬，市值一度超过了老牌手机巨头诺基亚。

在 2010 年，HTC 智能手机出货量 2460 万部，占全球智能手机出货总量 8.3% 左右，到了 2011 年，HTC 所占份额更是攀升到 9.1%，销售量达到了 4300 万部左右。

而在 2010 年的第四季度，HTC 在美国的销售超越苹果和 RIM，成为美国市场最大的智能手机制造商。而在中国市场，HTC 甚至一度是很多人第一部智能手机。

二、与"世界手机之王"失之交臂

HTC 的命运如同《大话西游》里紫霞仙子对至尊宝所说的经典台词："终于等到那个驾着七彩祥云的盖世英雄，但是我猜中了开头，却猜不中这结局。"

1. 两大失利，导致 HTC 错失先机

HTC 在 2011 年达到巅峰，之后短短五年时间，从幕后英雄，到声名鹊起、名噪一时，然后再到不断下滑，这其中的经历让人感慨不已。

这其中，两大失利导致错失"世界手机之王"机会。

（1）专利大战，高歌猛进宣告结束。

2008 年 9 月，HTC 作为率先推出安卓系统手机的品牌，成为关注的焦点，也让这个曾经的智能手机代工企业迅速异军突起。到了 2010 年第四季度，一度超越苹果，而 HTC 内部也放言有信心超越苹果。

当时恰好是智能手机爆发式增长期，2010 年全球智能手机增长甚至超过 72%。

作为智能手机两大派系——苹果 iOS 系统和安卓系统，竞争大战也点燃了。

2011 年下半年，苹果和安卓阵营爆发了专利大战，作为安卓阵营代表的 HTC 首当其冲地受到了冲击，当时被称作"最大的安卓智能手机制造商"的 HTC 在美国遭遇禁售，而美国市场是 HTC 最大的市场，占其销售额一半以上。至此，HTC 遭遇阵痛，形势陡转直下，错过了手机快速扩张的机会。

这是 HTC 遭遇的第一劫。

（2）缺乏营运经验，错失中国内地市场。

遭遇专利战有些无奈，但后面市场的错失，就是 HTC 自身能力不足的问题了。

2011 年下半年，遭遇专利大战是 HTC 发展史上的第一个重大挫折，这一战让 HTC 在美国市场遭遇重大损失。但是，此时对于 HTC 而言，还有着大量市场

机会，毕竟换机潮才刚刚掀开大幕，在全球智能机市场，依然有大把的机会。

例如，中国内地市场，2011 年手机的换机潮还没兴起，2011 年 8 月 16 日小米发布的第一代产品，当年出货才仅 40 万台，与之后的强大影响力相差甚远，而当时其他几位手机大佬也同样无法与 HTC 相比。

但是，HTC 没有抓住这些市场的机会，错失了登上世界手机王者宝座的良机。

2. 错失中端和中低端市场黄金机会

2012 年 11 月，HTC 专利官司达成和解，那时，手机行业还是处于高速增长期，对 HTC 而言，还有飞跃机会。特别中国内地市场，HTC 的知名度和影响力一度非常高。

在中国内地市场，HTC 是很多消费者第一部智能手机，当时北京中关村卖手机的到处都能看到 HTC 的影子。而那时的小米才刚刚兴起，包括华为在内的众多品牌，还没有取得目前这么大的优势，HTC 还是有很大的空档机会。

但是 HTC 却开始和自己较劲了，固执坚持在中高端市场和苹果、三星较量。

这有点像当年金山 WPS 遭遇 Windows 的进攻而从高峰滑落后，金山一直不服气，面对强大的对手，试图扳过来，可是始终未能如愿，把自己精力耗在上面，错过了很多机会。当时正是中国互联网刚刚兴起的时候，机会众多，可是金山却多次错过机会，长期陷在泥潭中，直到借鉴盛大的网络游戏模式再度崛起，才算是重新翻身。

HTC 同样在较劲，在中高端领域艰难地与苹果、三星较量，但两个对手太强大，一个是技术领先的行业颠覆者，另一个是技术、品牌运作典范，HTC 却始终在咬着牙博弈，结果其高端市场并没有扩大多少，中端和中低端市场机会也错过了。华为、小米、vivo、OPPO 众多手机企业正是在这一市场开始了崛起，达到了几千万台量级，这不得不说是 HTC 的遗憾。

HTC 在中国内地市场销售比较好的时候，也就在八九名的位置，现在下滑很厉害，已经在十名之外了。2015 年 8 月，赛诺副总经理孙琦告诉记者："目前 HTC 在中国大陆市场月销量大概在 12 万部左右，但量级太小了，市场排名靠前的品牌月销量都在三四百万部，差距太大了。"

3. 昔日全球手机巨头，市值 2000 亿元，如今业绩不到高峰时期的 17%，不敌苹果手机 1/50

2012—2015 年，中国内地市场手机开始崛起，华为、小米、OPPO、vivo 都取得了巨大的成功。甚至是以前走小众路线的魅族也走向大众市场，在 2015 年达到了 2000 万部。同时，还有奇酷、乐视、锤子这些新生代加入手机行业。

其中，中国手机新领军华为 2015 年的智能手机出货量达到 1.08 亿部，2016 年出货量达到 1.39 亿台，2017 年达到 1.53 亿台。要知道 2010 年华为智能手机出货量才有 300 多万台，而 HTC 当时就已经达到了 2460 万台，而 2015 年 HTC 手机销量不到 2000 万台，2016 年出货量更是下降到 1000 万台左右，这个变化有点太大了。

2016 年全年 HTC 累计营收 781.6 亿元新台币（约 170 多亿元人民币），不到 2011 年高峰时的 17%。而苹果营收 2156 亿美元（超过 1.4248 万亿人民币），其中手机业务占比超过 65%，营收超过 9200 亿元，HTC 手机营收已不到苹果手机 1/50。

2011 年，HTC 巅峰时期市值高达 338 亿美元，如今最低时市值不到 20 亿美元，仅为巅峰时期的 5.9%。

三、代工企业转型困局——缺失品牌运营能力

HTC 业绩下滑的背后，不是个例，而是代表了一个类型企业所面临的问题。

它所反映的是，很多代工企业、生产制造企业转型后面临的一个问题，如何从生产制造商转型成品牌运营企业，如何实现自己能力结构的转化。

以前做代工，主要业务能力聚焦在设计和生产上，而转型做品牌运营商，需要打交道的不仅是产品、生产环节，还有价格、推广和渠道工作，特别是针对大众的推广和渠道工作，这些是它们过去没有涉及的，相关经验缺乏，要完成从新人到专业人士、乃至于高手的转型，需要时间和大量"学费"，为此要付出的时间成本代价和市场代价很大。

HTC 为这个转型交了很多学费，乃至于交出了市场机会。

这个问题使得国内一批过去以代加工及出口外销为主的企业，一度面对国际市场下滑，想做国内市场，转型做品牌运营商，却不得章法，处于左右为难境地。

四、HTC品牌运营的综合运营能力不足

HTC没成手机之王的一个根源，就是我们上面提到的从代工商转型到品牌运作商上的不足，在生产、设计环节很强，但是在品牌运营商要求的其他几个方面太弱。

能力不全面，缺乏品牌商的全面的能力，HTC只具备一个要素，其他要素能力都缺乏。

HTC以产品和技术著称，是全球智能手机领域最为优秀的设计、制造商之一。但是在品牌运营的其他几个方面，如价格、推广、品牌运营等方面太弱，导致商业作战体系太弱，使其在与竞争对手的较量中处于劣势。

1. 优势：产品竞争力很强，不愧是伟大的硬件制造商之一

客观地说，HTC硬件设计实力非常强，在业内以品质著称，甚至于曾经在借鉴竞争对手的产品时，苹果唯一可能会拿来借鉴的不是三星，而是HTC。

前几年几大巨头的旗舰机，以及众多跟风者的都在热炒的无边框手机，都可以看到模仿HTC手机设计要素的痕迹。

而HTC先后有多款产品获得国际的众多大奖和一片赞誉。无论是HTC One X，还是HTC M8都获得了极高的赞誉，都有其自己的特色，而不是简单地模仿某个品牌。

如The New HTC One，作为全球首款全金属智能手机，属于HTC One系列之中的高阶旗舰机。在2013年12月，被列入美国知名科技媒体《商业内幕》评选出的"2013年度最具创新力的十大设备"。此前在2013年2月，荣获全球移动大奖最佳手机奖与最佳产品奖两项大奖；2013年10月，被誉为"科技界的奥斯卡"的T3评为年度最佳设计奖、年度智能手机奖和年度最佳设备奖3项大奖；2013年10月，获得英国权威手机杂志《Mobile Choice》颁发的最佳设计产品奖、最佳视频摄像头奖、最佳手机奖3项大奖；而美国Business Insider则评其："这

是有史以来最漂亮的手机"。

这些都使得 HTC 产品在业内独树一帜，在产品力上，可以说 HTC 一度远超众多内地手机，虽然今天这一状况改变，但 HTC 产品设计的实力，仍无法否认。

2. 弱势：除了产品优势外，其他三个优势都缺乏

（1）在价格线、产品线上，缺乏三星的灵活，错失中国内地市场。

HTC 在产品线、价格线上，过于钻牛角尖、较真了，导致大量市场错失。

虽然 HTC 的产品是业内公认的出众，包括苹果都曾吸收过它的设计元素。但因为它始终把自己定位在中高端，没有三星那般灵活的产品矩阵，没有兼顾多个价格市场，最终导致错失了机会。

三星知道自己无法在中高端市场上与苹果的较量中拔得头筹，所以用了"多产品系列、多价位"的模式来进行竞争，最终形成了整体销量优势。

而 HTC 与三星相比，就缺乏这种灵活，而且把自己置于一个极为尴尬的境地。当时，高端市场面临两个强劲对手，一个是技术领导者，一个是技术、品牌运作高手，HTC 完全没有竞争的优势，但它硬是选择在这一市场较劲、死扛，不像三星灵活地采用多产品、多价格路线，导致其他几个价格区间的市场机会错失，如中端市场、中低端市场。

2500~3000 元，以及 3000 元以上市场白白丢掉！

2011—2013 年，HTC 在中国内地市场具有非常高的影响力，凭借这个影响力，它完全可以在市场上占据优势。

但是，在中国内地市场，HTC 没有争夺规模比较大的中端市场，而是拱手让给众多其他品牌。而且在 2500~3000 元，以及 3000 元以上价位的市场，很多国产手机很长一段时间想攻克都未获成功，HTC 完全具备这个资格，甚至说 HTC 当时是最有竞争力的，而当时其他国产品牌的品牌溢价还有段距离，如联想和中兴几次进攻这个市场都以失败告终，但是 HTC 却始终没有关注这个区间，而现在华为、vivo、OPPO 等已经逐渐攻克了这个价位，HTC 错过了这个市场

最好的机会。

如果说美国市场因为专利官司受影响，有些无奈，但在中国内地市场，没有这一因素影响。那个时期 HTC 是如日中天，很多手机品牌都处于劣势（后来闪耀一时的小米都还刚开始，影响力很小，更不要说其他品牌了），缺乏 HTC 那么高影响力，它具有极大的赢面机会，很可惜这个机会被 HTC 白白放弃了、错失了。

（2）在传播推广和品牌塑造上，HTC 缺乏苹果、三星的娴熟。

在传播推广和品牌打造上，HTC 同样处于弱势。

① HTC 的传播推广中，缺乏足够的力度。

一方面，HTC 缺乏足够的传播，相对诸多竞争对手，HTC 的传播极少，在这个"注意力经济"的时代，谁传播推广得越多，就越容易受到关注，占据优势。

另一方面，在 HTC 传播中，没有把自己的优点、特点进行有力传播。如 HTC 产品获得诸多奖项，但是这些信息 HTC 都很少传播，而这些其实都对提升 HTC 手机品牌美誉度很有帮助。相反，HTC 的负面消息却一直在传播，如 HTC 销量份额下滑、陷入亏损等，接连不断的这些信息传播，把 HTC 形象不断往下拉。

② 品牌塑造上，缺乏有吸引力的个性。

HTC 在品牌形象的打造上，也缺乏有力的品牌诉求，苹果手机是领先、非同凡响的形象；三星手机是时尚、全球第一的智能手机品牌；HTC 呢？很模糊！

（3）渠道上，HTC 同样缺乏竞争力。

目前国内几个销量位居前列的品牌，在渠道上都有自己的优势。

如最初中华酷联在运营商渠道，vivo、OPPO 在社会化渠道，小米在电商渠道都有自己的独特优势。特别是成为中国手机新领军企业的华为，更是在运营商渠道的基础上，成功实现了电商渠道和线下渠道的拓展，主攻电商渠道的荣耀子品牌更是取得了不俗的成绩（如今更是拓展到了线下渠道）。同时，华为进攻中端、中高端的 P 系列和 Mate 系列在线下渠道的销售同样不错，在目前手机行业中，传统线下渠道占比仍然较高。

与它们相对比，HTC 的电商和线下传统渠道非常弱，以往过于依赖运营商渠道，目前在运营商渠道中的深耕工作做得不够，渠道单一且竞争力不够。

在市场的竞争中，没有自己核心渠道资源的厂商，要想在市场中站稳脚跟很难。这一点上，HTC 同样需要改进。

可以说，虽说 HTC 在产品上有很强的优势，但是在整体商业作战体系上，存在很多不足，导致商业作战体系竞争力较弱，也影响了它的业绩。

3. 好产品，但缺了好推广和良好品牌打造

曾经，HTC 有一手好牌，可惜打坏了。

在 HTC 的系列产品上，不只是 New HTC One，它的多个产品都有诸多优点，获得行业赞誉，这些都证明 HTC 拥有出众的产品力，只要通过合理的营销操作，把规模放大完全有可能，但是 HTC 的商业作战体系太弱了。

HTC 曾经开了好头，但是后面却没有保持住，它曾经处在风口，但是因为内在的基因，未能在风口上驾驭住，然后像流星一样划过了天际，期望它后续能有好的成绩，毕竟它还是有自己的优势。

HTC 手机商业作战体系竞争力指数

产品力　　　　★★★★★

策划推广力　　★

渠道力　　　　★

品牌力　　　　★

团队力　　　　★

综合指数　　　★

要点
POINTS

HTC 的经验教训值得很多代工企业深思

在生产制造型企业中，HTC 已经做得非常出众了，它不是简单的代工制造能力，它具备了出色的技术、出色原创设计能力，让它在代工企业中脱颖而出，在主流厂商中具有一定的地位。

但是，在从代工转型时，这个出色的代工明星企业，却没有在品牌运营领域达到它在代工领域的地位，曾距离世界手机之王一步之遥，却最终失之交臂。

无论是它在代工领域脱颖而出的经验，还是转型错失的教训，都值得代工企业深思。

HTC 也给我们上了一场商战成功得与失的经典课程，只是 HTC 这个代价有些高。

从代工转型成功品牌运营商之路还是漫长，真心期望 HTC 后续能走好。

这两年，HTC 的技术再次震惊业内，它所推出的 VR，引发业内关注，再次展现了 HTC 不俗的技术实力，但是期望 HTC VR 的运作，不要像智能手机那样"开局很精彩，结局很无奈"，而要能上演传奇，毕竟它也是全球智能硬件领域的代表企业之一，最伟大的硬件制造商之一。

第四节　格力手机——未找到感觉的潜力巨头

格力做手机，并非没有优势，作为国内家电行业巨头，无论资金实力，还是商业运作经验都非常丰富。但是，在手机领域 4 年多了仍没有在销量上取得突破，这对于格力而言，有些可惜。但毕竟它是有潜力的巨头，一旦找到感觉，凭借它的体系优势，销量在千万台级应该很轻松。

一、格力手机，4 年多了仍未取得突破

2015 年，董明珠宣布格力要做手机，曾经引来极大的关注，制造了极高的热度。

2015 年 3 月，格力推出了 1 代手机；2016 年 5 月，格力推出了 2 代手机；2019 年，格力推出了 3 代手机。

至今，已经 4 年多时间了，但格力手机难言大的成功，仍未跻身主流行列。

换句话说，格力今天还没有在手机市场占有一席之地，依然没有取得预期的反响和业绩。

二、格力的手机跨界，如何才能成功

1. 格力跨界成功，需要做好四项工作

格力想要成功地跨界手机领域，必须要在手机领域里，达到成功的条件：在手机领域的产品、传播推广、渠道以及资金实力四个方面具有优势，才能突破。

（1）一个有特色、竞争力的产品——产品力是基础。

产品是能否征服消费者的基础，也是奠定行业地位的重要因素。

毕竟能否获得消费者认可，乃至于形成口碑，都要靠产品，要想在市场打开突

破口，必须要有一个叫好的产品，获得消费者和市场的认可，才能在市场上成功占位。

无论颠覆者苹果、手机行业常青树三星，还是国内率先进入全球第一阵营的手机领军华为，它们能在手机行业中打开自己的一片天空，都是凭借出色产品奠定的行业地位，赢得消费者与业内口碑，叫好又叫座，一步步登上行业巅峰。

如，苹果的 iPhone 开创独特圆弧形设计、触屏体验的新时代，三星开创的大屏潮流、曲面侧屏潮流，以及华为、OPPO、vivo 打造的轻奢设计风格，都让人惊艳。

（2）一个能引爆的传播推广之战——传播是关键。

现在是"酒香也怕巷子深"的时代，毕竟产品太多了，如果企业不做足够的宣传，消费者很难知道。如果消费者不知道，产品再好也没意义，销量很难上去。因此，在有了产品力的基础上，一定要有一个有效的传播攻势，打通产品和消费者心智之间的路径，扩大知晓率、调动起消费者的兴趣和购买欲望。

手机行业中的三大巨头，都是传播推广高手。苹果是现在手机常见传播推广手法的鼻祖，国内包括小米纷纷采用、模仿的发布会、新闻媒体推广的模式都来自苹果；三星同样是世界品牌营销大师；而华为从 B2B 领域转而运作 B2C 领域时，也借鉴了现有手机营销推广模式，形成强大传播攻势，配合优秀产品，跻身第一阵营。

（3）一个覆盖较广的渠道——渠道是保证。

没有渠道落地不行，渠道作为"地网"和传播的"天罗"结合起来，一方面形成对消费者的立体攻势，另一方面解决消费者购买的终端问题，如果消费者买不到，没法买，前面的工作同样白做，一个强大的渠道网络体系极为重要。

（4）一个雄厚的资金支持——资金是商战的重中之重。

商战和战争一样，打的也是资金实战，无论是传播之战，还是渠道之战能打成什么程度，甚至技术人才吸引到什么程度，都和资金有关。

商战是打阵地战，还是大规模集团作战，区别很大，而这其中发挥重要作用的要素，就是资金。

因此，只有满足了有特色的产品、能引爆的传播之战、覆盖较广的渠道，加上雄厚的资金配合，产品＋天罗＋地网＋资金，构建起强大商业作战体系，才能在行业打好商战。

2. 四个要素中，格力目前满足了两个半，欠缺一个半

目前，对于这四个条件而言，格力已经满足了两个半，欠缺一个半。

（1）两个半优势。

①优势之一——雄厚的资金支持，国内实力巨头。

对于格力而言，其资金优势，领先业内。

作为国内"空调大王"，格力2018年营收达2000.24亿元、净利润262.03亿元。

2015年，格力拥有的货币现金高达888.70亿元，同比2014年的545.46亿元，增加343.24亿元，可以说是资金实力雄厚，在家电业乃至于整个中国商界都有着舍我其谁的霸气。这么强大的资金优势，对于在手机领域痛快地打一场商战绰绰有余。

②优势之二——一定的渠道优势。

手机的销售渠道有多种，运营商渠道，社会零售卖场（包括家电卖场、通信产品卖场、大卖场、专卖店等）、电商等多种渠道。

格力现有的渠道优势，虽然不能完成手机销售的全面、立体覆盖，但是满足一个新产品的上市初期基本渠道要求，并且实现一定销量没有问题，毕竟格力现在已经拥有了拥有家电卖场、自有专卖店，以及网络旗舰店等一定的渠道优势。

未来，可以对渠道网络不断完善，形成全面、立体的渠道网络。

③半个优势——一定的传播优势。

目前，格力具备一定的传播资源优势、经验优势，但是对于手机领域的常规传播打法还需借鉴。

a. 格力手机具备一定的传播资源和传播经验。

一方面，从2013年年底的央视赌约开始，董明珠和格力手机就获得了一定传播资源。

董明珠和雷军的赌约一度长期占据媒体焦点，频繁见诸报端，从最初的"谁

能赢"，到后面"剧情大反转格力也要做手机"，都赚足了眼球。董明珠的一个表态，就能引发媒体大幅报道。

另一方面，董明珠和格力本身也具有丰富的传播经验。

格力本身也是擅长传播推广的企业，格力能成为空调行业的王者，除因其技术出众外，还与其出色传播推广、品牌推广密不可分。

因此，格力在传播推广上，无论是传播资源，还是操作水准，都具备很强的优势。

b. 格力对于手机领域的传播手法要学会借鉴。

目前，手机行业已经从苹果学习一套成熟打法——发布会加新闻推广，特别是小米率先复制，取得很大成效后，被同行纷纷模仿，也体现了这套模式的作用。

对于这些在手机领域相关的打法，格力还是应该相应吸收。

（2）欠缺的一个半。

①需要补上的一个—— 一个响亮、有竞争力的产品。

手机行业是一个注重产品突破的领域，能够推出有竞争力的产品、冲击市场至关重要，很明显，这一点上格力还没有做到。

a. 格力1代手机——行业试探性产品，竞争力弱。

2015年3月，格力1代手机推出，在一些商业活动场合，一些人秀出格力手机的图片，但是这款手机在市场上并没有获得预期反响，只能说媒体和大众知道了格力做手机这件事。

这款产品对于格力而言，最大的问题是格力作为外行、新手入门交出的第一份作业，没有赢得大众的叫好。根本原因就是没有提供让消费者感到惊艳的产品，也导致格力做手机的消息"雷声大，雨点小"的结果！

今天，手机行业已经成为一个快时尚行业，换机率很高，1~2年就会有很多人换手机。换手机时，影响消费者做选择的一个很重要的因素，就是其外观设计是否好看。

格力 1 代手机，作为格力进入手机行业的试水之作，只能算是交出的一份作业，证明自己可以做手机，但是产品竞争力弱，外观很难打动消费者。

b. 格力 2 代手机——档次提升比较大，但是性价比优势不够明显。

2016 年 5 月，格力推出了 2 代手机。

客观地讲，格力在 1 代手机推出一年之后拿出的 2 代手机，比 1 代有了很大的提高，甚至超出了人们对它的想象，可以说格力 2 代手机问世，让那些质疑格力能否做手机的人都吃惊了。

格力 2 代手机的外观设计比 1 代提高了太多，已经跟上了主流设计的步伐了，在产品力——产品设计上，已经成绩不错了，体现了格力的技术实力，以及格力超强的学习能力。

但是，格力 2 代却出现一个致命错误，那就是价格太高，它定在 3599 元，这个价格有点偏高，格力 2 代产品具备了成功的可能，可惜价格问题的软肋制约了它。

格力 2 代手机相对比较低调，没有发布会、媒体传播、线下推广，但即使这样，格力 2 代手机在半年时间，依然悄悄卖了几十万部，这个成绩与格力 1 代手机相比，增长幅度很大。

如果价格合理、传播到位，格力 2 代手机销量达百万台，还是很轻松的，如果格力 2 代能达几百万台，未来产品线丰富、知名度和品牌力扩大，冲击千万台还是很有戏的。

2017 年，董明珠也承认了格力 2 代手机的价格问题，2017 年 4 月 8 日，董明珠参加 2017 中国商界木兰年会，终于承认格力手机的弱点："格力的手机（质量）都很好，唯一的遗憾是价格高。"然后还找补了一句，"质量好，所以价格高"。

2017 年 6 月，格力手机再次引起媒体的关注，因为格力手机"色界"问世了，价格高达 3200 元。最初被媒体报道时其官网销量仅 5 台，然后几天涨了 700 倍，达到 3800 台，然后销量又超过 6200 台。

格力手机"色界"，同样证明了格力的实力，做工、设计越来越不错。但是，却再次重复了 2 代手机的问题——价格高，再次栽在了价格上。

c. 格力 3 代手机——再次提升，但是价格问题依旧存在。

2019 年，媒体报道格力 3 代手机上市，格力 3 代手机在产品上再次提升，但是在产品外观设计、价格上有一些不足。一方面，这两年智能手机外观设计先后经历了刘海屏、水滴屏等多个发展升级，格力 3 代手机没有跟上这些潮流；另一方面，格力 3 代手机价格依然不低，定在了 3600 元。

作为新品牌，在没有一定销量基础和出色产品设计力支撑下，进军中高端，难度是很大的。

国内目前成功突破 3000 元价位，依然销量惊人的，只有华为、OPPO、vivo 少数几个品牌。并不是说对格力而言，高端手机不可做，主要是因为存在两方面难题。

一方面，消费者认可、接受有一个过程，先从相对容易市场入手更易突破。如华为手机突破 2500 元、3000 元都走了一个过程，开始推 3000 多元没成功，先从 2000 元内实现突破。

另一方面，3000 元以上中高端的市场，对产品力要求较高，对产品外观要求比较高。

这两个因素，使得格力手机直接定位 3600 元后的销售难度很高，华为、小米等都是在性价比市场率先突破的。

对于格力而言，在手机行业首先实现突破、站稳、把量跑起来意义更大。

②需要补上的半个—— 一个引发反响的传播。

如上面所说，虽然，格力具备一定的传播资源和传播经验，但是要想做好，格力还是应遵循行业已经形成的模式——发布会加新闻炒作，再加上大面积广告，发起强大的宣传攻势，迅速打响知名度，扩大影响力，引爆市场。或许，此前格力一直在试盘，还没有准备发起大规模推广攻势。

三、有些可惜的格力 2 代手机

与一些新手企业相比，格力实际具备很大的竞争优势。毕竟，它是空调领域的霸主，有着丰富的商业运作经验，资金实力更不用多说，它最大问题是产品和价格。

1. 价格、传播到位情况下，格力 2 代手机本可达几百万台

特别是，对于格力 2 代手机而言，因为定价问题，使得销量有些可惜。

毕竟格力 2 代手机的业绩，有些出人意料。短短半年时间，价格那么高，且没有大规模宣传，竟能卖十万台级，可想而知，如果价格到位，再有大规模宣传，它的销量扩大几倍，甚至十倍都没有问题。

一方面，价格合适，用户群体就一下子扩大不少，增长几倍没问题。

另一方面，传播到位，发起一定的传播推广攻势，扩大知名度，扩大知晓用户数量，又增长几倍不成问题。

在价格、传播都到位的情况下，格力 2 代手机的销量达到几百万台，完全有戏。

2. 国产手机路线——先中端、中低端，然后中高端突围

作为一个新品，如果没有重大设计创新，不能引领潮流，或者没有其他产品铺垫，建立一定知名度，拥有一定用户基础上，贸然做中高端十分危险。

在做法上，位居前列的国产智能手机没有一款一上来就做中高端，然后成功的。

几大国产手机走的路线，基本是先做中端、中低端，建立一定品牌影响力之后，再一步步向中高端突围。

例如，目前中高端手机最成功的代表华为，先通过荣耀获得大众认可，然后利用 P 系列（P6、P7）成功打开中端 2500 元以上价格带市场，将华为品牌大幅拉升，再通过 Mate 系列（Mate7）成功打开 3000 元以上市场，一步步获得了大众认可。

其他的，例如联想手机等一上来就做中高端的基本全失败了。锤子手机同样一上来就定价 3000 元以上把自己搞得很尴尬。

对于格力手机而言，同样要如此——先通过一款产品把量跑起来，获得消费者认可，让大众接受格力手机，然后再推出中高端产品。否则，它就要用创新的潮流产品一步到位，但是对于一个从外行进入的新手而言，这是有难度的。

因此，相对而言，格力想在产品上突围，不愿做中低端，可以先在中端市场 2000 多元的价位突围，通过一款有竞争力的产品突围，把量跑起来。或者，至

少配合中高端手机推出一个性价比优势的产品，冲击销量，打开格力手机知名度。

当然，如果有较强的技术，3000 元价位突围也可以，但目前看难度不小，这条路很难走。

先从中端市场突围，站稳脚跟，把量跑起来，有了一定的行业地位，再去突围中高端市场更合理。

四、格力做手机并非没有机会，它有体系优势，一旦找到感觉，格力手机销量是千万台级

格力做手机，虽说是跨界，但与酷派、魅族、锤子相比，它并非没有机会。

毕竟，它有很大的优势——成熟的商业作战体系。酷派、魅族、锤子都从没有在一个领域内做到霸主级地位，而格力作为中国"空调大王"，能在空调领域做到一家企业独占行业 40% 份额的霸主，它的商业作战体系是非常强大的。它在推广力、渠道力、品牌力上，都有丰富的运作经验和超强的运作能力。

目前，格力在手机领域主要问题是没找到感觉，主要是在产品力上，一旦产品力到位，凭借它的商业作战体系优势，很容易实现规模化、上量。一旦找到感觉，格力手机的量绝对不是百万级别，而是千万级别，甚至几千万台都有可能。

五、如果格力手机想在手机市场发展，需要尽快突破

对于格力手机而言，如果还想要在手机市场发展，获得一定销量，就要抓紧时间、赶快突破。

一方面，市场热度下降、关注度红利下降。

此前，由于董明珠与雷军的赌约，以及后续的其他话题，格力手机一度关注度极高。

但是，由于长期期待一直没有可喜的进展，消费者对格力手机的关注已经从最初的万众瞩目，进入了疲软期、疲惫期，关注度大幅下降。

换句话讲，对于格力手机产品在市场的"热度"在下降，这种热度下降，

对于格力手机而言，不是好事。

拥有极高的关注度，意味着拥有较高的影响力、知名度和购买期待，一旦有精彩的产品上市，可以迅速引爆市场；而如果市场温度下降，意味着影响力下降、购买关注和期待都会下降，市场的操作难度加大。

当产品上市时，由于消费者关注度不高，购买期待不足，那么就需要花更大的力气去推广，去让消费者重新关注，意味着更大的推广成本和更长的引爆周期。

在 2015 年年初，格力 1 代手机问世之前，格力手机关注最高，但是由于格力 1 代产品竞争力弱，大众对其关注度下降，不过在格力 2 代手机之前，仍有一定关注度，而如今格力 2 代手机、格力 3 代手机，还没有引起很大反响。

事不过三，如同战争中"一鼓作气，再而衰，三而竭"的原理类似，士气会逐次递减，关注度同样逐次递减，越往后操作难度越大，对格力手机而言极为不利。

另一方面，行业临近饱和，进入零和竞争。

目前，由苹果 iPhone 引发的手机换机潮——从功能机向智能机的换机潮已逐渐结束，全球手机陷入低增长，中国市场同样如此。智能手机已经进入增速极为缓慢的时代，且整个市场蛋糕逐渐被几个巨头瓜分殆尽，它们的地位越发稳固。

例如，2018 年 12 月，中国市场前五大品牌——华为、vivo、OPPO、苹果、小米所占销量份额达到 90%，留给其他品牌的空间越来越小。

目前的手机市场，无论是发展空间的放缓，还是竞争的激烈程度，都远超以前。如果还没有站稳脚跟，还没有在市场打开局面，确立自己的地位，意味着在未来的发展中是极为不利，甚至有些危险。

此时，如果还想在手机市场发展，就要加快速度，抓紧时间、加快节奏。否则，如此继续下去，慢慢在大众关注中边缘化了，在争夺市场中处于下风，情况将会极为不利。

格力手机商业作战体系竞争力指数

产品力	★★☆
策划推广力	★
渠道力	☆
品牌力	★
团队力	★
综合竞争指数	☆

要点
POINTS

格力品类跨界的难题在于产品

虽说跨界有难度，但是跨界还是有不同，例如有模式跨界、品类跨界等的区别。

格力做手机的跨界，与华为的模式跨界（从 B2B 模式跨界到 B2C 模式）不同，更多属于品类跨界。华为的模式跨界，不仅是产品特点不同，还有推广打法、渠道打法的不同，而格力手机的跨界，在推广打法、渠道打法上基本类似，主要是产品不同。

换句话说，华为做手机的跨界难度远大于格力。

格力跨界与三星、苹果有相似之处，都属于打法类似，产品转型是难题。

苹果、三星在做手机时，与它们以往的推广打法、渠道打法上没什么区别。例如，乔布斯在推广 iPhone 的打法和它运作 iMac、iPod 的打法没什么区别，在过去的商业运作中，它们都已经有了成熟的商业作战模式，只要把产品力做到位，就可以实现破局。当然，苹果、三星在产品上也都经历过波折，并非一帆风顺。只要找到感觉，它们就可以实现规模化，毕竟它们在其他领域有着丰富的经验。

对于格力而言，同样如此，它做手机的最大难题，就是产品，如果实现这个破局，成功就指日可待。

手机企业竞争格局情况如下表所示。

表　手机企业竞争格局汇总

公司	综合竞争实力指数	行业格局
苹果	五星级★★★★★	一线阵营
三星	五星级★★★★★	一线阵营
华为	五星级★★★★★	一线阵营
OPPO	四星级★★★★	二线阵营
vivo	四星级★★★★	二线阵营
小米	四星级★★★★	二线阵营
传音	四星级★★★★	二线阵营
联想	三星级★★★	三线阵营
中兴	三星级★★★	三线阵营
TCL	三星级★★★	三线阵营
魅族	一星级★	五线阵营
8848	一星级★	五线阵营
HTC	一星级★	五线阵营
格力	半星级☆	五线阵营

　　需要注意的是，市场是动态变化，随着企业实力的变化，市场格局与地位也会相应变动。

━━━━━━●　本部分小结　●━━━━━━

手机大战
充分展示商业风云、竞争格局差异奥秘

手机大战，向我们生动展示了商战的激烈、商业竞争的特点，以及胜出的关键。

2007 年，苹果公司的 iPhone 手机逐步掀起的换机革命，走过 10 年，也上演过一系列精彩的商战。

一方面，手机大战，充分向我们展示了风云变幻的商战。

一个行业颠覆者掀起的换机革命，引发一场各自实力不同的争夺战，上演了群雄逐鹿。

这其中，既有实力强大、技术强大的企业，成为新一代的领军者；又有崛起的新锐、异军突起；还有昔日巨头的下滑、没落，乃至于坠落；更有一些新进入者在波折中前行。

它们分别上演了不同的情节，或辉煌、或拼搏、或下滑、或无奈、或挫折……

这些不同特点、不同实力的企业，在手机大战中，分别扮演着不同的角色，处在不同的位置，并一起向我们分展示了商战的激烈。

另一方面，手机大战又向我们生动地展示了商业作战体系的区别，以及其所造成的竞争力的差异。

商业作战体系的区别，直接决定了竞争中的地位。

商业作战体系越全面且多方面都领先，商业竞争实力越强，就会位居前列甚至领军；相反，商业作战体系越薄弱，商业竞争力越弱，市场份额处于劣势。

商业作战体系强弱，直接形成了企业竞争力的不同和行业地位的不同。

手机行业，商业作战体系的较量，让我们看到了不同企业之间的差距。苹果、三星、华为、OPPO、vivo、小米、联想、TCL、魅族、HTC、360、锤子十几个品牌之间的区别，充分展示了这一点。

单一要素的差异化优势，决定企业能否在某个环节胜出，超越对手。而多个要素领先，具有多个指标优势，那企业之间的差距就会成倍放大，企业商业作战体系的领先往往达到数倍、几十倍，甚至是上百倍，企业之间的差距由此从小到大、从弱到强的大幅拉开。

这也是企业之间形成巨大差距的秘密，也是企业从弱到强，从小到大，走向领军的奥秘！

一、未来手机行业竞争仍持续激烈，相互渗透成趋势

商业竞争是一场没有终止，只有进行式的马拉松赛。手机行业竞争，仍将继续激烈的态势。

未来，手机企业之间的竞争，将呈现出打法相互学习、借鉴，阵地相互渗透、争夺的态势。

1. 推广打法的学习、借鉴

这些年，手机企业在打法上相互学习、借鉴。如苹果的发布会模式加新闻炒作模式，OPPO、vivo 的明星代言模式，综艺节目冠名模式，以及常规的大规模广告投放（电视广告、户外广告、互联网广告）等，都会受到各企业地相互学习、借鉴、组合运用。

例如，苹果的发布会模式加新闻炒作模式，今天已经成了标配打法，而OPPO、vivo 的明星代言模式、综艺节目冠名模式，也被行业大规模采用。

2. 销售渠道阵地的渗透

除了策划推广打法以外，销售阵地的相互渗透也将愈演愈烈。

一方面，区域市场的相互渗透。一、二线市场，与三、四线市场的相互渗透，

例如，三、四市场之王的 OPPO、vivo，将反击，打入一、二线市场，而华为也将从一、二线市场走向强化三、四线市场的争夺。

另一方面，线上、线下的渗透。手机企业对线上、线下两块阵地的同时争夺都会越来越重视。例如，以线下渠道为主的 OPPO、vivo 和以线上渠道为主的荣耀、小米，在阵地上都会相互渗透、争夺。

3. 价格阵地的渗透

在手机行业，苹果是个特例，可以通过高价产品覆盖高、中、低不同消费者，这也是它作为行业潮流代表的厉害之处。

除苹果以外，其他手机产品，都采用和三星相同的价格矩阵模式，以不同价格线的产品，来分别针对高、中、低不同的消费群，争夺不同的用户群体。

OPPO、vivo 在中高端已经稳固优势的基础上，也将向中低端价格带市场拓展；而小米在中低端优势基础上，也在努力向中端及以上市场拓展。

4. 海外国际市场争夺的渗透

中国手机市场已经进入零和竞争，2018 年，前五名手机厂商（华为、OPPO、ViVO、小米、苹果）所占份额分别为 27%、20%、20%、12%、9%，前五名总体市场占有率从 2017 年的 73% 大幅度增长到 2018 年的 88%。

如此高的集中度下，无论是市场增长红利，还是竞争对手下滑红利，都已不多，增长空间较少，更大增量空间将需要出海，进行国际市场争夺。例如，小米 2017 年的销量大翻转，来源于印度市场的增量贡献占比极高（占小米 2017 全年增量近一半）。

未来，中国市场是守住存量市场，国际市场是拓展增量市场。

……

这些阵地相互渗透的目的，都是为了拓展空间、寻找增量，切割竞争对手的阵地、争夺消费者，只要竞争不结束，争夺就会继续。而随着洗牌，剩下的将都是高水平的竞争对手，意味着竞争会更加激烈。

二、一些手机品牌要切记，手机已是快时尚，不要再简单堆砌参数

手机行业既是一个技术驱动、产品力竞争的行业，又是一个具备快时尚特点竞争的行业，产品的外观设计是重要竞争力，不要做不好设计，只会简单的堆砌参数，只会简单地比较参数、喊性价比，这样做只能说误读这个行业的消费特点、竞争特点，永远无法做到溢价。在时尚行业，它的溢价，从来都不只是参数，也不是性价比，而是外观设计的档次，如今具备快时尚消费特点的手机同样如此。

三、手机行业竞争格局值得其他行业深思，每个行业都有类似格局，企业要找到自己位置

实际上，在每个行业，都有这样类似的竞争格局图。

不同基因风格的企业，技术标准派、推广派、渠道派、价格派、小而美派……这些不同打法、不同商业作战体系，形成行业中的竞争格局区别。

在这个格局中，企业要认清自己的实力，找到自己的位置，为自己下一步的提升、改善找到方向，进而改进自己的商业作战体系，强化商业作战体系的竞争力。

因此，手机商业大战不仅对手机企业有启示，对其他行业企业同样有着很好的启示。

PART 3
第三部分

互联网时代，
依然是商业作战体系的较量

这是一个变化的时代，也是一个永恒的时代。

在互联网时代，的确涌现出了很多新事物、新模式、新概念。但是，在这些事物、模式、概念背后，我们看到模式未变、概念不新。

商业本质未变，商业经典法则未变，经典规律未变。

这个时代，商业作战体系竞争的法则是永恒的，产品力、策划推广力、渠道力、品牌力、团队力这五大关键要素的重要作用是永恒的。同时，实力较量的法则未变。

成为商业领军的企业，依然是商业作战体系领先的企业，依然是实力领先的企业。

第一章　法则

‧‧‧‧‧‧‧　✦　‧‧‧‧‧‧

第一节　互联网时代，经典法则依然未变

在互联网时代，的确涌现出了很多新事物、新模式、新概念。但是，在这些事物、模式、概念背后，我们看到模式未变、概念不新，它们遵循的依然是经典法则。

一、模式未变，经典商业法则未变

虽然互联网在某些方面与传统商业渠道不同，但是本质上没有改变经典商业法则。特别是互联网的一些业态，在传统商业中都有相似的业态模式。例如以下几种。

（1）媒体模式，新闻媒体网易、新浪、搜狐等，与传统的新闻纸媒类似；视频媒体腾讯视频、爱奇艺、优酷土豆、搜狐视频等，与传统的电视媒体类似。

（2）交易平台模式，B2C领域中天猫、京东、唯品会等电商平台与国美、苏宁、沃尔玛类似；B2B领域阿里巴巴国际业务、慧聪网等与广交会等传统交易会类似。

（3）分类广告模式，百度、搜狗、360搜索等搜索平台，与传统黄页模式类似。

（4）产品品牌运营模式，电商平台上成长起来的品牌三只松鼠、韩都衣舍等淘品牌，与传统的品牌运作类似。

……

换句话说，某种程度上，无论是媒体模式，还是交易平台模式、分类广告模式、产品品牌运营模式，这些互联网企业，都是传统业务的线上化（唯一例外的，算

是互联网独有的社交工具，如腾讯的 QQ、微信，以及新浪微博等）。

因此，在实际运作中，它们依然遵循传统商业经典法则和规律。例如，做新闻媒体和视频媒体，都要打造好内容产品，这一点在今天国内视频网站表现更为明显，它们开始挖一些传统电视媒体工作者，像传统电视台一样制作电视剧、综艺节目。

而在产品类的运营模式上，仍然要遵循本书的核心商业作战体系法则，要以用户为中心，构建五大战线——产品力战线、策划推广力战线、渠道力战线、品牌力战线、团队力战线。

二、"新瓶装旧酒"的互联网思维概念

在前两年，互联网井喷发展之后，也诞生了各种各样的概念、模式，例如互联网思维、用户体验、粉丝经济，以及免费模式、生态等各种概念。

但是，这其中大多数概念炒作成分居多，很多都属于"新瓶装旧酒"，这其中一些概念，甚至闹了一些笑话。

1. 互联网思维这个概念，曾经上演互联网思维的疯狂闹剧

在 2014—2015 年，互联网思维在国内的备受推崇，堪称到了疯狂的境界，如果你说不知道"互联网思维"，你就很容易被笑"落伍了"，似乎你没有按照互联网思维操作，就是要被淘汰了，但是，事实是否果真如此？

某种程度上，当时对互联网思维的夸大犹如闹剧一般。

一个典型的例子，莫过于 2014 年年底上映的姜文的电影《一步之遥》。"互联网思维"在这个电影上映前后的评价和反馈中，上演了一出极其滑稽的闹剧。

在《一步之遥》上映之初，由于预售成功，预售票房成绩不错。于是，一些人说这是《一步之遥》互联网思维用得好，受到了各种美誉，言外之意，希望大众学着点、看看人家这互联网思维运用得多好。

但是，很快戏剧性的一幕发生了，在上映之后，由于产品力不足的问题——《一步之遥》的内容与消费者的审美存在错节，也是一些电影常犯的问题——小众艺术片和大众喜欢的商业片之间的脱节问题，这时候又有很多人开始说《一步

之遥》没有采用互联网思维，不懂互联网思维。言外之意，"看看你（《一步之遥》），没用互联网思维，不行了吧！"

这个前后对《一步之遥》的戏剧性点评反差，犹如闹剧一般。换句话说，当时对互联网思维的疯狂像闹剧一般，点评任何都要与互联网思维套上。但凡做得好，就是用了互联网思维，但凡做得不好了，就是没用互联网思维、不懂互联网思维。

2. 有一些概念并非互联网时代才有，却也被贴上了互联网思维的标签

例如，一度流行的"口碑""极致"这两个词，并不是新鲜的概念。

口碑、极致体验这两个曾是强调比较多的词，说白了就是对产品力的追求、强调产品力，但是对产品力的强调，是今天才出现的吗？很显然不是，"金杯、银杯，不如消费者的口碑"更是以前就经常被提到的一句话。

我们可以看到，在传统行业里很多做得好的优秀企业都堪称这一方面的典范，经典流传的老字号，极尽设计和工艺追求的奢侈品，以及代表行业最高技术水准的优秀企业，往往都是优秀产品力的典范。他们过去往往都是依靠某个优秀的产品一战成名，奠定了行业地位和市场地位，在市场的竞争中他们靠优秀的产品力胜出的。特别是很多老字号，就是靠着优秀的产品力，成为穿越时光、源远流长的经典。很显然，这并不是一个新鲜的概念。

企业的产品力非常强大，消费者就会非常喜欢，就会产生口碑传播。口碑营销，一直都是经典的商业胜出法则之一，自古如此，不是今天才有的！

3. 用户体验、粉丝经济就是互联网思维吗

在当时，还有"用户体验""粉丝经济"两个词语被广泛应用，似乎它们是互联网时代才诞生的词语、是新的概念，但是事实是否如此？

"用户体验"这个词从哪里来？是从乔布斯和他的苹果帝国。

苹果公司创始人乔布斯通过打造卓越产品，带来出色用户体验，进而带来苹果商业帝国的崛起，这是一种极客式的产品追求，对产品超前换位、体验、改进。在 2011 年一代 IT 产业引领者乔布斯去世，引入国内的《乔布斯传》一书火爆之后，

"用户体验"这个词便成了热点，成了国内众多企业 CEO 纷纷学习和借鉴的对象，例如，马化腾、史玉柱、周鸿祎、陈明永等都把自己列为公司的首席产品体验官。

但是，苹果是一个传统企业，而且注重用户体验是在 30 年前，乔布斯早期创业、打造苹果品牌而声名鹊起时，就已经在采用了，这是传统时代就有的，并不是互联网时代才有的。

至于"粉丝经济""粉丝营销"同样不是新概念，粉丝经济来源于传统行业，现代粉丝经济形成于娱乐行业，除娱乐行业外，在奢侈品行业也做得非常成功。

无论是口碑，还是用户体验、粉丝经济，本质上都是对优秀产品力的追求和打造，自从商业发展以来就一直存在，优秀企业一直都在做这一点。所以，很多概念炒作的成分居多。

后面，我们将对这些概念进行深入进一步地深入解读，例如，粉丝经济、大数据、免费模式等，对这些概念进行深入解析。

三、互联网确实丰富了工具，但未曾改变经典法则

那么，互联网时代，到底有没有发生什么变化？

答案是肯定的。

它虽然没有改变经典商业法则，但在渠道、方式上进行了丰富和改进。例如，它对传播渠道、销售渠道的丰富，以及对消费者调研和与消费者的互动方式上，都改善增强了。

1. 传播途径（媒介）的丰富

以往传播渠道主要是广播、报纸、电视等传统媒体，到今天互联网占据生活比重越来越高，通过互联网看新闻已经成为人们生活的一部分。而现在又有了移动互联工具，如微信出现，网络让手机 24 小时在线。人们获取信息的渠道、途径已经在发生变化，这就要求企业注意——传播阵地的丰富，企业在做推广时，就要做出相应的调整，有些传播阵地要重视、加强和强化了。

例如，小米成功就是很好地利用了新的传播阵地，利用新媒体（微博首发、

微信首发、微博披露信息）等制造话题，同时利用互联网进行炒作推广，运作非常娴熟，也成就了它的业绩。

2. 销售途径的丰富

因为互联网在人们消费者生活中比重越来越大，消费途径也越来越丰富，为传统的线下渠道添加了线上渠道，对以往连锁大卖场、便利店、专卖店等渠道进行了丰富。今天，很多人习惯上网，消费者习惯线上消费，或者部分产品采用线上消费的形式。

这两点都是商业随着社会生活变化后的正常演变，如同董明珠在央视《对话》节目所说，"进步是一个时代的表现。"

实际上，在商业的发展历程上，商业场景一直处于不断地丰富中。

例如，媒体不是一天就发展成今天这样，媒体最初是印刷体报纸，后来随着科技发展，有了广播，再到后来有了电视。

再如，销售渠道也一样，中国市场从最初供销社到后来有了杂货店，然后有了连锁大卖场，再到专业渠道、便利店等，一直都在根据时代变化进行丰富和完善。

但是，没有听说广播出现后，广播思维时代来了，电视出现后，电视思维时代来了，或者渠道出现大卖场、便利店后，大卖场思维、便利店的思维也出现了。

所以说，它们都是随着时代进步，对过去的传播途径、销售途径的丰富，企业要想做好，需要把这些都整合在一起，实现全网传播、全网销售的。

当然，这么多媒体途径、销售途径，企业只要做好其中一个媒体、一个渠道，都可能会有不错的收益，有些企业在媒体传播上只做广播，只做电视，只做互联网，或在渠道上，只做便利店或大卖场，或只做电商，都有取得不错成绩的。

但是，未来企业肯定都会结合起来，形成全网运作，企业要跟上这些时代变化，与时俱进。行业领军的企业往往是全渠道传播，全渠道销售，立体作战的企业。

3. 沟通途径的丰富

通过互联网、移动互联所带来的连接、沟通，与以往相比有了很大改变，实现了企业与消费者更紧密的交互、连接，实现了距离的改变，且变得更快捷、更方便。

以往当产品销售完之后，企业和消费者之间是断开的，没有一个有形的链接。"互联网"三个字拆开理解就是交互、联结的网状，通过这个交互连接的网状，企业可以和客户进行深度的、有互动性的连接，如一些 SNS 工具微博、微信，以及包括一些移动互联的应用工具，都可以实现企业与消费者之间互动、沟通。通过这些可以实现企业信息的推送，提高与消费者之间的黏性，对维持与客户之间的关系，以及后面的持续消费有促进作用，这些都对传统领域产生了很大的影响。

4. 交易途径的丰富

在改变传播渠道、销售渠道的同时，也丰富了交易模式，用户可以在互联网、移动互联网上下单、预订、支付等，使得消费更加便捷。

5. 了解客户信息途径的丰富

以往消费者调查会通过邀约、访问、现场沟通等方式来操作，今天通过互联网操作变得方便了，可以更容易地了解顾客的看法、想法。

一方面，有些调研可以直接通过网络实现，通过网络调研问卷的形式实现。

另一方面，有些网站，可以通过技术实现对消费者信息的了解。

例如，很多媒体网站、电商网站收集客户浏览 cookie 访问记录，以及交易记录等数据，对消费者的特点进行了解，或者通过某一产品顾客购买消费的数据，形成关于产品的汇总信息，从而在数据信息便捷性、全面性上有很大改进，这就是大数据时代带来的好处（当然，大数据也有值得完善地方，后面将会详细分析）。

无论是与客户的沟通、互动，还是交易方式、消费者信息了解上的这些改进，对于经营都很有帮助。

6. 一批高科技新技术的出现

如今，随着 IT 进一步发展，3D 打印技术、VR、AR、AI 等高科技的出现，会在技术层面有一些变革，还有德国制造业工业 4.0、中国制造 2025 等计划，都会推动传统产业升级，在效率和成果上进行优化。

可以说，这个互联网时代，带来了新的传播渠道、销售渠道、沟通渠道、交易渠道、信息收集渠道，一些新科技带来了产业升级和技术升级。

四、互联网工具的丰富，没有改变商业本质

无论是传播途径、销售途径，还是沟通途径、了解消费信息途径的丰富，都没有改变商业的本质——要为消费者提供好的产品，做好策划推广、做好渠道和品牌，这些商业作战体系的要素都没有改变。

如任正非所说，"互联网就是个实现工具""互联网还没有改变事物的本质，现在汽车还必须首先是车子，豆腐必须是豆腐……""互联网虚拟经济就是实体经济的工具。不能把工具当成目的。锄头是用来种地的，不能因为锄头多、造型美，就在那里耀武扬威，不去种地了！不种地，锄头没有一点意义"。

对于商业运作而言，工具替代不了本质要完成的工作——以顾客为中心，以扩大用户数量为目标。企业还是需要通过提高产品的吸引力、知晓率，提高消费者的消费欲和对产品的忠诚度等这些最核心、最基本的工作，来实现扩大用户数量、消费者数量的目标，实现业绩增长。

因此，所有一切的核心，仍然是要做好商业作战体系的五大要素——产品力、策划推广力、渠道力、品牌力、团队力。

五、目前，互联网没有达到彻底颠覆的程度

虽说互联网在商业运营的一些工具上进行了丰富，但是目前它们对商业结构达不到彻底颠覆的程度。

1. 它们的出现，都是时代进步体现，但没有彻底取代传统方式

一方面，它们的出现，本身就是"社会不断进步、完善"规律的体现。

像前文提到的，无论是传播媒体，还是销售渠道，都是随着科技进步、人们生活场景的改变而不断丰富的，如同传播媒体从报纸杂志到广播、电视，又如

销售渠道上从供销社到杂货店，再到连锁卖场、便利店一般，它们都是社会"不断进步、完善"规律的体现。

另一方面，它们无法彻底取代传统方式，两者都有各自的空间。

每种途径、形式，都有它所适合的空间、特点、优缺点，拥有各自的价值，不存在谁完全取代谁。例如，广播出现，没有取代电影，而电视的出现，没有取代广播，它们都有各自的空间；连锁零售超市出现后，便利店依然崛起，仍有它的发展空间。

同样，对于互联网业态也是如此。虽然，电商渠道（线上零售渠道）对传统零售渠道造成了冲击，互联网电商规模很大，阿里、京东的交易额超过了很多传统线下零售公司，但是在整体零售业占比中，目前线下零售仍然占比最大，超过80%。

在2012年12月CCTV年度人物颁奖礼上，马云曾满怀豪情、志得意满地与王健林打赌"到2020年，如果电商在中国零售市场份额超过50%，王健林将给马云一亿元人民币，反之，马云输给王健林一个亿"，目前看来，这个赌要输了。截至2018年，实物商品电商所占比例不到19%，还有2年时间，电商能一下子翻几倍？基本上不可能！据2019年1月国家统计局发布的2018年宏观经济数据显示，全国网上零售额90065亿元，其中，实物商品网上零售额占社会消费品零售总额18.4%。未来电商比重还会增长，但目前实体零售在中国仍占主导地位。

2. 如今，电商也开始反思，重新认识线下零售

这两年，互联网淘品牌已没有当初取代线下零售品牌的豪气，著名淘品牌韩都衣舍创始人赵迎光曾表示："线下服装品牌过百亿的不少，而线上淘品牌到10亿似乎就到天花板了。"这是事实，毕竟，线下还是占着另一个很大的生活消费入口。

在备受瞩目的天猫"双十一"中，2014年九大品类中，只有服装品类中，淘品牌依然坚守阵线，其他八大品类传统品牌都呈现出压倒性优势。2015年，服装品类中传统品牌也逐渐占据优势，前五仅剩了一个韩都衣舍。到2016年"双十一"，服装第一阵营更是被传统品牌占据，昔日明星韩都衣舍、茵曼、裂帛等淘品牌退到了第二阵营。

同时，线上电商也开始意识到电商天花板将出现。2016年"双十一"时，马云一反常态表示"中国电商要变天了"，并警告业内应该在阳光灿烂的时候修理屋顶，未来纯电商会日子很难过，可能就会没有，表明马云已经意识到电商未来状况。

2017年6月16日，亚马逊宣布以约137亿美元（超900亿人民币）天价收购全食超市，表示对线下零售重视，与此同时亚马逊还在开设线下书店等零售业态。

与此同时，在意识到电商天花板危机的同时，马云和阿里巴巴开始进行了线下的一系列投资，如战略投资银泰商业并私有化成为控股股东；与苏宁云商进行战略合作，收购三江购物32%股份，成为第二大股东，力推盒马生鲜……等一系列动作。

无论是亚马逊，还是阿里巴巴的举动，都说明线上电商是无法取代线下零售，毕竟人们的生活方式不是单一的，而是多元的。

3. 互联网是生活方式的一种，每种方式都有它的份额和空间

互联网所构成的线上渠道，在多个领域实现了人们传统生活消费、娱乐消费的线上化，或交易的线上化。

这其中，在一些线下依赖度较轻的领域，如游戏、信息搜索等，线上对线下传统渠道形成了很大冲击，获得了很高的占比。但是，在一些线下资源和体验依赖度较高的领域，如零售业、餐饮业、生鲜等领域，线上很难达到前一种情况的优势，往往线下会占有很强优势。

线上与线下是两个平行，又有些交叉的关系，两者对市场份额进行了重新划分。

线上会切割掉线下的一部分市场，但是不可能替代线下，取代线下，双方不存在谁完全取代谁的关系，都会只占其中的一部分份额。毕竟人类不是完全的科技人、机器人、虚拟人，只在网络上生活，不需要线下生活了，正相反人们的很多生活重心还在线下，无论是工作，还是生活、娱乐等很多消费还是在线下。

因此，互联网不可能实现像汽车取代马车、电取代煤油灯式的颠覆取代，而是一种补充和丰富，它会在传统结构上切割一部分市场，但不会彻底取代传统商业结构。

六、未来人工智能会掀起大颠覆

在任何时代，商业结构要素不会变，产品（研发、制造）、策划推广、渠道、品牌，这些工作依然都要做。新工业革命颠覆式的创新，将在部分环节上进行完善，形成冲击。

颠覆，往往意味着彻底取代，在某些环节上，对原有的传统方式进行淘汰。在人类的前几次工业革命上，都出现了部分取代性状况的发生。

1. 第一次、第二次工业革命，在产品、生产环节实现了颠覆

在人类发展史上，第一次、第二次工业革命，具有极其重大的意义，它们在商业结构的一些要素上，确实做到了颠覆。

（1）第一次工业革命，开启"机器代人"的时代，在生产制造环节实现了颠覆。

第一次工业革命，开创了以机器代替手工劳动的时代，实现了标准化动作的自动化、机械化，大幅提高效率。这一次影响深远的技术改革，拉开了机器代人的时代大幕，实现了生产力的大幅提高。

（2）第二次工业革命，在生产力进一步提高同时，在一些消费产品上实现了颠覆。

第二次工业革命，世界进入了电气化时代、工业时代，生产力再次大幅提升的同时，也产生了一系列重大科研成果，彻底改变了人们的生活。

一方面，机器自动化进一步发展。例如，以福特为代表的流水线作业、机器化大生产，大幅提高生产效率，提高了生产力。

另一方面，一系列重大成果对生活方式、消费产品进行取代式颠覆。例如，电灯、火车、汽车等一系列重大发明，对人们传统生活方式进行了大的颠覆，电灯取代了煤油灯、蜡烛等传统的照明方式，汽车、火车等取代了马车等传统的运输工具。

（3）第三次工业革命中的互联网技术，在交互方式上进行了重大改变，但在商业上没做到颠覆。

第三次科技革命，是以原子能、电子计算机、空间技术和生物工程的发明和应用为主要标志，涉及信息技术、新能源技术、新材料技术、生物技术、空间

技术和海洋技术等诸多领域的一场信息控制技术革命。

从 1980 年开始，微型计算机迅速发展。电子计算机的广泛应用，促进了生产自动化、管理现代化、科技手段现代化和国防技术现代化，也推动了情报信息的自动化，整体上再次大幅推动了科技的进步。

这其中，以互联网络为标志的信息高速公路缩短了人类交往的距离，在人类的信息传播、销售渠道、交流方式等交互上，有重大改变，将世界联通，进一步形成大的"地球村"。

但是，它并没有在商业上做到如第一次工业革命、第二次工业革命一样大的颠覆。毕竟，第一次工业革命，开启了生产环节、生产方式的取代式颠覆，第二次工业革命，在一些产品消费上实现了彻底取代式的颠覆。

目前，现阶段的互联网并没有在商业上实现生产力的大规模提高，例如，电商经济，也是目前交易规模最大的互联网模式之一，但是它并没有大幅提升效率，更多的是对交易方式的改变，而且在交易过程中，重人工的模式并没有改变，只是把前端消费（到店消费经济模式）变成了后端消费（搬运工经济模式），将前端人力模式变成了后端人力模式。

在商业上，前两次工业革命，一个在生产制造环节，一个在产品环节做到了颠覆，而第三次工业革命没有实现超越两者的颠覆。它没有在商业结构的其他环节——如产品渠道物流配送、服务、策划推广创意等环节上，做到颠覆，只是在很多环节（传播途径、销售途径、沟通途径、交易途径等）实现了丰富、完善，进一步推动了自动化进程。

2. 未来人工智能将扩大机器代人的范围，会是一次技术大颠覆，将在多个领域形成冲击

第四次工业革命，是以互联网产业化、工业智能化、工业一体化为代表，以人工智能、清洁能源、无人控制技术、量子信息技术、虚拟现实以及生物技术为主的全新技术革命。

随着人工智能技术发展的成熟，将会带来一次重大冲击。很可能在物流配送环

节（机器人送货）、服务业环节（机器人服务）、智力劳动环节（智力创意）等方面，出现人工智能机器代人现象，将是继标准化、重复性劳动机器代人后，又一次重大突破。

例如，人工智能代表 AlphaGo 在围棋上先后战胜李世石、柯洁两位著名棋手。人工智能展现出了在智力劳动环节上的超常能力，其对智力劳动领域的冲击，将很可能超出想象，这一切或许只是时间的问题。

未来，人工智能发展到一定程度，一方面是对技术造成冲击，使技术大升级、大变革；另一方面是对劳动环节产生冲击，将会扩大机器代人的范围，机器代人从手工劳动领域扩大到脑力劳动和一些服务领域，在产品技术研发，策划推广创意、渠道服务等领域，或都出现机器代人完成任务，那将是巨大的冲击。

当然，这个冲击短期内不会实现，需要一定的时间。

3. 目前，企业仍需靠人工来打造商业作战体系

目前，互联网没有改变经典商业法则，这也是以后时代不会变的，毕竟任何经营行为，都要做好产品（研发、制造）、策划推广、渠道、品牌这些工作。未来最大的冲击变革是技术和劳动环节的变革，也不会改变商业作战体系这几大要素。

不过，今天人工智能发展还需要时间，还没有引发大规模机器取代人的变革，也没有在局部环节实现对传统商业的取代，它更多地是对传统商业结构要素的丰富、改进和完善。

一方面，互联网没有改变经典法则，企业仍需要打造商业作战体系，另一方面，机器取代人现象短期内不能实现，仍需由人来完成部分工作。因此，企业要充分利用好互联网带来的新工具，同时仍需要人工来打造好商业作战体系——有竞争力、吸引消费者的产品（产品力），扩大影响力（策划推广力、渠道力）、提高忠诚度（品牌力），以及构建这四大战线的团队（团队力），来实现扩大用户、业绩增长的目标。

第二节　互联网时代，仍要遵循生意基本逻辑

无论时代怎么变，商业法则要遵循，商业基本逻辑也要遵循，如果法则和逻辑一开始就是错误的，那么注定失败。

1. 互联网时代，依然是在做生意，但是，很多项目却连基本的生意逻辑都违背了

互联网商业要遵循基本逻辑——投入、产出比逻辑，努力实现产出大于投入，而不是产出远小于投入，若是产出远小于投入，就注定亏损，难以持续经营。

但是，互联网时代很多项目运作，却连这个最基本的逻辑都违背了。

2014 年、2015 年，曾火热一时，然后众多公司倒闭的 O2O 就犯了这个错误。以曾经火热的上门洗车为例，上门洗车是一个 2015 年火到极点的项目，同时也是一个把赔本放大到极致的生意。

首先，上门洗车效率低，意味着成本上升。

对洗车公司而言，上门洗车效率远低于在店服务，毕竟洗车人员来回路上要浪费大量时间。很多上门 O2O 服务都存在这个问题，效率甚至不到在店经营的一半。

效率低，意味着单位时间的产出低，也就意味着成本上升。

其次，上门洗车人员工资成本过高，成本再次大幅上升。

在上门洗车 O2O 火热的时候，那些重金投资的公司，自己开过洗车店的基本没几个，上门 O2O 洗车人员工资远高于在店洗车人员的工资和待遇，甚至有的达到 2 倍。工资高，又把成本再次拉高。

最后，为吸引客户还进行大幅低价打折，产出大幅降低。

这些洗车O2O服务，为吸引顾客，陷入了惨烈的价格战，采用大幅折扣，甚至出现"1元洗车"，这种大促销，导致营收大幅下降。同时，这些O2O上门洗车所期望的延伸增值服务，却没有预期的成功，整体营收没有增长，反而大幅下降。

于是，效率低引发成本上升、工资高引发成本上升，大幅低价折扣却又造成收入下降，其结果只能是巨额亏损，成本增加了几倍，营收却大幅下降，只能注定赔钱。结果，钱烧完了，这些上门洗车就一下全倒了。

这种投入产出严重不成正比，注定亏损的状况，不仅是上门洗车存在的问题，也是当时众多倒闭的O2O项目的通病。

2. 类似不考虑投入产出比的问题依然存在

今天，这种不考虑投入产出比的问题，在一些领域依然存在。

例如，2017年共享经济中，在众多出现问题的项目中，也是因为这个问题。

目前，国内众多共享经济本质上还是租赁经济，属于租赁经济中的短租模式。

但是，很多企业没考虑某些品类是否适合，不是所有品类都适合租赁；同时，没考虑成本与用户消费费用（租赁费用）、产出比例关系，导致很多项目难以持续。

这也是很多项目遭遇失败的重要原因。

3. 注定亏损的生意，不是好生意！互联网软件模式，不要生搬硬套在传统行业

一个现象值得关注，今天一些互联网新经济项目的创业者，就是来自O2O那批创业者。这批从互联网公司出身的创业者，始终没有弄明白传统行业的特点，没明白生意的基本逻辑，在重复犯着错误。

互联网公司出身的创业者，进入传统行业，一定要警惕两个致命错误：

（1）认为传统行业像互联网行业一样存在暴利；

（2）盲目将互联网软件模式套入传统行业。这两种认识，存在着很大误区。

一方面，传统行业在利润率上与互联网公司相差甚远。与BAT（对百度、

阿里巴巴、腾讯三巨头公司的简称）动辄达到 30% 左右的净利润相比，传统产业的净利润相差太远，能超过 10% 的净利润率就已属非常不错的企业了，一些家电巨头甚至净利润率不超过 5%。

另一方面，传统产业成本远大于互联网软件公司。互联网软件可以同时实现一对多，甚至数百万、数千万用户服务（几十人研发的软件可以数百万，甚至千万人使用），人均成本极低，几乎可以忽略为零。而传统产业很难，特别是其硬件成本、人工成本都无法避免。于是，软件随着用户增多，成本很低，类似免费，而线下实体，人的劳动力成本、硬件生产制造成本，随着消费者扩大，它依然存在，无法免费。

盲目把互联网认识带入传统产业，盲目将互联网模式套用到传统行业，都会出问题。

盲目套用软件模式出现问题的，除了上面的 O2O 和一些共享经济例子之外，最有代表性的莫过于乐视手机。乐视手机在上市短短一年半的时间销量超过 2000 万台，可以说是一个新品牌中非常不错的成绩，一个黑马业绩，但是乐视手机"硬件亏损，内容服务盈利"的模式中，内容营收无法覆盖硬件亏损成本，导致卖得越多，却亏损也越来越多，亏损竟然达到几十亿元。

而中国免费模式的倡导者、360 创始人周鸿祎，在进入传统硬件领域后，开始坦诚自己错了，为过去的想法感到羞愧，免费模式并不适用于硬件。

4. 无论何时，做生意都要遵循基本法则

企业不盈利，都是"犯罪"！

企业不盈利，企业经营无法持续，是对公司、员工的不负责任。

不管时代怎么变，既然做的是生意，就要遵循生意的基本逻辑，要考虑基本的投入产出比，要考虑成本和营收的关系。

也希望在这一次次经历、实践之后，企业和营销人对投入产出比、盈利这些有更加深刻的认识，它们都是值得每个企业注意的。

要点
POINTS

时代在变，商业的法则未变，规律未变

现代商业逐渐成形后，就一直随着社会进步、发展，处于不断完善的过程中。

产品一直处于不断丰富的过程中，科技的革命与创新，以及不断诞生的新产品，满足了人们增长的产品消费需求。

媒体一直处于不断丰富的过程中，从报纸、杂志，到电影，再到广播、电视等，不断诞生的新媒体，满足人们不同的精神产品的需求。

渠道一直处于不断丰富的过程中，从供销社，到超市，再到大卖场、便利店等，不断丰富的零售渠道，满足人们对购物的丰富和便捷的需求。

……

这些要素上的丰富，无论是产品丰富、媒体丰富，还是渠道丰富，大多数情况下都是在原有基础上，不断增多、丰富、完善的。

20 世纪 90 年代末进入人们生活的互联网，本质上和之前的进步、丰富、完善一样。

今天，随着互联网逐渐普及和科技的进步，互联网在人们生活中的渗透越来越大，在产品消费、媒体消费、渠道消费、交易支付等领域对原有进行丰富。

这些丰富，也和过去所有的丰富一样，它们都是在商业某个环节的改善、丰富，没有改变经典的商业法则，没有改变商业作战体系，更没有改变商业作战体系五大要素，即产品力、策划推广力、渠道力、品牌力、团队力的重要性，依然要做好价值需求、传播推广、购买渠道、品牌认同、团队打造的问题。

虽然时代在变，但商业法则不会变，过去如此，今天如此，未来也将如此。

同时，商业毕竟还是生意，要遵循最基本的投入产出比逻辑，要努力做到产出大于投入，要让企业有收益，有利润，而不是持续亏损，企业才能持续经营，对企业和员工才有利。而不是相反，企业持续亏损、没法持续，对企业、员工都没有益处。

这个基本商业逻辑也是不会变的，过去如此，今天如此，未来也将如此。

第二章　术

第一节　粉丝经济不是新概念

粉丝经济模式不是一个今天才有的模式，实际上它长久以来都存在，现代的粉丝经济模式诞生已经有近百年的历史了，也并非互联网时代的产物。

1. 粉丝模式，自古有之，并非现代才有

粉丝模式不是互联网时代才出现的，它源于人们的英雄情结，以及人们对美好的人、事、物的追求，对于出色学识、才华、文艺作品、精美工艺、优秀产品等的向往，自古有之。

无论是历史上做出杰出贡献的英雄人物，还是经典的诗歌、书画、文学等文艺作品，或是精美绝伦的工艺品、服装、建筑、家具装饰，甚至是美食消费品，都可能受到推崇，拥有粉丝，这些粉丝甚至穿越了时代。

2. 现代商业的"粉丝经济"起源于好莱坞

现代商业的粉丝经济起源于好莱坞。大明星体制是好莱坞电影业基石之一，它是 20 世纪初在好莱坞逐渐形成的一种制造明星、鼓励粉丝追随的商业模式。

明星制度最早是由美国环球公司的老板卡尔·莱默尔开创的，世界第一位电影明星叫弗洛伦斯·劳伦斯。卡尔·莱默尔之所以打造明星制度，源于他在默片时留意到的一个场景，他在默片时曾发现一位名叫范兰·梯的演员在死后却有很多的人前去为他送葬。此后，莱默尔便用高薪聘请演员，并让他们改变过去使用艺名的做法，在影片上使用自己的真名。由此，美国环球公司大获成功。

之后，美国其他影业公司发现了其中的奥妙，即观众对某一明星的喜爱可以创造更高票房价值，便开始相互挖墙脚，争夺明星，明星的身价越来越高，好莱坞的明星制度也由此产生。

好莱坞大明星制度诞生的早期，有一个代表性的例子，1939年12月15日，有着好莱坞"电影皇帝"美誉的著名影星克拉克·盖博和新一代女星费雯·丽主演的，由著名小说改编的电影《乱世佳人》首映式，仅有30万人口的亚特兰大市突然涌进了100万人。那一天也是好莱坞影史上传奇的一天，《乱世佳人》票房1.9亿美元，当年美国GDP是920亿美元，一部电影能达到GDP的2‰，按照美国2018年GDP20.5万亿美元，要达到这个比例，几乎相当于410亿美元，实在是太厉害了。

美国的西尔维斯特·史泰龙、阿诺德·施瓦辛格、汤姆·汉克斯、汤姆·克鲁斯、莱昂纳多·迪卡普里奥、布拉特·皮特、茱莉亚·罗伯茨、妮可·基德曼等诸多国际明星，凭借其出色的演技在全球范围内拥有着超高人气，为影片带去了高票房。

这里特别值得一提的是，我们在前面中国电影复苏中曾提到，国内电影业的复苏就是张伟平、张艺谋携手，引入美国好莱坞模式、明星制度打造的《英雄》，掀起了国内大片模式，也带来了中国电影业新的春天，票房从当年的10亿元左右到了现在的超过600亿元，增长速度可谓迅猛。

3. 文娱行业、竞技体育行业，都是粉丝经济代表

随着美国电影业的发展，大明星制度也在文化娱乐产业推广开来，成了娱乐界一种成功模式。例如，20世纪80~90年代，我国香港曾被称为"亚洲娱乐中心"。曾一度风靡港台及内地，乃至全亚洲的明星，都成为香港娱乐产业黄金时代的代表，成为香港明星制造的典范。

明星经济的本质是成功的个人品牌的打造，明星演员、明星歌手、明星导演等都是成功的个人品牌，成功的粉丝经济模式。例如，美国史蒂文·斯皮尔伯格（《大白鲨》《E.T.》《侏罗纪公园》）、詹姆斯·卡麦隆（《异型》《终结者》《阿

凡达》），国内的张艺谋等都是明星导演的代表。而上面提到美国的西尔维斯特·史泰龙、汤姆·克鲁斯、莱昂纳多·迪卡普里奥等，以及中国香港的周润发、成龙、周星驰、刘德华、张学友、黎明、郭富城等，都是明星演员、明星歌手代表。

而竞技体育产业中，粉丝经济同样有着重要作用，著名的篮球明星、足球明星等同样都有着粉丝经济的商业价值。例如，耐克与篮球明星乔丹的合作，甚至为其打造个人品牌的运动系列用品，而今天足坛的两大球星梅西和C罗，以及他们的前辈贝克汉姆、罗纳尔多、齐达内等巅峰期都曾拥有众多的粉丝，引得众多大品牌与他们合作。

4. 时尚产业，也一直都是粉丝经济的代表

此外，时尚产业也一直都是粉丝经济的代表，美和时尚一直是人类追求的对象，例如中国古代美男子潘安、四大美女之一的西施都曾被当时的人们所模仿。

而作为时尚代表人物偶像，她们所穿着的服装、佩戴的饰品，都会成为潮流，成为众人模仿的对象，无论古代还是现代，都是如此。

正如前面品牌曾提到的案例，当年电视剧《上海滩》风靡一时，剧中许文强所穿着的风衣、围巾都火热一时。

今天的时尚业代表，如 LV、古驰、卡地亚等品牌，都是穿越时光的经典，都以出色的设计著称，而拥有众多粉丝。

5. 其他行业中，苹果算是最杰出的代表

在娱乐业、竞技体育、时尚产业之外的其他行业，粉丝经济最成功的企业非苹果公司莫属。它是科技行业一家具有个性、卓越时尚、高档次特点的品牌，乔布斯为他缔造的苹果注入"非同凡想"品牌理念，并使其成为企业基因，然后凭借一个个出众的产品，如麦金塔电脑、炫彩 iMac、iPod、iPhone、iPad 等，一次次轰动业内，一次次让大众吃惊，并将整个行业工业设计、审美要求拉高很大一个层次。苹果基本上不做社群，也不刻意做一些粉丝互动，但是苹果粉丝忠诚度远高于同行。

6. 老字号、优秀品牌实质上也是粉丝经济的代表

实际上，除了苹果之外，众多的老字号、优秀品牌也是粉丝经济的代表。

例如，国内的同仁堂、胡庆余堂、全聚德、五芳斋、稻香村、六必居、王致和等众多的老字号企业，时至今日依然深受众多消费者喜爱。

今天，众多优秀品牌也是粉丝经济的代表，凭借出色的价值，拥有一批长期追随的消费者。国际品牌耐克、阿迪达斯、ZARA、宜家等，国内品牌华为、格力、海底捞等，以及老干妈、王守义十三香等细分品类领军品牌，都凭借其优秀的产品力、品牌力拥有着粉丝消费者。

娱乐业的超级明星本质是超级个人品牌代表，老字号是经典企业品牌，优秀品牌同样是卓越品牌代表。

> 如我们前面所说，成功的品牌是塑造"充满魅力的偶像标准"，值得消费者去使用、追随和模仿，而我们在 2006 年就已经提出了这一概念。如果你的品牌做不到让消费者追随和模仿，只能说你的品牌力不够。

7. 粉丝经济的关键问题是，别人为什么成为你的粉丝

在一些企业打着互联网思维旗号，喊出粉丝经济后，一时间粉丝经济似乎成了"灵丹妙药"，很多企业如同抓住救命稻草一样，也跟着喊要做粉丝经济。

但是，这里面的关键问题是，你弄清楚粉丝经济的本质了吗——你如何让别人成为你的粉丝？别人为何要做你的粉丝，你做到了吗？

> 粉丝经济的本质，就是超级品牌力，而品牌力的成功和品牌形象的塑造、品牌的运作推广两者密不可分，特别是其中，底层产品力的支撑为关键。

无论是文艺明星、产品明星，还是老字号，这些拥有众多粉丝的品牌，它们都拥有一个共同特点，那就是他们都有出色的产品力。一个文娱明星的身价会随着连续推出优秀的作品而身价倍增，相反，身价会不断下滑。同样，对于经营产品明星的企业而言，如果后续的产品不如人意，就会受到消费者冷落，而后续产品优秀，就会受到消费者追捧，凭借出色产品力赢得消费者，构建起出色企业品牌力。

即使是老字号，如果不能保证持续优秀的产品力，也会在时间的长河中被

抛弃，相反，如果能持续保证优秀，就会成为穿越时光的经典品牌。

因此，粉丝经济的本质，还是基于出色产品力基础上构建起来的品牌力。

8. IP、社群同样如此，也要看产品力

近两年流行的 IP、超级 IP，也是超级品牌力的体现。它们在一定的群体中获得认可，并拥有了一定数量的粉丝，愿意为它买单，也是内容品牌、个人品牌的体现。例如，南派三叔的《盗墓笔记》等超级 IP，本质是图书产品品牌和个人品牌。

此外，还有前两年备受追捧的社群概念，也曾像粉丝经济一样，被企业当作救命稻草一般抓住，同样也有一批人狂喊要做社群，但是同样的问题——社群如何搭建，依靠什么搭建？有几个人能说清楚？没有有力的支撑，社群说搭建就搭建起来了？明星粉丝团的那些社群忠诚度、影响力，远大于众多喊着社群的。

成功社群的本质，也是基于一定内容上的产品力，要么产品优秀，要么理念优秀，构建出独特的价值，通过出色的产品、理念而凝聚受众，从而构成一个社群。没有出色的产品、理念，很难构建起社群，因此，社群经济本质，也是要求出色产品力。苹果公司虽然没有社群，但其粉丝忠诚度如明星粉丝团的超级粉丝一样，远大于众多社群。

案例解析 \ ANLIJIEXI

《美人鱼》
——33.92 亿元票房背后的成功密码

中国著名喜剧明星周星驰在内地及港台，乃至亚洲都拥有众多的粉丝。2016年 2 月 8 日上映的《美人鱼》，在上映后一举拿下 33.92 亿元的高票房，一度创下内地市场单片票房新纪录。周星驰高票房的背后，是众多粉丝拥护，而众多粉丝拥护的原因，就是周星驰打造出的优质产品力。

↑2016 年《美人鱼》33.92 亿元
票房背后奥秘

第 1 天 2.68 亿元，7 天突破 17 亿元，9 天达到 21 亿元，19 天 30 亿元，最终票房达到 33.92 亿元，可以说是当时前所未有的纪录，他是如何做到的？

周星驰从跑龙套开始，历经 10 年坎坷，终于迎来属于他的时代，从龙套演员成为著名喜剧演员，并成了票房保障。

1. 9 天 21 亿元、19 天 30 亿元，最终票房 33.92 亿元，未来十几年，周星驰仅内地票房就有望超百亿元

2016 年 2 月 8 日，周星驰 2016 年度贺岁大片《美人鱼》上映，与《澳门风云 3》《三打白骨精》一起引爆 2016 年贺岁档同时，也成了贺岁档的最大赢家，一家独占春节档票房超过 50% 的份额，票房超过《澳门风云 3》和《三打白骨精》的票房总和。

2 月 8 日上映当天，《美人鱼》票房 2.68 亿元，紧接着 7 天票房突破 17 亿元，9 天票房 21 亿元，且每天仍以 1 亿元票房递增，第 19 天突破 30 亿元，最终票房高达 33.92 亿元，创下当时中国内地电影市场一个前所未有的纪录，秒杀之前所有的电影。

可以说，周星驰以自己的业绩证明了，做电影人也可以成为超级富豪。他最近的三部代表电影《西游降魔篇》《美人鱼》《西游伏妖篇》票房之和达到 62.93 亿元（《西游降魔篇》12.45 亿元、《美人鱼》33.92 亿元、《西游伏妖篇》16.56 亿元）。只要保持这种水准，未来单部电影票房保持 10~15 亿元左右难度不大，甚至会更高。这意味着未来十几年（即使按照 3 年一部影片的速度，至少可以有 4~5 部影片），周星驰仅这些电影作品（上映的 4 部，未来上映的 4~5 部）的内地票房就会达到 120~130 亿元。按照合作分成，星爷凭借分成收益就超过十亿级。一个电影人通过自己的作品，就成为十亿级的富翁，再次证明了匠人精神的犀利。

2. 周星驰电影的票房为何能这么牛？就两点：好的产品力和好的品牌力

商业中，消费者为产品买单，能征服消费者的唯有具有优秀产品力的产品。

而持续的优秀产品的消费，终将构建起优秀的品牌力，在未来的消费中施加影响，不断把企业业绩推向新的巅峰。

从"喜剧之王"到"票房之王"，周星驰的成功，正是源于这两点：

①优秀作品赢得消费者青睐，构建了独特的价值、体验，成为消费首选项之一；

②持续推出的优秀作品，建立起强大的个人品牌，不断把业绩拉高。

（1）好的产品力——独特风格＋技艺超群、勤奋＋精雕细琢。

周星驰凭借独特的个人喜剧风格，加上其独特的演技，和不知疲倦的勤奋，以及其对电影作品的精雕细琢，保证了电影作品的质量。这些优秀的作品，让"周星驰的电影"与"优秀的喜剧作品"划上了等号，在大众心中形成周星驰喜剧＝好看的喜剧，周星驰作品＝好看的电影。

①独特风格的喜剧，8次香港年度票房领先。

1980年，18岁的周星驰出道，但开始并不如意。8年后的1988年得到当红明星李修贤赏识，进入影坛。经过出道10年的历练，1990年，28岁的周星驰，就开启了香港影坛的"周星驰喜剧时代"，以《赌圣》《逃学威龙》《审死官》《唐伯虎点秋香》《喜剧之王》《食神》《少林足球》《功夫》《长江七号》《西游降魔篇》等诸多喜剧电影成为香港影坛的著名演员。

在多年的发展中，周星驰已从最初的"星仔"一跃而成了"星爷"，并形成了自己独特的无厘头喜剧风格，他的电影也成了喜剧的一面招牌。

周星驰在1990年、1991年、1992年、1993年、1999年、2001年、2004年、2008年，先后8次在香港地区电影票房领先。

②演技超群＋勤奋。

演技超群。周星驰开创了独有的喜剧风格，包括招牌式笑声、肢体动作、表情等。同时，他的演技也是业内公认一流，即使是那些曾因为周星驰对作品精益求精，而与周星驰一度不愉快的演艺界人士，也对其演技高度评价。

勤奋。超群的演技与周星驰的天赋密不可分，不过他后天的勤奋同样重要，周星驰的演艺之路并不是一帆风顺。1982 年，20 岁的周星驰，让好友梁朝伟陪自己一起去报考香港无线训练班，结果梁朝伟入选了，周星驰却落选去了训练班的夜间部。而 2 年后的 1984 年，梁朝伟就已凭借电视剧《鹿鼎记》的韦小宝一角走红，成为香港无线台的"五虎"（黄日华、刘德华、苗侨伟、梁朝伟、汤镇业）之一，而周星驰则直到 6 年后才算有名气。1988 年，26 岁的周星驰出演李修贤主演的影片《霹雳先锋》，一举夺得台湾金马奖最佳男配角奖，1990 年《赌圣》的大放异彩，使他跻身著名演员行列。

在这个过程中，周星驰从跑龙套开始默默耕耘，曾跑了 6 年龙套，这一切的成功是他凭坚毅勤奋的努力所获得的，也是历尽波折的。正如周星驰的黄金搭档吴孟达所说，刚合作的时候，吴孟达和周星驰特别投缘。他们两家住对面，楼下有个 24 小时茶餐厅，他们几乎每天都在那个餐厅里聊天。什么都聊，很多时候在讨论戏和角色。

而香港著名导演王晶也曾说："很多人说周星驰是演艺界的天才，但是我知道他不是的。他是后天经过好多好多的努力，才能达到今天这种成就。"

③对作品精雕细琢，并大胆创新。

3~4 年时间推出一部电影。在 1994 年拍摄电影《国产凌凌漆》时，周星驰开始担任导演一职，开始了自己全面掌控的时代，而之后，周星驰的作品不再是之前一年几部的频率，而变成了三四年才一部。1996 年导演《食神》，之后间隔 3 年（1999 年）才推出《喜剧之王》，而后 2 年（2001 年）推出《少林足球》，又 3 年后（2004 年）推出了《功夫》，又 4 年后（2008 年）推出了《长江七号》，又 5 年后（2013 年）推出了《西游降魔篇》，而 2016 年，与上一部电影时隔 3 年推出了《美人鱼》。

对喜剧再次进行大胆创新。1999 年，在周星驰推出《喜剧之王》时，也是香港电影走入下坡路时候，传统香港电影突然一夜间失去了前些年的红火，陷入尴尬的下滑境界。无论是传统的警匪片、动作片、市井喜剧，都是如此。

这时，作为无厘头喜剧代表的周星驰，大胆对香港喜剧模式进行创新，在保留原有肢体表演同时，融入科技特效成分，创作科技特效风格的喜剧模式，《少林足球》

《功夫》《长江七号》《西游降魔篇》《美人鱼》《西游伏妖篇》等都是这一尝试的代表，也都成了新的优秀喜剧电影代表。这系列电影都取得了不俗的成绩。而相对比，除了周星驰以外，同期香港其他演员在喜剧领域进行大胆创新探索的则很少。

（2）好的品牌力——周星驰已成为一面金字招牌。

持续不断的好作品在消费者和渠道两个层面上，都建立了强大的品牌力。

①在消费者心中建立了强大的品牌力——消费者愿意看、粉丝众多。

周星驰的喜剧电影，从1990年开始，基本上部部卖座，票房上相对不成功的《大话西游》也成了经典电影，通过VCD等的传播在内地市场也掀起了《大话西游》热，众多经典台词更是被编成书籍，解读类书籍更是层出不穷，掀起了长达几年之久的热潮，影响一代青年，这批《大话西游》观众更是几乎成了周星驰的铁杆粉丝。

《大话西游》以外的每部电影，基本上都位列当时香港电影票房前十，其中先后8年位居香港电影票房冠军，这些电影以影碟形式进入了内地，培养出了大批周星驰的粉丝。当周星驰正式进入内地电影市场后，他的电影在内地院线上映后便获得了不俗票房，电影《功夫》上映时在内地获得超过2亿元票房。位列2004年内地票房第一，《长江七号》同样成绩不俗，《西游降魔篇》的票房12.45亿元，位列2013年内地票房第一，《美人鱼》33.92亿元，成为2016年内地票房第一。

由此足见周星驰已经通过系列作品构建起了强大的"周星驰喜剧品牌"，成为深受大众喜爱的喜剧电影明星，粉丝众多。

②在渠道上也建立了强大品牌力——渠道愿意多排片、票房保证。

周星驰电影未进入内地前，周星驰在香港成名，成了票房的金字招牌。从1990年开始，他一个人包揽了20多年中1/3的年度票房冠军，同时，还有多部影片位列年度前十。在1992年，周星驰一共参演7部影片，其中5部位列年度票房前五。

由此，周星驰已经成为票房大卖、大赚的象征，投资人、发行商、渠道院线对其趋之若鹜。而当1999年，周星驰电影开始进入内地后，内地渠道也开始了对他的追捧。自2004年开始，周星驰的作品多次位列内地电影票房前三，2004年的《功夫》、2013年的《西游降魔篇》、2016年的《美人鱼》

分别获得了内地当年的年度电影票房冠军。

可以说，周星驰以其作品，树立了良好的品牌——消费者喜欢看，渠道和终端有大钱赚、愿意推，形成了良性循环，最终形成"强者越来越强"的结果——从喜剧之王到票房之王、票房神话。

↑互联网思维，太多"炒"概念的成分
没做互动的周星驰，靠产品"称王"

如前面所说，互联网思维很多都是"新瓶装旧酒"，粉丝经济过去就有。

现代粉丝经济模式，是从娱乐业的大明星体制发展而来的。但是，大明星体制也依然是建立在产品基础之上，稳定输出的优秀作品，推动着明星持续的高人气，而一旦产品——影视作品质量不佳，明星也会人气下滑，甚至被边缘化。

粉丝经济的价值，也是建立在产品价值基础之上的。没有产品价值，一切都是空谈，没有优秀的产品与消费者构建联系，消费者对产品不认可，对其价值不认可，意味着对企业和品牌不认可，那么经济价值将无从谈起。

周星驰本人是一个非常低调的人，除了电影以外，几乎很少参与外界活动，更是很少与粉丝互动，只是简单地拿产品说话，但相信没人敢说，他的粉丝少且缺乏价值。由此，可以说他是靠产品力"称王"的代表。

↑产品力、品牌力是王道
想要在市场称王，就必须做好这两点

产品力和品牌力是永恒的王道！

苹果也是如此，无论是乔布斯创立苹果公司的早期，还是二度回归后的苹果公司，其成功都是"发明无与伦比的产品，然后发起无比强大的营销攻势"。苹果产品代表着与众不同、非同凡想的科技，以及对潮流的引领，深受消费者喜欢，而这种优质产品的问世，更是将苹果的品牌影响力不断推高。

周星驰在电影行业的塑造同样如此，他通过推出优秀的喜剧作品奠定了自

己的地位，赢得了大众的喜爱。而持续输出的优秀作品，不仅使其成了喜剧之王，成了优秀喜剧电影的金字招牌，更在票房上连创佳绩，成了票房之王。

与周星驰类似的国内影人还有成龙等，他们都是以优秀的作品赢得大众喜爱，而稳定输出的优质作品奠定了他们大师的地位，同时也成就了他们的传奇票房。

实际上，周星驰的商业案例，不仅是电影行业的案例，更是值得每个企业和营销人思索的案例，永远记住，好的产品力和品牌力才是王道。

企业与消费者构建价值关系，依靠的就是产品。企业提供的产品越好，消费者与企业的关系越好，企业产品受欢迎程度就越高，对企业也会越喜欢，而且喜欢的消费者会越多。

如果企业能持续提供优秀的产品，那么消费者就会更加喜欢这个企业，进而积累众多的粉丝和良好口碑，品牌影响力也会越高，商业收益自然越大，并能持续地获得高利。

很多时候，就是这么简单，但却是很多企业忽视和做不到的！

启示 QISHI

粉丝经济、用户体验的实质都是在强调产品力

无论是粉丝经济，还是用户体验，它们实际遵循的都是经典的商业法则，都是致力于打造优秀产品力。

用户体验，强调从用户角度出发、换位思考，如何打造出具有更卓越的性能和品质的产品，让用户拥有更好的体验感，更认可产品的优越性，对产品产生更多的喜爱，做出更高的评价，从而更加信赖并忠诚产品，目的就是为了打造优秀的产品力。

而只有优秀的产品力，才能使企业获得消费者的深度认同，让消费者成为拥护者和粉丝，从而持久消费。产品力越强，越有竞争力，喜欢的人越多，粉丝就会越多。

所以，它们本质上不是什么新的概念，而是长期以来就存在的，也是优秀企业一直致力打造的，并非互联网时代才有的。

第二节　互联网≠免费，它只是一种手段

曾经一提到互联网就是"免费"，以至于免费成了互联网模式的特点，并导致后面的进入者一张口就说要免费，似乎不提免费就不好意思，就没法经营一样。

一、天下没有免费的午餐，也没有免费一直做"公益"的商业企业

免费不是经营的结果，只是拓展市场的手段之一。

经营的目的之一，就是实现收益。只有可观的收益，企业才能支付员工的报酬、让员工能够有更好的生活，只有获得可观的收益，企业才能实现可持续发展。

没有好收益，意味着企业经营效益有问题，员工收入有问题，企业持续发展有问题。

天下没有免费的午餐，也没有只愿免费、不追求盈利、追求亏损的商业企业。所以，商业上常说，"做企业，不盈利就是'犯罪'"。

二、免费的三种盈利模式

免费实现盈利，通常有以下三种方式：

（1）部分项目免费，其他项目盈利——广告营收模式、其他增值业务营收模式。

通过免费资讯、软件获取客户，并使部分成为用户，然后针对人群推出广告业务，以及其他消费项目（如电商）等进行盈利。

例如，新闻门户网站提供免费资讯，通过广告或其他增值业务（网络游戏）等实现营收和盈利。

QQ凭借社交软件获得了庞大的用户，而后通过QQ秀、腾讯网、QQ网游等实现营收和盈利。

搜狗凭借搜狗拼音获得用户，通过搜狗浏览器、搜狗搜索等实现营收和盈利。

（2）部分人群免费，另外一部分人群盈利——VIP服务模式。

通过大部分人免费，扩大用户数，然后针对一部分人提供付费服务，实现盈利。

以网络游戏为例，史玉柱《征途》的游戏点卡免费，而装备收费（盛大《传奇》也采用这一模式），对部分人群进行免费，获得更多参与人数，然后对特殊需求收费。

（3）阶段性免费，之后逐渐转付费——VIP服务模式。

这种模式，同样属于VIP服务模式，与上面一种VIP服务模式略有区别。它采用的阶段性拓展模式——在某个阶段免费，培养消费习惯和用户数，然后在消费习惯逐渐形成后，再针对客户提供VIP会员服务模式。

以视频网站为例，先培养视频消费习惯，再往会员模式上引导，在培养消费习惯后，开始逐渐向视频网站付费消费上引导。

在电商中，淘宝对中小卖家开放，培育市场，之后对推荐位置进行广告收费。

三、免费困局：一旦难以获得可观收益、投入产出无法支撑，就宣告结束

免费模式主要用较低的成本吸引顾客，通过一个后续的高附加值的服务或者高盈利的项目来实现收益。这种模式是否可以持续，取决于之后商业的价值大小（流量价值、传播价值、销售价值、特殊付费价值等），而商业价值大小又取决三点——用户数量、付费项目大小、客户付费能力大小。

免费模式成功的前提，是投入产出合理——投入成本低，产出高，或投入成本高，产出更高。否则，投入产出不合理，意味模式不成立，企业将陷入亏损，经营无法持续。

毕竟互联网也是生意，不是公益，生意亏损，无法持续，免费也就无法继续。

例如，前几年喊着"免费"的互联网巨头，纷纷关闭了网盘业务。还有一些互联网企业关闭邮箱业务，就是因为只有投入，没有产出，或产出较低，不是划算生意。于是这些曾喊着"对用户永久负责""永久免费"的巨头们关闭了网盘、邮箱等业务。

再如，曾经火热一时的O2O项目，通过一些特价活动，但是却无法获得后续

的可观收益，导致投入产出不成正比，而陷入困境（后续将有专门内容详细分析）。

四、"免费"成就了互联网，也成了互联网的一个"坑"

在互联网发展过程中，因一些特殊原因，使免费成了互联网崛起的打法，但同时也成了此后互联网的一个"坑"，众多后进入者由此盲目模仿，而陷入困境退出。

1. 免费模式应用的特殊原因

（1）野蛮生长——盗版、侵权行为，让门户网站等低成本获得内容。

最初，一些免费模式的产生，有着它特殊时代原因。一方面，当时消费者缺乏互联网消费的付费习惯，互联网公司为了与传统企业竞争，采取了降低门槛的价格策略，新生的门户媒体网站做免费，电商网站做特价、低价；另一方面，复制、盗版、侵权丛生的野蛮生长状况，形成低成本，便于低价消费状况的出现。

如媒体门户网站早期崛起的时代中，存在复制的野蛮生长现象，如果当初一开始媒体门户被传统媒体收费，门户网站不可能做这么快、这么大，而传统纸媒也不会受冲击这么大，这种野蛮成长状况，形成了门户网站低投入（初期很少像传统媒体一样设置大量的编辑、记者）带来的低成本，有利于其采用免费消费模式。

如今，当这种模式复制到视频网站时，曾经的免费模式却遇到了问题，由于现在视频的版权意识越来越强、购买版权的费用越来越贵，过去所谓的"用户免费，广告费盈利"的模式却越走越难，视频网站持续亏损，视频网站都开始注重于发展和扩大付费用户，这两年视频网站都自豪地宣传自己付费用户的增长。

在一些电商网站早期崛起的时代，低价吸引人的背后，却不可避免地存在山寨产品、高仿产品，这种不对称交易模式，看似特价、低价的背后，是假货的存在。在中后期，它们也逐渐转向针对商户收费 VIP 服务，同时，清理山寨、高仿产品。

在今天，逐渐正规化的时代，这些现象相对减少不少。在它们早期崛起的过程中，这些由盗版、侵权、山寨行为，所形成的低价、免费，确实有着其重要作用。但是，它们并非正当的模式和途径，只能说是野蛮生长时代的产物。

（2）软件的特殊特点——成本较低，并且其成本随着使用人群变广而被摊薄。

在应用软件领域，作为高科技智力产业的软件产品，它们确实有着不同于硬件的优点——生产制造成本低，特别当几个人研发的软件被数百万人使用时，它的成本几乎可以忽略为0，这种特点让它确实可以免费，QQ、360、搜狗等都是这种模式的代表。相对而言，软件的免费模式，比门户网站更彻底，这也是作为软件、程序模式的奇虎360创始人周鸿祎一度狂热宣传免费的原因。

这两个原因，也就成就了互联网网站、应用软件领域的低价、免费模式。所以，免费模式的形成实际上有其特殊原因，一种是特殊时代的产物，另一种是由于特殊产品特点所形成的。

2. 当软件特点盲目套用在硬件产品时，很容易陷入困境

由于软件的独特性，使得其采用免费模式可以行得通，于是免费模式一度被奉为互联网思维的代表，备受追捧，似乎可以秒杀一切行业，包括传统行业。但是，当这种模式进入传统硬件几年之后，便遭遇了挫折，免费模式开始受到质疑并引起人们的反思。

毕竟，硬件与软件有很大不同。

一方面，两者生产成本完全不同。

软件、程序生产制造成本低，可以随着用户达到几十万、几百万时忽略为零。而硬件不同，每个硬件产品都有它的材料成本、制造成本等固定成本，这些固定成本，不会因使用的人多，而出现摊薄到几乎为0的状况，相反其成本一直都存在。

另一方面，很多硬件缺乏软件的媒介变现模式。

这些免费软件在拥有大量用户后，实际上变成一个大媒介，一个与大量用户保持高频密切关系的媒介，可以利用它延伸出门户、搜索或者网游等业务进行盈利。

例如，QQ、搜狗、360都是通过软件，形成了大媒介，QQ通过门户广告、QQ秀、QQ游戏等业务实现盈利；搜狗通过浏览器、搜索业务实现盈利；360则通过浏览器、导航栏广告、搜索实现盈利。

但是，很多硬件并没有这种媒介变现模式。

试想成千上万的产品，出现成千上万的媒介，让消费者去面对，这是无法想象的事情，能成为媒介门户的毕竟只有少数，消费者也承受不了成千上万的媒介。

一方面，硬件成本高，另一方面很多硬件除硬件盈利外，没有其他变现模式，或变现模式不足。

若盲目采用免费，甚至硬件亏损模式，产出会变低，覆盖不了成本而亏损。

于是，运作硬件产品时盲目套用软件的免费模式，不考虑硬件固定的材料成本特点，不考虑硬件的传播变现价值低于硬件成本的问题，就会陷入困境。前几年喊着免费模式进入硬件领域、传统产业的做法，逐渐遭遇了质疑和反思。

对于这一点，曾一直喊着免费模式的周鸿祎也改变了以前的看法，他表示：

"在硬件方面，我发现硬件跟着互联网手机的模式喊'免费'、喊'零利润'、喊'不挣钱'，这个思路是不对的。

"我觉得硬件，特别是智能硬件，要有合理的利润，硬件本身能支持你的后续研发，否则整个产业链都有问题。

"我最崇拜互联网模式的时候，跑到美国去见一家芯片公司的 CEO，我说电视要免费，盒子也要免费，手机也要免费，说是你们做芯片的不够革命，你们也应该免费。那个大哥看了我半天说免费没问题，但是谁给我钱呢？我自己想了想，也为当初这句话感到很惭愧。很多东西从伟大到谬误，只有一步，过犹不及。"

即使最成功的互联网服务收入公司苹果，其互联网应用商店的收益在 2015 年占整个手机行业 58% 的份额，但在苹果营收占比中十分之一左右，远低于硬件收益。

引爆乐视债务危机的手机业务问题，就与其"硬件亏损，内容盈利"所带来的弊端有关，无法通过内容营收覆盖硬件亏损成本，这种模式导致乐视手机亏损百亿元。

可见，成长于特殊时期，又因软件特点而出现的免费模式，并不能盲目硬套在硬件领域和传统产业。而包括 O2O、智能硬件在内的一些公司盲目套用免费模式纷纷折戟的案例，说明免费这种成就了互联网企业早期的模式，也成了后来盲目效仿的企业的坑。

五、免费本质就是一种推广手段，吸引、培育市场的手段

免费本质是一种推广手段，无论是对于媒体门户、电商门户而言，还是对于软件产品而言，都是通过特价、性价比优势，获得消费者用户的一种手段。

对门户网站而言，既有特殊时代野蛮生长原因，又有低门槛、低价吸引消费者策略的原因；对软件而言，通过"无门槛"，吸引消费者，扩大用户量，通过延伸消费盈利。

但是，这些模式背后，总要考虑成本问题，考虑模式的投入产出比。相对而言，软件的低成本特点比较适合这种模式，而现在门户中的视频网站由于产出难以覆盖投入成本，都呈现出巨额亏损的状况，当这种模式走向传统行业时，同样成本很高，如果产出无法覆盖成本，就会导致亏损，乐视手机就是代表。

这里一个最简单的道理，如果所有行业、企业都这么想，都在免费，想通过后续业务盈利，可是，哪里有那么多的后续盈利业务呢？谁成为那个最后买单的呢？盲目把免费套用所有行业，根本无法成立。

因此，不要把手段当成目标，当成唯一手段，更不要盲目、不考虑实际、不考虑所需条件地采用免费，要明白其本质就是一种扩大用户的促销推广手段。

实际上，传统领域的特价活动，本质上和免费类似。

传统领域在产品拓展期，也会做做特价、0元体验、免费品尝等活动，本质上和免费没什么不同，都是通过低代价扩大受众群；扩大用户，最终获得更大收益。

不过，这些活动背后都有一定核算考量，如：部分产品特价、限量特价、一定条件特惠等，要衡量了投入产出比。传统实体注重投入产出思路似乎有些谨慎，但值得盲目套用软件免费的人学习和深思，毕竟硬件与软件，传统实体与互联网有一定区别，不能盲目套用，而要根据具体情况，进行合理调整和借鉴。

天下没有免费午餐，免费目的是为扩大收益。否则，企业和员工无法生存、发展。采用这种促销手段时，要注意这一点，免费不是目的，作为促销推广手段，要考虑投入产出，否则，投入产出不平衡，导致企业陷入亏损，经营便不可持续了。

因此，对免费模式要科学认识，要慎重思索，考虑行业特点和适用性。

第三节　大数据有独特价值，但也有一些不足

今天，大数据成了一个热点，甚至于在某种程度上存在过热的状况，我们需要对大数据进行科学、合理的认识。

一、大数据一直都存在，互联网时代对它做了优化

大数据并非互联网时代才拥有，关于数据信息的研究、分析一直都存在。

1. 大数据一直都是人类认识世界的方法

大数据的本质就是信息研究，通过对大量的信息进行收集、整理、分析，对趋势及规律进行归纳、总结，从而获得对事物更清晰的认识，它也是人们认识规律、掌握规律的方法。

例如，一些科学规律正是通过大量科学实验，对数据进行汇集、分析、总结归纳出来。

很多领域都是采用类似的做法，通过大量的信息统计、整理、分析、归纳来实现目的。这些来自各个领域信息统计、研究，让我们对它们的特点、动态有着更清晰的认识，对世界、社会、自然、科学规律有着更为深入的了解，进而利用规律改进、改善、优化。

2. 大数据对商业的价值

作为认识世界的方法之一，对大数据信息统计研究，商业上一直有着应用实践。

（1）消费者信息洞悉：了解消费者特点。通过对消费者数据样本的调研、整理，了解多种消费者的职业特点、收入状况、年龄状况，以及消费习惯、消费特点等。

（2）产品信息洞悉：了解产品信息反馈。通过对消费者的调研，可以了解关于产品的反馈，如关注要素、产品要求、改进意见等。

（3）推广信息洞悉：了解推广信息的有效性。通过媒体数据的统计，可以跟踪媒体效果，进行灵活调整等。

（4）渠道信息洞悉：了解渠道的有效性。通过信息统计，反映各个渠道的消费特点、消费占比，以及关键要素。

（5）数据库营销：利用数据信息直接营销。通过掌握的数据库资料，可以直接对用户进行营销推广。

......

因此，关于数据的商业实践，一直都在进行，并非互联网时代才有的。传统实体运作一直在进行关于数据（信息）的实践。

例如，传统的实体企业会通过消费者调研，了解消费者的特点、关注点，以及媒体的特点和渠道特点，从而进行合理的商业运作、竞争。

传统的零售企业，会根据消费者的喜好来调整产品结构，不同品类、产品进货量的多少，并根据季节、消费趋势变化进行调整。

传统行业的运作一直与信息（数据）有关，行业中的企业会根据信息（数据）对经营策略进行调整。

3. 互联网时代，对大数据进行了优化，使其更精准

在互联网时代，对人们了解信息的方式、交易方式、沟通方式都进行了丰富。

同时，在企业获取数据的方式上，也有了很大的丰富，特别是通过互联网线上获取信息的手段，比以往更方便、更快捷，更系统。

由于线上交易的特点——交互、联结网状，通过这个网状交互连接，企业可以和客户进行深度连接，互动连接。

可以通过互联网记录浏览行为、交易行为，并且可以利用 IT 软件、程序，及时、迅速地对信息进行大规模的统计、汇总——各区域消费特点、各个年龄段消费特点，

各个消费价格带等，进行更细的分类，掌握各种信息数据。

例如，阿里、京东会进行大数据挖掘，并定期会发布关于某些品类的大数据信息。这些大数据，无论是对于零售平台而言，还是对于企业而言，都有很大的参考意义。

而传统实体企业在这方面也并非做得不到位。实际上，像沃尔玛这种零售平台巨头在很早就通过数据库软件，对信息进行整理、汇总，它极为注重信息化管理。早在 1984 年，沃尔玛便投入 4 亿美元巨资，与美国休斯公司合作发射了一颗商业卫星。之后，又投入了 6 亿美元建立了计算机及卫星交互式通讯系统。

二、大数据的商业实践中，需要注意的地方

大数据，对商业时间具有很重要的意义，但是，要在以下三个方面注意。

1. 数据信息收集的全面性、准确性——避免把偶然性当成必然性

做大数据，要努力避免数据、信息收集的片面，信息收集不够全面，就会影响后面的整体分析，导致结果失真。

现在互联网媒体会在当消费者浏览某信息后，对消费者记录存有记忆，下次浏览时，会按照上次浏览物品或相似物品推送广告。但要避免偶然性当成必然性。

曾经有一个消费者"因无聊去淘棺材，连续一个月'被看'骨灰盒"的例子。那位微博用户称，在宿舍刷微博时，看到有人说棺材很多包邮，感到好奇，就去搜了搜，没想到，接下来的一个月，便遭到各种广告的狂轰滥炸，每天一上微博都会看到关于寿衣、棺材之类的信息。

这个就是把偶然性当成了必然性，对个体造成了不良影响。

2. 关键考量指标设定的科学性—— 一个大数据研究要做精准，就要充分考虑所需考量的关键指标设定问题

大数据考量是否精准，是个专业度很高的事情，要充分考虑考量指标合理性、科学性。否则，分不清主、次关键指标，或指标设定不合理、不靠谱，都会影响分

析结果。

就如一些调研、考察的指标并没有问到消费者关心的问题上，也就是俗话说的"没问到点上"。这也是为什么一些商业巨头，一度很反感一些调研机构做的调研问卷，其中问题设置不合理是重要原因。设计的调研问题不合理、选项不合理，最终导致消费者回答不合理、信息不合理、数据结果不合理，调研失去价值。

3. 大数据分析者的专业性

大数据的采样、整理、分析，对分析人员专业度和能力要求很高，要求其在相关领域有着丰富经验、积累和沉淀，有着深刻、透彻的认知。否则，会影响分析结果。

这三个方面，无论是数据信息的全面性、准确性，还是考量指标设定的科学性、数据分析者的专业性，都会影响大数据分析的最终结果。

案例解析 \ ANLIJIEXI

百度百发
——电影《黄金时代》大数据预测为何失败

2014 年 10 月，文艺片电影《黄金时代》上映，在百度百发新闻发布会上预测的票房为 2.0~2.3 亿元，实际上《黄金时代》最终票房不足 6000 万元，相差甚远。

这次预测失败，与其考量因素不合理、分析人士的不专业都有关。

很多对电影的所谓大数据预测，都是以其中演员过去所参演影片的票房进行预测。但实际上不考量演员个人在其中所发挥的作用、个人的票房号召力占比有多大，有些演员虽然参演了很多知名电影、票房也不错，可是他们在其中扮演了什么角色，是否是票房成功的关键，却没有考量到。

2014 年，电影票房还不像今天这样动辄便可以上几亿元，若达到 2 亿元左右是个相当不错的成绩。但是，以《黄金时代》为例，无论是电影主演的个人品牌号召力，还是影片类型、题材等带来的票房优势，都与百度百发所分析的数据相差甚远。

（1）两位电影主演的个人票房号召力还不够。

主演之一的汤唯，青年演技派代表，凭借与梁朝伟合作的《色·戒》、与张学友合作的《月满轩尼诗》获得业内认可，在影坛走红。2013 年，汤唯与吴秀波联合主演的《北京遇上西雅图》成绩不俗，票房达到 5.2 亿元。但是《北京遇上西雅图》很大一个因素是恰好当时另一主演吴秀波，刚刚如黑马崛起、话题热度极高，两人组合的化学反应推起了票房。而之前两部影片《色·戒》《月满轩尼诗》分别是导演李安、梁朝伟，以及张学友的票房号召力显然更高。但是，汤唯自己担当主演的影片票房号召力不够。

另一位主演冯绍峰，在电视剧领域影响力很大，特别是 2011 年凭借《宫锁心玉》中的八阿哥一角获得业内关注。同样，他当时两部票房不错的电影《后会无期》《狄仁杰之神都龙王》更主要归功于导演的个人品牌力，《后会无期》归功于韩寒的个人品牌影响力，《狄仁杰之神都龙王》要归功于徐克的个人品牌。

可以说，当时二人个人的电影票房号召力还是缺乏。

（2）影片类型所属文艺片的票房局限。

《黄金时代》是一部文艺片，受众偏窄。文艺片的票房一直普遍偏低，之前 2012 年 3 月上映的文艺片《桃姐》票房近亿元，其中内地票房超 6200 万元，已是文艺片不俗成绩了，而且电影《桃姐》中还有著名影星刘德华亲情加盟，影片本身备受好评。和《桃姐》同样类型片，也注定文艺片《黄金时代》票房很难过亿元，2 亿元的预测基本不靠谱。

（3）题材偏冷。

《黄金时代》的题材也偏冷，它不像《西游记》这些持久火热的题材，这两年每年都有以《西游记》为题材的电影上映，且票房不错，甚至可以达到 10 亿级票房。而《黄金时代》显然也不是这类题材。

……

这些因素都会影响票房成绩，它最终的票房只会比《桃姐》低，不会比《桃姐》高。

但是，百度百发对《黄金时代》票房的大数据预测，很明显只考虑了二人过往的票房，没有考虑票房成功的关键要素组成，如影片的题材、类型、演员号召力、导演号召力等。虽然《黄金时代》的推广力度不低，但是票房结果并不理想，与预测相差甚远。很显然，百度百发对电影《黄金时代》的大数据解读，在考量指标设定、专业性分析上，存在一定问题，导致结果偏差过大。

这可以说是大数据失败的典型案例，也是企业在进行信息收集、指标设定、专业分析时，值得认真学习的案例。

↑ 大数据容易预测容易失效的两种情况
对于不确定性状况、突发现象及未来的创新难以预测

大数据信息收集、整理，主要来自对已有状况的总结。但是，对超出常规事情的发生，如突发事件、革命性创新技术等，都超出大数据能力，容易导致失效。

1. 一种是突发情况，难以预测

在本已基本确定的情况下，却出现突发情况（黑马事件、黑天鹅事件），意外搅动局势，让整个格局超出了之前已掌握的情况，让一切发展充满不确定性。

例如，手机行业，被一匹黑马苹果公司意外改写。

2007 年之前，手机行业前三位被诺基亚、摩托罗拉、三星占据，它们三者占据的市场份额之和一度超过 65%，行业几乎近似于垄断的阶段，而且诺基亚已经连续多年稳居第一，最高时占据全球份额达到 40%，一年销售 4 亿多台手机，是行业绝对的领先标杆。

当时，手机行业几大巨头正处于巅峰，如日中天，甚至有些独孤求败的感觉。

如果当时做大数据调研，不会有任何价值结果出来，很难预测出终结者来了。

就在谁都没有料到时，一场手机行业的革命突然开始，整个行业格局被一匹视野之外，跨界进入的黑马意外掀翻了。

2007 年 1 月，苹果发布 iPhone 一代产品，当时基本上所有从业人员，无论行业研究者、媒体评论员，还是企业人士、竞争对手，都表示不看好苹果，都唱衰苹果。

但是，结果却是出乎所有人意料，手机行业格局竟然意外地被改写了。

苹果 iPhone 成功了，手机行业被苹果颠覆了，原来的几大巨头，除了三星依然长青以外（三星是对手中唯一重视并研究苹果手机的公司），其他的几大巨头纷纷坠落，如诺基亚、摩托罗拉、黑莓，要么被收购、要么陷入了亏损。

有些黑天鹅事件，因为概率极低，未曾被重视；有些黑天鹅事件，则是大数据积累的样本不够，漏掉了；还有一些，则确实属于突发，它们都有相同的结果——超出大数据预测范畴，改变了行业格局，影响了行业发展轨迹。

2.另一种是关于未来的创新，难以预测

和黑天鹅事件突发相似的是，创新同样是新生事物，超出现有数据，难以用大数据做统计、调查。

例如，汽车刚出来时，如果采用大数据调研，可能 95% 以上的人不看好，甚至 99% 不看好，除汽车发明人和少数几个懂技术的看好外、大众都不会看好。

当时汽车技术还不完美，经常行驶途中出问题，一些坐马车的经常嘲笑驾驶汽车的人，但随着汽车技术发展日趋成熟，最终汽车成为出行主流，取代了马车。

同样例子，电灯技术刚出现时，所面对的也不是喝彩声和欢迎声，而是质疑。

这些伟大的发明，往往是人类文明此前未有的。如电的出现，基本上找不到大数据参考，除少数专业技术人员外，多数人缺乏认知，很难感知它会带来的改变价值。

例如，乔布斯就曾表示："消费者并不知道自己需要什么，直到我们拿出自己的产品，他们就发现，这是我要的东西。"

3. 马云与李彦宏的争论，大数据替代不了创新

在2017年5月28日，在贵州数博会上，国内三大互联网巨头BAT罕见地齐聚。在贵州数博会上，马云、李彦宏就大数据进行了一场争论。关于大数据本身，他们的看法有所不同。

马云认为数据很重要，是原料，没有数据什么都不行。

李彦宏则提出不太一样的观点，认为数据不重要，创新和技术更关键，并且还举例，说工业时代煤像数据一样是原料，但煤的重要性肯定不如蒸汽机。

最后登场的腾讯公司CEO马化腾则针对以上二人的演讲笑着点评说："这是不懂技术的文科生和太懂技术的理科生的争辩，没法谈到一块去。"

马化腾点评："我相信李彦宏谈的是从0到1，需要由创新技术驱动；马云讲的是从1到N，这个过程需要持续不断的数据驱动。所以，他们谈的是不同阶段。"

可以说，马化腾这个点评极其到位，技术进步包括两个阶段，第一个阶段是原创性的大发明（创新），第二个阶段是发明（创新）的优化。李彦宏所谈的是第一个阶段，从0到1的过程，这必须要有创新技术驱动，而马云所提及的是他通过数据对发明进行优化，从1到N的过程。

在技术原创发明阶段，很多发明是之前未有的产品，缺乏相关信息、数据，使得大数据缺乏意义。而在发明（创新）问世之后，要进一步改进时，相关信息、数据对于改进就会有很大价值，从而对发明（创新）进行优化。

↑大数据是有很大价值，但切记需要做的工作和其中的局限性

大数据价值不容否认，多数时候、科学考量状况下准确率很高，创造价值极大。

因为，大数据的价值实际上是信息的获取，获取足够、充分的信息，对于决策的合理性和科学性具有极高的价值。无论是经营管理，还是商业竞争决策，获得的信息越多，数据越多，对于合理的决策制订帮助越大，成功的可能性也越高。

特别在这个信息化的时代，企业一定要做好信息、数据的收集、分析工作，越丰富，越详细，越深入越好，这样对企业的经营决策会有非常大的帮助。

但是，我们也要清醒地意识到，对待大数据要科学认识，充分发挥它的作用，切记这其中需要企业做好的工作，和它自身的局限性。

一方面，大数据要做好，需要做很多工作。

如前面所说，要合理利用大数据，多个重要工作要做好。大数据信息的全面性、准确性，考量指标设定的科学性、合理性，以及大数据分析者的专业性及水准，都会影响大数据的质量和价值。

另一方面，大数据在创新工作上的局限性。

最前沿的设计和产品技术，它们往往是有极客追求的研发人员做出的，这些做出前沿设计、产品的极客式的人才往往是不依赖大数据的，而是对消费者、人性、科技、时尚的把控和艺术创新。这些具备很强专业技术要求的创新工作，往往不是大数据所能预测的。

例如，即使是最早喊出大数据制作创意的影视行业，实际上通过大数据制作的影视成功率还是很低，还是专业、具有创新能力的人能制作出高水准的产品。

再如，上面提到的乔布斯所说的观点："消费者并不知道自己需要什么，直到我们拿出自己的产品，他们就发现，这是我要的东西"，苹果的产品的创新也的确超出了大众的想象，而不是参照大数据分析进行创新。

这是值得所有人注意的，如何去认识大数据，用好大数据，发挥大数据的价值。大数据是个很好的工具，要重视它，要把它用好，但也要注意局限性。

第四节　C2B 个性化定制是个"伪命题"

今天，C2B 个性化定制成为一个热门话题，更甚至一度和 C2F 被认为是新趋势。但是，在现有条件下，C2B 个性化定制只是一个"伪命题"。

一、目前，C2B 个性化定制只能做到有限定制、尺寸精准化

目前的 C2B 只是有限定制、尺寸精准化定制，离真正的个性化还有很大的距离。现在能操作的 C2B 定制化，主要有以下两个特点。

1. 有限定制

让客户在既定图案内进行选择，并做一些小的服务，如增加个人标记等，这些本质上，都是有限定制。

2. 尺寸精准化定制

客户选定图案后，根据客户实际的尺寸对图案进行大小的调整、改进，实现用尺寸精准化。

今天，所说的 C2B、C2F 都属于这两种，它们让消费者在风格选择、尺寸精准化上，有了一定的多样性。但是，它们离真正的私人个性化定制有很大的距离。

真正私人个性化定制是风格个性化，甚至独一无二，根据用户特点进行独有方案设计，符合客户独特个性、风格，不是从有限的、已确定的方案中选择，再进行尺寸精准化定制。

因此，真正的个性化定制，是风格的个性化，而不是有限定制和尺寸的精准化。目前 C2B、C2F 定制，虽然是定制范畴，但是离真正高层次个性化定制还有很大距离。

二、简单认为 C2B 个性化定制容易实现的观点中，存在两个误区

今天，人们对 C2B 个性化定制会出现认识偏差，是因为存在两个认识误区：

1. 低估了个性化定制的难度

首先，低估了个性化定制设计的工作量难度。

专业个性化定制，根据用户需求，进行高水平、个性化定制，并非容易事情。

一方面，做出高水平、原创性、个性化设计的要求很高，符合这一要求的设计人员占比相对要少；另一方面，要满足所有消费者的个性化设计，工作量巨大。

用数量少的高水平设计人员，实现对所有消费者个性化需求的大工作量，是很难做到的。

其次，低估了个性化定制生产的难度。

个性化定制，在设计流程、生产流程上，消耗时间都比大规模标准化生产要长。

一方面，个性化定制设计流程所花时间较长。如果实现每个用户的个性化设计，要针对数百万、数千万，甚至上亿用户，进行不同设计方案、修改、调整，它消耗的时间，远高于推出几个、几十个、几百个、几千个针对大众标准化产品所花的时间。

另一方面，个性化定制生产流程所花时间较长。个性化定制意味着小批量生产，更换磨具，更换生产设置所需的时间，远大于大规模标准化所需的时间。

这种设计阶段、生产阶段所需时间的倍数级增多，意味着效率大幅降低，效率降低带来的结果，就是成本上升、价格上升，而价格上升必然使大量消费者难以承受。

个性化定制设计的工作量难度，以及生产效率的难度，都决定了暂时难以实现大规模的个性化定制，只能满足部分用户的私人定制需求。

2. 高估了消费者的专业能力

上面提到个性化定制的一个难题，就是高水平专业设计人员太少，不能满足所有用户需求，那么 C2B、C2F 就可以解决了吗？

听起来，C2B、C2F 似乎让消费者具有更大自主权，通过消费者自己设计来实现。

但是，在专业化的设计方面，要做好需要专业化的技术、专业的人员，这个

专业化门槛非一般人所能达到的，毕竟从业者都是经过多年学习、实践、历练的，而让缺乏学习、锻炼的消费者达到高于专业人员水平，难度无疑极高。

的确，这其中不排除少数消费者是达到专业水平的达人，他们因为兴趣、天赋、悟性以及长期的关注等，在该领域达到了一定专业水准。

但是，对多数消费者而言，业务水准达不到他们那么高的水平，这种情况下，让业余水准设计，厂家生产，结果能超越专业人士？这样 C2B、C2F 是进步，还是倒退？

所以，通过消费者 C2B、C2F 解决设计问题，很难实现高水平的设计。

因此，一边是厂家大规模个性化定制有难度，另一边消费者水准无法都达到专业高度，决定现阶段难以全面个性化定制，只能有限定制，某些方案尺寸精准化定制。

三、未来，人工智能或许能完成个性化定制的重任，现阶段，仍以企业强化设计、技术实力为主

未来，随着人工智能技术的发展，人工智能在智力服务领域能够实现机器取代人，机器带来的设计效率大幅度提升（人工智能的设计效率大于人工，扩大设计方案的数量，满足更多用户个性化设计的需求量），以及生产效率的提升（通过智能控制，实现生产效率提升），从而可以满足个性化定制的重任。

但是，现阶段人工智能技术没达到，仍以企业人工智力劳动为主，对厂家而言，无法覆盖所有消费者，只能通过有限定制实现，或者推出更优秀的设计方案来实现。

实际上，对于消费者更高的审美要求而言，未必是要通过个性化设计来满足，而可以通过更优秀的方案，超越对手、引领潮流，满足消费者更高的要求。

例如，苹果手机没有做到个性化定制，但是它的商业却是非常成功的，通过出色的卓越设计，实现潮流性消费，获得用户的追捧，它所取得的商业成绩远超众多竞争对手。而且苹果手机正是通过精品旗舰战略，即一款手机覆盖多种用户的模式，改变了以往手机行业推出多款产品，满足不同消费者需求的模式。

所以，产品是否个性化定制不关键，关键的是厂家的设计方案是否卓越、出色，能否超越对手，成为潮流，成为消费者青睐、追捧的对象。

要点
POINTS

互联网时代，造概念能力太强，可很多都是"新瓶装旧酒"

互联网时代，没有改变的不仅仅是经典法则，还有很多"术"也没有改变。

互联网时代，存在一种现象——概念频出。基本上每隔1~2年，就会出现一种概念，这种造概念的速度远超传统行业。

但是，很多概念却并非新的概念，不少都是"新瓶装旧酒"。

一方面，这些概念、打法以往就有，却被强行包装成了互联网时代才有的概念；另一方面，把很多概念换个名词，变成互联网时代的"新概念"。

例如，粉丝经济、用户体验并非互联网时代才有，都来自传统行业的实践经验。本质都是对出色的产品力、卓越产品力的重视，传统领军企业一直都重视，并非新时代才有。

又如，大数据实际上就是信息研究，既是人们认识社会规律、自然规律、科学规律一直在做的事情，也是商业上为了经营决策更科学、更合理一直在做的事情。它一直都存在，只是利用现在的手段，可以在某些方面更方便地进行信息研究。

再如，免费模式本身是一种特殊情况下的促销推广策略，和特价等策略本质上没有什么区别，都是降低门槛，为了吸引消费者的手段。同时，这些促销策略也要考虑一定的适用条件，它也并非属于适用所有领域的万能模式。

还有，对于C2B而言，目前能做的是一种消费者方案的优化，选择更多、尺寸更精准，但是它离真正的个性化，还是有很大距离，噱头大于实际。

此外，还有新零售，"线上＋线下"就是渠道的全面性，它和以往全渠道没区别，传统优秀企业一直重视渠道的全面立体（全渠道销售）。线上渠道过去规模没起来，传统巨头没重视，随着线上规模起来，它们给予足够重视，已在做"线下＋线上"全面性的渠道了。

这些"新概念"，很多都并非新时代才具有的，而是过去就存在的，现在根据时代特点做了一定程度上的延伸、强化，有一些更只是换了个"包装"。

当然，互联网这些概念也有价值。

通过对它们的改造、包装和强调，唤起更多企业重视，对产品重视，对设计重视，对策略重视，对信息重视等，而这些概念强调的都是商业竞争的关键要素。

但是，企业和营销人面对"新概念"，需要冷静思索，深刻认识它们背后的本质。

第三章　实力

第一节　风口会消失，实力不够，还是会掉下去

"风口论"曾经盛行一时，是众多人追捧的观点。

的确，机会窗口有它独特的商业价值，这是不容否认的，商场如战场，机不可失。但是，商业竞争还有一个更为关键的要素，那是企业"内功"。

在"风口论"风靡一阵后，它如同互联网曾经流行过的很多概念一样，沉寂了。最后，其发明人雷军也特意在公开场合，对他提出的风口论做了补充："任何人成功在任何的领域都需要一万个小时的苦练"。

换句话说，雷军对"风口论"补充说明了一个道理：内功很重要！

的确，风口是难得的机会，如果把握住了风口，企业获得意外的增长良机。但是，在整个过程中，企业的"内功"发挥着更为关键的作用。

一方面，识别风口、把握风口需要一定的能力；另一方面，在风停之后，依然能够发展，更是能力大考验，毕竟多数情况下是没有风的，如何在没有风的状况下依然持续发展得比较好，这是企业要考虑和面对的。

在风口中可以实现弯道超车，但是很难有永远的风口，一旦风停了，实力不够会怎样？结果不言而喻。

案例解析 \ ANLIJIEXI

黄太吉
——从昔日互联网思维宠儿到回归传统

互联网每隔几年就有一个新的热点，2010 年之后，继团购、O2O 之后，又出现了新热点——互联网品牌、互联网思维，在这个热点中，黄太吉如很多前辈一样，站在了风口上，但是又重复了有些类似的发展历程。

↑那个昔日大喊互联网思维的黄太吉败了 它回归传统加盟了

创业 5 年后，当初喊着互联网思维的黄太吉，回归到餐饮业的传统加盟模式。

1. 黄太吉承认战略失误

2017 年 11 月，黄太吉创始人接受媒体采访，坦诚过去几次折腾的失败，承认战略失误。

回顾过去，赫畅坦言，黄太吉副牌更多是实验性产品，目的寻找像煎饼一样的爆款单品，而"单品＋品牌"这一模式在当时有一定市场。但在单一品牌运作还不完全成熟时开始多品牌运作，给产品的供应链和品牌管理方面带来混乱。

进军外卖平台则存在战略上的失误，原因在于黄太吉"分兵"过多，把人力和财力投放到配送、生产、营销、推广等多方面，没有把有限的资源运用到最有价值的地方。

这个表态，正式宣告了黄太吉 2.0 模式"类百丽的多品牌模式"、3.0 模式"精品外卖平台"模式的失败。

2. 同时，黄太吉修正经营理念，承认经营能力比营销能力更重要

作为喊着互联网思维名重一时的公司，黄太吉被认为是最擅长讲故事、炒作的餐饮公司，"开奔驰送煎饼外卖""美女老板娘""外星人讲座"等网络热炒话题。

如今，在经历一系列失败后，黄太吉创始人赫畅坦诚这种理念的问题，他表示，过度依靠营销不是餐饮品牌生存的根本。与以前相比，媒介环境发生了较大变化，

以前能火几天的头条，现在或许仅能维持几小时，所以餐饮品牌在做营销宣传的同时，更应该注重经营能力的培养，使品牌有自己的独特性。餐企未来的发展，核心不能仅停留在所经营的产品上，更应该关注人员和文化等方面。

3. 那个昔日喊着互联网思维的黄太吉不见了，它回归传统加盟模式了

这些改变宣告那个昔日喊着互联网思维的黄太吉不见了，它开始重视经营了。

与这种表态相伴的是，曾经喊着不做加盟的它，开始回归传统餐饮加盟模式。

相比于黄太吉此前的三次转型，黄太吉此次开放加盟做法非常低调，参与报道媒体也少了很多，前几次转型的失利，让它的品牌影响力和媒体的关注度也下降了很多。

某种程度上，这次转型恐怕是黄太吉仅剩不多的机会了，因此，此次操作对于黄太吉极为重要，需要认真把握。

↑黄太吉3个升级版模式宣告失败

1. 它曾是备受关注的互联网餐饮品牌，如今，2.0 模式、3.0 模式、4.0 模式都失败了

2013 年，它曾是明星般的一个企业，并掀起了互联网餐饮品牌的热潮。

之后，它却变得眼花缭乱，开始一年一个升级，开启了 2.0、3.0、4.0 版本。但是，如今这些后续版本的模式都失败了，它又重新回到了 1.0 时代。

（1）黄太吉的 1.0 模式——麦当劳、肯德基模式。

2012 年，黄太吉在北京建外 soho 开了第一家煎饼果子门店，它当时的愿景是想要成为中国的麦当劳，以煎饼果子为核心产品，这是黄太吉的 1.0 时代。

从 2012 年 7 月起，黄太吉开始了其炫目的炒作推广，如外星人大会、美女老板娘、开豪车送煎饼等，一时间红遍微博，在那个"微博热"刚刚开始的时代，黄太吉通过微博成功实现了炒作和推广，并迅速走红。

2013 年 1 月，黄太吉只凭借升级款煎饼和立志成为"中国麦当劳"这一情怀，

就获得了数百万元的天使轮投资。

这时候黄太吉的目标是麦当劳、肯德基模式，在繁华商圈开设煎饼果子门店。

（2）黄太吉的 2.0 模式——类百丽模式。

面对黄太吉煎饼的前期成功，赫畅不再满足于只做一个品牌了。虽说此时黄太吉还只是一个区域市场运作的餐饮公司。

2014 年，黄太吉宣布进入 2.0 时代，打造多元化的多品牌矩阵。

2014 年 6 月，赫畅除了黄太吉外，还运营了"从来"饺子馆、川渝风味的"大黄疯"小火锅、主打炖菜的"牛炖先生"以及"幸福小冒菜"等一系列品牌。

一时间，黄太吉再次吸引了业内目光。2015 年 6 月，获得数千万人民币 A 轮融资。

不过，这种多品牌一起占领商圈模式，很快就出现了问题，其子品牌纷纷陷入关店潮。

当时，黄太吉把这个称为"类百丽模式"（在女鞋中，百丽有多个子品牌），同时推出多个品牌，多个角度占领白领午餐消费生活圈。

很可惜，这个思路根本没有充分考虑经营多品牌对企业能力的要求有多么高，就如同几年后乐视败于多元化问题一样，一点没考虑同时经营多品牌、多领域对企业自身能力、实力的要求。在企业还很小的时候，一个品牌还没有做到一定规模，还尚未成熟的时候，就贸然开启庞大的多品牌，无异于"作死"模式。

（3）3.0 模式——精品外卖平台模式。

2015 年 7 月，黄太吉宣布转型外卖平台。

2015 年 10 月，黄太吉宣布完成 1.8 亿元人民币的 B 轮融资，并转型做外卖。

黄太吉要做"精品外卖共享平台"，想以小而美的特点区隔于其他外卖平台。它计划联合国内知名的传统餐饮，定位面向白领消费人群，开展比一般外卖更具有"品质"的外卖业务。

这时的黄太吉想做的是"精品外卖工厂"模式，自建中央厨房，让传统餐饮品牌入驻，由黄太吉的外卖团队配送。

不过，黄太吉的这次转型再次出现问题，签约入驻商户纷纷出走。

一方面，对于品牌商户而言，成本太高、抽成太多，几乎无钱可赚，不愿再合作。

黄太吉外卖平台走的是外卖重模式，自建外卖派送团队，自建中央厨房，成本就上去了。高昂成本被摊派到入驻的品牌身上，一家与黄太吉合作的第三方品牌称，品牌出走主要原因是"太贵了"，不仅要承担成本，每单还被抽成高达40％—50％，商家还要自行对C端消费者进行补贴，品牌方几乎无利可赚。综合起来，投入太大、赚不到钱，不愿再合作。

相比之下，提成15％—30％的美团、饿了么、百度外卖看起来是更好选择。

另一方面，与做外卖的竞争对手相比，黄太吉实力太弱。

外卖大战本身就是资本大战，黄太吉的1.8亿元与美团、饿了么等动辄就是几十亿元，甚至百亿元的投入相比而言，太弱小，太没竞争力了，这是一场注定失败的竞争。

无论是与竞争对手相比实力悬殊的状况，还是与商户合作的模式所存在的问题，都注定会是一场尴尬的结果。

（4）4.0模式——九州闭门会。

2016年，在外卖工厂模式失利之后，黄太吉又开始做"九州闭门会"。

在黄太吉宣布进军外卖平台近一年后，2016年6月21日，黄太吉推出全新的"九州闭门会"杭州专场高调亮相。

这仅是九州闭门会全国行的第一站，黄太吉计划在包括杭州、上海、厦门、福州、深圳、广州、南京、天津、成都9个城市举办闭门会。而在实际进行时，目标城市又多了西安、青岛、昆明和武汉，数量不断增加。

黄太吉的"九州闭门会"，要集合各城的餐饮行业最具权威的KOL、互联网餐饮新秀或传统餐饮行业巨头，以合伙人身份加盟黄太吉外卖平台。

赫畅讲"协作""融资"，九州闭门会目的十分明确且实际，它要在全国主要十几个城市卖分站，搞加盟、做外卖平台，招募各路餐饮高人加盟黄太吉外卖平台。

　　"九州闭门会"实际上是黄太吉希望把其3.0模式推向全国，同时发展一部分加盟。

　　黄太吉九州闭门会是采用合伙人众筹模式，一方面，将其北京的外卖平台服务快速复制到全国其他城市，进行扩张；另一方面，希望发展一下品牌加盟业务。

　　但是，这里面有个关键问题是，黄太吉在北京的外卖工厂模式，都已经遭遇失利，走出北京做全国扩张就能成功？根基不稳，何谈扩张就能成功？

　　于是，在热闹了几个月之后，黄太吉的"九州闭门会"又逐渐暗淡下去了。

　　此后，又传出黄太吉准备开拓海外市场。然后，黄太吉的声音越来越暗淡，已经与其2013年的名重一时无法相比。

2. 黄太吉的2.0、3.0、4.0模式都先后失利

　　至今，黄太吉2.0模式、3.0模式、4.0模式，都已宣告失败。

　　2.0模式 败于自身实力不够。品牌多元化对企业自身的运营能力、管理能力、资源配备要求都很高，黄太吉作为一个处于初创阶段，有一定成功的企业而言，无疑与多品牌运作的实力要求之间还有着太大差距。

　　3.0模式同样败于自身实力不够。外卖平台某种程度是资本大战，黄太吉融资能力与美团、饿了么这些巨头相比差太远，基本是一场注定失败的战争。

　　4.0模式失败的原因，实际是3.0模式失败的延续，在北京地区由于自身实力不够，商户集体出走，基本上已宣告这种模式失败。而它在4.0时代想在异地实现这一目标的想法，无疑也同样难以实现，毕竟它卖的加盟商，也都难以与美团、饿了么、百度外卖这样的巨头较量（无论是资金实力，还是流量来源，都难以与其相比）。

3. 黄太吉回到了传统餐饮模式，它回归了加盟模式

　　从2014年到2016年，3年时间后，黄太吉回到了餐饮的传统加盟模式上。

　　曾经说过不做加盟的黄太吉开始做加盟了，它回归了传统餐饮连锁模式，自2016年11起，开始接受加盟店合作方式。

　　黄太吉当时的加盟政策，加盟方式分为单店、城市区域代理、城市总代理。

　　其中单店加盟费用分为5个等级，最高的为北上广核心城市，三年加盟费

共计 26.5 万元，包括加盟费 25 万元、品牌管理费 0.5 万元、保证金 1 万元。

3 年时间，每年推出一个新模式概念后，黄太吉还是回到了它最初的路线，也是餐饮业经典的模式——连锁、加盟模式。

可是，虽然黄太吉回归了传统模式，却也要面对一定的压力。

因为，它这种连锁经营的模式，在其大本营，也遭遇了一定的收缩困境。

在 2016 年 9 月，媒体曾经曝出黄太吉北京门店缩减了一半，北京的门店数量已经从 44 家骤降到了 20 家。之后，黄太吉北京的门店数量又继续一定幅度的缩减。

换句话说，在餐饮业连锁加盟基石——单店经营模式打造上，黄太吉或许还需要沉淀。毕竟，无论肯德基，还是麦当劳，这种餐饮连锁模式的鼻祖、巨头，它们能全球扩张，都与其成功打造成熟的标准单店经营管理模式、跨区域管理模式密不可分。

↑ 企业发展应遵循"道生一、一生二、二生三、三生万物"而不是倒过来

任何事情都是从 0 到 1，从 1 到 N，然后再多元化的过程，而不是倒过来。

企业的发展，也是一步步积累起来，从 0 到 1，从 1 到 N，在一个主力业务上做到很强优势，达到一定行业地位之后，再考虑多元化拓展。

这是自然规律，也就是"道生一、一生二、二生三、三生万物"的过程。

而不是，一个主力业务都还没有做好、做优，尚没有丰富、成熟经验、成熟体系时，就开始盲目的多元化、多品牌。

这种结果，就是自身资源、能力的不匹配，导致失败。

↑ 餐饮业是"从单店到多店连锁、成熟体系"典型代表而不是反过来，否则，只能做得多、关的多

餐饮业是典型"从 0 到 1、从 1 到 N"过程，而不是一个没做好，就想做多个。

单店盈利——单店经营模式成熟——多店扩张——多店管理模式成熟——跨区

域扩张——跨区域模式成熟——全国大幅扩张。

这基本是餐饮企业发展、做大的一个路径。

无论是国际餐饮巨头百胜（拥有肯德基、必胜客等多个品牌）、麦当劳等是如此，还是国内餐饮巨头海底捞、外婆家等也都是如此。

一个都没做好，同时做多个，能做好吗？

某种程度上，如果企业在一个品牌上没有运作好，没有做到行业前列，或达到一定行业地位，意味着其经营能力上还是有一定短板或还不完善。

这种情况下，其能力的短板，会导致其很难同时运作多个品牌。

↑互联网思维，重传播，"轻内功" 这个"头重脚轻"的时代该结束了

某种程度，互联网兴起的品牌擅长传播推广、占据头条，但是，内功相对缺乏。

互联网思维、互联网品牌，是 2012、2013 年曾经最时髦的词语，但是，它们的发展状况，却呈现出与当时名重一时的爆红相反的结果。

黄太吉在传播推广上是高水平做法，其在微博时代成名，其后 2.0、3.0、4.0 等模式，虽然商业成果不理想，但是，它商业推广的概念打造和讲故事的能力都超强。

作为广告公司出身的黄太吉创始人，可以说是对传播之道非常在行，从 2012 年 7 月起，"开豪车送煎饼""美女老板娘""外星人大会"等，都曾一度红遍微博。

在黄太吉后，行业内又出现多个互联网餐饮品牌的跟随者，可以说，黄太吉开了先河，带动这些互联网餐饮品牌的传播之路、崛起之路。

但是，这些互联网餐饮品牌存在相似问题——传播很强，"内功"与之相比较弱。

同时，这些企业对于商业运作的内功太过轻视，例如，同属于互联网餐饮的另一品牌，在 2016 年 12 月仅有 15 家门店的情况下，喊出了 5 年开店 1 万家的目标。

可是，5 年开店 1 万家，规模化、体系化真那么容易？

要知道，即使是麦当劳、肯德基这样全球餐饮连锁巨头，分别进入中国内地市场 29 年（麦当劳 1990 年进入）、32 年（肯德基 1987 年进入）也才几千家。

在 2016 年，他们在中国内地市场门店数分别为 2427 家和 5115 家。

它们都是全球餐饮连锁业的巨头，在中国市场超过 29 年的发展中，都没有达到 5500 家，而一家新生的企业，竟要 5 年做到 1 万家。只能说这个口号，对于餐饮业规模化、体系化的难度太不了解。

企业做大一定要靠体系，随着规模越大，这个体系的重要性、难度都越来越大，连锁店数量每上一个规模、一个台阶，蜕变、升级的难度都不小，从十几家到几十家、上百家、几百家、上千家，中间有无数个台阶要上，谈何容易。

如果只会做传播推广，企业的经营能力不足，注定了只能成为流星、昙花一现。

企业要想做成功、做大，产品力、推广力、品牌力，以及体系化运作能力等都要强，企业的扩张要量力而行，考虑自身的实力。

这些互联网餐饮品牌的教训，也是值得所有企业深思和注意的。

↑ 历史何其相似，总在不同重复

商业事件发生，有时像一个又一个的轮回、重复，兴衰在瞬间就发生了。

当每个风口来临的时候，有一些企业有意或无意中把握了风口，成为潮流中的明星。但是，随着时间发展，从风口机会期变成"内功"竞争期，一些明星却因为内功实力的不够，在潮流褪去时暗淡下去。

它们开始凭借商业运营创新——模式创新、推广创新，迅速取得成功，而后却因为经营能力问题和管理问题，以及心态的迷失，迅速盛极而衰，走向了下滑。

它们不是个例，而是类例，一批公司都先后出现过这个情况。

启示 QISHI

在风口可实现弯道超车，但商业终究是一场马拉松赛

1. "风口论"的机会主义，会耽误很多企业

"风口论"曾风靡一时，也让众多企业陷入了等待风口的机会主义。但是，无论是把握风口，还是在风口消失之后的竞争，都需要企业有不错的"内功"。

一方面，把握风口的洞察力需要沉淀和积累。

风口的确是机会，但是要想把握风口、识别风口，需要敏锐的商业眼光和洞察力，而洞察力往往是经过实践，沉淀、积累起来的。例如，雷军识别出智能手机的风口，就与他在 IT 行业中长达 20 年的沉淀、积累密切相关。

另一方面，商业是一场马拉松赛，持久竞争仍需要"内功"。

在商业竞争中，更多时间是处于没有风口的时期。在长期没有风口的时间段竞争，只能比拼企业的内在实力，众多例子证明了，没有风口时期，企业的"内功"更加重要和关键。

倘若企业过度迷恋风口，执着于等待风口，就如一个天天等着意外机会降临、不走正道、不正规努力的企业一样被耽误。

2. 风口有大价值，但是企业自身内功更为重要

风口的确有它的巨大价值，这是毋庸置疑的，有眼光的企业可以利用它迅速崛起，有实力的企业可以利用它甚至弯道超车，走上明星之路。

但是，决定企业是成为流星，还是成为持久的明星，还是由企业的"内功"决定的。

毕竟商业竞争是一场马拉松赛，比拼的是持久力，而不是短期的爆发，真正笑到最后的，往往是持久力强大、内功强大、实力强劲的企业，是商业作战体系强大的企业。

因此，风口有大价值，但是企业自身的"内功"更重要。

第二节　自媒体，真的人人都能做成传奇吗

这两年，"自媒体"成了一个很火的概念，特别是伴随着微信崛起之后，微信公众号中出现了一些大号、公众号自媒体品牌。同时，视频网站兴起了一些视频自媒体品牌，它们都让自媒体成为热点。

特别是一些知名的自媒体，例如"罗辑思维""一条""晓松奇谈"等这样的自媒体"大V"品牌，估值都达到数亿元，甚至超过10亿元，如"一条"的年营收就超过了10亿元，更让众多人被自媒体所吸引，投身自媒体。

一、自媒体，并非人人都能创造传奇

伴随一些自媒体成名之后，一时间更有"人人都是自媒体"的观点，似乎人人都能创造自媒体传奇，事实是否如此？

这种情况是否存在？有，在某个特定的时期，早期风口期确实能创造奇迹。

例如，以微信公众号为例，在它诞生早期，那时候公众号比较少，上量很容易。

微信公众平台于2012年08月23日正式上线，2012年年底到2013年，属于微信公众号的风口期，微信公众号上量速度特别快。曾有一个作者分享过一个例子，他注册一个公众号，因忘记密码，几个月未曾登陆，未曾发布文章，然后再登录时发现竟然增加了几千个订阅量，这在今天绝对是不可思议的事情。

二、目前，自媒体已从风口期/机遇窗口期，走向了实力竞争期

今天，公众号的风口增量时期已经结束，进入了存量争夺阶段，开始走向实力较量期。这两年崛起的公众号，以及早期一些公众号做得比较有影响力的，都是实力派的代表。

例如，著名自媒体"一条"，它是一个诞生相对比较晚的公众号，它上线于 2014 年 9 月 8 日，但是它上量的速度可以说是震惊业内，短短一个月时间订阅量就过百万。这其中既与它的产品力（精准的"中产人群的生活潮流"定位和独特、精致视频内容）密不可分，又与它的推广运作、资源优势密不可分。

如今，"一条"年营收已经超过 10 亿元，成为业内估值比较高的几个大号之一。

再如，国内最先火爆的视频自媒体"罗辑思维"，同样也是站在实力的基础上。罗振宇本人在财经类媒体有着十几年的经验沉淀，曾担任《决战商场》《中国经营者》等电视节目的主持人，第一财经频道的总策划，而《罗辑思维》早期合伙人申音更是资深媒体人，曾在《中国企业家》杂志工作，后和牛文文一起创立《创业家》杂志，两人的知识沉淀、能力沉淀、资源沉淀，都非一般从业者所具备。

三、自媒体的本质是媒体，它成功的条件和内容媒体一样

自媒体本身是个人品牌、自品牌的媒体，重点在于后面的"媒体"，它成功的条件和内容媒体运作一样，要做好产品（内容工作）和推广工作。

1. 要做好产品力（内容力），获得粉丝

媒体作为内容产品提供者，它赢得用户，靠的就是内容产品，消费者通过它的内容产品，认可它的价值、被它吸引，因此，成功的自媒体，往往多为原创、优秀内容的提供者。

无论是"一条"，还是"晓松奇谈""罗辑思维"等，都是如此，都是凭借出色产品力（内容）脱颖而出的代表。

2. 要做好运作推广，扩大影响力

我们上面提到的"一条"，它之所以能脱颖而出，与其运作推广都密不可分，没有一定的传播推广，是很难迅速起量。

（1）媒体传播推广。"一条"投入资金，先后在广点通及一些视频网站做

了推广，而且根据每天的反馈进行调整，如其广点通方案就修改了100多遍。

（2）人脉传播（意见领袖转发KOL）。"一条"创始人有着多年时尚媒体资源的积累，拥有很多优质人脉资源。"一条"的视频被黄晓明、闾丘露薇等知名艺人、记者转发，黄晓明为代表的知名艺人所拥有的粉丝数量级都是惊人的，这样所获得的传播效果无疑是巨大的，甚至远大于媒体传播推广。

这些也是其在短短半个月时间，订阅就突破百万的主要原因之一。

3. 要做好品牌力，长远发展

目前，业内比较著名的几个公众号，都有自己独特的品牌定位。

例如，"一条"是面向中产阶级的"高尚生活视频"公众号；"晓松奇谈""罗辑思维"是定位在思想文化的视频品牌；"吴晓波财经频道"则定位在财经知识视频。

4. 要有团队力

自媒体要持续发展、持续推出精品，单靠个人完成是有很大难度的。毕竟一篇好文章创作需要时间，自媒体要保持天天更新的频率，且每天更新的内容要好、要多，单靠个人完成很难，特别是很难保证持续提供优质、原创内容。因此，要想做好自媒体，必须要走向团队化，而且是打造有竞争力的团队。

四、自媒体的本质是"达人经济"，所有都有门槛

达人，即指在某一领域专业度较高，甚至有些是出类拔萃的人，他们在某一领域很精通，是某一领域的高手。

今天成功的自媒体大号，无论是公众号自媒体，还是视频自媒体、网红电商自媒体，它们背后的本质，都是"达人经济"模式，他们在某个领域都有着一定的沉淀、积累。

很多著名的自媒体品牌创始人，都有着多年相关领域的沉淀、积累，在新媒体的时代，他们成功把自己多年的影响力、专业知识、资源进行了变现。

"一条"的创始人徐沪生，在创立"高尚生活视频"之前，曾创立《上海壹周》《外滩画报》两份时尚杂志。

"吴晓波财经频道"的创始人吴晓波，曾推出过《大败局》《激荡三十年》等多本畅销的商业财经著作。

"罗辑思维"的创始人罗振宇，此前有着长达十几年财经媒体工作经验和资源沉淀。

"晓松奇谈"的创始人高晓松同样如此，他是清华大学高材生、中国流行音乐校园民谣的标杆人物，具有独特的知识家庭文化，有着多年的沉淀。

如果他们没有此前多年的沉淀（专业知识的积累、资源的积累），是很难短时间爆发的。

一方面，吴晓波、高晓松、罗振宇，如果没有之前多年的积累的个人影响力，是很难获得视频网站的头部资源（吴晓波获得了爱奇艺财经频道头部资源，罗振宇、高晓松获得优酷视频头部资源）；另一方面，如果他们没有之前所在领域多年专业知识的沉淀，是很难短期内做出优秀内容，受到用户欢迎的。

除了吴晓波、高晓松、罗振宇这些名人以外，其他很多从大众中崛起的公众号，同样也是知识达人的代表。

例如，母婴类公众号"年糕妈妈"的李丹阳，是浙江大学医学专业毕业，有着丰富的专业知识，以及身为母亲的她，使她对育儿知识的研究很深刻，进而打造出了专业的母婴知识公众号。

再如，这几年走红的网红电商，其中一些创始人通过自己的对时尚的独特观点、专业知识，收获了粉丝，进而延伸至电商领域，成功变现。

因此，如果想做好自媒体，创业者就要努力打造自己的专业知识、专业水平，给订阅者创造知识价值，受到用户的认可、喜欢。

五、自媒体要做成功，未来仍要走专业化、团队化的道路

自媒体的媒体属性，决定了它要想做成功，就应如同精品的节目一样，需

要专业化、团队化运作，未来这一趋势越来越明显。

例如，"一条"团队与众多草根创业不同，是按照规范的公司运作模式，整体有严格的流程，跟过去杂志的运作模式相同，周一还是会开选题会，而徐沪生还像个总编辑一样，每一秒的镜头都要审。

还有"罗辑思维""吴晓波频道"也都不是个体经营行为，都是团队化、专业化的运作。

毕竟这也是一个团队作战较量的时代，公众号涉及的相关内容、工作量比较大，个人单打独斗，难度和考验都不小。

换句话说，自媒体的打造，依然是商业作战体系打造，一个人所构建的商业作战体系，与一个团队所打造的商业作战体系，力量对比上无疑存在一定的差距。

六、互联网时代参与的门槛降低，但成功的门槛一直不低，需要专业知识、能力的积累和沉淀

互联网时代，的确创造了人人参与的机会，参与的门槛大幅降低了，它让所有人都有机会参与其中，创造可能。

但是，有一点值得注意，成功的门槛一直不低。

换句话说，成功需要达到一定的条件，一定的付出、积累、沉淀。

如同创业一样，今天创业、注册公司的门槛比以往低了很多，但是创业成功的门槛一直不低，它需要专业知识、能力的积累和沉淀。

当然，如果专业知识、能力积累够了，就存在成功的可能。徐沪生、罗振宇、吴晓波等他们也并非一开始就天生具备这些能力，而是经过了后天长达多年的积累、沉淀。

如果实力够了，成功就会很近，如果实力不够，与成功就会有一定的距离。

例如，"一条"的背后，还是经典商业作战体系的打法——精准的人群定位＋好的产品＋好的推广＋好的团队，成功引爆是水到渠成的事情。

很多人只看到成功后的光鲜，没有看到他们背后是如何做的，付出了多少。

即使"罗辑思维"的创始人罗振宇拼命地喊"社群""打造魅力人格体"，但是他成功背后的很多基础并没有说。

如，罗振宇自身多年的媒体人的经验积累（他曾经是央视财经频道制片人，以及第一财经频道的总策划，个人功力极强），背后优秀的选题、策划团队（包括选题、整理，每周一期只靠罗振宇一个人要累死了），还有有效的推广和资源（优酷的首页位置可不是谁都能给的），这些他都没有说。同样还是经典商业打法的运作，这一切的结果，如果没有足够的功力、积累和资源，还是很难实现，罗辑思维团队整体在运作上的优势是明显和突出的，没有几个能达到，换句话说，也是一般难以复制的。

但是，很多人没有好的产品，没有好的团队，也没有有效的推广，就一度学着罗胖一天一分钟录音，做着"我有一天也会像罗胖一样厉害"的梦想，但是实际被忽悠了，很多背后的东西根本没看到，没去深思。

这里面最简单的一个道理，如果没有这些多年经验积累而来的内容，没有一支有力的策划、选题团队，没有有效的推广资源，有多少人能知道罗振宇是谁？没有前面这些基础，又如何做社群？只是这些罗振宇都没有告诉大家。

七、世上没有捷径可走，所谓的捷径，都是忽悠人的

成功者拿着梯子上了楼，然后把梯子拿走了，你看到的是已经爬到上面的成功者，但是他们爬梯子的那段没告诉你，你会觉得好厉害啊，没用什么东西，他们怎么上去的？

一些成功者更是将他们上去的那个艰难过程，那些基础工作省略掉，只是告诉大家后面那些话："你们也可以上来，你也可以做到，很简单的！"于是，很多人就疯狂了，简单地认为自己也可以不下什么功夫，不费什么劲，就可以做到。

实际上，很多关键步骤你根本没看到，你根本不了解……

世上没有捷径，需要大量苦练，需要大量行业积累、经验积累、能力积累、资源积累，有了这些之后，然后寻找合适的方法和机会爆破，一切才有可能。

第三节　生态不是新概念，实际就是产业链多元化

今天生态这个"自然科学""生物科学"的词，突然变得流行起来，更有企业打着首个生态噱头作为卖点，贩卖 PPT。实际上，生态不是新概念，实质就是产业链多元化——产业横向、纵向的协同、扩张，在业内早有先例，也早就被提出来了。

在传统产业里，这种模式已经出现很久，在互联网行业，这个概念被阿里提出多年，不存在近些年才冒出的"全球首个生态"。

一、商业生态的三种类型

现有的生态（产业链横向、纵向的协同、扩张），主要有以下三大类。

1. 品牌生态：纵向一体化、纵向协同、横向多元化扩张三大拓展

主要指品牌运营企业的生态，包括纵向一体化、纵向协同、横向多元化三种形式。

（1）品牌产业链"上下游一体化"（纵向一体）。

代表企业：三星。

三星在电子产业，从产业链的上游的芯片、显示屏等，到中游生产制造，再到下游的品牌运作，实现了产业链上下游的一体化。

（2）品牌产业链"上下游产业协同"（纵向协同）。

代表企业：蒙牛。

在国内传统实体企业中，蒙牛是最早进行产业上下游协同的企业，也是国内企业最早提产业生态这个词的企业。

在蒙牛创业初期，就采取了一种"公司＋奶站＋农户"的原料采购模式，蒙牛不仅与政府、银行合作向奶农提供低息贷款，帮助他们购买乳牛，还提供全方位养殖技术支持，与数百万奶农结成"利益共同体"，形成一个巨大的"乳业生态链"，通过扶持奶农致富实现驱动企业持续成长。

（3）品牌产业链下游横向扩张、多品类延伸（横向多元化扩张）。

在产业链下游，企业从品牌单品崛起，到成功后进行品牌延伸，进入多个品类。

代表企业：美的。

美的可以说是中国家电行业，乃至中国商界的一个另类，它从风扇进入家电行业，然后在产业下游横向扩张，延伸至多个品类，在多个品类中都位居行业前列。

在产品上，美的形成了一个品牌矩阵，打造了一个强大的明星家族，堪称家电品牌航空母舰。在白电类（冰箱、洗衣机、空调、冰柜）、厨电类（油烟机、燃气灶、消毒柜、热水器）、环电类（净水器、电暖器、吸尘器等）、小家电类（电磁炉、电压力锅、电饭煲，电水壶等）多个领域中都位于行业前五，甚至可以排到前三。如，在空调、微波炉、洗衣机位列行业第二；在电磁炉、电压力锅、电水壶、电饭煲位列行业第一。

2. 平台生态

平台的生态模式：产业链扩张、协同模式（纵向扩张、横向扩张）。

在零售平台、媒体平台、社交平台等，进行纵向扩张、横向扩张。

（1）代表企业：阿里巴巴，从零售平台到生态大平台。

阿里巴巴是国内互联网企业中最早提生态这个概念的企业。

2007 年 8 月，马云带领阿里巴巴几十名高管倾巢出动，赴蒙牛乳业考察学习。蒙牛产业链生态建设使他们触动很大，回去后，阿里人开始反思阿里巴巴生态链。

在 2008 年年初，阿里巴巴正式提出新的战略构想，集团今后目标将是致力于打造电子商务基础设施，培育"开放、协同、繁荣"的电子商务生态圈。阿里巴巴将协同 IT、金融、物流等领域的合作伙伴，共同致力实现"培育根深叶茂的电子商务生态圈"这一宏大目标。

之后，阿里在电商上下游都进行布局，从 IT、大数据、云技术到金融，再到上下游产业投资，如内容、社交媒体投资和线下零售的投资等，构建了庞大的生态链。

阿里的探索打破传统零售平台经营边界，不止做零售，还在产业上下游投资、布局。之后国内其他电商企业、传统实体零售业也开始学习阿里生态系统建设。

（2）代表企业：腾讯，从软件社交平台到产业链大平台。

腾讯的平台体现了互联网的特点，腾讯通过超级应用软件，成为一个社交平台，形成了以两大社交平台（QQ、微信）为基础，向新闻门户、网络游戏、视频（腾讯视频）、文学网站（阅文集团）、金融（微信钱包、微众银行）、产业投资（如投资京东、58 同城、滴滴）等上下游多领域的延伸，组成了一个庞大的生态产业链。

3. "品牌生态 + 平台生态"的复合生态

这种模式将前面两种模式——从品牌构建生态、从平台构建生态两种模式结合起来，意味着要同时打通两大领域：一是品牌运作领域，二是平台领域，这个难度非常大（毕竟，无论品牌企业运作平台，还是平台企业运作品牌都属于跨界，难度都不小），能做到这点，对企业能力要求很高。

代表企业：苹果公司。

应该说，第一个把这个模式打通的是苹果公司。乔布斯带领的苹果在 1999 年就逐渐形成了数字中枢的思路，将硬件、软件与互联网服务结合起来，成功实现了"品牌横向多元扩张 + 网络平台"的综合模式。

①品牌横向多元扩张：从苹果电脑（iMac），延伸至苹果音乐播放器（iPod）、苹果手机（iPhone）、苹果平板（iPad）等多个品类。

②平台生态：通过苹果软件应用商店 App Store，向 iOS 用户提供第三方应用软件的互联网服务，形成了一个大的生态系统，也是苹果开创的一个让网络与手机相融合的新型经营模式（特别是借助 iPhone 庞大的用户基数，这个平台规模已经非常可观）。2016 年，苹果 App Store 的营收达 285 亿美元（超过 1800 亿元人民币），占据整个行业应用商店一半以上份额。

在乔布斯的带领下，苹果最早形成了"硬件＋软件＋互联网服务"的综合模式，也是最成功的将品牌生态和平台生态结合在一起的企业。

国内喊着要做生态的企业，无论小米还是乐视，其最初都是借鉴了苹果模式，无论小米的"铁人三项"，还是乐视的生态 UI 都是如此。

无论是品牌生态、平台生态，还是"品牌生态＋平台生态"模式，本质上都是多元化扩张，而实现多元扩张都具备以下条件：

①一个具有非常多用户数量、优势市场份额和规模的主力业务；

②在主力业务的横向、纵向进行延伸，或一体化、或协同、或品类延伸。

二、生态本身就是多元化延伸，考验的是企业运作能力

无论是品牌纵向一体化、横向延伸，还是平台的上下游延伸、协同，或是品牌延伸加平台延伸，本质上都是多元化扩张，考验的是企业运作能力。

一方面，考验企业自身产业规模、资金实力。

企业能够多元延伸的前提，是必须要有一个承担"护城河"任务的主力业务，这个主力业务要达到足够的产业规模，足够优势的市场份额，给企业提供足够的资金支持，为企业能够多元扩张提供基础。

否则，如果没有一个优势业务作支撑，就贸然扩张，企业的资金链早晚会出问题，一旦资金链出问题，再大的生态也会遭遇危机。

另一方面，考验企业的商业运作能力、人才储备和资源储备。

企业能够多元扩张，除了资金以外，还需要足够的商业运作能力才能撬动市场。特别是多元扩张的新领域，企业的资源储备、人才储备、能力储备是否达到，如果达不到，就很难撬动扩张的新领域。

如果没有足够的资金支持、运作能力支持和人才储备支持，对企业的精力、财力都将是牵扯、分散，导致企业主业不精，多元化也会做不好。

换句话说，在企业多元扩张时，对于新领域，企业商业作战体系的实力要够强。如果够强，企业就能打开新领域；如果薄弱、实力不强，企业就很难在新领域实现突破。

第四节　轻公司模式，一定好吗

轻公司的模式，因其投入相对较少、风险小、经营灵活，曾备受追捧，但是这种模式一定好吗？它的优点、弊端是什么，关键点又是什么？

一、轻公司的模式，产业分工的产物

轻公司模式，又称"虚拟经营"，是企业输出品牌，将生产制造外包的模式。

轻公司模式中较早出现的是 OEM 模式，指掌控核心技术、品牌运营，将生产制造外包的代工模式。

全球制造业，至今已经经历了四次产业转移。

其中第二次产业转移，在 20 世纪 50 年代，美国将钢铁、纺织等传统产业向日本、德国转移。

第三次产业转移，在 20 世纪 60 至 70 年代，日本、德国向亚洲"四小龙"和部分拉美国家转移轻工、纺织等劳动密集型加工产业，这也使得亚洲"四小龙"崛起。

第四次产业转移，20 世纪 80 年代初，欧、美、日等发达国家和亚洲"四小龙"等新兴工业化国家，把劳动密集型产业和低技术高消耗产业向发展中国家转移，有了中国制造的崛起。

第二次产业转移时，已经出现 OEM 模式，到第三次产业转移时，OEM 模式已成型。在欧洲，20 世纪 60 年代就已建立有 OEM 性质行业协会，最具代表性的品牌莫过于耐克，20 世纪 60 年代成立，将代工环节外包，耐克掌控研发和品牌运营。

在 OEM 之后，又出现了 ODM 模式，ODM 与 OEM 的区别在于，ODM 不仅完成代工生产，同时承担设计方案的任务，从设计到生产都由生

产方自行完成；而 OEM 只承担代工任务，设计是由品牌方提供。

二、国内轻公司模式先后走过三个阶段

在中国国内，轻公司的模式可以说走过了三个阶段。

1. 第一个阶段：20 世纪 90 年代，传统实体虚拟经营

20 世纪 90 年代，国内本土一批制造企业在做自己品牌的同时，开始了外包 OEM 的虚拟经营模式。

例如，美特斯邦威在 20 世纪 90 年代后期开始 OEM 模式，通过 OEM 模式运作，在节约大量自建工厂资金有利条件下快速扩张，成为全国知名休闲服饰品牌。

2. 第二个阶段：2005 年开始，互联网服装电商品牌崛起

2005 年开始，互联网电商崛起，新一批采用虚拟经营模式的企业出现。

例如，以 PPG、凡客为代表的互联网电商品牌崛起，之后依托在淘宝上的电商淘品牌崛起，如韩都衣舍、裂帛等，它们同样采取 OEM 代工模式，这些品牌主要以服装品类为主。

3. 第三个阶段：2010 年开始，互联网硬件品牌崛起

2010 年，这一次浪潮，一些 IT 企业涉入硬件领域，如手机、电视等硬件领域，它们也往往采用了代工模式。

例如，小米、乐视等为代表的互联网硬件品牌，以及之后模仿它们模式的暴风、PPTV 电视，采用的也是代工模式。

4. 此外，还有一种互联网公司的轻公司模式

除了上述的三种先后出现的轻公司模式外，还有一种互联网平台公司的轻模式——它们往往是软件、程序的平台模式，而不是"重资金投入、重人工、重硬件投入"等的模式。

例如，BAT（百度、阿里、腾讯），它们往往是相对传统实体企业而言，"轻"

太多，也因此有着比传统行业高很多的净利润率。百度、阿里、腾讯的利润率高达30%左右，而传统实体企业的净利润率超过10%已经是非常高了。

三、轻公司有它的独特优势，但并不是高枕无忧，众多OEM模式企业先后出现问题

伴随国际品牌以及国内一些著名品牌的巨大成功，轻公司的模式一度成为热点，无论是其投入相对少、风险小、经营灵活的特点，还是虚拟经营的模式，都备受追捧，不少企业也尝试采用轻公司模式。

但是，轻公司模式，并不意味着就可以高枕无忧了，在实际运营中，如果做不好，还是会出现问题。

1. 掌控不了产品技术环节问题

产品技术是虚拟经营要控制的关键环节之一，如果生产制造外包后，并不能保证产品设计的技术领先和质量，就会影响产品力，影响整体作战能力。

例如美特斯邦威，这个国内较早采用虚拟经营模式的公司，它还是国内休闲服饰的开创者之一，但是后续却在产品力上倒退了。

对此，周成建表示："我觉得我过去十年的确让自己错位了，让自己'出轨'了，没有专心专注围绕这个产业、专业，真正用工匠精神做好一个裁缝，所以被市场抛弃。但我坚信，这个抛弃是阶段性的，是让我更加清醒、认真地思考，更加努力地做好一个裁缝，让我自己和美特斯邦威这个企业，赢得社会和消费者更好的竞争力。"

"未来20年的机会比之前20年更大，但需要重构品牌竞争力，以品质为核心，展现生活态度和生活方式。"

还有凡客，则栽在了产品质量问题上，凡客同样采用的是外包模式。在昔日快速发展之后，不少忠实粉丝在抱怨自己买到的那些差强人意的商品，包括洗一次就严重缩水的T恤衫，穿几次就掉颜色的帆布鞋……

"品类快速的扩张，导致很多产品质量不过硬。"陈年向记者坦言，这是

凡客最终坠入深渊的根源。

这两家企业，为这个问题付出了代价，也做了反思、调整、改进。

2. 掌控不了供应链的问题

（1）缺乏相对完善的代工供应链。

轻模式运作，将供应链外包的前提，是行业有完善的生产制造代工企业、完善的代工供应链。否则，外包的 OEM、ODM 模式就难以开展。

例如，乐视汽车今天所遭受的困局，正是因为在汽车制造领域，缺乏手机、电视领域完善的代工供应链，汽车领域没有富士康一样的"代工之王"，导致乐视汽车业务推进缓慢。

（2）不能保证供应链生产、供货。

在确保拥有完善代工供应链后，供应链生产、供货能否保证也是个难题，特别在销售旺季，如果不能保证原料、生产、供货及时，对企业而言，意味损失巨大。

例如，小米曾一度为供应链问题所困扰，最后换掉了负责供应链的负责人，雷军亲自主抓供应链，才改善这一问题。

（3）缺乏供应链关键要素的掌控。

供应链中有些要素所发挥的作用，也能达到如同技术一般的重要性。

例如，阿里与京东的竞争中，阿里最初是不愿意介入物流环节，但是电商的特点决定了配送速度是关键竞争力，结果在京东发力物流、自建仓储之后，阿里也不得不介入物流环节，推出菜鸟物流。

再如，国产手机企业在与国际巨头的竞争中，要面对芯片、曲面屏这些原料的制约，在供应链方面承受了压力。

四、重公司模式并非一定弱，三星或将成为盈利仅次于苹果的公司

轻公司的出现，作为产业分工的一种模式，一度被认为是领先的模式，不过"轻公司模式"并不一定意味着一定超越"重公司"模式。

三星在实体企业中，无疑是重公司模式，它在产业链中，从上游研发、原材料，到中游生产制造，再到下游品牌运作都在做，且做到了产业链上下游一体化。

但是，在这多个环节上，三星都做出了它的竞争力，特别是在产业上游芯片、显示屏等方面，它多年的技术储备，让它居于优势。

2017 年三星盈利大增，三季度利润甚至暴增 179%，单季度利润达到 129.1 亿美元，创下纪录，这其中芯片等贡献巨大，让它与苹果的距离大幅缩小。如果继续保持这一势头，它甚至可以成为盈利仅次于苹果的公司。而在手机领域，三星的营收、净利润仅次于苹果，远超一些采用轻公司模式运作的企业。

所以，重模式并非一定落后，轻模式并非一定意味着先进。

五、轻公司模式运作，要掌握核心要素

轻公司模式作为运作模式的一种，有它的独特性，但是要做好，一定要掌握核心要素。

以目前世界上轻公司运作模式最成功的苹果为例，它在很多方面值得采用轻公司模式的企业学习。

1. 掌握上游产品技术

在产品技术上，苹果公司一直都扮演着引领潮流的角色，圆弧形外形设计、触摸屏、指纹识别、玫瑰金、钢琴黑、人脸识别等这些潮流都是由苹果掀起的。

在手机领域，无论是外形设计、颜色风格，还是应用技术，苹果手机都堪称标杆。

2. 掌握下游品牌运营、市场

在手机行业品牌运营的推广、渠道、品牌等环节，苹果也树立了标杆。

首先，传播推广的打法，如发布会模式、新闻炒作模式，都是苹果在手机行业中所开创的。

其次，专卖店的建设，特别是苹果通过专卖店，将自己的品牌形象与竞品

区分开，树立起了自己独特的档次形象。

再次，基于产品力、推广力、渠道力的运作，苹果构建了极强的品牌力优势。

3. 掌握供应链、掌控关键要素

在供应链环节，能够做到掌控极为关键，这直接决定了供应链管理的好坏。

一方面，能否掌控供应链，具备较强的话语权，取决于企业的市场影响力。

某种程度上，品牌运营商与供应链的关系，是一种较量、博弈的关系。

在能否与供应链的合作中，具备较强的话语权，与上面提到的两个环节——产品技术、品牌运营密切相关，它们一起构建了市场影响力，市场影响力越大，与供应链合作的话语权就越大，就越能更好地掌控供应链。

另一方面，在具备掌控供应链话语权的同时，能否监管、掌控做到高效。

在供应链上，无论是原材料（上游元器件），还是生产管理（对代工生产的监管、质量把控）、规模化量产的速度，还是库存，都极为重要。

在这方面上，苹果堪称典范。苹果现任 CEO 库克，就是一位供应链管理的高手。当库克 1998 年加入苹果时，乔布斯正为供应链苦恼，而库克一两年时间就理顺了苹果的生产、运营和供应链。举个简单的例子，做过生产型企业的都知道供应链的难度，库克加入苹果后，将苹果的库存期从 2 个月缩短到 2 天，有时甚至是 15 小时，这是非常惊人的。

苹果曾在"全球最佳供应链管理 25 强排行榜"中，多次力压群雄，排名第一。

六、模式无绝对的好与坏，关键在于实力、竞争力

综上所述，我们可以看到，轻模式、重模式都有巨大成功的企业。三星、苹果分别是重公司模式、轻公司模式的代表，它们都取得了不俗的业绩，因此，模式本身没有绝对的好与坏，运作的好坏，关键在于企业的实力、竞争力如何。

轻公司模式要想运作出色，也需要掌控关键要素，在关键要素上做到出色，从而构建企业强大商业作战体系，形成综合竞争力优势，从而脱颖而出，乃至于胜出。

第五节　品牌跨界延伸，一定不行吗

品牌跨界延伸，是一个老话题，对这个老话题长期以来一直存在两派观点，一派是主张可以品牌跨界延伸，另一派则反对品牌跨界延伸。其中，反对品牌跨界延伸的，又细分成两种观点，一种是绝对不能跨界，一定要聚焦、专注；另一种是，不一定非要聚焦、专注，但是延伸必须换个品牌。

那么，品牌跨界，真的不行吗？

1. 跨界，失败的案例居多，但是，品牌跨界延伸，一定错了吗

的确，品牌跨界中有很多失利或未成功的案例，例如，近几年恒大冰泉没有取得地产一样的成功，格力手机也没有取得空调一样的成功，都算不上成功的例子……

类似的例子还有很多，很多人因此主张品牌一定要聚焦、专注，放着好好的主业不做，做什么跨界延伸，更有一些做定位的，非常坚持这种观点。

但是，品牌跨界延伸，一定错了吗？

毕竟，在商业实践活动中，我们还可以看到另一种现象，今天众多著名企业都是跨界发展的结果，例如，诺基亚、苹果、三星、华为等都是跨界延伸的代表。

诺基亚最初是做木材生意的，如果按照品牌不能跨界、延伸的逻辑，诺基亚就不会有后来的通信霸主之一的地位和曾经的手机霸主地位。

三星最初只是一家小杂货店，主要销售当地杂货，一家主营面条、干鱼、蔬菜、水果的小店。同样按照这个逻辑，三星最多做个零售就可以了，哪里还有今天的电子巨头、手机巨头的成绩，更何况三星在重工、电机等多个领域都有不俗

成绩。

苹果公司最初是做电脑的，如果不进行品牌延伸，就不会有苹果手机、苹果平板了。同样，华为只能有通信设备，而不会有华为手机、华为平板等这些了。

再如，今天比较成功的电商亚马逊、京东也是跨界延伸的代表。亚马逊最初是线上图书商城、京东最初是线上 3C 商城。之后，它们都从各自的细分网上商城，进行了品类跨界、品牌延伸，扩大了品类业务，成了线上综合零售电商平台。

而国内最早采用和亚马逊类似模式的当当网，由于过于坚守线上图书商城，没有及时延伸，进行品类扩张，变成综合商城，而被对手大幅拉开，不仅与它最初学习的对象亚马逊差距巨大，与京东相比，也是相差巨大。

所以，品牌跨界延伸，并非不可以，也并非绝对的错。

2. 品牌跨界延伸，能否成功的关键是能力

那些今天已经成功的品牌跨界延伸企业，都并非一开始就成功了。

例如，苹果、华为跨界做手机，也并非一帆风顺，也是历经波折的。

很多人可能说苹果、华为有 IT 类技术积累，很相近，很容易成功。如苹果曾做过电脑，在手机领域很容易成功，这就大错特错了，同做电脑的惠普和戴尔都曾想过做手机，还有拥有技术实力和两大操作系统的微软、谷歌，做手机也都失利了。

苹果做手机并非一帆风顺，最初没有被媒体看好，而在 iPhone 之前苹果研发的手机产品失败了，乔布斯甚至失望到不让它上市，直到成功打造出 iPhone，引发了行业地震，使得昔日巨头诺基亚、摩托罗拉、黑莓纷纷坠落。

华为从针对通信运营商的 B2B 领域跨界到大众消费的 B2C 手机领域，同样也不是一帆风顺的。最初华为只是做针对通信运营商的低价白牌手机，利润率低、在消费者端缺乏品牌和影响力，与华为在通信设备领域的影响力相差悬殊，这种状况曾经连续几年都没有改变，华为甚至一度打算放弃，但在任正非选择一个善于开拓局面、学习进取力极强的"超级悍将"余承东后，华为手机终于成功打开

局面，成功跻身全球前三的第一阵营，如果华为手机当时放弃，则不会有今天的辉煌。

品牌跨界延伸能否成功的关键，在于企业的能力，只要技术储备、人才储备、能力储备、资源储备等积累够了，就可以做到，企业的商业帝国版图、业务版块就会丰富。

相反，很多品牌跨界延伸失败的企业，并非输在品牌跨界延伸不可以，而是输在了技术储备、人才储备、能力储备、资源储备等积累的不够，未能撬动新领域。

3. 很多运作没有绝对的不可以，主要看企业自身实力是否匹配

很多事情，没有绝对的不可以，关键是看企业自身，看企业自身的实力是否满足条件。

人们习惯性地以结果来判定初衷是否合理、正确，一旦操作成功了，人们会认为，这个企业很厉害，它居然在这个领域也做成功了；相反，如果企业没做成，就说会说企业战略错了，认为其是不好好专注、聚焦，转作其他领域而失败的。

在实际运作实践中，虽然我们看到品牌跨界延伸失败的案例不少，但品牌跨界成功的也很多。因此，品牌跨界延伸没有绝对的不可以，关键在于企业实力是否匹配。

跨界本身没有绝对的对错，它本就是企业商业扩张的方式之一。

企业在发展过程中，随着实力不断地增强，会不断延伸至新的领域，延伸企业帝国版图的边界，进行跨界延伸。

如果能力够了，企业可以在新领域成功突围，甚至走到前列，企业版图也会扩大；如果能力不够，新领域的拓展就会不利，导致失败。

所以，品牌跨界延伸（实际上，品牌跨界延伸也是生态多元化扩张的一种——横向扩张）的关键是企业实力，就是企业商业作战体系的实力，能否打开新领域。如果商业作战体系足够强大，是完全可以，反之，如果商业作战体系不够强，比较薄弱，那就很难了。

要点
POINTS

商业竞争仍然是实力的较量

商业竞争背后，还是企业实力的竞争。

无论是风口、自媒体、生态，还是轻公司、品牌跨界、扩张节奏等，能否运作成功背后，都与企业实力相关。

把握风口、非风口期的竞争，都是实力的较量；

自媒体能否做的脱颖而出、获得高价值的背后，同样也是实力的较量；

多元化生态成功打造的关键，也是实力；

无论是轻公司模式，还是重公司模式，企业能否胜出，也是实力；

品牌跨界能否成功的关键，也是实力；

企业在扩张中，是稳健发展，还是遭遇困境危机，节奏合理把控的背后，也是实力。

换句话说，无论是企业在所在领域的突围、胜出，还是跨界、多元拓展、打造生态，所考验的都是企业的实力。如果企业实力够强大，它可以在所在领域胜出，也可以成功跨界，进行多元化拓展。相反，如果实力不够，无论是在一个领域胜出，还是多元拓展，都将极为困难。

毕竟，商业是企业经济组织之间的竞争，竞争总是要拿实力说话，这是一直不会变的，过去时代如此，今天的互联网时代如此，未来的时代也如此。

第四章　格局

这些年，互联网在中国上演着商业传奇，创造了瞩目的业绩，但是一些互联网巨头在商业表率上，还有不少需要改进的地方。

一、一些互联网巨头的不良商业竞争行为

1. 重夸大炒作，不重工匠精神

一些互联网巨头的做法——注重概念炒作、各种夸大的宣传，与多年前的国内保健品行业相比，一点都不逊色。具体如下。

（1）"无边框手机"概念。曾经的"无边框手机"概念，炒作得很成功，一度被炒得火热。但是真正的手机与无边框相差甚远，明显的黑边引发消费者吐槽。

（2）全球首个互联网生态概念公司。2015 年，某互联网企业曾经喊出的"全球首个互联网生态"，实际上阿里巴巴早在 2008 年就已经在国内互联网企业中提出这一战略构想，并付诸实践。2008 年开始，阿里巴巴就开始致力于打造电子商务基础设施，培育"开放、协同、繁荣"的电子商务生态圈。阿里巴巴协同 IT、金融、物流等领域的合作伙伴，共同致力于实现"培育根深叶茂的电子商务生态圈"这一宏大目标。

而在国际 IT 行业中最早开始构建生态的是苹果公司，乔布斯带领的苹果在

1999 年就逐渐形成了数字中枢的思路，认为个人电脑"不会成为边缘化的副线产品，而将成为一个'数字中枢'，整合各种数字设备，包括音乐播放器、录像机，以及相机"。苹果的数字中枢实际上是把硬件、软件、程序、服务等进行了有机地整合，率先构建了 IT 行业生态系统。

通过生态系统，无论是在国内，还是在国际的发展，我们可以看出这家公司并非最早提出来的，但是摇身一变，却变成了"全球首个生态 UI"。

（3）"全球第二好用的手机"。一个新品牌刚刚上市，产品设计上并没有革命性的大创新，就喊出了"全球第二好用"的手机。

（4）"硬件免费"论。所谓的硬件免费论——"买会员，硬件手机拿回去"，实质上和过去通信运营商做的"充话费，送手机"是一回事。世界上本不存在免费的蛋糕，必定要通过别的形式赚过来，来打一个所谓硬件免费的概念，而这种模式最后还导致企业的危机。

（5）夸大的出货量第一，把单一渠道业绩夸大成全渠道业绩。某互联网企业把淘宝渠道电视销量夸大成全渠道业绩，宣称"根据最近 30 天电视品牌数据排行数据显示，××电视超越国内外所有品牌，成为出货量第一的智能电视品牌"。实际上，该品牌当时 30 天内电视销售连国产第一海信的零头都不到，谈何第一呢？

……

这些炒作的背后，所掩盖的是创新乏力，只能在概念、传播上做文章的现实情况。而这种过度的概念炒作、夸大炒作，将会透支消费者的信任。

一旦透支了消费者的信任，毁掉的将不只是一个产品、一个企业，而是整个行业。此前，一些行业发生过类似的事情，极大透支了行业的信任度，形成消费者的负面口碑，所以千万不要欺骗消费者！

2. 重不良竞争，不重商业文明

企业与企业之间的竞争，缺乏文明竞技精神，相互之间撕破脸、炮轰，成了各种媒体、头条报道中经常见到的情况。

在产品发布会上，各种对于对手的秒杀、炮轰、攻击等，层出不穷，这难道是一种好的商业文明吗？

同行与竞争对手之间的竞争，充斥的是攻击，更甚至于这种竞品之间的攻击延伸到用户之间的相互攻击、谩骂，这真的是一件好事吗？

3. 重水军，不重商业秩序

在商业运作中，刷单、水军等各种行为比比皆是。

一方面，为了更好地传播，进行刷单、冲量，例如，双十一中，一些企业进行刷单、冲量，进而传播某品牌第一的信息。

另一方面，在竞争中，组织水军对竞争对手进行大规模的恶意负面传播，来攻击对手。

无论是刷单，还是组织水军抹黑对手，都是不正当的竞争行为，它们都在严重破坏商业秩序，影响商业健康发展。

这三种不良的操作方式，对中国商业环境而言，都影响着中国商业文明、商业环境的健康发展。

二、互联网巨头的"三宗罪"影响的不只是商业

互联网三宗罪，所影响的不仅是商业，更甚至是社会风气、社会文明。

成功的企业是社会的焦点，人们对它们的关注度往往较高，它们和明星等公众人物一样，经常性地成为热点，是公众企业。

它们的一言一行，都在影响着大众，这意味着它们行为超脱了个体，在影响着社会。它们是大众学习的对象，它们好的方面社会大众会学习，它们不好的方面——概念炒作、夸大、攻击等做法，也会被社会大众所学习。

我们在现实中往往看到，企业在媒体上的相互攻击，引发了其消费用户之间的恶意攻击，这种状况绝对是不好的。

三、互联网成就的商业传奇巨头不少，但成为商业文明表率的巨头却少很多

这些年，互联网成就商业传奇的巨头不少，他们在商业上创造了众多令人瞩目的业绩。但是，这些企业领导者们，无论是经营方面，还是企业领导者的言行，都有很多需要改进的地方。

他们是商界传奇人物，更应是商界表率、商业文明表率，应通过自己的言行引领商界。

商业竞争，要向竞技体育学习——公平、公正竞争、尊重对手。否则，奥运会等汇聚全球多个国家的体育赛场，早就变成了吵架赛场、炮轰赛场、谩骂赛场。

因此，互联网明星企业、明星企业家，不仅要做商业标杆，更要做商业文明的标杆，引导构建商业秩序，引导消费者用户形成好的商业文明。

1. 没有大的格局，很难做"商业领军"

某种程度上，格局决定结局，一个企业发展的层级与老板（企业领导者）的格局息息相关。

对于企业而言，一个习惯概念炒作、夸大炒作、雇用水军等低层级行为的企业领导者，在格局上的层级不够，是很难承担领军重任的。

试想一下，一个想成为行业领军的企业，却是一个习惯概念炒作、夸大炒作、攻击对手的企业，它如何能够服众，如何获得大家真正的认可？

任正非、张瑞敏、柳传志、宁高宁、王石等国内知名的商业领袖，以及比尔·盖茨、沃伦·巴菲特、李健熙等国际商业领袖，哪个是通过炮轰对手、夸大炒作而成为商业领袖的？

2. 对于著名企业家而言，能力越大、责任越大！

作为真正的商业领袖，他们在通过自己努力获得成功、认可的同时，不仅承担着企业业绩的重任，更承担着社会时代风气引领者的重任。

对中国企业而言，要多一点诚信，多一点真正做产品的务实，多一点工匠

精神和极客追求，而不要去夸大、忽悠、误导消费者。努力做出优秀产品、提供优秀服务，才能赢得消费者的青睐，才能让中国制造、中国创造更有竞争力。

对于中国企业家而言，多一份创新追求，多一份社会责任，多一份对社会、商业文明的追求，中国企业的层级将会大幅度提高，中国企业的竞争力也将更强。

启示 QISHI

格局决定结局

作为行业前列的企业，它们之间的竞争，不仅仅是术的竞争，也不仅仅是策略的竞争，更是格局、境界的竞争。

一方面，格局体现在商业能力上的层级。

在商业上，对待行业趋势判断、运作规律洞悉、前沿策略制订、高水平运作等多方面，有着不同的层级。不同的商业视野，对行业规律、运作规律、策略等的不同层级认知，最后形成商业能力上的不同层级。

在商业上形成了引领者、优秀跟随者、一般跟随者、较弱的跟随模仿者等不同层级。成为前列、优秀的企业，它们在商业运作上往往成为行业标杆，成为其他企业模仿的对象。

另一方面，格局体现在做事上的层级。

在做事上，对待人、事、物的不同方式，也形成了不同层级。危机 VS 自满、低调 VS 作秀、专注聚焦 VS 概念炒作、大度 VS 计较、尊重对手 VS 抹黑对手等都会形成不同的层级。

这些不同的做法，同样影响企业在行业中的层级，领军企业往往是充满危机意识、低调、专注做事、大度、尊重对手，而不是自满、作秀、肆意炒作、抹黑对手的企业。

商业领军，不仅仅是商业运作能力上的标杆，同时也是做事风格上的标杆，让它们成功地引领行业、超越对手的不仅是它们的商业能力，还有做事的大格局。

●━━━━●　本部分小结　●━━━━●

互联网时代，商业本质未变，依然遵循经典法则

一、对互联网的认识，正逐渐理性化

在三四年前，伴随着一批明星互联网品牌的诞生，媒体对其关注度极高，传统企业由此备受冷落。似乎一夜之间，传统都被取代了，无论是传统企业，还是智业机构、媒体，都一度出现了迷失的现象。

在最夸张的时期，乱象众多。

一些关于互联网思维的各种培训大行其道，似乎企业不懂互联网思维，就落伍了，就要被淘汰了。这些培训学费普遍不菲，而这些培训中，往往是一批缺乏实际运营经验的人在向商业实践经验丰富的企业，甚至一些传统商业巨头贩卖"互联网思维的宝典"；

一些做行业数据、毫无商业操盘运营的公司，摇身一变，成了企业转型互联网的咨询专家，咨询费普遍不低且咨询服务团队成员缺乏操作经验；

一些智业机构，也失去了信心和底气，纷纷更改自己的主张，以保持自己不要在互联网思维的大潮中掉队；

一些经典商业打法，经过改头换面之后，变成了互联网"特有"的概念；

……

但是，在时隔几年，虽然线上电商品牌出现了不少，也崛起了一些业绩不错的企业，但是整体上，远没有达到前几年那种乐观的预期。

一方面，互联网品牌没有颠覆、取代传统企业，即使是最出色的电商品牌，

与传统巨头们相比仍有不小的差距。

例如，这些年，电商平台中崛起了不少知名的淘品牌，不乏业绩不俗的明星企业，但是它们与同品类的传统巨头还是没法相比。

著名电商服装品牌韩都衣舍创始人赵迎光曾表示："线下服装品牌过百亿的不少，而线上淘品牌到 10 亿似乎就到天花板了。"如今，韩都衣舍这家在国内淘品牌中、服装品类第一的公司，进入了增长放缓的时期。2016 年度韩都衣舍营收为 14.31 亿元人民币，相比 2015 年度增加 13.67%。与线下服装巨头相差悬殊。

特别是当线下传统品牌巨头们开始重视电商渠道，进入电商渠道时，对电商品牌冲击很大，如今天猫"双十一"，已不再是当初淘品牌的天下了，而是传统品牌巨头们的天下，并且传统品牌巨头不仅线上反击获得优势，还具有线下渠道的优势。电商品牌与它们相比，距离很大。

另一方面，当初不少的互联网明星品牌要么下滑、坠落了，要么陷入增长瓶颈了。

例如，在 2010 年到 2014 年间的电商红利时代，诸多淘品牌喊出豪情万丈的目标，如，五年做到百亿元等，但是还没等到百亿元那一天，很多淘品牌就下滑了，更甚至有一些淘品牌已经坠落了。

不仅是淘品牌，还有一些互联网明星品牌，也一度遭遇了困境。例如凡客，曾雄心壮志地宣称在未来的市值达到 150 亿美元（达到千亿元人民币，成为千亿巨头），同样没有迎来那一天。还有黄太吉，这个昔日的明星企业回归传统模式了。

在今天的整个商业结构中，互联网公司营收、净利润占比仍是少数，与传统企业相比，还是有不小的差距。

正如 2017 年 9 月 10 日，在无锡世界物联网博览会上，马云所说："这么多中国互联网公司，真正赚钱的没几家，赚大钱的，没有超过五家公司。"

这些年，不少传统实体行业中的巨头不仅没有落伍、被淘汰，却依然在高速增长，如下面几个例子：

中国运动用品领军者安踏，2010—2018 年，将业绩从 58.7 亿元增长到 241 亿元。

中国服装领军者海澜之家，2011—2018 年，将业绩从 40 亿元做到 190.9 亿元。

中国乳业领军者伊利，2011—2018 年，将业绩从 302.65 亿元增长到 795.53 亿元。

中国科技领军者华为，2011—2018 年，将将业绩从 1852 亿元做到 7212 亿元。

中国空调领军者格力，2011—2018 年，将业绩从 608 亿元做到 2000.24 亿元。

中国家电领军者美的，2011—2018 年，将业绩从 745.59 亿元做到 2618.2 亿元。

……

除了它们以外，传统实体企业中，还有海尔、海信、OPPO、vivo、农夫山泉等诸多优秀的企业，同样业绩不俗。

无论是淘品牌，还是互联网品牌，都没有实现当初取代传统企业、取代传统巨头的预期目标，特别是与传统巨头的差距非常大。这其中一个很重要的原因，就是传统巨头对商业本质、规律的认识非常深刻，所构建起的商业作战体系非常强大，行业和专业积淀都非常深，这些也是它们的竞争实力，在这些方面淘品牌、互联网品牌，都无法与它们相比。

而这两年，曾经因所谓互联网思维而掀起的那些过度化热潮，正逐渐回归理性，互联网思维不是神药，它依然要遵循经典的商业法则。

二、互联网时代，丰富了工具，但没有改变商业的本质

在互联网时代做的依然是商业、生意，依然要为目标客户提供有价值的产品。

因此，它依然要遵循商业法则，并按照商业逻辑运作，要以消费者为中心，要做好产品、策划传播推广、渠道、品牌等工作，构建好企业的商业作战体系。并非在互联网时代这些工作就不需要做了，并不意味着企业就不需要做好产品了、不需要做传播、不需要做渠道了。

在互联网时代，虽然由于生活方式的改变，使得传播、销售、沟通等一系

列工具变得更加丰富了。但是，它们都没有改变商业本质，仍然要做好商业作战体系的工作。

这些年的商业实践也证明了这一点，如华为、美特斯邦威两个企业以它们对待互联网的不同看法、认识，而获得了不同结果。

1. 华为的清醒认识，成就了手机世界前三的奇迹

华为创始人任正非针对曾经出现的互联网颠覆论的观点，就明确表示："互联网还没有改变事物的本质，现在汽车还必须首先是车子，豆腐必须是豆腐……"

"互联网虚拟经济就是实体经济的工具。不能把工具当成目的。锄头是用来种地的，不能因为锄头多、造型美，就在那里耀武扬威，不去种地了！不种地，锄头没有一点意义。"

任正非的清醒，带来了华为的清醒。坚持商业本质，没有让华为落后于时代，而是使其取得了一系列不俗的成绩。在互联网思维大行其道的时间里，2011年到2018年，坚持经典商业法则的华为营收从1852亿元增长到7212亿元，增长非常惊人。

例如，其中成长最快的华为手机，积极在产品上下功夫，凭借后盖指纹识别、双摄、炫彩等多个创新、荣耀系列（荣耀7、荣耀8、荣耀magic、荣耀9等）、P系列（P6、P7、P8、P9等）、Mate系列（Mate7、mate8、Mate9、Mate10等）多款叫好又叫座的产品，成为中国国产手机新的领军品牌。华为手机由此在销量、营收上都远远甩开了执着于互联网思维——曾经有过的错误思维，即过度迷信互联网，轻视线下渠道及产品等经典商业运作的手机品牌，与苹果、三星一起跻身全球手机行业第一阵营。

2. 美特斯邦威，在一系列弯路后做了反思

服装品牌美特斯邦威在经历一系列尝试后，做了反思。

面对互联网，美特斯邦威曾积极尝试转型。2013年搭建O2O平台邦购网，2015年推出"有范"APP。但是，很可惜这两次尝试最终先后失利。其中，随

着 O2O 概念慢慢沉寂，邦购网也几经沉浮。而"有范"App，在高昂的推广后也没有取得理想的业绩突破。

从 2012 年开始，美特斯邦威业绩开始下滑，从 2011 年营收 99.45 亿元、净利润 12.06 亿元下降到 2015 年营收 62.9 亿元、净利润亏损 4.3 亿元，直到 2016 年才扭亏为盈。

在美特斯邦威忙着探索互联网转型的时候，它的对手——国际快时尚巨头优衣库、H&M 等却坚持经典法则，在中国不断做大。如今，优衣库在中国市场的营收已经达到 150 亿元左右，而 H&M 也超过 80 亿元。美特斯邦威在中国已经运作了 20 多年，而优衣库、H&M 在中国运作时间仅 10 年，优衣库、H&M 已经超越了美特斯邦威且差距不断拉大。

在这一系列尝试后，美特斯邦威创始人周成建进行了深刻反思，他在 2016 中国全零售大会上表示："之前向互联网转型，走了很多错路和弯路，其实互联网只是一种手段，不是一种目的，希望交过的学费能够让其他同行有所警示。"

周成建表示："我曾经走了一些错路，把互联网当成使命，花了很多钱去买流量，但那些流量是留不住的，钱白烧了。如果把互联网作为工具，还是极其有价值的。"

"我觉得我过去十年的确让自己错位了，让自己'出轨'了，没有专心专注围绕这个产业、专业，真正用工匠精神做好一个裁缝，所以被市场抛弃。但我坚信，这个抛弃是阶段性的，是让我更加清醒、认真地思考，更加努力做好一个裁缝。

"未来 20 年的机会比之前 20 年更大，但需要重构品牌竞争力，以品质为核心，展现生活态度和生活方式。"

两个企业不同的认识，带来了不同的结果，却也深刻地反映了应如何正确看待互联网。

三、互联网时代，法则未变、成功和失败的规律未变

1. 法则未变、术未变、实力竞争未变

这是一个变化的时代，也是一个永恒的时代。

变化的是工具，是局部环节的改善、丰富、升级优化，是科技进步的体现。

但是，商业经典法则是永恒的。

例如，"以消费者为中心"的法则是永恒的，商业体系竞争的法则是永恒的，产品力、策划推广力、渠道力、品牌力、团队力这些关键要素，以及它们的重要作用是永恒的。

2. 成功的规律没有变，失败的规律也没有变

（1）成功的规律没有变。

商业成功，依然要遵循基本逻辑，要做好关键要素——遵守投入产出比逻辑，做好产品力、策划推广力、渠道力、品牌力、团队力。

在互联网时代，成为商业领军的企业，依然是具备这五大要素且运用出色的企业。

例如，苹果没有刻意做粉丝互动，但是凭借出色的产品，它的粉丝无论数量，还是忠诚度都是业内领先的。

再如，一代喜剧之王周星驰，作为一个低调、内敛的人，同样没有做大量粉丝互动，但是凭借出色的喜剧作品，周星驰的粉丝数量和忠诚度同样惊人。

它们都是传统的代表，都是凭借好产品成为行业佼佼者的代表，在过去是，在今天也是如此。

在其他要素上同样如此，做到位才能脱颖而出，而把这几大要素都做好，自然就能够胜出，成为商业领军，过去如此，今天如此，未来也如此。

（2）失败的规律也没有变。

在互联网时代，失败的规律也没有变，企业在五大要素上做不好，即使站在风口，采用了互联网工具，也一样会遭遇挫折。

还有，如果企业"内功"不强，实力不够，盲目进行多元化拓展、激进扩张等，仍然会让企业遭遇失败，不断失败。

所以，在这个时代，商业本质未变，经典商业法则未变，经典规律未变。

后 记

企业、营销人必须记住的五大法则

1. 生意的基本逻辑——投入产出比法则

既然是做生意，就要讲究生意逻辑，注重投入产出比，注意盈利。

生意不赚钱，企业不盈利，意味着经营活动难以持续，无论是对于企业而言，还是对于员工而言，都是不负责任的。

这个法则，对于企业、投资机构而言，都要尤为注意。

2. 以消费者为中心法则

一个公司经营业绩的大小，直接来源于顾客的数量，顾客越多，意味着销量越大，市场份额越大，公司业绩也就越好。

因此，企业经营的中心，就是努力经营、扩大顾客数量、争夺客户，这也是商业作战体系的目的和目标。为了赢得顾客，扩大顾客数量，公司的经营就要坚持以消费者为中心的法则。

3. 商业作战体系法则

商业经营活动是一个体系，从产品力，到策划推广力、渠道力、品牌力、团队力，它们一起组成了商业作战体系。企业之间的竞争，是运营大体系、商业作战体系的竞争。

4. 实力决定行业地位法则

商业竞争是实力的竞争，企业实力的强弱，决定了企业在行业之间不同的份额、地位。

实力强的企业，竞争力强，所获得的市场份额较多，行业地位越靠前；相反，实力弱的企业，竞争力弱，所获得的市场份额较少，行业地位越靠后。

5. 危机意识法则

在经营中，企业一定要有很强的危机意识，对外在的变化危机和内在的心态危机都要注意。

一方面，市场时刻风云变幻，没有哪个企业能永远安全。

市场唯一不变的是变化，"三年一小变，五年一大变，十年一剧变"，市场时刻在变化，每隔几年市场的形势、格局都会发生变化，企业如果缺乏危机感、不及时关注变化，就难以做到与时俱进，跟不上变化而落败，乃至于被淘汰。

另一方面，缺乏危机意识、自满，往往是企业到了天花板，乃至要败亡的征兆。

当一个企业缺乏危机、自满时，往往企业的发展陷入转折，陷入骄傲自大、盲目激进扩张等，企业由此到达天花板，难以继续向上发展，乃至于由此下滑、坠落，乃至败亡。

无论是外在的变化危机，还是内在的心态危机，企业都要时刻警惕。在昔日的变化中，多少曾经的巨头级企业沉沦、坠落，多少名噪一时的经营者沉寂在时间中。

商业竞争的关键——商业作战体系的强弱

总结起来，在商业竞争中，最为关键的是商业作战体系，即企业所构建的以消费者为中心的商业作战体系的强弱。

企业实力的比拼，也是商业作战体系的强弱比拼。如前言所说，做不起来、做不大的企业，与做大、做强的、领军的企业，相比区别就在于商业作战体系的竞争力上。

做不起来的企业缺乏商业作战体系；做不大的企业，或商业作战体系不全、或比较弱；做大、做强，乃至成为领军的企业，往往都打造了强大商业作战体系，构建综合领先优势。

在第二部分中国手机大战中，通过十一个企业案例的深入解析，可以看到行业中一、二、三、四、五线，不同阵营的区别，也是商业作战体系实力的区别。

商业作战体系竞争力＝产品力 × 策划推广力 × 渠道力 × 品牌力 × 团队力

企业之间的差距就在这些要素上拉开了，企业可以以标杆企业的标准为 10 分，给自己打分，看自己得几分，把这些要素汇集起来，就能很清楚地知道自己的差距在哪里，自己的企业为什么离领军企业的差距有那么大。

因此，企业要努力在商业作战体系上下功夫，在产品力、策划推广力、渠道力、品牌力、团队力上下功夫，构建起强大的商业作战体系。一旦企业能够构建起强大的商业作战体系，企业也就离从小到大、从弱到强的梦想不远了。

希望企业、经营者、操盘手、职业经理人都能深刻认识、理解这一点，都能构建起自己的强大商业作战体系。

商业是一场艰苦的旅行，而且它还是一场持久的马拉松赛。商业梦想可以浪漫化，但是千万不要想得太轻松。商业计划可以理想化，但是运作一定要现实化，毕竟商业竞争是现实的实力竞争。

谨以此书献给所有的商业经营者，希望大家能够掌握商业竞争的规律、法则，能够在商业的艰苦旅行中清醒认识，更快成长，更有优势，更有竞争力！

未来，我们还将会涉及商业运营的其他内容，如创业、管理等，希望能给大家带去更多、更有价值的内容。

于建民